中国民政统计年鉴

CHINA CIVIL AFFAIRS' STATISTICAL YEARBOOK

2005

中华人民共和国民政部　编

Compiled By

Ministry of Civil Affairs, the People's Republic of China

中国统计出版社

China Statistics Press

(京)新登字 041 号

图书在版编目（CIP）数据

中国民政统计年鉴．2005／中华人民共和国民政部编．
－北京：中国统计出版社，2005.6
ISBN 7-5037-4621-1

I. 中…
II. 中…
III. 民政工作－中国－2005－年鉴
IV. D632-54

中国版本图书馆 CIP 数据核字（2005）第 045347 号

中国民政统计年鉴－2005

作　　者／中华人民共和国民政部
责任编辑／陈越月　何珊珊
E-mail／yearbook@stats.gov.cn
封面设计／杰　夫
出版发行／中国统计出版社
通信地址／北京市西城区三里河月坛南街 75 号　中国统计出版社
电　　话／(010)63262295
印　　刷／博图彩色印刷有限公司
经　　销／新华书店
开　　本／880 × 1230mm　　1/16
字　　数／790 千字
印　　张／26.125
印　　数／1-4000 册
版　　别／2005 年 7 月第 1 版
版　　次／2005 年 7 月北京第 1 次印刷
书　　号／ISBN 7-5037-4621-1/D · 148
定　　价／150.00 元

《中国民政统计年鉴-2005》

编委会和编辑出版人员

一、编委会

主　　任：李学举

副 主 任：贾治邦　姜　力

编　　委：（以姓氏笔画为序）

万幼清　王保珍　叶如强　刘　钢　刘福清　江华先
佘明哲　余长明　克　保　吴桂英　吾买尔江·米孜艾合买提
宋志强　张廷登　李玉德　李志仁　李远富　李新京
杨华维　杨金镜　沈玉成　邹占卿　陈越良　单增卓扎
庞　启　罗筱玉　段丽元　赵士兵　赵顺盘　夏玉祥
徐　麟　郭　猛　常延生　梁国安　黄明泉　董浩然

二、编辑人员

总　　编：宋志强

副 总 编：陈越良　刘福清　陈　淼

编辑主任：王　敏　李　伟　何珊珊　徐秀玲

编辑人员：（以姓氏笔画为序）

马　礼　公维春　牛玉枝　韦华云　甘俊良　任洪凤
刘礼宪　刘宏玉　孙邦平　张大伟　张福寿　李　进
李允昌　李少海　李建设　李振明　李德孝　邱华巍
陈　锴　陈忠焕　房　波　林　弘　赵成庆　夏米西丁·依不拉音
夏建新　徐亚平　黄宝存　董洪志　蒋志强　韩　俨
韩伟成　詹欣锥

英文翻译：刘　泉

责任编辑：陈越月　何珊珊

三、工作人员

光盘制作：叶礼奇

封面设计：杰　夫

编者说明

《中国民政统计年鉴－2005》是一部全面反映中国民政事业发展的资料性年刊，应广大读者的要求，对部分内容编排顺序进行了调整，使其使用更加方便和实用。《中国民政统计年鉴－2005》附带多媒体电子光盘，光盘中含有地级统计数据，广大读者和基层统计人员使用起来更加直观、方便。

本书内容由八个部分组成：第一部分，主要指标数据图；第二部分，专文，主要包括民政事业统计报告和有关的政策法规文件；第三部分是历史统计资料；第四部分是综合统计资料；第五部分是分省民政事业统计资料；第六部分是分省民政基本建设统计资料；第七部分是民政财务统计资料；第八部分是2004年全国行政区划变更情况。本书对民政系统的干部职工特别是民政计财工作者，各级政府的有关部门，从事社会工作研究和教学的人员，以及社会各界了解和研究民政事业的发展状况，提高政府管理和决策水平，具有重要的参考价值。

2004年度民政统计资料是根据各省、自治区、直辖市以及计划单列市民政厅（局）报送的民政统计年报编制而成。本书中涉及到的全国性统计数据均不包括香港特别行政区、澳门特别行政区和台湾省；表格中“－－”符号表示数据不足本表最小计量单位；“空格”符号表示该项统计数据为零。

本书凝聚了全国民政系统广大计财工作者的辛勤汗水和工作成果，在本书的编辑出版过程中，还得到了各省、自治区、直辖市以及计划单列市的民政厅（局）领导的热情支持和帮助。在此，向所有关心和支持该书出版发行的领导和同志表示衷心的谢意。

目　录

第一部分：主要指标数据图

第二部分：专文

第三部分：历年统计资料

第四部分：综合统计资料

第五部分：分省统计资料

行政事务

民政对象

行业单位

优抚安置类

收养类

社区服务类

福利企业类

救助类

殡葬类

第六部分：分省基本建设统计资料

第七部分：财务统计资料

第八部分：附录

CONTENTS

Part One Key Index Tables

Part Two Regulations and Circulars

Part Three Historical Statistics

Part Four Comprehensive Statistics

Part Five Provincial Statistics

Social Administrative Affairs Administration

Beneficiaries of Civil Affairs System

Units of Civil Affairs by Trade

Preferential Treatment and Placement

Residential Care

Community Service

Part Seven Financial Statistics

Part Eight Appendix

CASY

1. 主要指标数据图

图－1　2002年国家机关、政党机关和社会团体占国内生产总值(GDP)的比重

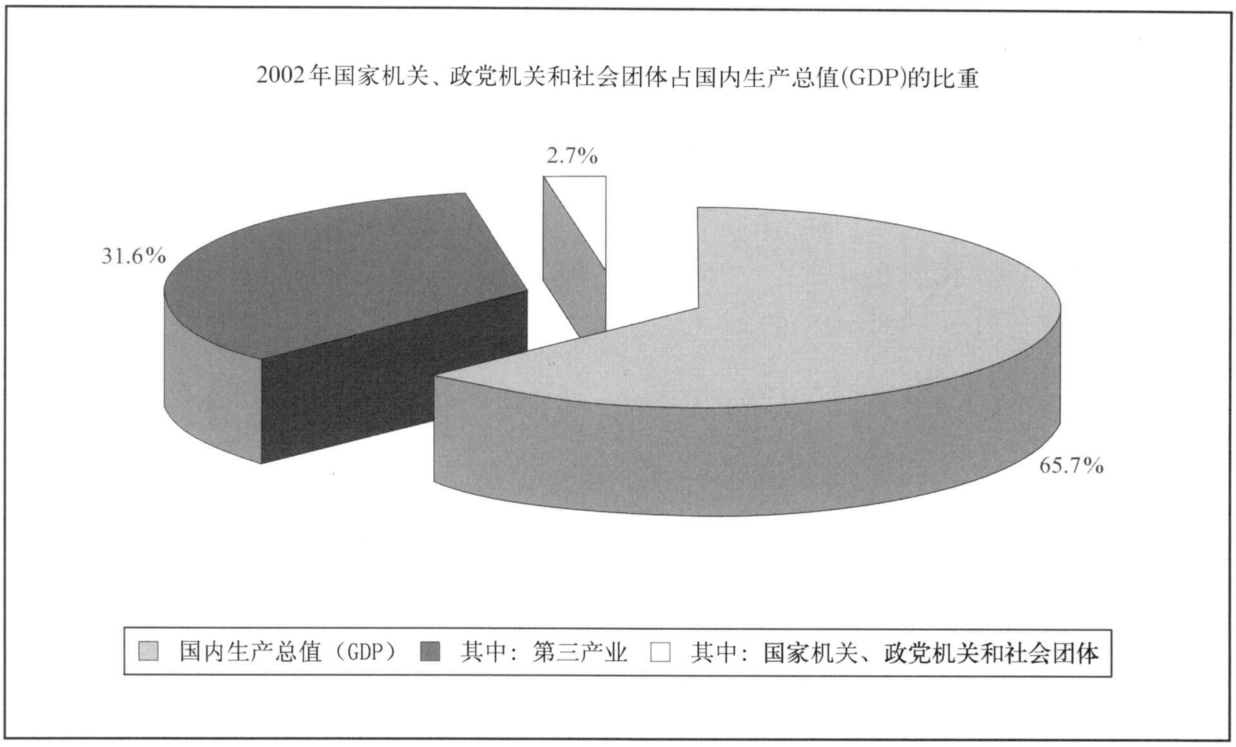

单位：亿元、%

指标	人数	比重
国内生产总值(GDP)	105172.3	100
其中：第三产业	36074.8	34.3
国家机关、政党机关和社会团体	2844.5	2.7

注：1.本表数据来源于国家统计局。

图-2　农村贫困人口和65岁以上老年人占全国总人口的比重

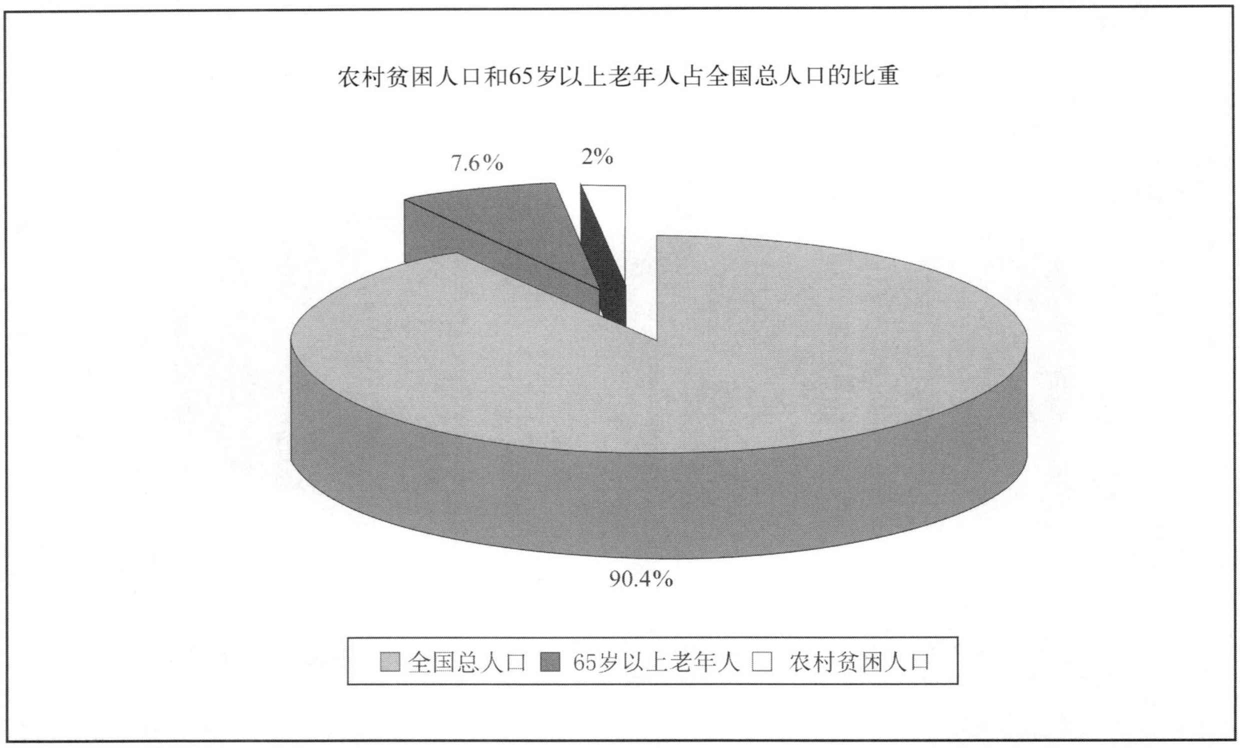

单位：万人、%

指标	人数	比重
全国总人口	129227	100
65岁以上老年人	9857	7.6
农村贫困人口	2610	2

注：1.本表数据来源于国家统计局。

图－3　抚恤、补助、救济民政对象占全国总人口的比重

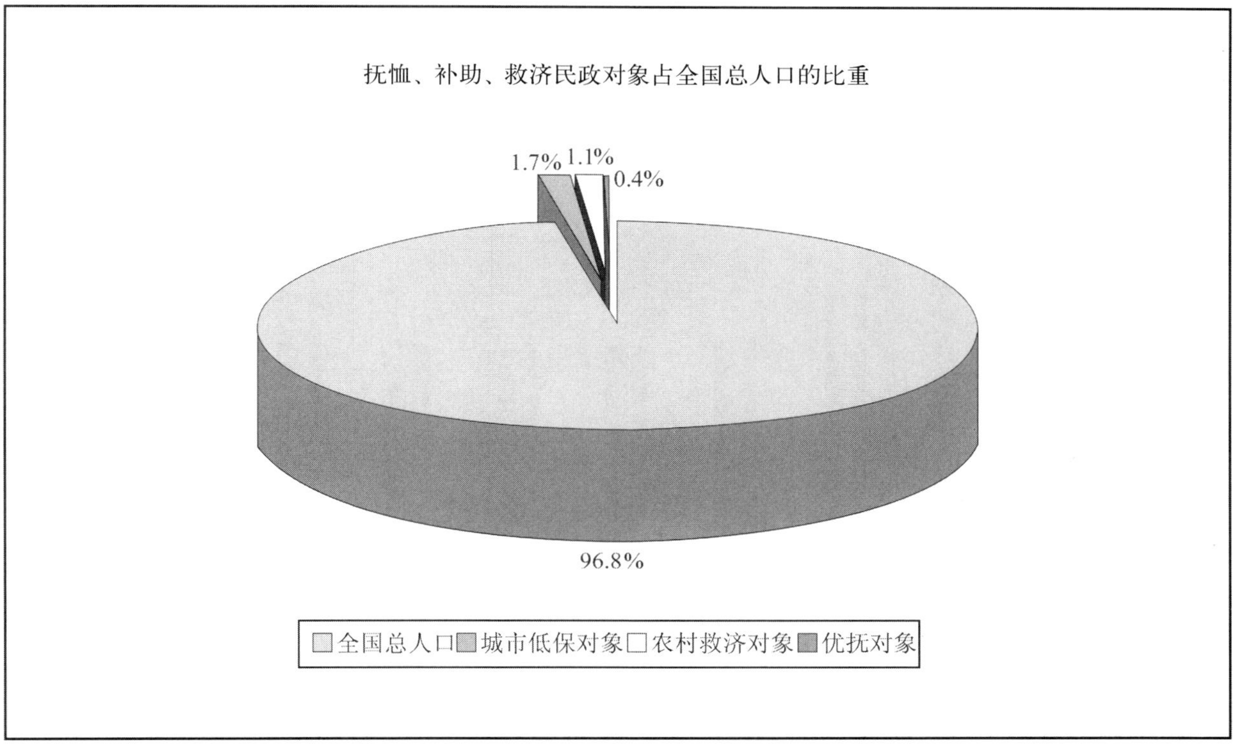

单位：万人、%

指标	人数	比重
全国总人口	129988	100
城市最低生活保障对象	2205	1.7
农村低保对象和传统救济对象	1402	1.1
优抚对象	462	0.4

图–4　民间组织

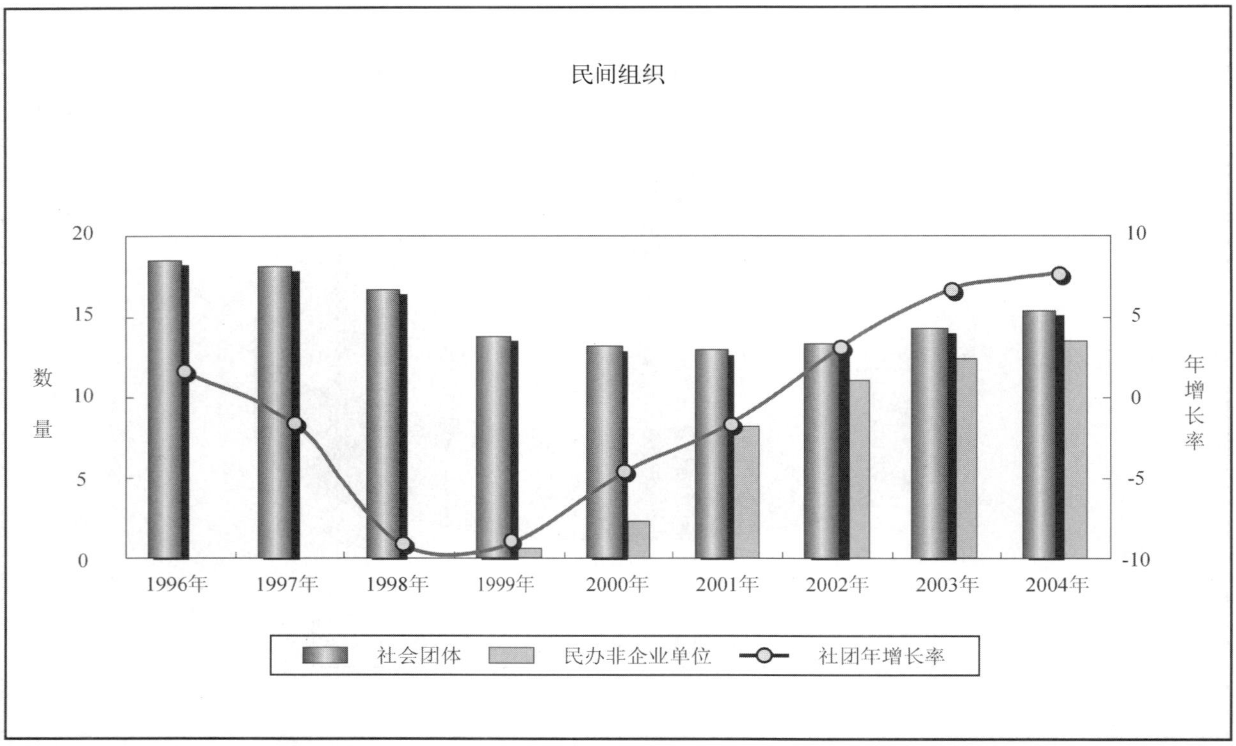

单位：个、万个、%

指标	1996年	1997年	1998年	1999年	2000年	2001年	2002年	2003年	2004年
社会团体	18.4	18.1	16.6	13.7	13.1	12.9	13.3	14.2	15.3
民办非企业单位				0.6	2.3	8.2	11.1	12.4	13.5
基金会								954	892
社团年增长率	1.7	-1.6	-9	-9.0	-4.6	-1.6	3.1	6.8	7.7

图－5　抚恤、补助优抚对象情况

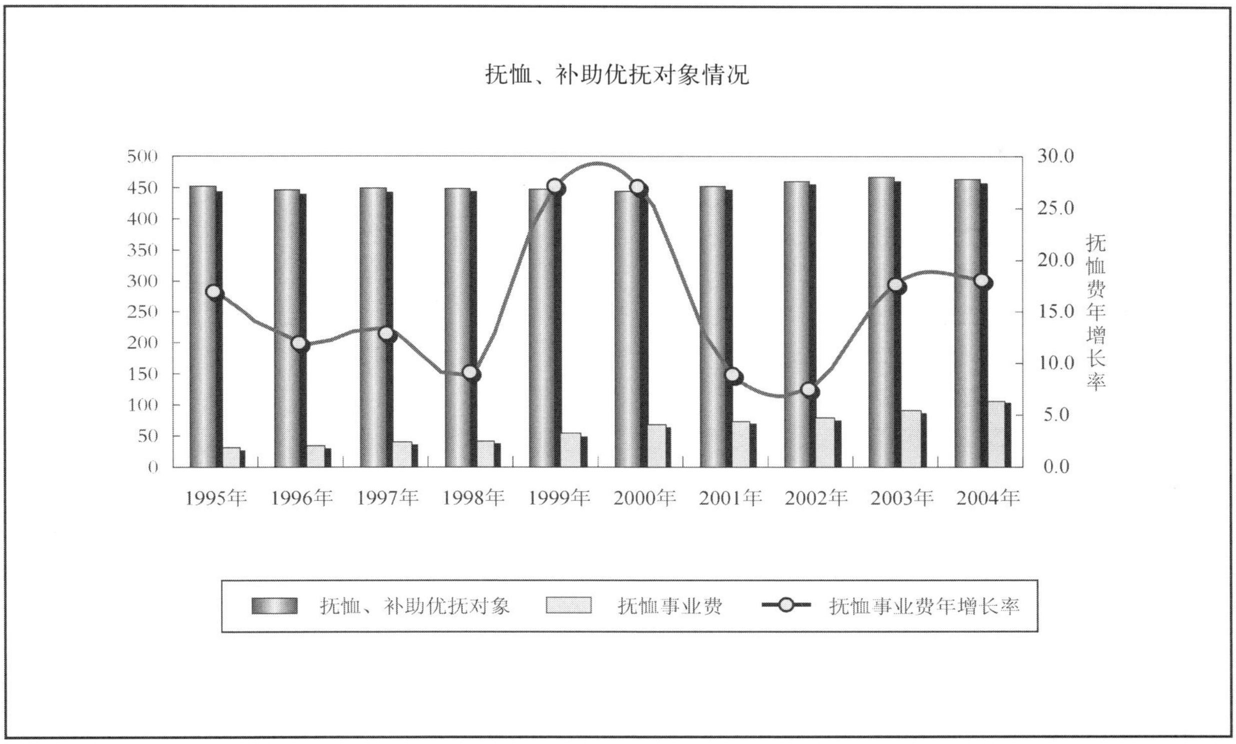

单位：万人、亿元、%

指标	1995年	1996年	1997年	1998年	1999年	2000年	2001年	2002年	2003年	2004年
抚恤、补助优抚对象	448.8	447	448.3	447	445.1	442.4	450.7	459	464.9	462
抚恤事业费	28.5	31.9	36.1	39.4	50.0	63.5	69.5	74.7	87.9	104.1
抚恤事业费年增长率	16.8	11.9	13.2	9.1	26.9	27.0	9.5	7.5	17.7	18.4

图-6　优抚对象分类

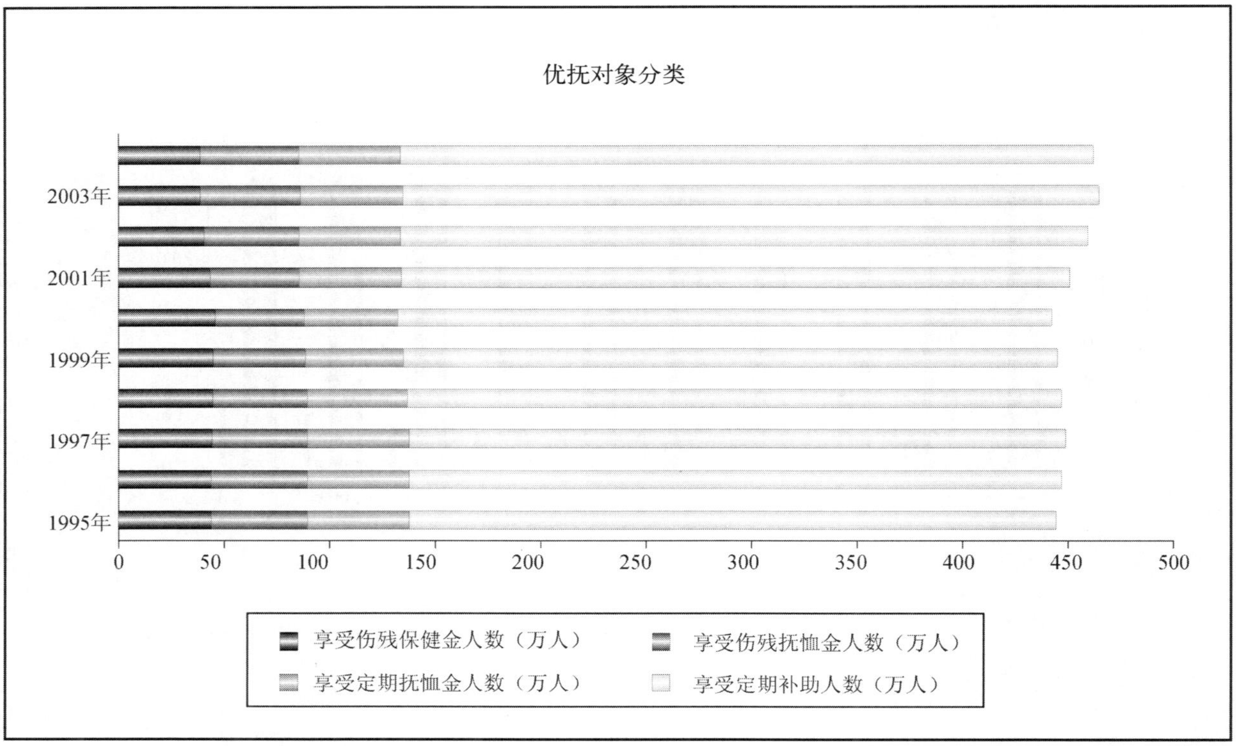

单位：万人

指标	1995年	1996年	1997年	1998年	1999年	2000年	2001年	2002年	2003年	2004年
享受伤残保健金人数	43.4	43.9	44.4	44.6	44.8	45.1	44	40.4	39.1	38.5
享受伤残抚恤金人数	45.4	45.4	45.1	44.6	43.9	43	41.5	45.4	46.9	47.1
享受定期抚恤金人数	48.6	48.6	48.0	47.4	45.8	44.8	48.1	48	48.9	48.6
享受定期补助人数	307.0	309.0	310.8	310.4	310.6	309.5	317.1	325.2	330	327.8

图 -7　接收安置军休干部、军休职工

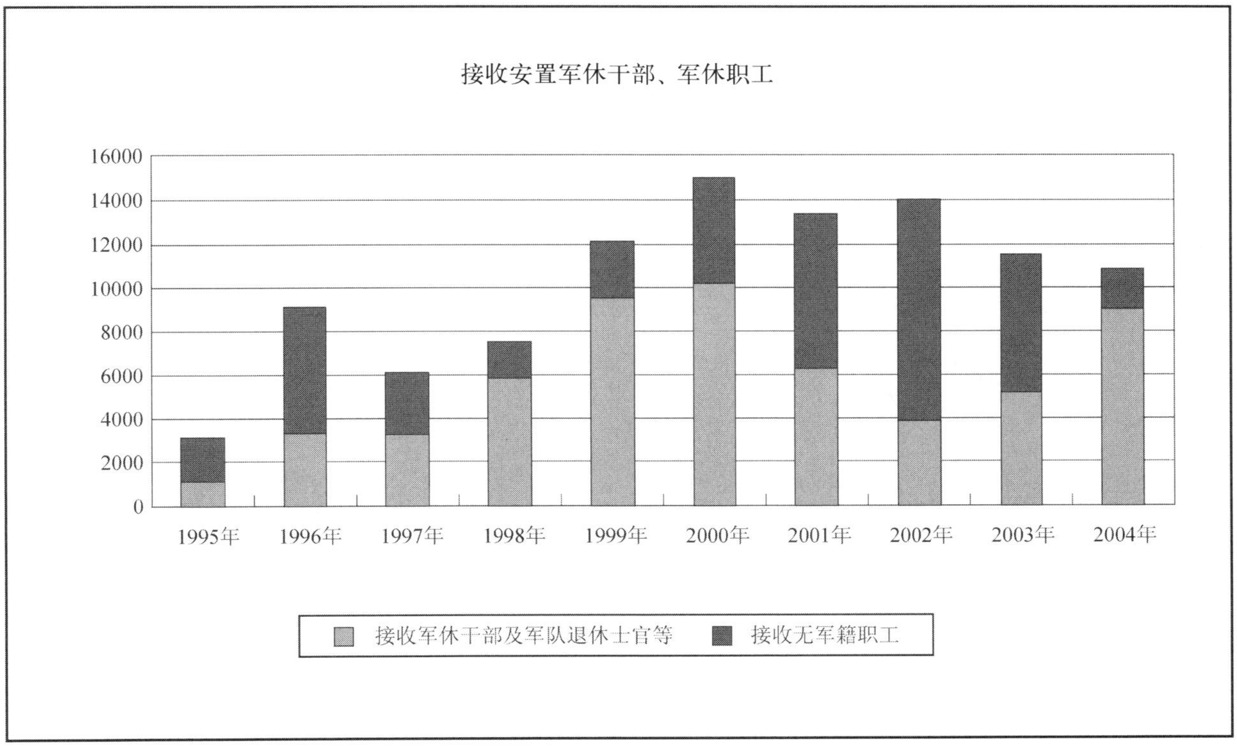

单位：人

指标	1995 年	1996 年	1997 年	1998 年	1999 年	2000 年	2001 年	2002 年	2003 年	2004 年
接收军休干部及军队退休士官等	1056	3210	3246	5868	9464	10197	6236	3792	5195	8974
接收无军籍职工	1999	5854	2835	1597	2611	4822	7129	10175	6312	1820

图-8 人口受灾

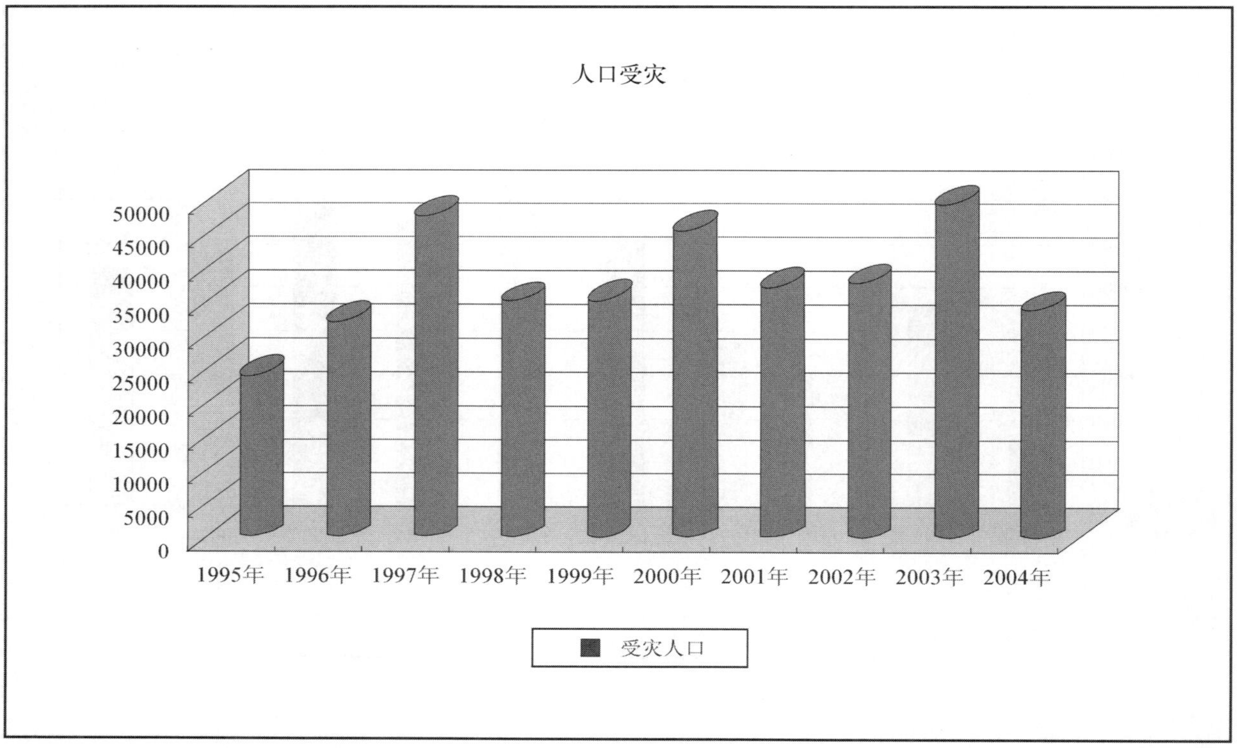

单位：万人次

指标	1995年	1996年	1997年	1998年	1999年	2000年	2001年	2002年	2003年	2004年
受灾人口	24215	32305	47886	35216	35319	45652	37256	37842	49745.9	33920.6

图-9　社会捐赠

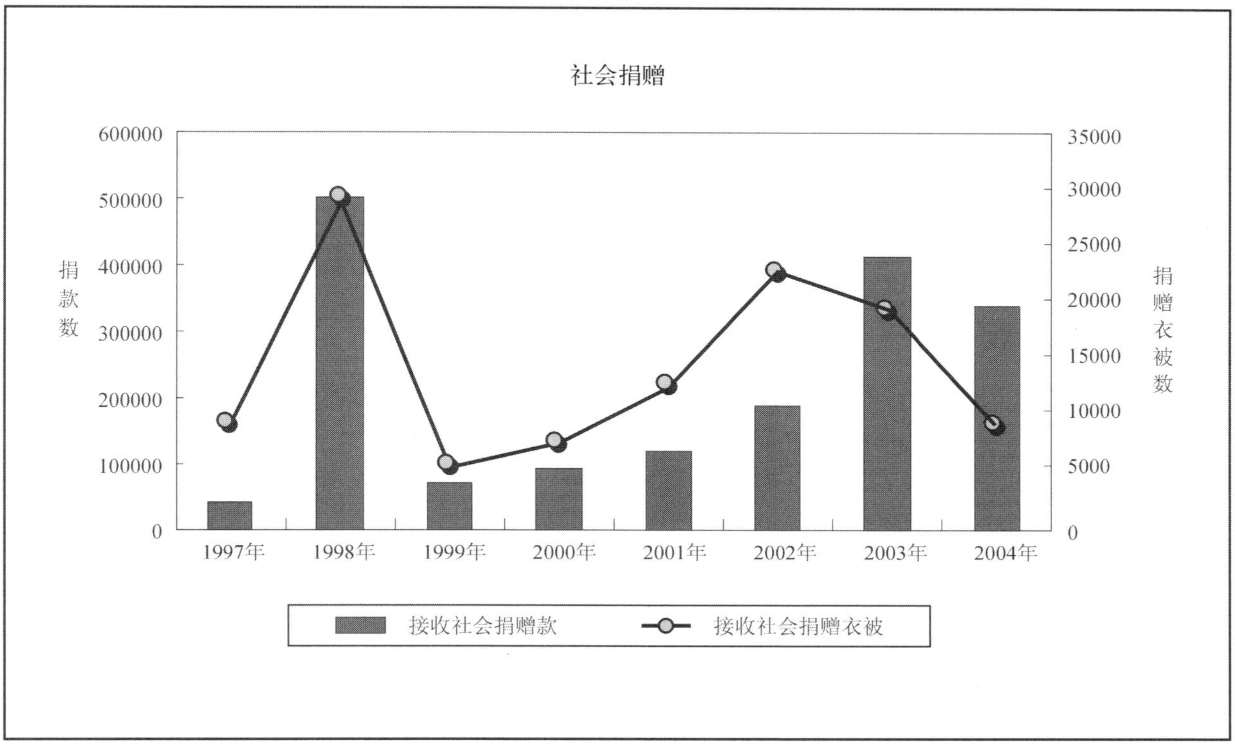

单位：万元、万件

指标	1997年	1998年	1999年	2000年	2001年	2002年	2003年	2004年
接收社会捐赠款	41514.6	501921.3	69434.8	93464	117241.8	189675.8	410234.7	339641.3
接收社会捐赠衣被	9358	29000	5636.2	7708.5	12635.4	22961.1	19648.8	8957.2

图−10　城市最低生活保障

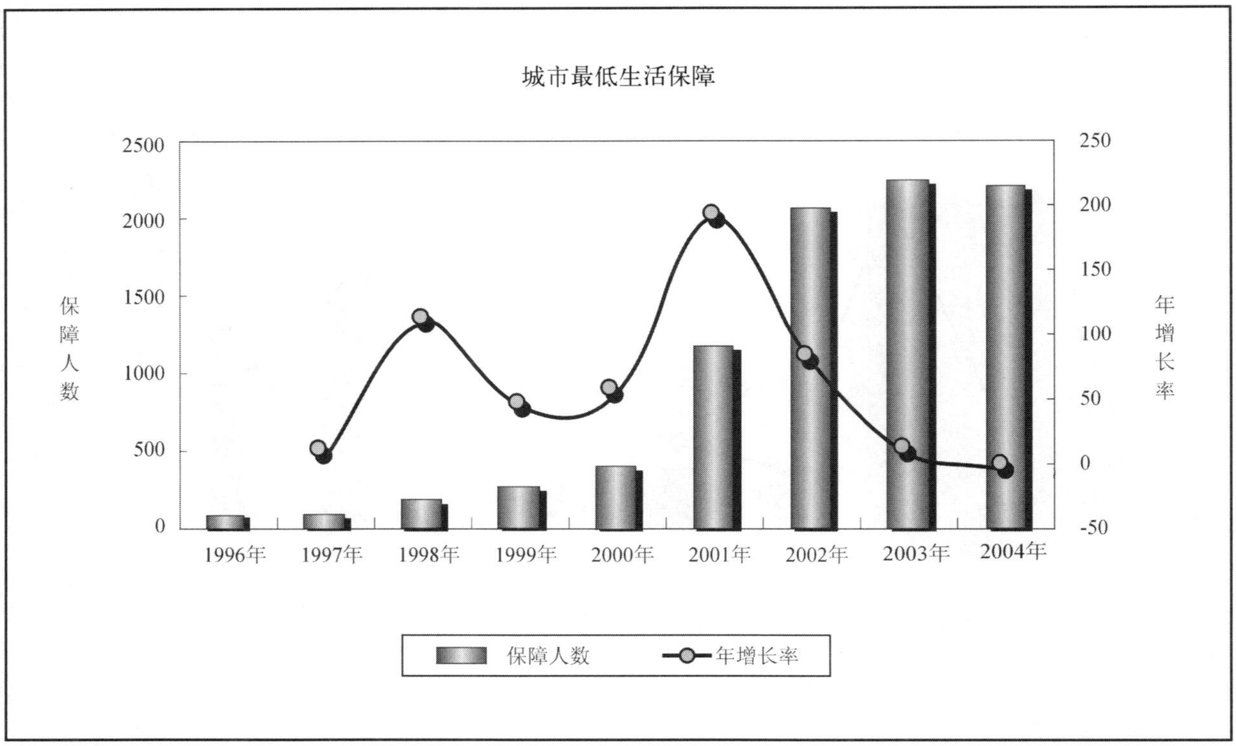

单位：万人、%

指标	1996年	1997年	1998年	1999年	2000年	2001年	2002年	2003年	2004年
保障人数	84.9	87.9	184.1	265.9	402.6	1170.7	2064.7	2246.8	2205
年增长率		3.5	109.4	44.4	51.4	190.8	76.4	8.8	-1.9

图-11　城市平均低保标准与平均支出水平

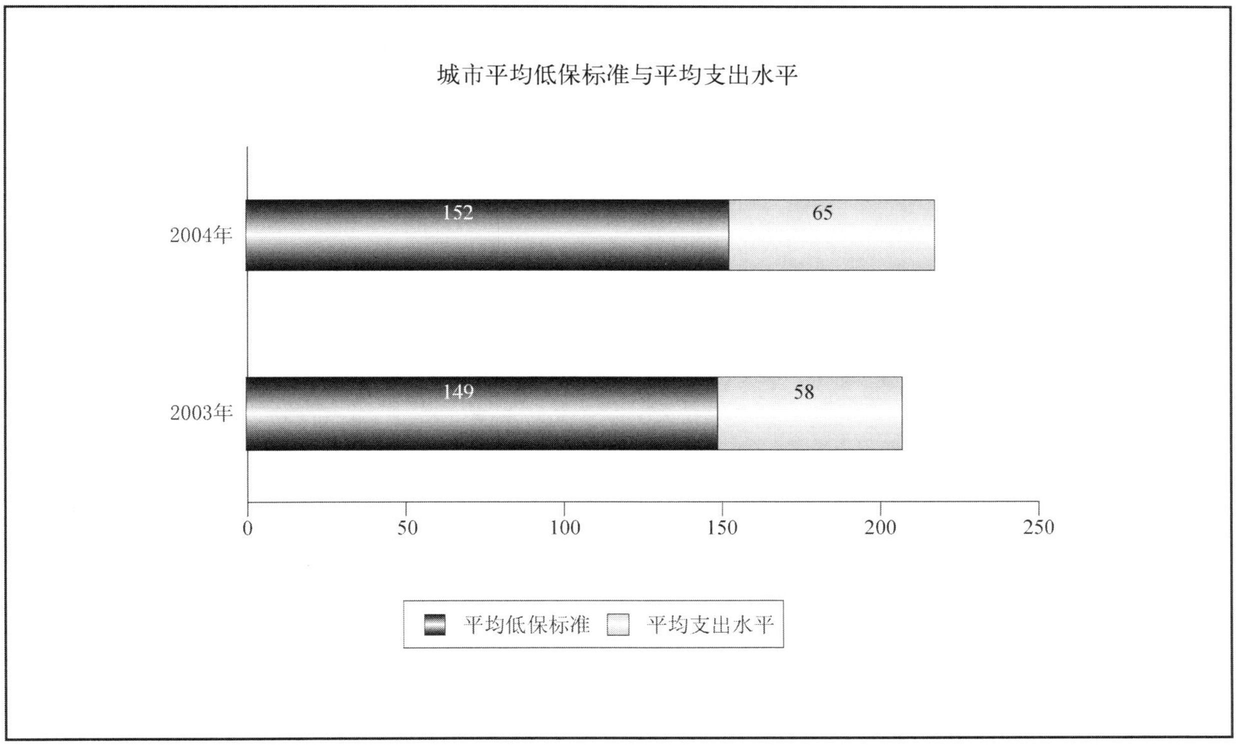

单位：万人、%

指标	2003年	2004年
平均低保标准	149	152
平均支出水平	58	65

图–12 各地城市低保平均标准与平均支出水平

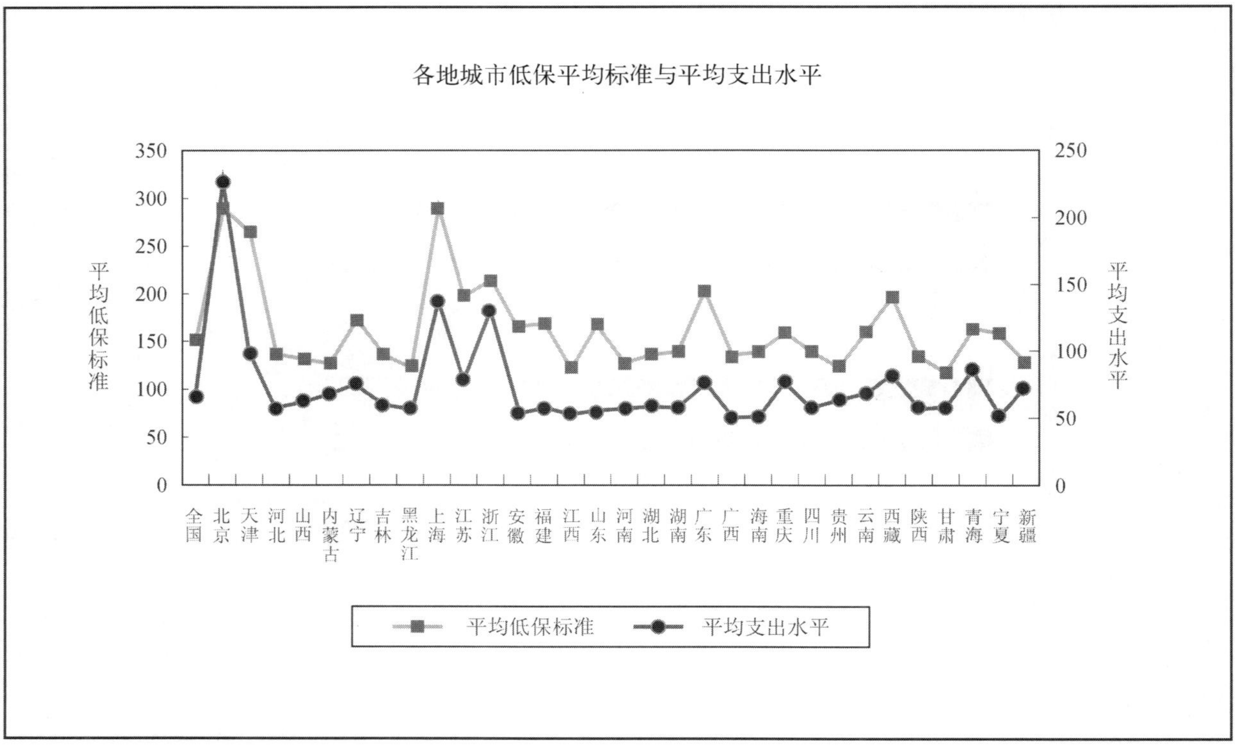

单位：元

地区	平均低保标准	平均支出水平	地区	平均低保标准	平均支出水平	地区	平均低保标准	平均支出水平	地区	平均低保标准	平均支出水平
全 国	152	65	黑龙江	124	58	河 南	127	58	贵 州	124	64
北 京	290	227	上 海	290	137	湖 北	137	60	云 南	159	69
天 津	265	99	江 苏	198	79	湖 南	140	58	西 藏	196	82
河 北	137	58	浙 江	213	131	广 东	203	76	陕 西	135	58
山 西	132	63	安 徽	165	53	广 西	135	51	甘 肃	118	57
内蒙古	127	68	福 建	169	58	海 南	140	51	青 海	162	86
辽 宁	172	75	江 西	122	53	重 庆	160	77	宁 夏	158	52
吉 林	137	60	山 东	167	55	四 川	139	58	新 疆	128	73

图-13 社区服务建设

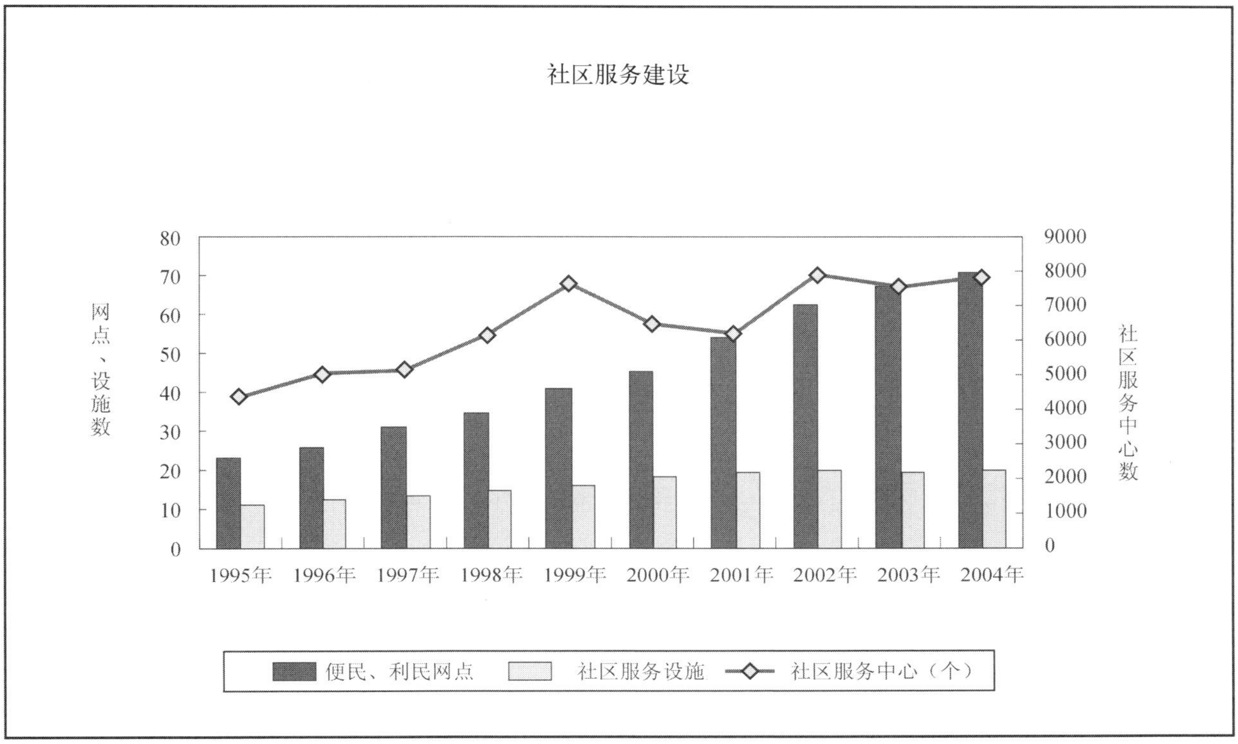

单位：万个

名称	1995年	1996年	1997年	1998年	1999年	2000年	2001年	2002年	2003年	2004年
便民、利民网点	23.4	25.9	30.7	34.5	40.6	45.2	54	62.3	66.8	70.4
社区服务设施	11.1	12.7	13.3	14.8	15.7	18.1	19.6	19.9	19.6	19.8
社区服务中心（个）	4380	5055	5113	6154	7623	6444	6179	7898	7520	7804

图－14　居委会、村委会变化

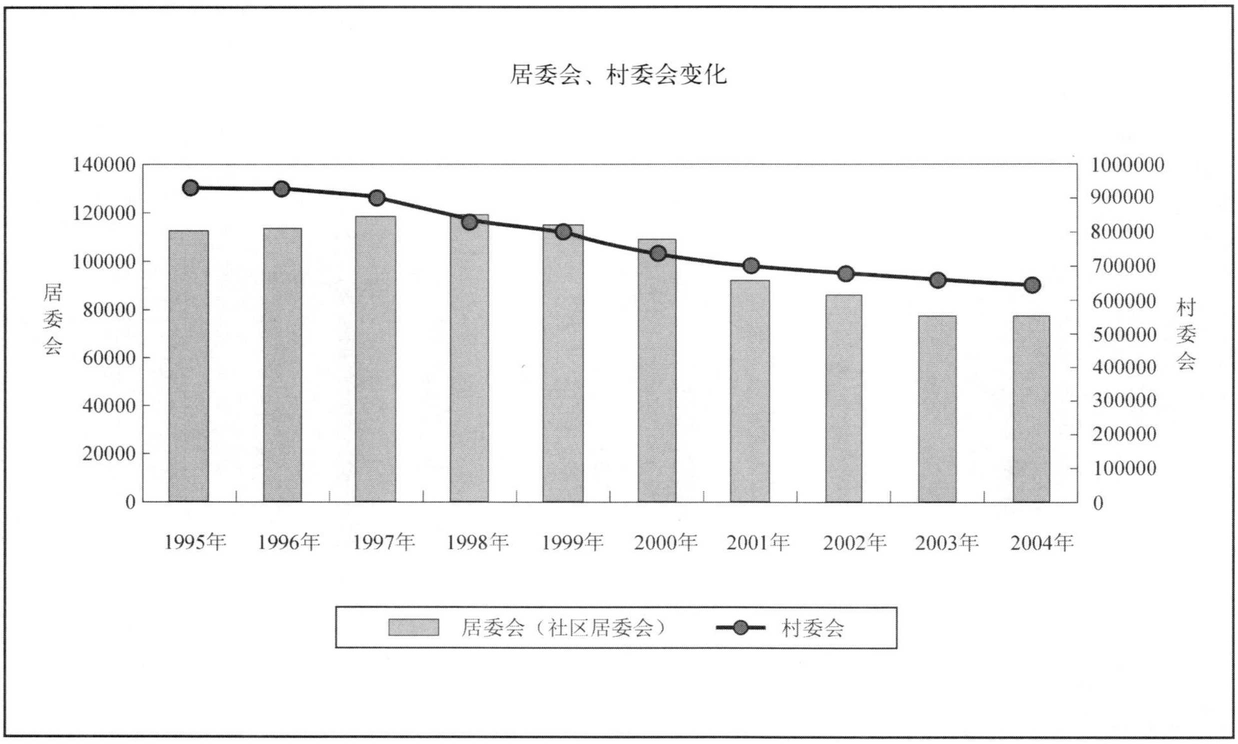

单位：个

指标	1995年	1996年	1997年	1998年	1999年	2000年	2001年	2002年	2003年	2004年
居委会(社区居委会)	111860	113690	117915	119042	114815	108424	91893	86087	77431	77884
村委会	931716	928312	905804	832987	801483	731659	699974	681227	663486	644000

图-15　乡镇变化

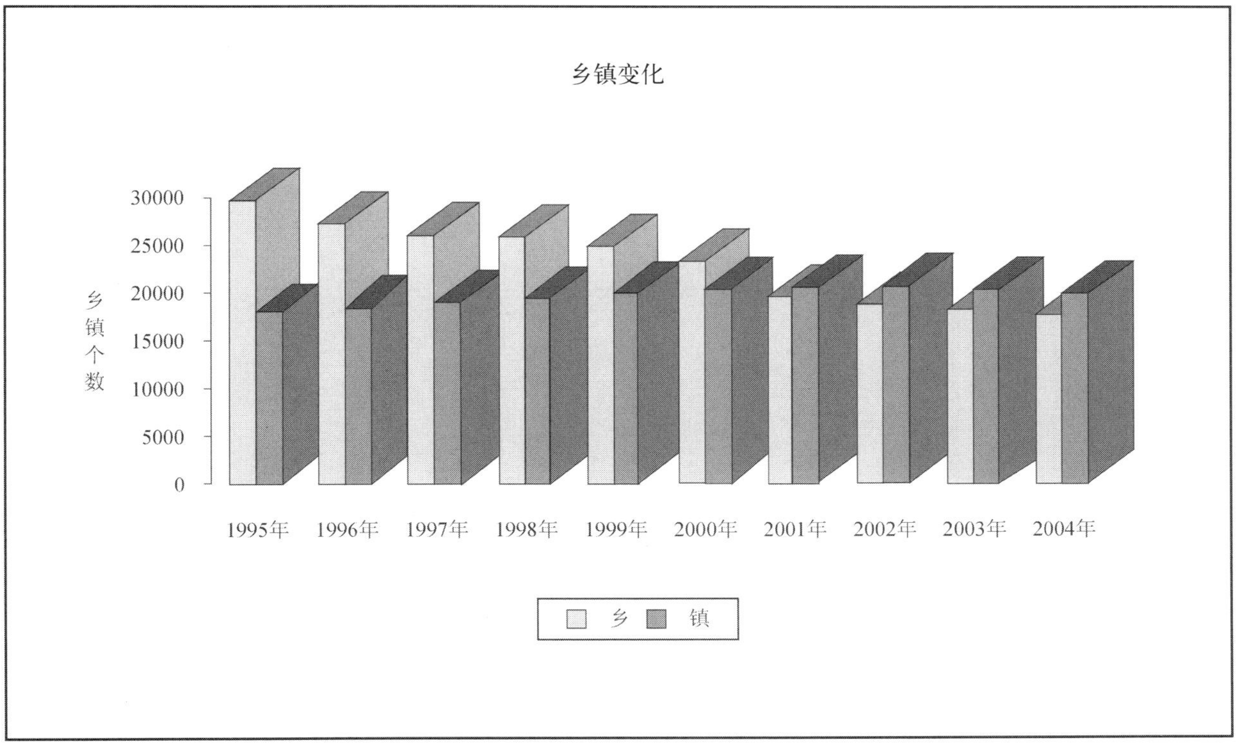

单位：个

指标	1995年	1996年	1997年	1998年	1999年	2000年	2001年	2002年	2003年	2004年
乡	29502	27056	25966	25712	24745	23199	19341	18639	18064	17451
镇	17532	18171	18925	19216	19756	20312	20374	20601	20226	19883

图−16　县和县级市的变化

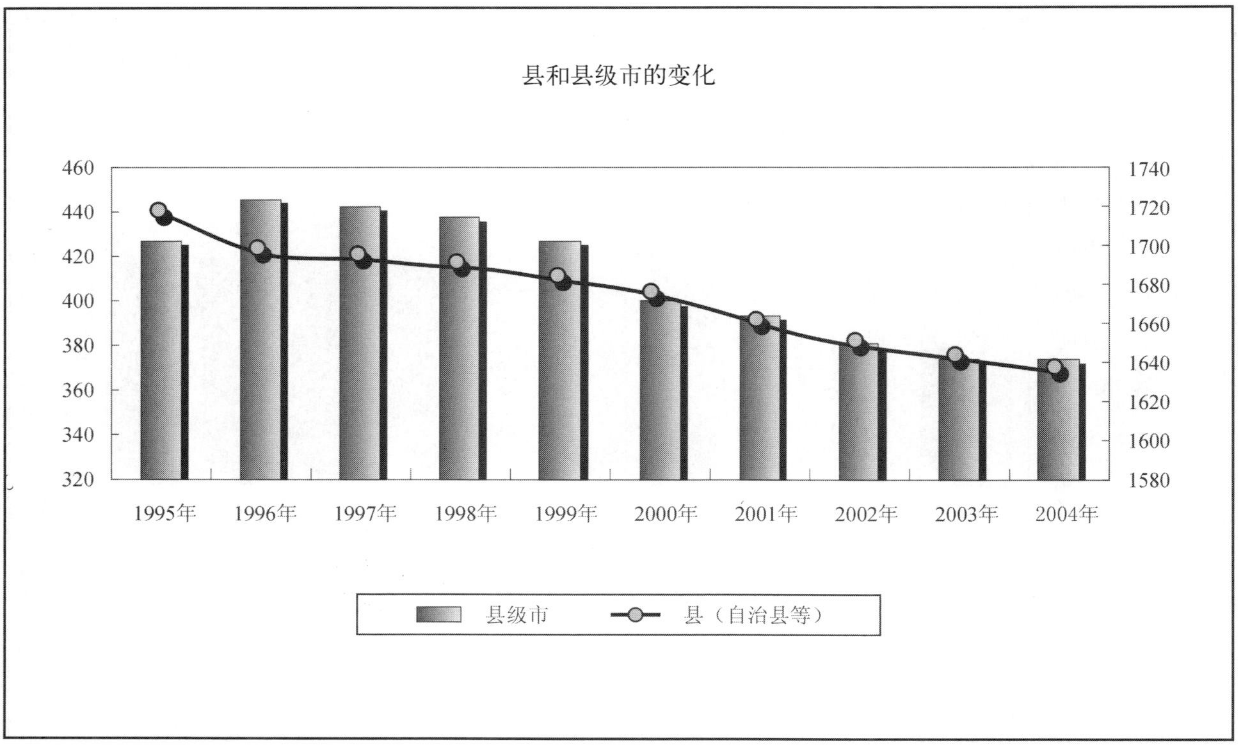

单位：个

指标	1995年	1996年	1997年	1998年	1999年	2000年	2001年	2002年	2003年	2004年
县级市	427	445	442	437	427	400	393	381	374	374
县(自治县等)	1716	1696	1693	1689	1682	1674	1660	1649	1642	1636

图－17　地和地级市变化

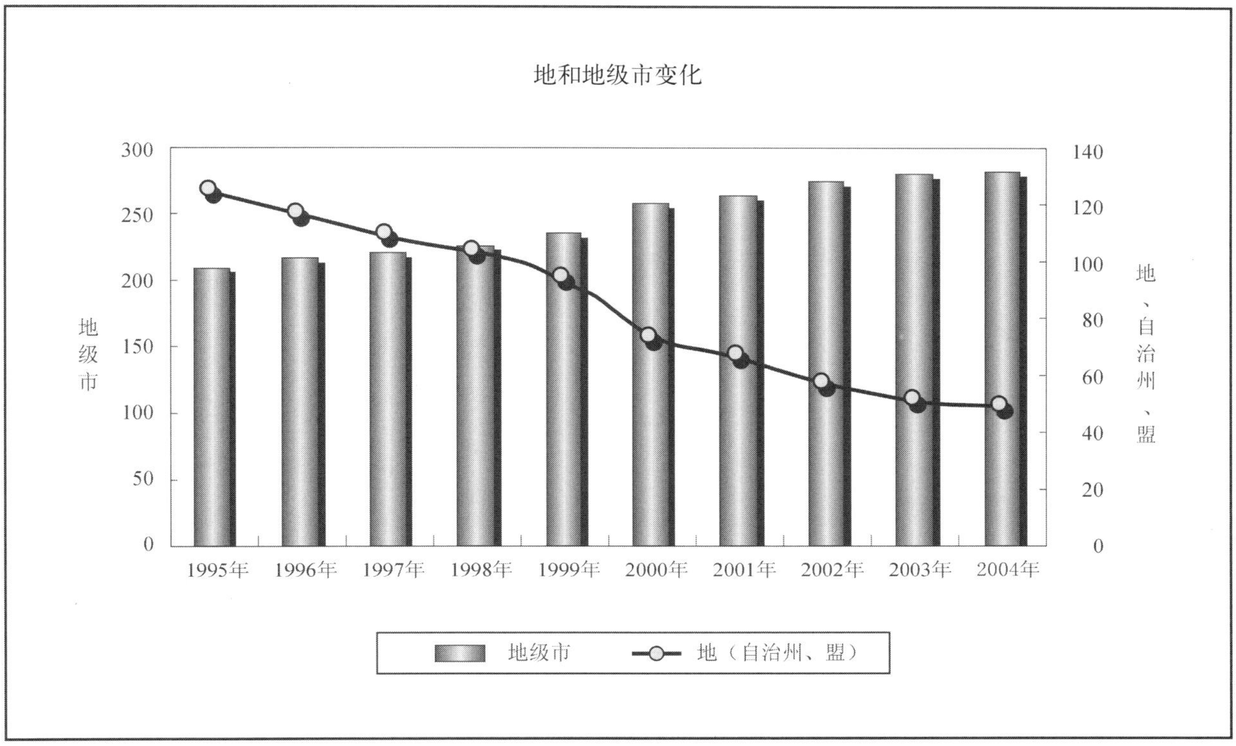

单位：个

指标	1995年	1996年	1997年	1998年	1999年	2000年	2001年	2002年	2003年	2004年
地级市	210	218	222	227	236	259	265	275	282	283
地(自治州、盟)	124	117	110	104	95	74	67	57	51	50

图-18　城市发展

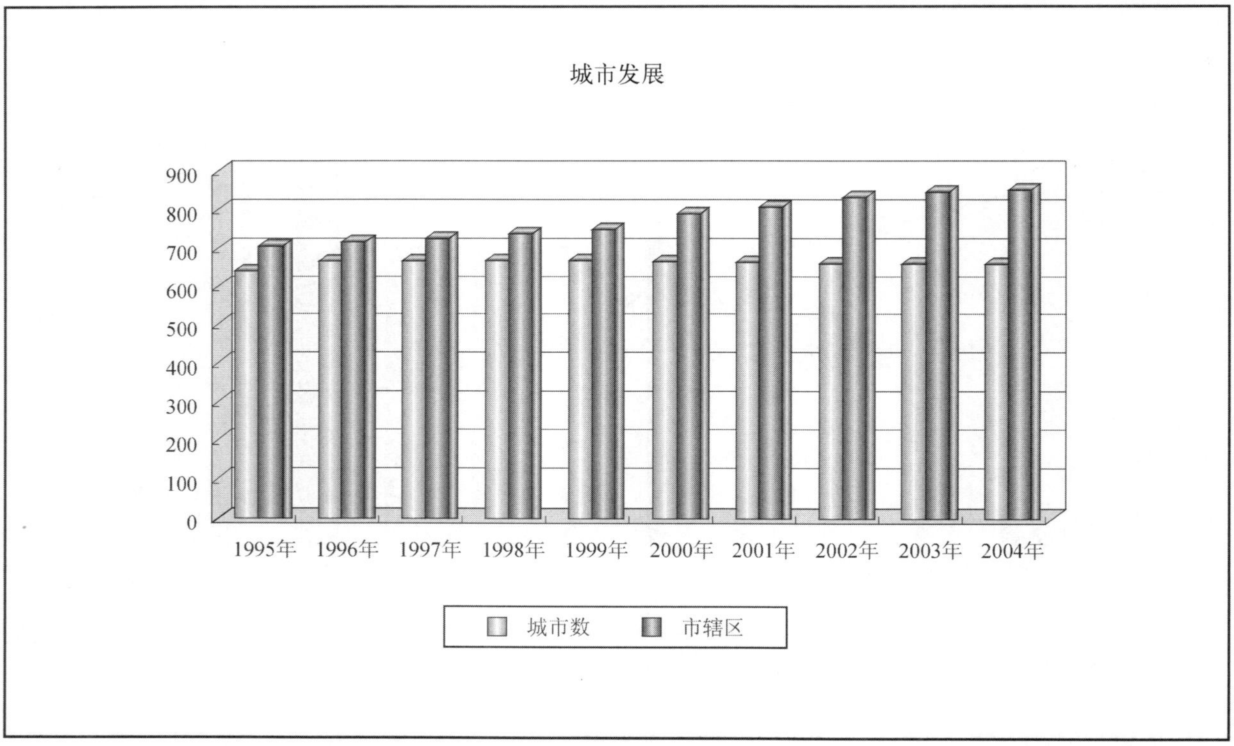

单位：个

名称	1995年	1996年	1997年	1998年	1999年	2000年	2001年	2002年	2003年	2004年
市辖区	706	717	727	737	749	787	808	830	845	852
城市数	640	666	668	668	667	663	662	660	660	661

图-19　结婚率和离婚率

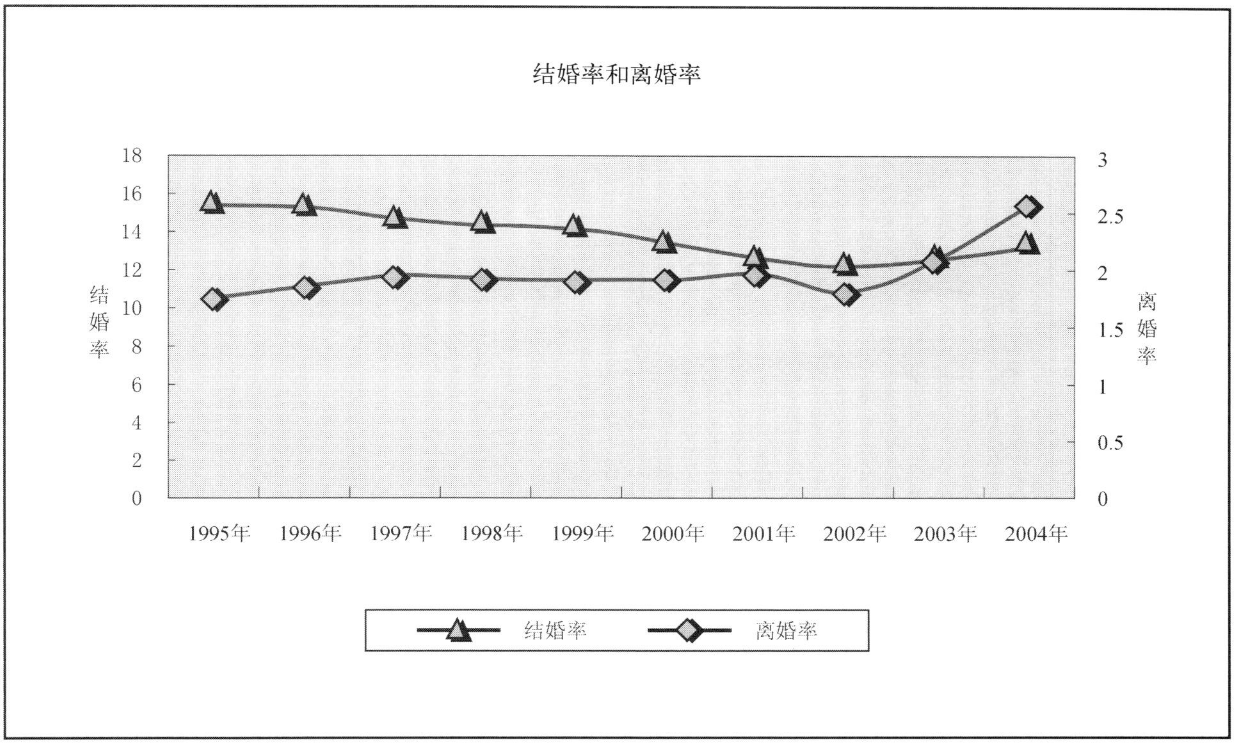

单位：‰

指标	1995年	1996年	1997年	1998年	1999年	2000年	2001年	2002年	2003年	2004年
结婚率	15.4	15.3	14.7	14.4	14.1	13.4	12.6	12.2	12.6	13.3
离婚率	1.75	1.85	1.94	1.92	1.91	1.91	1.96	1.8	2.1	2.56

注：结婚率、离婚率计算方法：

$$结婚率=\frac{当年领证人数（人）}{当地人口数（人）}\times 1000‰ \qquad 离婚率=\frac{当年领证人数（人）}{当地人口数（人）}\times 1000‰$$

图-20　民政部门和法院办理离婚情况

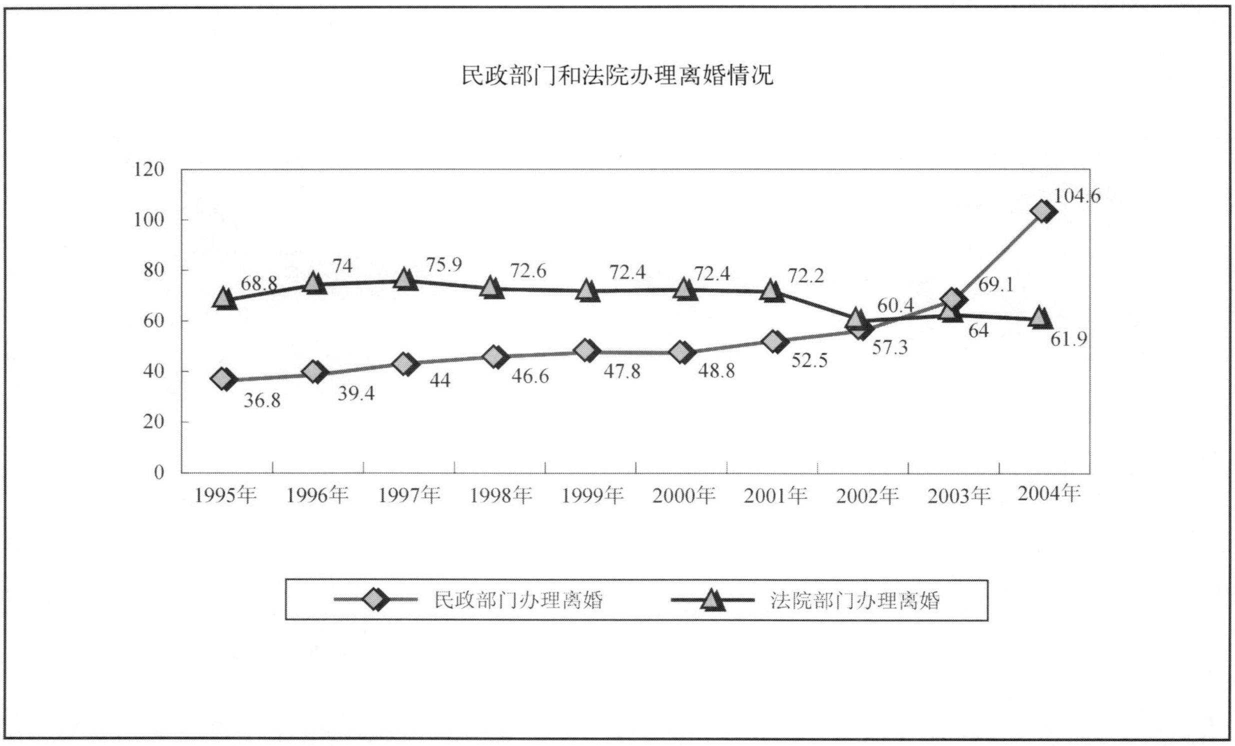

单位：万对

指标	1995年	1996年	1997年	1998年	1999年	2000年	2001年	2002年	2003年	2004年
民政部门办理离婚	36.8	39.4	44	46.6	47.8	48.8	52.5	57.3	69.1	104.6
法院部门办理离婚	68.8	74	75.9	72.6	72.4	72.4	72.2	60.4	64	61.9

图–21　殡葬事业发展情况

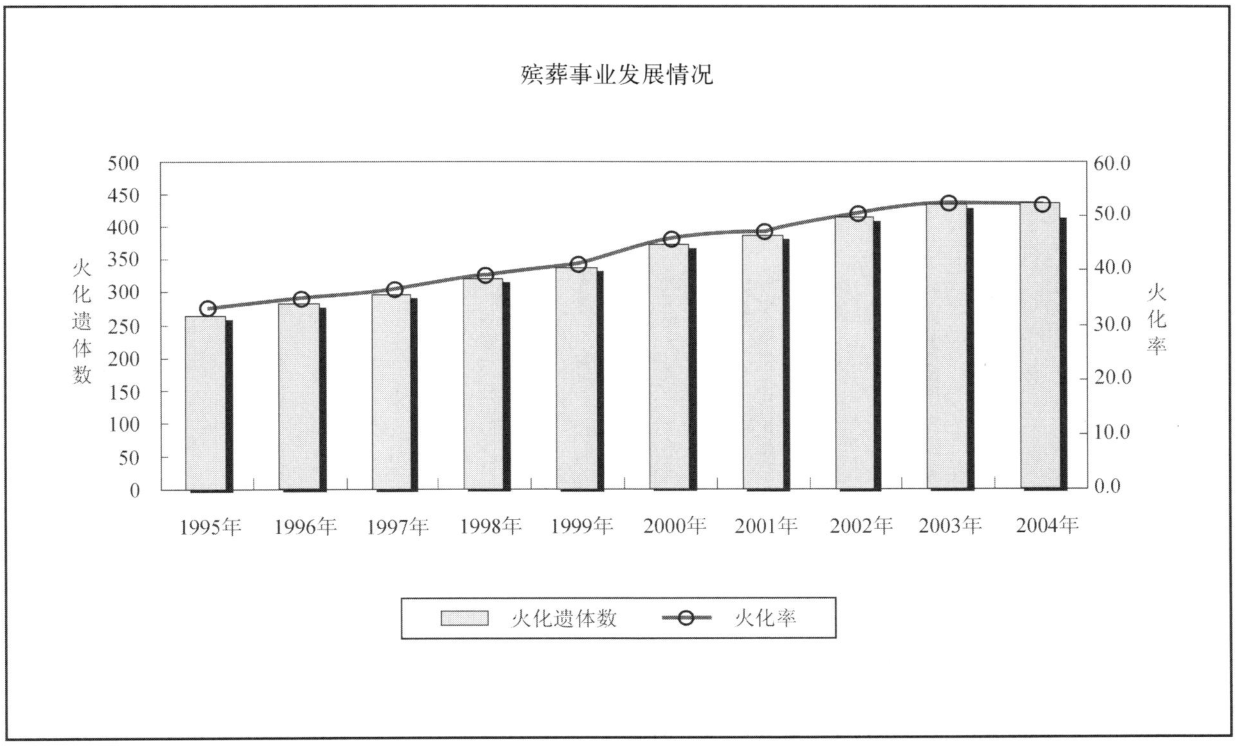

单位：万具、%

指标	1995年	1996年	1997年	1998年	1999年	2000年	2001年	2002年	2003年	2004年
火化遗体数	262.7	282.7	295	319.7	336.4	373.7	386.7	415.2	435	436.9
火化率	33.2	35.2	36.8	39.6	41.5	46.0	47.3	50.6	52.7	52.5

图-22 收养性社会福利单位发展情况

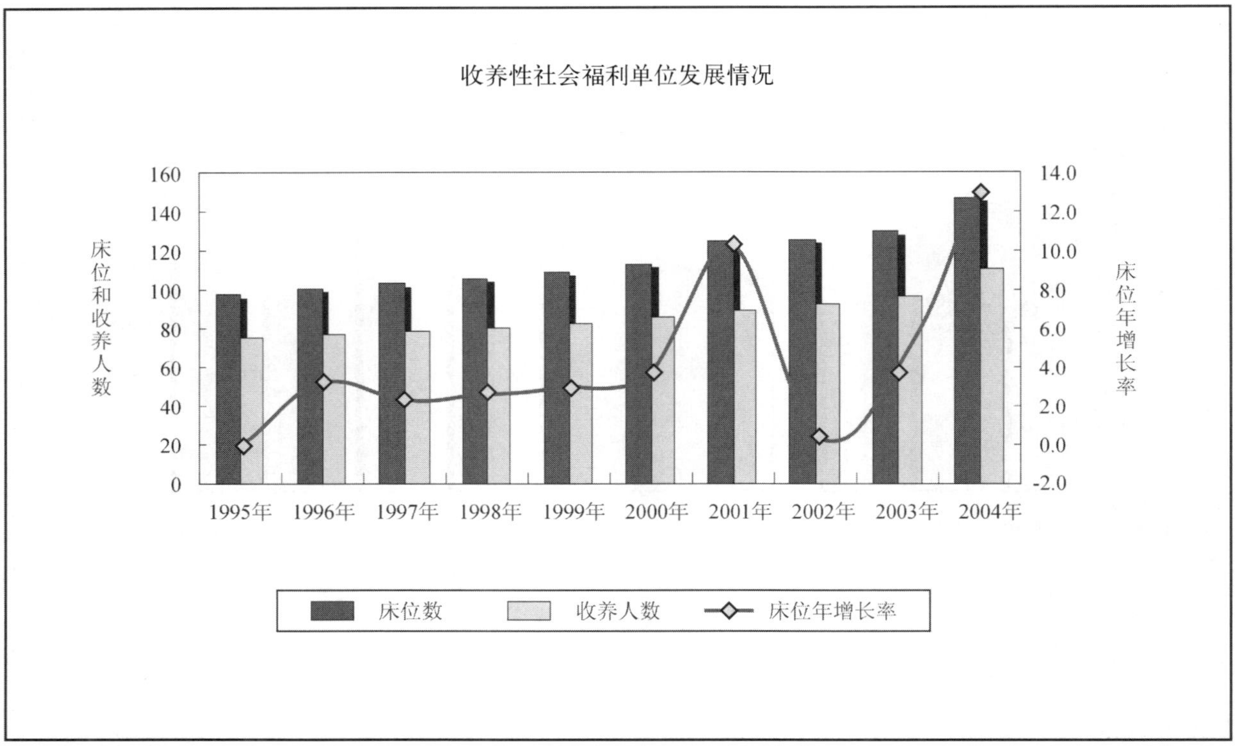

单位：万张、万人、%

指标	1995年	1996年	1997年	1998年	1999年	2000年	2001年	2002年	2003年	2004年
床位数	97.6	100.8	103.1	105.8	108.9	113	124.7	125.1	129.8	146.8
收养人数	74.7	76.9	78.5	80	82.7	85.4	89.3	92.6	96.5	110.9
床位年增长率	2.2	3.3	2.3	2.6	2.9	3.8	10.4	0.3	3.8	13.1

图−23 社会福利企业利润额

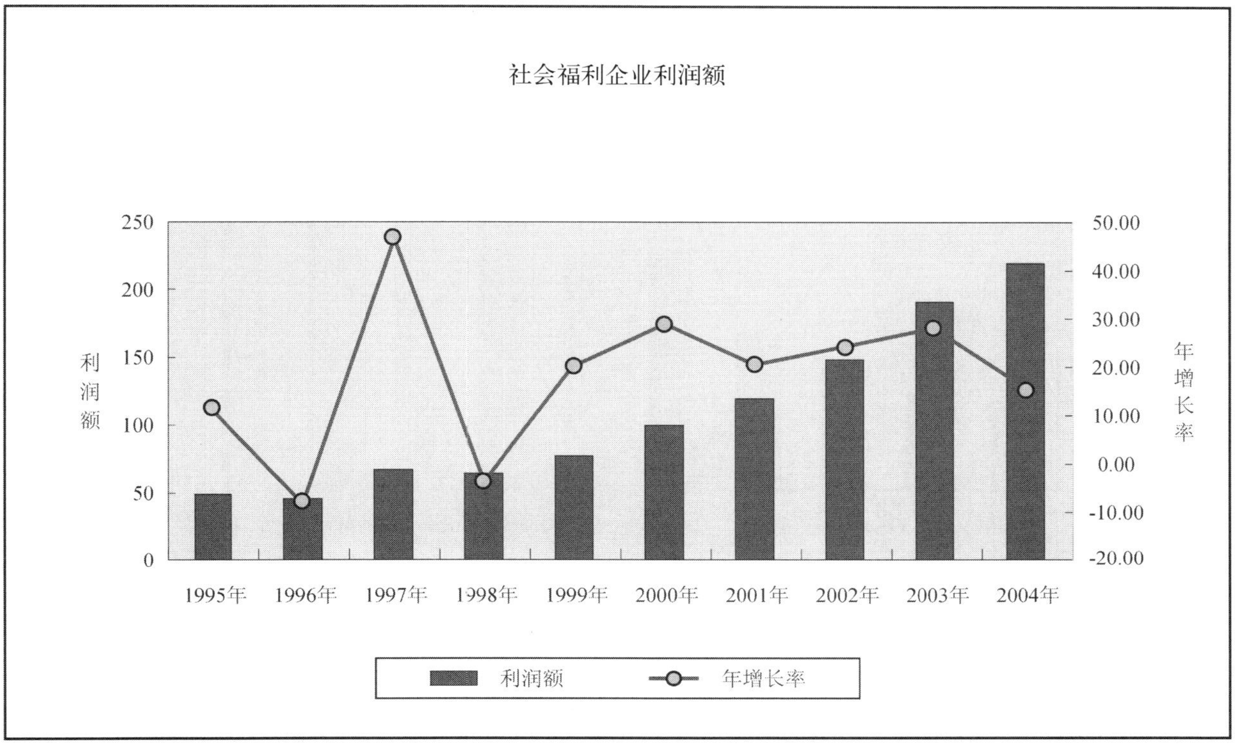

单位：亿元

指标	1995年	1996年	1997年	1998年	1999年	2000年	2001年	2002年	2003年	2004年
利润额	49.1	45.1	66.3	63.9	76.7	99	119.5	148.3	190	219
年增长率	11.34	-8.15	47.01	-3.62	20.03	29.07	20.71	24.10	28.12	15.3

图–24 民政事业基本建设投资情况

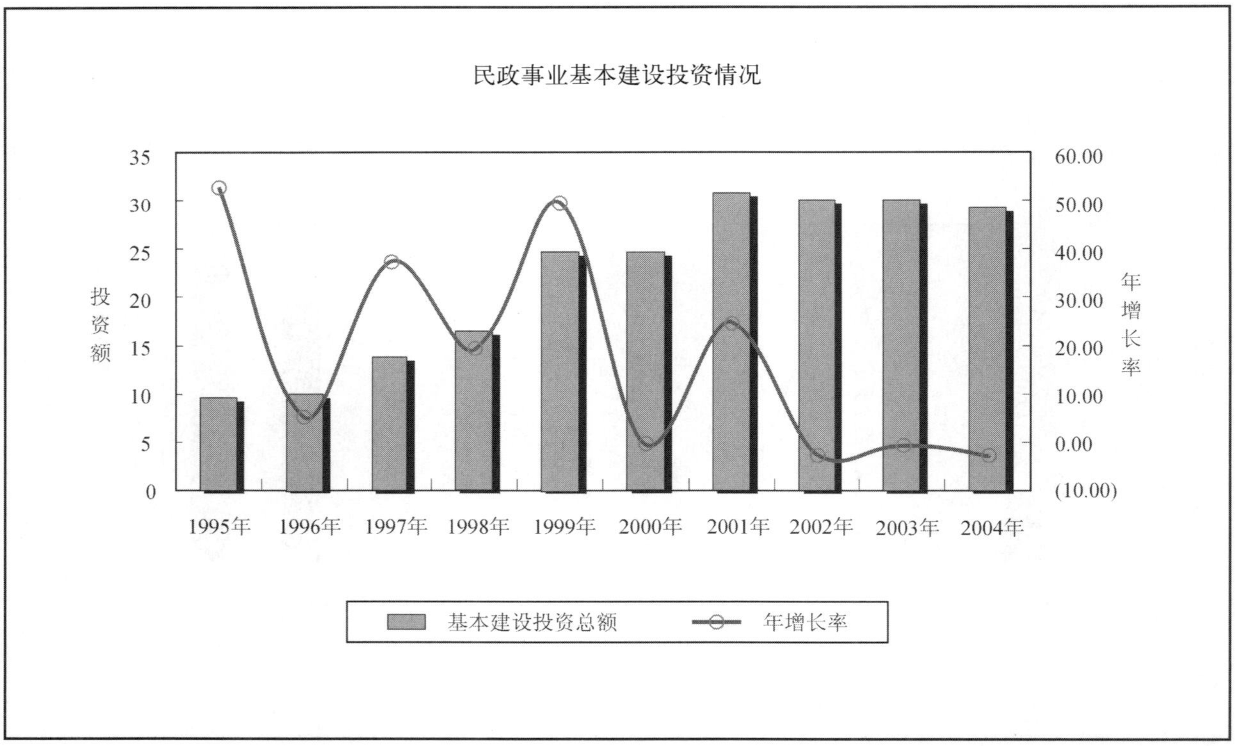

单位：亿元、%

指标	1995年	1996年	1997年	1998年	1999年	2000年	2001年	2002年	2003年	2004年
基本建设投资总额	9.5	10	13.8	16.5	24.7	24.7	30.8	30.1	30	29.2
年增长率	53.23	5.26	38.00	19.57	49.70		24.70	-2.27	-0.33	-2.70

图–25 民政事业费支出占国家财政支出的比重

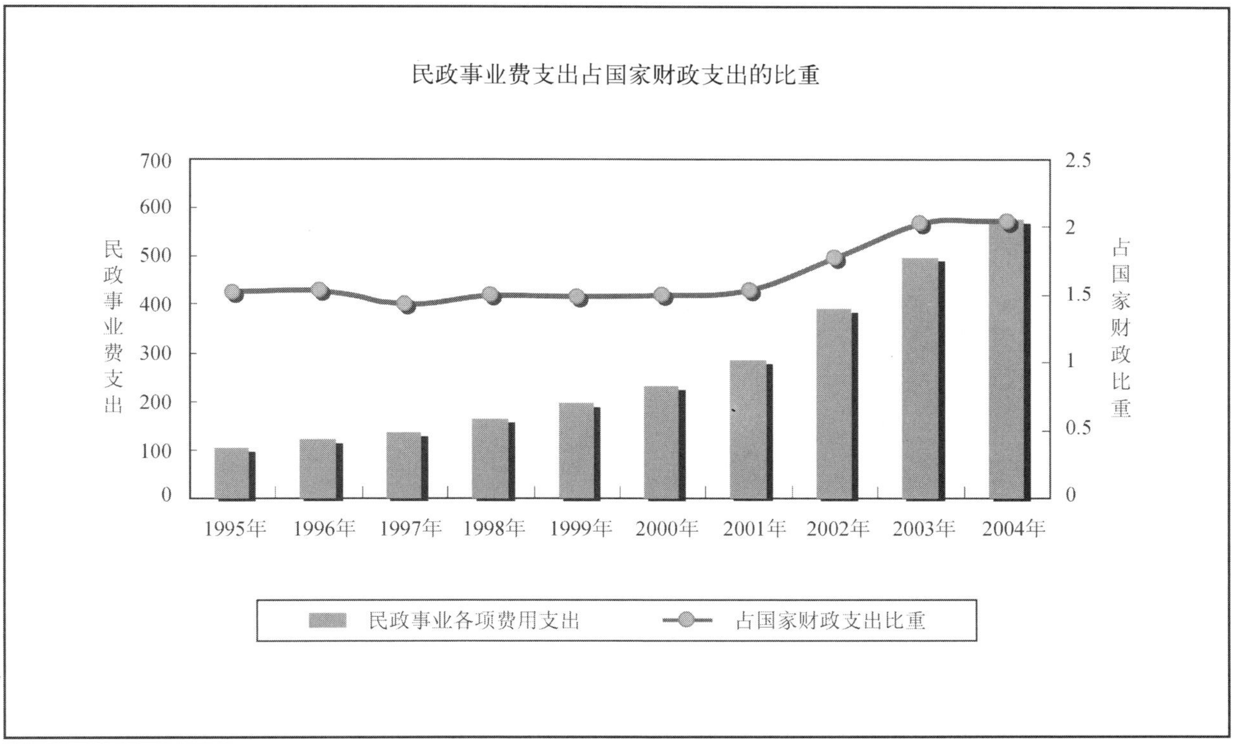

单位：亿元、%

指标	1995年	1996年	1997年	1998年	1999年	2000年	2001年	2002年	2003年	2004年
民政事业各项费用支出	103.5	121	133.5	161.8	194.6	230.5	285.1	392.2	498.9	577.4
占国家财政支出比重	1.52	1.53	1.44	1.5	1.49	1.5	1.53	1.78	2.03	2.04

图–26　民政事业费按用项支出比重

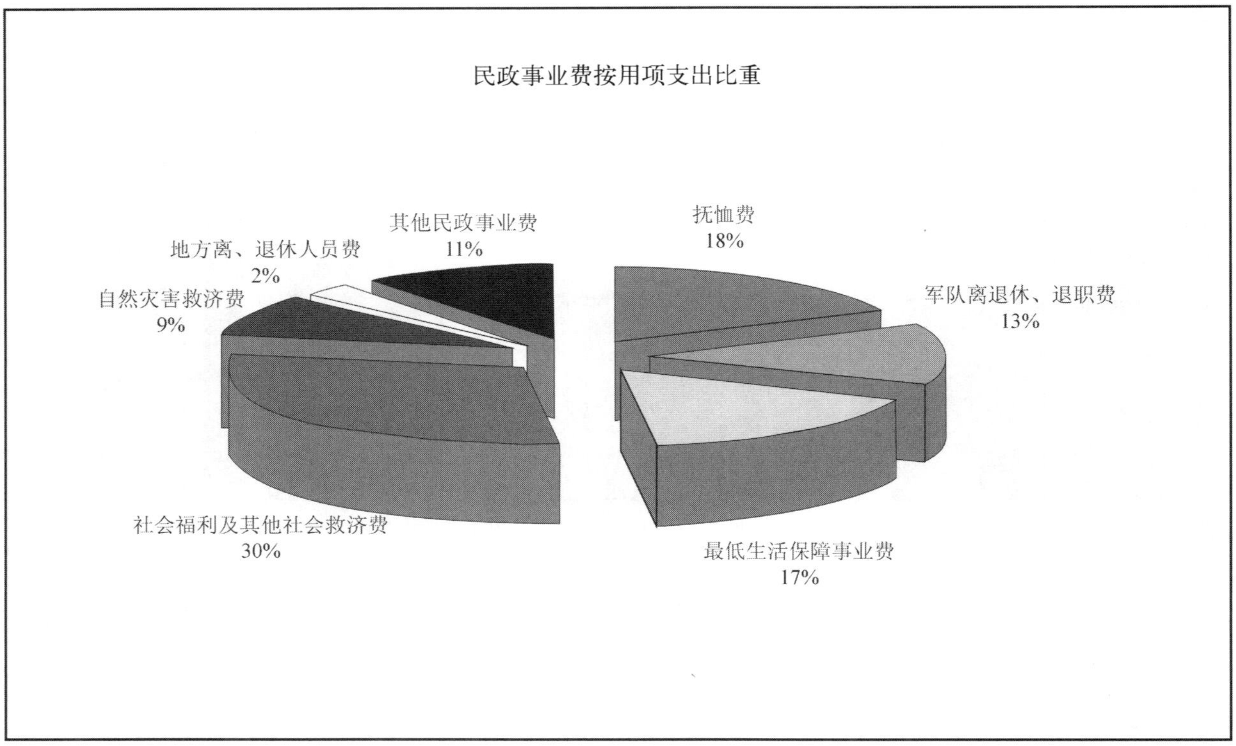

单位：亿元、%

指标名称	民政事业费总支出	抚恤费	军队离退休、退职费	最低生活保障事业费	社会福利及其他社会救济费	自然灾害救济费	地方离、退休人员费	其他民政事业费
数量	577.4	104.1	74.1	99.4	172.7	51.5	13.9	61.7
比重	100	18.0	12.8	17.2	29.9	8.9	2.4	10.7

CASY

2. 专文

关于印发《二〇〇四年民政事业发展统计报告》的通知

民发[2005]58号　二〇〇五年四月三十日

各省、自治区、直辖市民政厅（局），计划单列市民政局，新疆生产建设兵团民政局：

现将《二OO四年民政事业发展统计报告》予以公布。

民政部

二OO五年四月三十日

二〇〇四年民政事业发展统计报告

2004年，在党中央、国务院的正确领导下，全国民政系统坚持以邓小平理论和"三个代表"重要思想为指导，认真贯彻党的十六大，十六届三中、四中全会精神，倡导"以民为本、为民解困"的民政工作宗旨，强化自身能力建设，各项工作平稳推进，民政事业呈现出良好发展势头。

一、民间组织稳步发展

社会团体正在朝着布局合理、结构优化、质量提高的方向健康发展，在经济发展、社会管理和公共服务中发挥着越来越重要的作用。在培育发展民间组织方面，实施分类指导，重点培育发展了农村专业经济协会和行业性、公益性社团。民间组织从单纯的数量增长转向合理布局、优化结构、提高质量的协调发展，成为促进经济社会建设的一支重要力量。截至2004年底，全国共登记社会团体15.3万个，比上年增长7.7%。其中：全国性及跨省（自治区、直辖市）活动的社团1673个；省级及省内跨地（市）域活动的社团20563个，比上年减少467个；地级及县以上活动的社团50424个，比上年增加1693个；外国商会16个。

民办非企业单位的管理更加规范。截至2004年底，全国在民政部门登记的民办非企业单位共有13.5万个，比上年增加8.9%，其中：教育类6.9万个，卫生类2.8万个，文化类3139个，科技类5824个，体育类3441个，劳动类1.1万个，民政类9658个，社会中介服务业1275个，法律服务业546个。

基金会892个，其中：在国家民政部门登记的基金会84个。

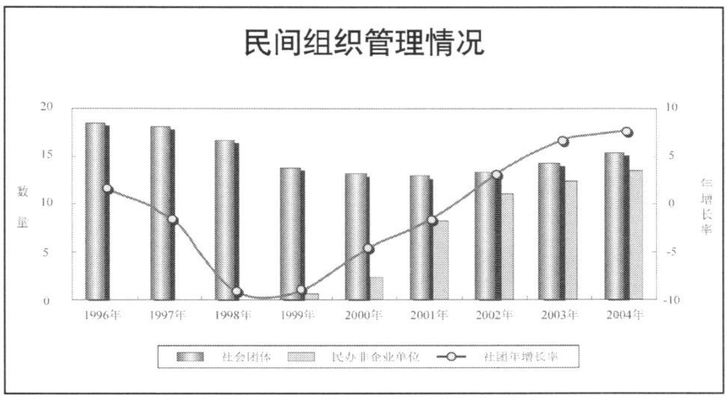

单位：万个、%

指标	1996年	1997年	1998年	1999年	2000年	2001年	2002年	2003年	2004年
社会团体	18.4	18.1	16.6	13.7	13.1	12.9	13.3	14.2	15.3
民办非企业				0.6	2.3	8.2	11.1	12.4	13.5
社团年增长率	1.7	-1.6	-9	-9.0	-4.6	-1.6	3.1	6.8	7.7

二、优抚对象的基本生活得到有效保障，退役士兵安置改革稳步推进

抚恤补助经费大幅度增长，有效地保障了优抚对象的基本生活。2004年中央和地方各级抚恤事业费支出104.1亿元，比上年增加16.2亿元，增长18.4%。截至2004年底，国家抚恤、补助各类重点优抚对象461.9万人，比上年减少3万人，下降0.6%。为了保障失业伤残军人的基本生活，部分省、自治区、直辖市将符合条件的失业伤残军人由享受伤残保健金转为享受伤残抚恤金，保障了伤残军人的基本生活，使其生活质量得到进一步提高。截至2004年底，享受革命伤残保健金的人员38.5万人，比上年下降1.5%；享受革命伤残抚恤金的人员47.1万人，比上年增长0.4%。在乡革命伤残人

员年均抚恤金由2003年的2260.1元增加到2377.9元，比上年增长5.2%。享受定期补助的优抚对象327.8万人，比上年减少0.7%。其中：在乡复员军人221.4万人；带病回乡退伍军人95万人，比上年增长3.4%；享受定期补助的在乡退伍红军老战士2701人，减少192人，比上年下降6.6%，在乡西路军红军老战士1454人，减少156人，比上年下降9.7%，红军失散人员8.3万人，比上年下降3.5%。红军老战士人均年定期补助由2003年的8934.8元增加到9638.5元，比上年增长4.4%。

2004年省级人民政府共批准烈士316人；烈士纪念建筑物14544处。

优抚对象年均抚恤、补助情况

单位：元／人、年

指标	1999年	2000年	2001年	2002年	2003年	2004年
在乡革命伤残人员	1327	1586	1839.6	2054	2260.1	2377.9
在乡红军老战士	4293	6300	6686.5	7800	8934.8	9638.5
红军失散人员	1040	1200	1381.9	1616	1744.2	1807.2
烈军属	1282	1507	1677.2	1954	2623.0	2777.8
在乡复员军人及在乡退伍军人	786	877	929	1043	1166.3	1210.0

退役士兵安置改革稳步推进。党中央、国务院、中央军委相继出台了一系列有关安置改革的政策法规，大力推进军队离退休干部安置管理工作改革，大力推行退役士兵安置就业与自谋职业相结合的安置办法。目前，全国有1500个县（市）开展了自谋职业改革工作，去年约有10万城镇退役士兵自谋职业。2004年安置退役士兵、复员干部52.6万人，比上年增加8%。其中：退伍义务兵46.4万人（城镇义务兵23.5万人）；转业士官6.1万人；复员干部1382人。全年共接收军队离退休干部、无军籍职工1.1万人。

截至2004年底，全国有优抚安置单位2987个；优抚类收养性床位8.1万张，比上年同期增长8.5%，年末收养各类人员5.6万人。

三、规范城市居民低保工作程序，积极探索建立农村低保制度

城市居民最低生活保障工作稳步实施。积极推行“分类施保”，对重病、重残和无经济收入等低保家庭给予重点救助。规范低保工作程序，确保低保制度有效实施和低保金按时足额发放。2004年底城市居民最低生活保障平均标准达到152元。全国共有955.5万户，2205万城镇居民得到了最低生活保障，分别比上年同期增加2.7%和下降了1.9%。得到最低生活保障人员中：在职人员141万人，比上年同期下降了21.4%；下岗人员468.9万人，比上年同期下降了9.6%；退休人员73.1万人，比上年同期下降了19.4%；失业人员423.1万人，比上年同期增长了3.5%；上述人员家属1003.5万人，比上年同期增长了5.7%；“三无”人员95.4万人，比上年同期下降了4.5%。全年各级财政共支出低保资金172.7亿元。2004年全国城市最低生活保障月人均保障水平65元，比上年提高12%。

城市最低生活保障情况

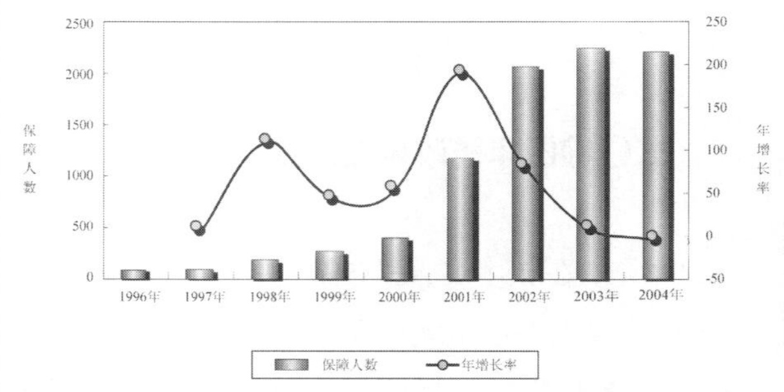

单位：万人、%

年份	1999年	2000年	2001年	2002年	2003年	2004年
保障人数	265.9	402.6	1170.7	2064.7	2246.8	2205
年增长率	44.4	51.4	190.8	76.4	8.8	-1.9

积极探索建立农村最低生活保障制度，农村特困户救助制度稳步推进。截至2004年底，全国有8个省份、1206个县（市）建立了农村最低生活保障制度，有488万村民、235.9万户家庭得到了农村最低生活保障，分别比上年同期增长了33%和33.5%，其中：困难户165.2万人，五保户37.1万人，其他人员33.6万人。没有开展农村居民最低生活保障工作的地区，初步建立了农村特困户救助制度。2004年共有914.1万人、545.7万户家庭得到了救助，分别比上年同期增长了15.2%和19.7%，其中 特困户260.4万户，五保户228.7万户，其他救济对象56.6万户。

农村医疗救助体系初步建立。截至2004年底，全国已有30个省（自治区、直辖市）和新疆生产建设兵团出台了农村医疗救助管理办法，1501个县（市）开展了农村医疗救助工作。全年共筹集医疗救助金13.5亿

元，累计支付医疗救助金4.43亿元(其中：资助参加新型农村合作医疗资金0.65亿元，资助大病救助资金3.78亿元)，累计救助贫困农民640.7万人次(其中：资助参加新型农村合作医疗408万人次，大病救助232.7万人次)。

四、进一步完善救灾体系，积极组织开展社会捐助

在进一步完善救灾工作分级管理，救灾资金分级负担，救灾款专户管理制度的同时，重点提高了灾害应急处置能力和综合协调能力。颁布了《春荒、冬令灾民生活救助工作规程》、《灾害应急救助工作规程》和《灾区民房恢复重建管理工作规程》，全面规范各级救灾工作。在全国设立10个中央救灾物资储备库，各省（自治区、直辖市）以及多灾易灾的地、县也建立了地方救灾物资储备库。中央和地方储备37万顶救灾帐篷及衣被等救灾物资。《国家自然灾害救助应急预案》已经国务院批准，各省（自治区、直辖市）都制定了省级救灾预案，310个地（市）和2347个县（市、区）出台了救灾应急预案。全国救灾应急预案体系和紧急救援响应机制基本形成，初步做到大灾3天内中央资金到位、24小时内救灾物资到位。2004年共下拨中央级救灾补助资金40亿元，下拨救灾捐款489万元，调拨救灾帐篷33900顶，转移安置群众611万人，救助人数达9000万人(次)，保证了受灾群众的衣、食、住、水、医等基本需求，灾区人心安定、社会稳定。

2004年发生各类自然灾害比上年下降。全国农作物受灾面积3710.6万公顷，比上年下降31.8%。其中，绝收面积436万公顷，比上年下降49%。全国共有3.4亿人受到各类自然灾害影响，比上年下降30.6%；其中因灾死亡2250人，比上年下降0.4%；紧急转移安置563.2万人，比上年下降20.4%；倒塌房屋155万间，比上年下降54.8%；直接经济损失1602.3亿元，比上年下降15%。全年因海洋灾害造成的直接经济损失约54.2亿元，比上年降低32.6%。全年共发生5级以上地震22次，比上年减少7次，其中6级以上地震2次。地震共造成8人死亡，直接经济损失9.5亿元。

积极推进社会捐助经常化、规范化和捐助形式多样化。截至2004年底，全国共建立经常性社会捐助工作站、点3.2万多个，比去年增加3881个，其中：慈善超市1842个，基本形成覆盖全国城市的社会捐助网。全年民政部门和慈善团体直接接收社会捐款33.9亿元，衣被8957.2万件，其中棉衣被1788.4万件，其他捐物折合人民币11564.4万元；间接接收其他部门转入的社会捐款11409.4万元，衣被2489.9万件，其中棉衣被931.9万件，其他捐物折合人民币1833.3万元，2444.5万人（次）困难群众受益。

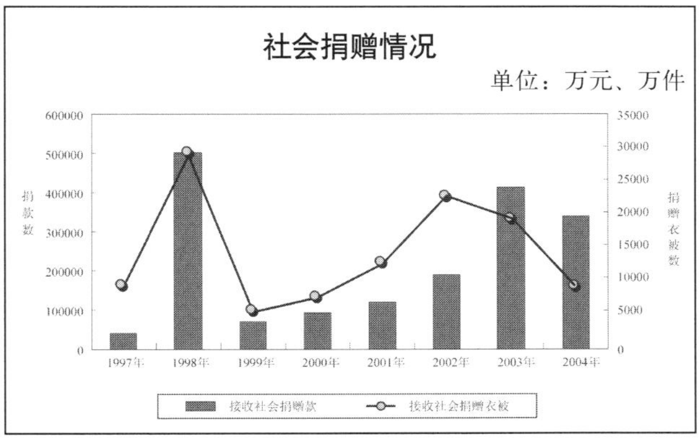

五、社区建设、村民自治等工作蓬勃发展

社区建设工作机制进一步完善。2004年，各地进一步加强城市社区基础建设，完善社区建设工作机制，强化居民参与意识和社区居民自治功能。截至2004年底，全国城镇社区服务设施19.8万处；其中，中国福利彩票公益金资助的星光老年之家2.6万个，安置下岗人员121.7万人；综合性的社区服务中心7804个。

村委会换届选举继续推进。2004年，全国有北京、天津、河北、内蒙古、辽宁、吉林、福建、海南、云南等省（自治区、直辖市）的927个县（市、区、旗）完成了村委会换届选举，绝大多数村庄选举出了群众满意的村委会成员。全国共有1.9亿人参加了选举，当年进行选举的村委会21.5万个。

形成了推进村民自治工作的新机制。各地认真贯彻落实《中共中央办公厅　国务院办公厅关于健全和完善村务公开和民主管理制度的意见》(中办发〔2004〕17号)，普遍建立了党委和政府统一领导、有关部门共同参与、民政部门组织协调的领导体制和工作机制，总结推广了一批村务公开和民主管理的典型经验，会同司法部开展了“民主法治示范村”创建活动，并命名表彰了第一批299个“全国民主法治示范村”。初步形成村党组织领导的充满活力的村民自治机制。2004年，共有村民自治模范乡镇8047个，村

民自治模范县(市、区)737个。

随着机构改革，乡镇撤并，村委会和居委会进一步得到调整。截至2004年底，全国设有居委会（社区居委会)7.8万个，比上年增加0.6%；居民小组129.6万个，比上年增加7.5万个；居委会成员42.5万人，比上年增加2.8万人。村委会64.4万个，比上年减少了1.9万个，下降2.9%；村民小组507.9万个，比上年减少11.3万个；村委会成员292.1万人，比上年减少27万人。

《婚姻登记条例》的出台，简化了登记手续，婚姻登记机关设置更加合理，登记服务水平显著提高，极大地方便了当事人办理婚姻登记。2004年全国办理结婚登记867.2万对，比上年增加55.8万对，其中：内地居民登记结婚860.8万对，比上年增加57.2万对；涉外及华侨、港澳台居民登记结婚6.4万对，比上年减少1.4万对；结婚率为13.3‰，比上年增加0.7个千分点。离婚166.5万对，比上年增加33.4万对，其中：内地居民登记离婚104万对，涉外及华侨、港澳台居民登记离婚5830对；离婚率为2.56‰，比上年增加0.5个千分点。

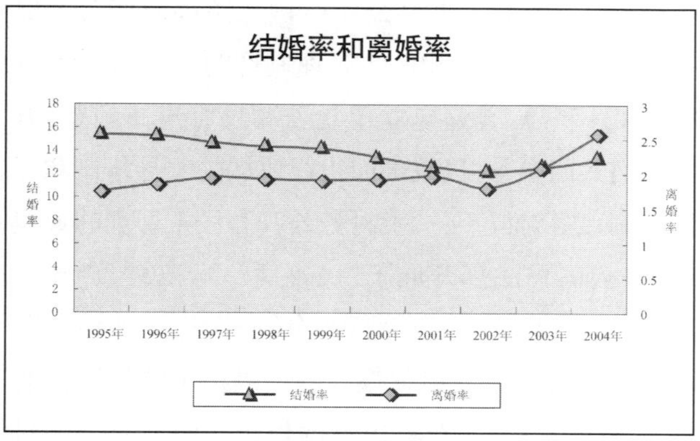

六、依法推进区划地名工作，乡镇村撤并工作进一步推进

深入扎实开展行政区划总体规划，慎重稳妥调整行政区划变更事项，继续推进乡镇行政区划调整工作。截至2004年底，全国县级以上行政区划共有：23个省，5个自治区，4个直辖市，2个特别行政区；50个地区(州、盟)，比上年减少1个；661个市，其中：直辖市4个；地级市283个，比上年增加1个；县级市374个，与上年相同；1636个县(自治县、旗、自治旗、特区和林区)，比上年减少6个；852个市辖区，比上年增加7个。

全国乡镇总数37334个，其中：镇19883个，比上年减少343个；乡17451个，比上年减少613个，全年撤并乡镇956个。乡镇撤并进一步减轻了农民负担，推进了城市化进程，促进了农村经济的发展。

2004年共有街道办事处5904个，比上年增加153个。

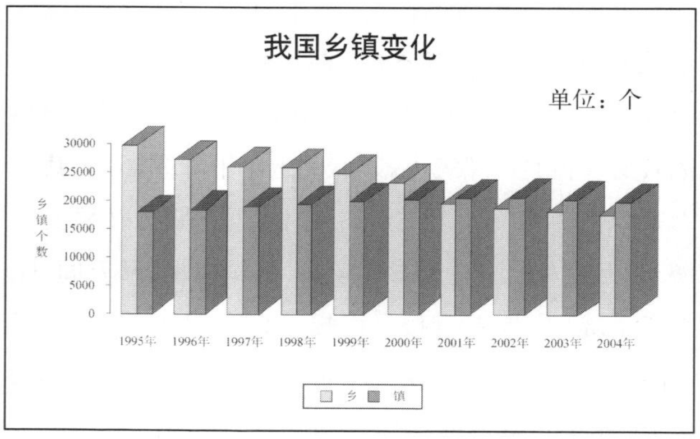

召开了全国勘界和界线管理工作电视电话会议，制定下发了《省级行政区域界线联合检查实施办法(试行)》，组织指导完成了11条省界和1646条县界的联合检查，检查省级界桩267棵，修复34棵，解决纠纷3起，边界纠纷大幅度减少。完成了省界标准画法图的编

制与公布，勘界成果的社会效益得以显现。开展了《行政区域界线管理条例》贯彻执行情况的专项检查，总结了界线管理工作的情况，摸清了存在的主要问题，明确了进一步做好界线管理工作的思路。地名管理工作以公共服务为主导，已有640多个城市完成了地名设标任务，地名科研和地名数据库建设取得了新的进展。

七、积极推进社会福利社会化进程，新型的流浪乞讨人员社会救助制度稳步实施

城市生活无着的流浪乞讨人员的新型社会救助制度已经建立。2003年，国务院公布《城市生活无着的流浪乞讨人员救助管理办法》，对城市生活无着的流浪乞讨人员变强制收容遣送为关爱型自愿救助，体现了党和政府对困难群众的关爱。截至2004年底全国共有救助管理工作站977个，床位4.5万张，先后救助城市生活无着的流浪乞讨人员82万人次。

《家庭寄养管理暂行办法》的发布，促进了家庭寄养规范健康的发展。2004年全国各类收养性社会福利单位共收养儿童6.6万人，其中：各级儿童福利院共收养儿童2.6万人，比上年增长13%；全年被国内外家庭收养的孤儿、弃婴5.6万人。

社会福利事业单位数量稳步增长。截至2004年底，收养性社会福利单位3.8万个；床位146.8万张，比上年增长13.1%；收养110.9万人，比上年增长14.9%。可提供食宿的社区服务中心522个，床位1.8万张，收养各类人员7625人。

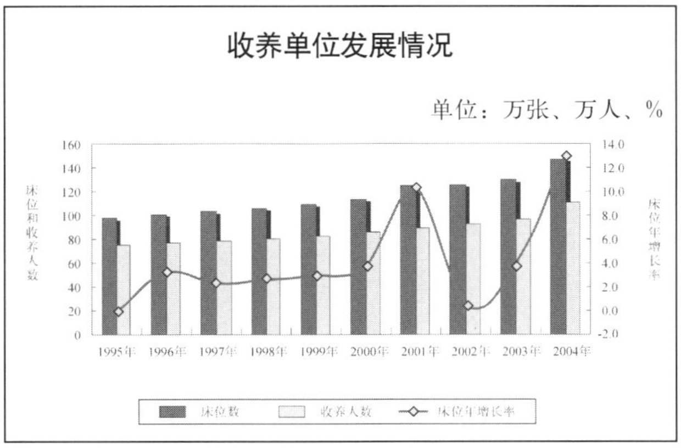

收养单位发展情况

名称(单位)	1999年	2000年	2001年	2002年	2003年	2004年
床位数(万张)	108.9	113	124.7	125.1	129.8	146.8
收养人数(万人)	82.7	85.4	89.3	92.6	96.5	110.9
床位年增长率(%)	2.9	3.8	10.3	0.4	3.8	13.1

福利企业继续减员增效。2004年全国共有福利企业3.2万个，比上年减少1566个；残疾职工66.2万人，比上年减少1.7万人；实现利润219亿元，比上年增长15.3%；年末固定资产806.7亿元。

殡葬事业单位逐年增加，殡葬改革取得可喜成绩。截至2004年底，全国共有殡葬事业单位3119个，其中，殡仪馆1549个，比上年增加34个；殡葬管理单位633个，比上年增加34个；民政部门管理的公墓937个，比上年增加82个。殡葬职工共有6.6万人，其中殡仪馆职工4.3万人，比上年增加0.3万人；火化炉4792台；火化遗体436.9万具，比上年增加2万具，火化率52.5%，与上年基本持平。

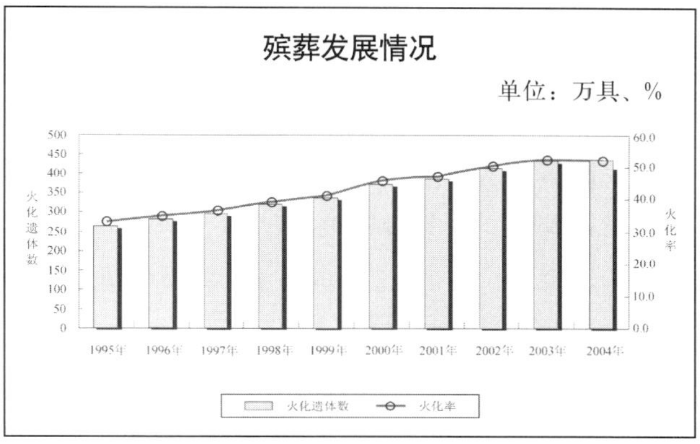

八、中国福利彩票发行再创佳绩

面对彩票发行的问题和困难，各地积极应对，规范发行制度，严格操作规程，加大监督力度，堵塞管理漏洞，拓展市场范围，开发彩票新品种，又一次刷新了中国福利彩票发行的历史记录。2004年全国共销售中国福利彩票226.4亿元，比上年增长13.2%，筹集公益金79.2亿元。中国福利彩票在全国彩票市场占有率也由2003年的50%上升至60%。

九、老龄事业健康发展

截至2004年底，全国65岁及以上人口9857万人，占全国总人口的7.6%，比上年上升了0.1个百分点。

2004年是老龄统计事业开创性的一年。首次统计了老龄事业数据，填补了老龄事业没有统计数据的空白。老龄工作机构7655个，老龄工作人员2.4万人。老龄直属机构1.1万个，人员21万人。老年大学8521个，在校学员124.5万人；老年学校35460个，在校学员313.8万人。

十、进一步加大民政事业费投入力度

国家财政进一步加大对民政事业的投入力度。2004年民政事业费占国家财政支出比重由2003年的2.03%增加到2.04%，比上年提高了0.01个百分点。

民政事业费支出577.4亿元，比上年增长15.7%，其中：抚恤事业费104.1亿元，比上年增长18.4%；军队移交地方安置的离、退休人员费用74.1亿元，比上年增长25.6%；城市居民最低生活保障支出172.8亿元，比上年增长14.8%；农村居民最低生活保障支出16.2亿元，比上年增长74.2%；农村定期救济费14.5亿元，比上年增长89%；社会福利及其他社会救济费52亿元，比上年增长30.8%；自然灾害救济费51.1亿元，比上年下降3.5%；地方离、退休人员费用13.9亿元，比上年增长6.1%；其他民政事业费61.7亿元。

民政事业基本建设投资总额29.2亿元，比上年下降2.7%。其中：国家投资9亿元，比上年下降9.4%；其他基建投资20.2亿元，基本与上年持平；施工项目8985个。

民政事业费支出占国家财政支出的比重

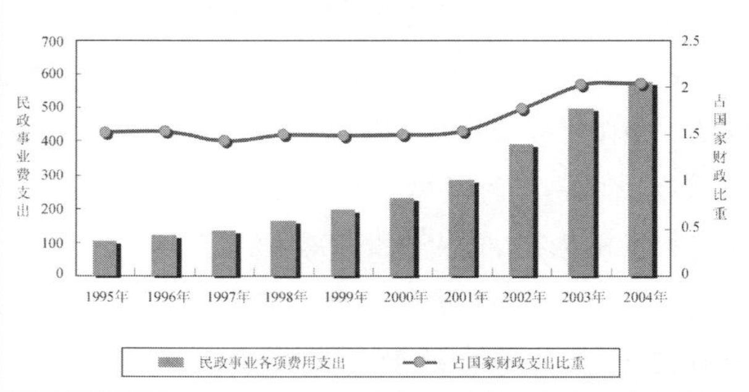

单位：亿元、%

指标	1999 年	2000 年	2001 年	2002 年	2003 年	2004 年
民政事业各项费用支出	194.7	229.7	284.8	392.3	498.9	577.4
占国家财政支出比重	1.49	1.5	1.53	1.78	2.03	2.04

民政部门组织筹集的社会捐赠资金34亿元，其中：慈善团体募捐资金16.9亿元，比上年增长42.5%；资助福利项目1545个。

关于报送民政事业“十一五”发展规划思路的函

民函[2004]286号　二〇〇四年十一月十五日

国家发展改革委：

根据《国家发展改革委关于做好2004年“十一五”规划工作的通知》（发改规划[2004]795号），现将民政事业“十一五”发展规划思路报送你委。

附件：中国老龄事业发展“十一五”规划纲要（草案）

民政部

二〇〇四年十一月十五日

民政事业“十一五”发展规划思路

根据《国家发展改革委关于做好2004年“十一五”规划工作的通知》，制定《民政事业“十一五”发展规划思路》。

一、民政事业“十五”计划实施情况

“十五”期间，在党中央、国务院领导下，各地认真贯彻落实《国民经济和社会发展第十个五年计划纲要》和《民政事业发展“十五”计划纲要》，民政事业取得了新的进展。

有效实施了灾害紧急救助，年均紧急转移安置灾民300多万人次，救助灾民近2亿人次。城市居民最低生活保障基本实现了动态管理下的应保尽保，目前共有2246.8万城镇居民得到了这项保障。农村五保供养和农村特困户生活救助制度进一步规范，目前共救济农村困难群众1160.5万人。已在20个省市的943个县（区）实施了农村医疗救助，救助人口492万人。实现了城市生活无着的流浪乞讨人员从强制性收容遣送到自愿受助、无偿救助的重大变革。

加强了村级自治组织建设，规范了民主选举，加强了村务公开和民主管理，完善了民主决策和监督，朝着“健全村党组织领导的充满活力的村民自治机制”迈出了重要步伐。社区建设由中心城市向中小城市推进，加强了居委会建设，开展了示范创建活动，发展了社区服务业，基本形成了与社会主义市场经济体制相适应的社区管理体制和运行机制。

民间组织得到了较快发展，目前全国有14万个社团、12万个民办非企业单位以及1200个基金会。重点发展了行业协会、农村专业经济协会和公益性组织，开始了基金会登记工作，民间组织从单纯的数量增长转向合理布局、优化结构、提高质量的协调发展，成为促进经济社会建设和管理的一支重要力量。

广泛深入开展了拥军优属活动，推行了优抚经费自然增长机制、政府安排就业与市场自谋职业相结合的退役士兵安置办法和军休干部服务管理社会化，有效保障了优抚安置对象生活权益和政治待遇。目前有优抚安置事业单位2927个，享受国家抚恤补助的重点优抚对象468万人，军休干部11万人，无军籍职工5万多人，每年约有30万退役士兵需要安置。

大力推进了社会福利社会化，兴办各类福利服务机构，拓展服务领域，扩大服务对象，完成了“社区老年福利服务星光计划”，共建成“星光老年之家”3万多个，启动了“残疾孤儿手术康复明天计划”，每年为1万名残疾孤儿实施手术矫治和康复。目前各类社会福利机构3.9万个，收养97.6万人（其中有5.4万为孤儿），初步建立了以供养机构为载体、以社区为依托、以老年人为重点的社会福利服务体系。

积极稳妥调整了行政区划，在我国历史上首次完成了省县两级48万多公里行政区域界线的勘定任务，实施依法管界。实现了婚姻登记管理向登记服务的转变。殡葬改革取得了一定进展。

经过50多年，特别是“十五”期间的发展，民政事业已经形成了覆盖全体人民群众的工作体系（重点对

象是6000万城乡贫困人口、年均1亿多灾民、4000多万优抚安置对象、1.3亿老年人、6千多万残疾人、5万多收养孤儿)。形成了由多项法律、条例及部门行政规章等构成的、相对齐备的民政法制体系。形成了由中央、省、市、县、乡镇五级民政部门构成的民政行政管理体系,以及由公务员、专业技术人才、经营管理人才和志愿者构成的民政事业队伍。形成了以财政投入为主、社会筹集为辅的民政事业资金投入机制,由福利院、敬老院、光荣院、优抚医院、社会捐助站、殡仪馆等构成的比较系统的民政基础设施服务网络。从民政工作内容的厚重性、对象覆盖的普遍性、法律法规的齐整性、基础设施的规模性以及人力、物力支撑度来看,民政事业已经成为一项独立门类、不可或缺的重要社会事业。

民政事业在"十五"期间取得了长足发展,但是也存在困难和问题,主要是:1.国家对民政事业投入不足,只占国家财政支出的1.59%,不能满足民政事业发展的需要,致使民政保障对象覆盖面窄,保障标准偏低,部分救济对象、优抚对象生活相对困难;2.国家对民政基础设施建设投入偏低,只占国家基建投入的0.17%,基础设施建设严重滞后,致使福利院、敬老院、光荣院、优抚医院等服务设施、设备不能满足民政服务对象的基本需求。城乡社区基础设施建设薄弱,不能满足城乡居民日益增长的物质文化生活需求;3.民政事业的法制建设相对滞后,执法手段尚不健全,与依法治国、依法行政的要求不相适应;4.基层民政部门普遍存在人手少、工作条件差、力量薄弱等问题,工作手段的现代化水平不高。以上困难和问题严重制约了民政事业的进一步发展。

二、"十一五"期间民政事业面临的形势、指导思想和奋斗目标

目前,我国已经进入了全面建设小康社会、加快推进社会主义现代化新的发展阶段。加强社会主义物质文明、政治文明和精神文明建设,构建社会主义和谐社会,对民政工作提出了新的更高要求。

完善社会主义市场经济体制,需要健全社会保障体系,保障困难群众基本生活权益。民政工作在"健全社会保险、社会救助、社会福利和慈善事业相衔接的社会保障体系"中占有很重要的地位,必须站在维护改革发展稳定大局的高度,切实履行职责。通过灾害救助解决群众因灾造成生活、生产的应急困难;通过最低生活保障、五保供养、农村特困户救济解决困难群众衣食等基本生活方面的困难;通过医疗救助解决因病致贫、因贫致病群众的困难;通过救助管理解决流浪乞讨人员临时生活困难;通过社会福利保障老年人、残疾人、孤儿的合法权益。在新形势下,民政工作需要充分发挥调节社会利益、化解社会矛盾、维护社会公平的作用,进一步为经济体制改革和经济发展创造有利条件。

保持经济社会协调发展,构建社会主义和谐社会,需要加强社会建设和管理、推进社会管理体制创新。民政部门是管理社会行政事务的职能部门,社会建设和管理工作比较集中,在加强社会建设和管理、推进社会管理体制创新中发挥着重要作用。通过推进村民自治和社区建设,组织基层群众依法管理自治范围内的社会事务,发挥村委会、居委会在基层民主政治建设中的作用,调动和凝聚城乡人民群众的积极性、创造性,建设美好家园,创造幸福生活;通过培育、发展民间组织,承接政府转移出来的社会可以自我调节、自我管理的职能,发挥其提供服务、反映诉求、规范行为的作用,满足人民群众参与社会公共事务管理的愿望;通过健全社会救助、社会福利、社会慈善等社会保障工作以及拥军优抚安置工作,妥善解决困难群众和特殊群体的切身利益问题,在全社会形成团结互助、扶贫济困的良好风尚和平等友爱、融洽和谐的人际环境;通过加强行政区划工作,推进行政管理体制改革,促进城镇化和区域经济社会发展;通过加强婚姻、殡葬和地名等社会事务工作,方便群众、服务群众,体现人文关怀。民政事业发展水平在一定程度上体现了我国社会建设和管理的水平,民政工作在建立"小政府、大社会"的社会管理结构、创新社会治理方式上承担重要的职责。

经济社会发展归根结底是为了人,最终目的是为了实现人的全面发展,必须把人民群众各项利益实现好、维护好、发展好。民政工作与人民群众根本利益紧密相连、息息相关,其中不少工作是直接为需要帮助的困难群众服务的,社会救助保障困难群众生存权,基层民主政治建设保障人民群众选举权、知情权、参与权和监督权,民间组织保障人民群众结社自由权,社会福利保障老年人受赡养权、残疾人受助权和孤儿受抚养权,婚姻登记保障公民婚姻自主权,退役士兵安置和福利企业保障特殊群体的劳动权等。实际情况和社会发展的趋势充分表明，民政是保障群众权益、实现人的全面发展最广泛、最集中、最直接的一项社会事业，其面临的任务更加艰巨。

以上所述可见：“十一五”期间民政事业的任务更加繁重，作用更加显现，地位更加重要。加快民政事业发展，是坚持“三个代表”重要思想和立党为公、执政为民的具体体现，是坚持以人为本、全面协调可持续科学发展观的客观需要，是发展社会主义市场经济、建设民主政治和先进文化的必然要求，是应对社会结构变迁、加快构建社会主义和谐社会的战略抉择，是实现国家长治久安的重要保证。

根据民政事业面临的形势和民政工作的职责，“十一五”期间民政事业发展的指导思想是：以邓小平理论和“三个代表”重要思想为指导，坚持以人为本、全面协调可持续的科学发展观，紧紧围绕改革发展稳定的大局，与时俱进、求真务实、开拓创新，不断提高民政行政管理和社会服务能力，加快民政事业发展，维护民利、解决民生、落实民权，为全面建设小康社会做出积极贡献。

“十一五”期间民政事业发展的奋斗目标：进一步改革和完善民政事业发展的工作机制和管理体制，使民政法制建设更加健全、财力保障更加有力、基础设施更加完善、人才队伍素质不断提高，形成与国家经济社会发展相适应的民政事业发展新格局，更好地保障广大人民群众的基本权益，特别是保障困难群众的基本生活权益。

——构建和完善以灾害紧急救援、社会救助、社会福利和社会慈善事业为重点，城乡一体、标准有别、分类施保的社会保障体系，有效保障灾民、贫困人口、老年人、残疾人、孤儿和流浪乞讨人员的生活权益。

——大力推进村(居)民自治和社区建设，不断扩大基层民主，充分发挥基层自治组织作用，健全管理有序、人民群众广泛参与的城乡基层民主政治建设制度。

——积极发展各类民间组织，形成布局合理、结构优化、种类齐全、民主自律的民间组织发展格局，不断提高民间组织的社会参与和社会服务水平。

——加大抚恤优待、退役士兵安置、军休服务管理的改革创新力度，建立与市场经济相适应、有利于国防和军队现代化建设的拥军优抚安置制度。

——巩固行政区域调整、行政区域界线管理和地名管理服务的成果，形成法制健全、管理科学、有利于经济发展和社会安定的区划地名工作体系。

三、“十一五”期间民政事业发展的基本任务

根据上述指导思想和奋斗目标，“十一五”期间民政事业发展的基本任务如下：

(一)提高灾害紧急救援能力

完善国家灾害救援机制，提高灾害应急资金保障能力和灾害救援保障水平，保证灾民得到及时、妥善安置，保障灾民基本生活，并使灾民生活救助标准与国民经济发展水平相适应。

完善全国抗灾救灾和减灾综合协调管理体制，形成统一指挥、反应灵敏、运转高效的灾害应急机制，提高对重大灾害的应急救援能力。

建立健全覆盖至县的灾情监测体系，提高灾情信息管理水平。建设和完善中央级、省级和多灾地区救灾物资储备库，形成布局合理、保障有力的救灾物资储备网络，保证救灾物资及时到位。

建成覆盖全国的环境与灾害监测预报小卫星星座地面应用系统，形成布局合理的区域卫星地面应用分中心和省级应用中心。开展全国灾害普查、灾害风险评估和灾害风险制图，提高灾害监测、预报和评估能力，为减灾救灾工作提供科学依据。

实施以减灾进社区、进学校、进乡村为重点的减灾宣传教育计划，提高全民防灾减灾意识。

(二)加快推进城乡社会救助体系建设

城市居民最低生活保障要贯彻按“实际收入”计算的政策，将符合条件的困难家庭全部纳入低保，加强动态管理，做到“应保尽保”。抓好农垦、森工和资源枯竭矿山等特殊困难行业和企业困难职工家庭的低保工作。制定城市有特殊困难的低保家庭“分类施保”的具体政策措施。建立健全低保资金投入机制，并根据物价指数的波动适时调整补助标准。强化民主监督，完成统一标准的全国最低生活保障信息系统建设任务，使城市最低生活保障制度更加规范。

农村特困户生活救助要规范救助程序，明确救助资金渠道，整合救助资源，完善救助办法，加强规范化

管理。在有条件的地方，积极推进农村居民最低生活保障制度建设。

对农村五保对象要建立以财政资金为主要经费渠道的供养方式，因地制宜，从实际出发，集中供养与分散供养相结合，将符合条件的对象全部纳入供养范围，做到应保尽保，并达到当地村民的一般水平。

流浪乞讨人员救助管理坚持“自愿求助、无偿救助”的原则，创新救助管理方式，体现人文关怀。建立方便、安全的救助管理网络，探索多形式、社会广泛参与的救助管理模式。

建立和完善医疗救助制度，落实资金，积极推进，并做好与农村新型合作医疗、城镇职工医疗保险制度的衔接。积极推进教育救助、住房救助和法律援助。

（三）发展壮大社会福利事业

适应经济社会发展水平，切实加大政府对社会福利事业的支持力度。同时，积极引导和鼓励社会力量参与社会福利事业，完善各类所有制福利机构在土地使用、税收减免和水电等方面享受的优惠政策，实行民办福利企业享受政府资金和彩票公益金资助的“民办公助”政策，通过联合、兼并、托管、合资合作和股份制改造等形式，推行“公办民营”政策，使福利机构真正成为自主经营、自负盈亏的法人实体，逐步实现社会福利事业投资主体多元化、服务对象公众化、运营机制市场化、服务方式多样化和服务队伍专业化与志愿者相结合。

大力发展老年福利服务，形成以家庭为基础、社区为依托、机构为骨干、多种形式相结合的老年福利服务体系，基本满足老年人的养老需求，保障其合法权益。

健全集中与分散相结合的残疾人安置就业制度，完善福利企业减免税等扶持政策，促进有劳动能力的残疾人就业。建立国家级的康复工程研究中心，加强辅助器具研究开发。加大对经济困难残疾人的治疗、康复和救助力度，保障残疾人合法权益。

完善集中供养、家庭领养和社会助养、代养、寄养等孤儿收养政策，加强对残疾孤儿手术治疗和康复工作，做好艾滋病患者遗孤的救助安置工作，保障儿童合法权益。

（四）大力兴办社会慈善事业

建立以民政部门为主的社会慈善事业管理体制，形成政府大力倡导、社会广泛支持、群众踊跃参与的社会慈善事业发展机制。培育团结互助、和衷共济的现代慈善意识，营造扶贫济困、平等友爱的良好社会风尚。

创新社会慈善组织形式，大力发展慈善基金会、救济会等各类社会慈善机构，推广“慈善超市”，健全覆盖全国县（市）街道和社区的社会捐助接受站点，开展经常性社会捐赠活动，形成多层次的社会慈善事业组织网络。

完善社会慈善事业优惠政策。国内企业、事业单位和个人捐赠财产用于社会慈善事业，享受所得税方面的减免政策，并在税前列支。境外向国内社会慈善事业捐赠的物资，免征进口关税和进口环节的增值税。对于捐赠的社会慈善事业工程项目，当地政府给予优惠政策。

完善慈善资金募集方法和途径，引导和聚集国内外各种社会资金投入慈善事业。坚持福利彩票“扶老、助残、救孤、济困”的性质，根据经济社会发展水平扩大福利彩票发行规模，为社会福利、社会救助及其他社会慈善事业筹集更多资金。

探索建立志愿者劳动储备制度，在大中学生、党政干部、各类所有制企事业单位职员和民间组织工作人员中倡导开 展义工活动。

（五）全面推进城乡基层民主政治建设

1.全面推进社区建设

切实加强社区居委会建设，理顺政府与社区居委会、社区居委会与其他社区组织的关系，充实居委会工作力量，改善工作条件，积极推进居委会直接选举，扩大居民参与度，全面提高居民自治能力。

整合社区资源，鼓励和引导卫生、科技、劳动、教育、法律等服务进社区，大力发展社区服务，提高服务水平，提高社区居民生活质量。努力开发社区就业岗位，提供就业服务，促进下岗失业人员尤其是困难家庭人员在社区实现就业再就业。

广泛深入开展社区建设示范活动，总结推广城市社区建设的经验，促进社区建设不断向广度和深度发展。

2.进一步完善村民自治

健全以村委会、村民会议、村民代表会议、村民小组为主体的村民自治组织体系，明确村干部、村民、村级各类组织的权利、义务和职责，正确处理村委会与乡镇政府、村党组织之间的关系。

健全村级民主选举制度，严格执行法律政策规定的选举程序，保障村民在选举各环节中的权利，纠正和查处选举中的违法违规行为。

健全村级事务民主决策制度，完善村民会议和村民代表会议议事规则，规范村级民主决策程序，与农民群众利益相关的重大事项均需民主讨论决定。

健全村务公开和村级民主管理制度，制订村民自治章程和村规民约，丰富和拓展村务公开内容，规范村务公开程序，开展民主评议村干部工作，建立农村集体财务收支审批和审计制度，加强对村干部的监督和检查。

(六) 积极培育发展民间组织

采取扶持政策，重点发展行业协会、农村专业经济协会、慈善性民间组织和社区民间组织，加快培育扶贫开发、环境保护、法律援助等领域的民间组织。

适应政社分开的要求，指导民间组织健全组织机构，改进工作方式，增强管理和创新能力，依照章程独立自主地开展工作，充分发挥民间组织的职能和作用，提高服务社会的水平。

通过政府直接资助、减免税收等方式帮助民间组织解决资金问题，完善民间组织人事、工资、税收、财务、社会保障等方面的政策，促进民间组织持续、健康、有序发展。

建立民间组织评估和社会监督体系，加强对民间组织的社会监督，强化制度和道德约束，建立各具特色的信息披露制度，提高民间组织社会公信力。及时有效查处非法和违法民间组织，确保社会稳定和国家安全。

(七)完善拥军优抚安置制度

普遍建立优抚对象抚恤补助经费自然增长机制，把义务兵家属和重点优抚对象优待金列入各级财政预算，将不同类别的优抚对象分别纳入相应的医疗保障体系。通过多种途径改善优抚对象的住房条件，使优抚对象生活水平达到当地居民的平均生活水平。认真做好烈士褒扬工作。

增加军休人员生活待遇经费，完善军休干部医疗保障政策，改善服务设施，规范服务管理。推进军队退休干部住房制度改革。积极配合部队调整改革，确保军队离退休干部和无军籍职工的接收安置任务完成。

深化退役士兵安置改革，健全退役士兵在就业、培训、就学等方面的扶持政策，建立以中央为主、地方为辅的退役士兵安置财政经费保障机制。积极适应户籍制度改革，实行城乡一体化的退役士兵安置政策，一般安置对象实行政府扶持的办法实现就业，重点安置对象通过政府预留岗位及相应补贴的形式实现就业。

把支持军事斗争准备作为新时期拥军重点，配合部队完成军事训练任务，支援重点军事工程建设，做好人民群众参战支前的准备。广泛开展创建双拥模范城(县)、拥军优属模范单位等活动，推动群众性拥军优属活动的深入开展。

(八)规范区划地名管理

修订和完善各级行政区划设置标准，探索行政区划体制创新，科学合理地调整市镇建制，做好乡镇村撤并工作，促进大中小城市与小城镇协调发展。

健全和完善地名管理和服务体系，重点抓好地名普查和地名标志设置工作，加强地名导向系统建设，开展地名信息化服务。

依法管理行政区域界线，编制各类行政区域界线详图，开展行政区域边界检查，解决边界纠纷，巩固勘界成果。

(九) 加强婚姻、殡葬管理和服务

健全婚姻登记管理制度，规范婚姻登记程序，提高婚姻服务质量，依法保障公民婚姻自主权利。继续推进殡葬管理体制和经营机制改革，倡导文明节俭办丧事，加大殡葬科研开发力度，提高殡仪服务质量。

四、“十一五”期间民政事业发展的保障措施

(一)提高民政事业费在国家财政预算中的比例，为民政事业发展提供经费保障

建立健全以国家财政为主的民政事业发展投入机制。根据经济社会发展水平，提高民政事业费在国家财政预算中的比例(3－4%)。调整民政事业预算科目体系，在国家预算科目中设立“民政事业费”一级预算支出科目。加大政府对灾害救助、城乡低保、农村五保供养和特困户救济、优抚安置、社会福利投入力度，提高民政对象的救济标准，建立退役士兵补偿金，切实保障困难群众和特殊群体的基本生活。对社区建设、区划地名、婚姻登记、儿童收养、民间组织登记等事业设立专

项资金给予保障。

改革福利彩票资金分配体制，把超基数发行所筹的其余80%的彩票公益金由社会保障基金纳入民政事业费。鼓励和支持民间资本依法进入社会福利和社会服务领域，募集社会资金，建立救灾、慈善等基金，完善社会互助的动员机制。

（二）加强民政基础设施和社区公共设施建设，为民政事业发展提供物质保障

加快综合性社会福利院、老年福利院、农村敬老院、儿童福利院、优抚医院、光荣院、军供站、救灾物资储备库、社会捐助站、流浪乞讨人员救助管理站等民政基础设施的建设，加大对现有基础设施的更新改造力度，提高对各类民政对象的保障和服务能力。

加快民政信息化建设进程，实施“一网一台多软件”为主要内容的“数字民政”和以为群众提供服务为主要内容的便民工程。重点建设全国最低生活保障信息系统、减灾信息技术系统、国家灾害监测预报小卫星星座地面应用系统、婚姻管理信息系统、民间组织管理信息系统、流浪乞讨人员救助管理系统、全国四级地名数据库、行政区域界线信息系统等各专业系统，提高各系统的综合服务能力。

全面统筹规划城乡社区福利服务设施建设，不断满足人民群众日益增长的物质文化需求。

（三）加快民政法制建设，为民政事业发展提供法律保障

制订救灾法、社会救助法、村民委员会选举法、民间组织促进法等法律草案，加快修订城市居民委员会组织法、村民委员会组织法等法律。

制订和修订农村五保供养、社会捐助、社会福利机构管理、流浪儿童救助管理、社会工作者、社会团体登记管理、行政区划管理、地名管理、殡葬管理等法规。

（四）加强民政队伍建设，为民政事业发展提供人才保障

加强各级民政机关公务员队伍建设，努力提高广大民政干部开拓创新能力、依法行政能力、协调配合能力、做群众工作能力，特别是要注意提高民政部门领导班子用干部、带队伍能力和科学决策、民主决策、依法决策水平，形成一支政治坚定、道德高尚、业务精通、作风优良的民政干部队伍。

加强民政专业技术人才队伍建设，制订各类民政专业技术人才评价标准，实施民政特殊专业技术人员职业资格制度。

加强民政管理人才队伍建设，建立经营管理人资质评估制度，全面推行聘任制，实行任期目标制和业绩考核制。

建立民政干部培训制度，实行各类民政工作人员上岗培训和定期轮训制，建立和落实学习考核和激励机制，不断提高民政队伍知识水平和职业能力。加强民政部培训中心建设，通过多种形式和渠道，创新培训方法，提高培训质量。

切实加强民政组织机构尤其是基层组织机构建设，在人员编制、经费及办公设施等方面加大保障力度，关心基层民政干部的生活和成长，确保各项民政工作任务在基层得到全面落实。

附件

中国老龄事业发展“十一五”规划纲要（草案）

（2006－2010年）

（讨论稿）

从2006年到2010年，是实现全面小康社会战略总目标的关键五年，也是我国人口老龄化迅速发展的五年。为了加快老龄事业发展，促进经济社会的全面、协调和可持续发展，根据《中华人民共和国老年人权益保障法》、《中共中央、国务院关于加强老龄工作的决定》（中发[2000]13号），结合我国老龄事业的实际，制定《中国老龄事业发展“十一五”规划纲要（2006－2010年）》（以下简称《纲要》）。

一、背景

（一）人口老龄化形势和加快发展老龄事业的战略意义。

目前(2005年)，我国60岁以上老年人口已达到1.45亿，并以每年约3.3%的速度继续增长，预计到2010年，将达到1.71亿，约占总人口的12.57%，到2020年将达到2.43亿，约占总人口的17%。“十一五”期间，在工业化、城市化、市场化和家庭小型化的背景下，我国人口老龄化带来的问题将更加显著，老年人口抚养比逐

年上升，养老保障费用迅速增加，农村养老问题日益突出，高龄老年人社会照料压力越来越大，将从宏观上深刻影响我国经济社会的可持续发展进程。加强老龄工作，加快推进老龄事业，是实践科学发展观的具体举措，也是构建社会主义和谐社会的基本要求，对于实现全面建设小康社会总目标具有重要的战略意义。

（二）“十五计划纲要”的执行情况。

《中国老龄事业“十五”计划纲要》实施以来，我国老龄事业取得了较快的发展，社会养老保障制度逐步建立，老年优待政策进一步落实，城镇老年服务设施建设成果明显，社区老年服务业发展势头良好，老年文化活动日益丰富，老年群众组织发育良好，基层创建老龄工作先进县和敬老模范村等活动深入开展，城乡老年人的生活质量和生活水平得到了进一步的提高。

但是，按照社会事业与经济协调发展的要求，我国老龄事业在总体上仍滞后于经济和其他社会事业的发展，滞后于人口老龄化进程的客观要求，老年人的需求与社会供给的矛盾更加突出，主要的问题是：城市养老保障制度不够健全和完善，农村养老问题日益突出，贫困人口中老年人的比例仍在增加；老年福利服务基础设施短缺，老年活动场所建设资金投入不足，老龄产业发展滞后；老年人社会化管理和服务工作条块分割、为老服务的社会中介机构发展缓慢，老年群众组织建设不够规范；老龄政策法规体系建设还不完善，老年人合法权益的保障水平有待进一步提高，总体上与我国人口老龄化形势和实现全面小康社会的要求不相适应。

“十一五”期间是我国改革发展的关键时期，也是人口老龄化相对较低的时期。应对人口老龄化的严峻挑战，实现全面小康的总体目标，构建社会主义的和谐社会，我们必须要抓住机遇，整合资源，齐抓共管，加快推进老龄事业向前发展。

二、指导思想、基本原则和总体目标

（一）指导思想

发展老龄事业，必须全面贯彻党的“十六大”和十六届四中全会精神，坚持以人为本，树立和落实全面、协调和可持续的科学发展观，根据人口老龄化发展和老年人的实际需要，统筹经济社会发展和老龄事业的关系，贯彻“党政主导，社会参与，全民关怀”的老龄工作方针，继续完善老年社会保障制度，加大基础设施建设力度，建立健全为老服务体系，大力发展老龄产业，培育社会中介组织，积极发挥市场和社会等多方面的作用，努力提高老年人的生活水平和生活质量，促进经济持续发展、社会文明进步、政治稳定，为2020年实现全面小康社会的总目标创造代际和谐的社会环境。

（二）基本原则

1、正确处理老龄事业与国民经济和社会发展的关系。把老龄事业纳入国家整体发展规划之中，按照经济社会发展水平和老年人口增长速度建立制度化的投入机制；在国家向发展社会事业倾斜的过程中，把老年人群放在重要位置。

2、正确处理城市和农村老龄事业的关系。继续推进城市老龄事业的发展，把加快发展农村老龄事业作为解决“三农”问题的重要内容。

3、正确处理社会化和市场化的关系。通过体制创新，发挥政府的主导作用，市场的资源配置优势，社会各方面力量的积极性，促进老龄事业走社会化道路，推动老龄产业的市场化进程。

4、正确处理老年人物质需求和精神需求的关系，坚持以人为本。切实保障老年人的基本生活，满足老年人的精神文化需要，不断提高老年人的生活水平和生活质量。

（三）总体目标

到2010年，逐步建立相对完善的老年政策法律体系，基本完善的适应社会主义市场经济要求的城市老年社会保障体系，探索建立适应农村实际的社会养老制度，建立健全适应居家养老和社会养老相结合的为老服务体系，初步建立满足老年人特殊需求和具有一定规模的老年用品体系，积极推进方便老年人生活的基础设施建设，健全与人口老龄化相适应的、高效规范的老龄工作体系，努力营造“敬老、爱老、助老”和代际和谐的良好社会氛围，基本实现“老有所养、老有所医、老有所教、老有所学、老有所为、老有所乐”的老龄工作目标。

三、老年社会保障

以建立与我国经济发展水平以及各方面的承受能力相适应、规范和完善的社会保障体系为目标，逐步扩大老年社会保障覆盖面，构筑社会保障安全网，形成资金来源多元化、保障制度规范化、管理服务社会化的老年社会保障体系。

（一）养老保障

在城市，完善基本养老保险制度，加强养老保险金征缴工作，建立可靠、稳定的资金筹措机制，提高养老保险金收缴率；同时增加对养老保险基金的投入，加强基金征缴，继续保持养老保险基金收入的稳定增长，使基金收缴率保持在90%以上。研究探索事业单位养老保险实施办法，加快机关事业单位养老保险制度改革步伐。继续调整财政支出结构，确保企业离退休人员基本养老金按时足额发放，并随着经济发展适当提高养老金水平。落实城市居民最低生活保障制度，加大“低保”资金投入力度，并根据经济发展水平适时调整最低生活保障水平，切实保障老年人老有所养。

在农村，加强土地保障养老的基础作用。有条件的地区，积极探索建立社会养老保险制度，建立集体养老津贴发放制度。

鼓励发展企业补充养老保险、商业养老保险，以满足老年人多层次的社会保障需求。积极引导老年人转变观念，鼓励老年人积极参加储蓄，倡导个人储蓄养老。

（二）医疗保障

在城市，加快推进医疗保险制度改革，重点是扩大覆盖面，完善政策，强化管理。至2010年，参保人数力争达到（劳动保障部数字）万人。努力构建多层次医疗保障体系，逐步发展社区老年人医疗服务机构，增加老年人病床（包括家庭病床）和服务项目，改进服务措施，使更多老年人得到方便的医疗服务。

在农村，继续推进合作医疗试点工作，积极建立农村新型合作医疗制度。有条件的地方积极探索建立医疗保险制度。做好贫困老年人参加新型农村合作医疗或大病费用的补助工作，并随着经济发展和财力增强加大资金投入，不断提高医疗救助水平。

（三）社会救助

积极发展社会福利、社会救济等保障事业，加大社会救助力度，包括社会救助立法、资金筹措、救助方式、救助管理以及检查监督机制的建立等，努力实现法制化、制度化、规范化，并重点向农村倾斜。

落实五保户供养制度，加大农村五保供养工作力度，启动以特困户为主的农村救助体系建设。在税费改革过程中，坚持集中和分散相结合的原则，因地制宜地探索五保户新的供养形式。有条件的地方，对五保户实现集中供养。

在农村，有条件的地方建立最低生活保障制度，对因为特殊原因遇到困难、长期贫困、收入在贫困线之下的老年人进行生活和医疗救助。继续开展“计划生育困难家庭救助活动”；对农村符合条件的计划生育家庭实行奖励扶助制度试点。

四、老龄事业基础建设

以满足老年人生活、娱乐、健身需要为目的，以社区街道和基层村镇为重点，加大资金投入力度，加强老龄事业基础设施建设，改善老年人居环境，为老年人的社会活动创造良好的条件，为老龄事业的发展打牢基础。

（一）公共服务建设。

贯彻“以人为本”的指导方针，努力增加投入，建设好与老年人日常生活密切相关的文化、卫生、社区服务等公共设施（场所），增加公园、展览馆、博物馆及图书馆、文化馆、图书室等文化娱乐场所的规划和建设，增加面向老年人的建设项目，并免费或者优惠对老年人开放。

（二）老年活动和服务设施

省、市、县（区）都要建设有一定规模、设施完备、功能齐全、能起示范作用的老年活动中心。社区和街道都要建设能为老年人文化学习、体育健身、娱乐休闲、医疗保健提供服务的老年活动中心（站、室）和医疗服务站，以方便老年人活动。在社区国债项目试点的工作中，新建和扩建一批以老年人为主要对象的社区老年活动服务场所和设施，引导地方政府加大投入，把老年活动服务场所和设施建设作为一项重要内容抓实抓好。

在社区和街道建立内容丰富、服务规范，集咨询和服务于一体的老年服务中心（站），搭建老年服务平台，为老年人提供高质量的服务。

在农村，增加资金投入和政策倾斜，重点修建县、乡级敬老院，县、乡级至少有一所设施比较齐全、功能比较完备、服务比较到位的敬老院和老年活动中心。鼓励、帮助村级建立老年活动站。

（三）无障碍设施建设

完善老年住宅、老年公寓、养老院、护理院、托老所等养老设施的标准规范。出台《城市和村镇老龄设施规划设计规范》，同时制定《养老设施建筑设计标准》，使老龄事业基础设施的建设和管理工作有标可控、有据可依。

各地新建城市道路、公共建筑和养老机构场所必须严格执行《城市道路和建筑物无障碍设计规范》，在规划、设计、施工、监理、验收等各环节严格把关，新建城市道路和养老机构场所无障碍率达到100%。对已建成并投入使用的与老年人生活、工作密切相关的居住区、城市道路、公共建筑和养老机构，要制定改造计划，增补无障碍设施。2010年养老机构（场所）无障碍率力争达到100%。

省会以上大中型城市要积极实施城市交通无障碍工程，加强道路改造和无障碍交通工具的研制开发及引进，在试点的基础上大力推广，2010年公交设施无障碍率力争达到60%以上。

五、老龄产业

坚持“政府引导、社会兴办、市场推动、逐步发展”方针，逐步建立起适应我国人口老龄化发展趋势的老龄产业市场体系，城乡多元化、多层次的养老机构体系和老年社会服务体系，2010年老龄产业在第三产业中的比重要有较大幅度的增长，养老、护理机构的床位数达到老年人总数的3%，其中民营所占比例争取达到50%以上。

（一）制定出台相关政策法规。把老龄产业纳入国民经济发展总体规划，列入国家扶持行业目录。尽快出台《关于加快发展老龄产业的意见》，对非营利养老服务机构实行优惠政策，积极鼓励非公有资本参与老龄产业发展。

（二）加快发展为老服务。改革福利制度实施模式，变单纯“政府办福利”为“政府购买服务，社会提供服务，老年人享受服务”，实施“货币化养老”；努力实现老年福利社会化、市场化。修订《社会福利机构管理暂行办法》，制定出台《推进社会福利机构改革，实行公办民营的指导意见》，和《社会福利机构民办公助管理办法》。积极探索公有制养老机构的多种有效实现形式，逐步形成公办民营、民办公助、私营、股份制、合资经营等多种经营模式，以适应不断发展的市场化趋势。

（三）大力开发老年用品和老年服务产品。鼓励和扶持开发老年产品，引导企业生产满足老年人各种需求的门类齐全、品种多样、经济适用的老年用品，对部分老年人公用的生活、娱乐、健身等器材，采用招标或集中采购的方式促其发展；大力发展老年旅游业，整合各地旅游资源，推出适合老年人特点的精品旅游线路和服务产品；交通费、旅游景点门票等对老年人实行优惠，以积极倡导老年人出游。积极开发适合老年人的其他服务项目。

（四）鼓励社会对养老服务机构的捐助。企业向国家认可的养老服务机构的捐助，可以在税前列支，其他单位和个人的捐助可以得到相关慈善事业的荣誉褒奖，鼓励全社会支持老龄产业的发展。为老服务机构在老年人自愿的情况下，经过公证，可以接受收住老年人的遗产，减免相关费用。

（五）加强管理和监督。建立养老服务机构资质评估系统，包括制定建筑设施、卫生条件、服务水平、管理能力在内的养老服务机构资质评估认证标准，明确管理认证机构，对养老服务机构进行资质认定和监管，使老龄产业发展规范化、标准化。

六、老年精神文化生活

把丰富老年人精神文化生活作为提高老年人生活质量，促进老年人跟上时代、融入社会的重要任务，加大投入，加强引导，努力提供符合老年人特点、体现社会主义先进文化的老年精神文化产品与服务。

（一）大力发展老年教育。到2010年，老年大学和老年学校在现有基础上增加1万所。积极发展老年电视大学、老年网上学校，倡导社区办学等多种形式的老年教育。教育内容要按照增长知识、丰富生活、陶冶情操、增进健康、服务社会的原则安排。农村要注重把老年教育与老年人脱贫致富、维护权益、破除迷信和移风易俗结合起来。重视开展老年思想教育活动，帮助老年人树立科学的世界观和积极的人生观、价值观。

（二）加大老年文化工作力度。广播电台、电视台办好老年文化专题节目。文学、影视、戏剧界积极创作优秀的老年题材作品。新闻出版部门办好老年报刊，出版面向老年人的图书、音像、电子出版物。公共文化和体育活动场所为老年人提供优先、优惠服务，建立健全服务公示制度，方便老年人了解、使用和监督。积极组织送文艺下乡活动，丰富包括农村老年人在内的农村精神文化生活。组织开展经常性的基层老年文体活动，发展适合老年人身体特点的体育活动和健身项目，为老年人自发的文体活动提供条件。

在各地各级有计划地开展老年文体活动的基础上，定期组织全国老年文艺汇演、老年才艺展演和老年体育健身运动会。

（三）广泛开展老年活动。把老年文化教育和体育纳入全民教育、文化和体育健身的发展规划。政府在随经济发展逐步加大对老年教育和文化体育事业资金投入的基础上，制定优惠政策鼓励和引导企业投入、争取社会捐助。制定有关法规政策加强对市场提供老年精神文化产品与服务的引导和规范。加强对各类老年群众文体组织的指导，发挥它们在老年文体活动中的骨干作用。对在开展老年教育和老年文体活动中表现突出的先进单位和个人进行表彰。

七、老年人合法权益保障

进一步完善保障老年人合法权益的法律法规，普遍开展老年法律宣传和敬老道德教育，加大维权工作力度，加强执法检查和监督，促进保障老年人合法权益的法制和道德环境的形成，使老年人的权益得到广泛尊重和维护。

（一）适时修订并完善《老年人权益保障法》，制定老年法实施细则或专项条例。制定出台《社会保险法》，加快老年社会保障的法制化进程。制定规范家庭养老、加强对高龄老年人优待工作。密切关注经济转轨和社会转型过程中老年人权益保障工作出现的新情况、新问题，通过法规政策及时保护老年人的权益。

（二）切实贯彻老年人权益保障法和有关涉老法律法规。继续做好签订农村家庭赡养协议书工作的组织指导，做到应签尽签。进一步加强老年人法律服务与法律援助工作，倡导和鼓励广大律师、公证员和基层法律工作者为老年人提供优先、及时、便利、高效的法律服务。对老年人的法律援助申请要简化程序，优先服务，适当放宽标准。将服务领域向城市社区和农村基层延伸。进一步加大对老年人合法权益的司法保护力度。有关部门要依法受理和处理涉及侵害老年人合法权益的申诉、控告和举报，有效预防、严厉打击各种侵害老年人人身和财产安全的违法犯罪行为，减少侵犯老年人合法权益恶性案件的案发率。

（三）各级政府和有关部门要积极配合人大进行老年人权益保障法的执法检查，主动接受监督。各级老龄工作委员会负责综合协调、督促检查老年维权工作。积极协调各级人大，根据情况适时对老年人权益保障法执行情况进行全面检查或专项检查。

（四）加强普法教育工作。把提高老年人权益保障法的普法率纳入工作计划，实行目标管理。把法制教育和敬老道德教育结合起来，推动形成社会主义敬老思想道德观。加强对农村的宣传教育工作，强化基层干部和老年人家庭成员的法制意识，提高道德水平，转变“女儿不养老”、“隔代不养老”等传统习俗和观念。大力开展“敬老模范乡镇（村居）”的创建活动，倡导敬老养老的传统美德和文明之风。重视加强对青少年的教育。继续开展“敬老爱老助老主题教育活动”。各级各地要组织好2006年《老年人权益保障法》颁布十周年宣传教育系列活动。

八、老年人的社会参与

充分发挥老年人的作用，营造老年人参与社会发展的政策和社会环境，大力开发和培育老年人才市场，鼓励老年人继续参与经济社会发展，实现“老有所为”。

（一）营造老年人参与社会发展的社会环境。根据社会发展的需要和老年人群的实际情况，研究出台有关政策，政府机关企事业单位、民间组织、社区居委会和村委会要创造条件，为老年人参与物质文明、政治文明和精神文明建设营造良好的社会氛围。

（二）鼓励老年人继续参与经济社会发展。根据自愿量力的原则，在城镇，引导老年人从事教育下一代、科技开发、信息服务以及维护社会治安、参与社区建设等社会公益活动；在农村，鼓励低龄健康老年人从事种植、养殖和加工业等经济活动。积极倡导和支持老年人广泛开展自助互助活动。努力探索实现老有所为的新形式。

（三）大力开发和培育老年人才市场。重视老年人才资源的开发和利用，国家建立老年人才信息中心，有条件的地方，建立老年人才信息库，把老年人才的开发和利用纳入人才市场建设的总体规划之中，为老年知识分子和具有专业技能的老年人才参与经济社会发展搭建平台。

九、实施《纲要》的保证措施

国务院各有关部门和地方各级人民政府要高度重

视人口老龄化问题，进一步贯彻落实《中共中央、国务院关于加强老龄工作的决定》(中发[2000]13号)，落实各级人民政府为贯彻中央《决定》精神而制定的政策措施。继续贯彻“党政主导，社会参与，全民关怀”的老龄工作方针，充分发挥市场机制作用，动员全社会力量参与发展老龄事业。

(一)充分发挥各级党委和政府的主导作用。各级党委和政府要切实加强对老龄工作的领导，真正把老龄工作纳入工作日程。各级老龄工作委员会是各级党委、政府的议事协调机构，要充分发挥各级老龄工作委员会成员单位的作用，按照成员单位承担的老龄工作职能，把老龄事业纳入本部门的工作规划。各级老龄工作委员会要强化其办事机构，充分发挥其综合协调、督促检查、参谋助手作用。

(二)加大老龄事业发展的资金投入力度。根据经济社会发展水平和老年人口发展规模，中央和地方财政要逐年增加对老龄事业经费的投入，用于老年服务设施建设、老年文化教育和老年科学研究等。加大政府公共财政向老龄事业投入的力度，探索政府在老龄事业中新的财政转移支付方式和社会资金投入老龄事业的新模式。在国家发行的彩票收益中要安排一定比例，实施涉老工程或计划。同时，要充分发挥各级老年基金会和其他基金组织的作用，积极引导民营资本和吸收国外资金投入老龄事业发展，逐步形成国家、社会、个人、境外资金等多元化的老龄事业投入机制。国家商业银行和政策性银行要加大对老龄事业发展的信贷支持力度。对于符合老龄事业发展方向，专为老年人服务，又有市场前景的老龄产业，需要银行信贷支持的，要按信贷规定给予支持。

(三)加强老龄工作机构和老年群众组织建设。对各级老龄工作委员会的办事机构，要进一步明确职责和任务，核定编制，配备人员，保证必要的办公经费和工作条件，对从事老龄工作的干部要进行有计划的培训，努力提高政治和业务素质。“十一五”期末，根据人口快速老龄化，政府职能转变、退休人员剥离企事业单位实行社会化管理的要求，建立强有力的政府职能部门，统管老龄事务。加强基层老年人协会建设，制定出台老年人协会的管理办法，规范老年人协会的建设、管理和活动，充分发挥老年人协会在基层民主自治、社区建设和老龄工作中的作用。

(四)加快为老服务队伍建设。加快培养老龄产业所需的各类人才，特别要加快培养急需的老龄产业管理人员、服务人员。有计划地在普通高校和中等职业学校增设老年学、老年心理学和护理服务专业，拓宽人才培养途径，积极引进和聘用高级人才。要充分利用现有中等专业技术学校或培训机构，培养大批老年专业护理人员。有条件的社会培训机构也要适应市场需求，培训老人家庭服务人员，建立《养老护理员国家职业标准》培训教材体系和职级评聘体系，加强岗位职业培训，落实持证上岗制度。出台相关政策，培育老龄中介组织，逐步形成健全的覆盖全国城乡的基层为老服务体系。

(五)加强科学研究和人才队伍培养。

改革老龄科学研究体制，建立国家老龄科学研究机构，承担老龄科学研究、老龄工作队伍和为老服务队伍的教育培训工作。各地力争建设一批示范性的省级老龄科学研究机构，可附设培训功能。老年人口较密集和有条件的地、市也可以建设相应的培训机构。为适应老龄社会的要求，要进一步加大老龄科学研究的经费投入力度，改革科研体制。

(六)建立督查、评估机制和激励机制。各地、各部门要按照本《纲要》的要求，根据各地实际和部门职责，制定本地、本部门实施方案。对《纲要》的实施情况要定期进行督查和评估，全国老龄工作委员会办公室会同有关部门对《纲要》实施情况进行检查，并对各地实施情况进行督查和评审，在2010年对《纲要》的执行情况进行全面评估。继续开展针对老龄工作先进单位和个人的评选表彰活动，建立推进老龄事业的激励机制。

(七)努力扩大对外交流与合作。拓宽对外交流与合作的领域，借鉴国际应对人口老龄化的经验，不断提高老龄工作水平。

海关总署关于残疾人专用品免税审批有关事宜的补充通知

署税发[2004]355号　二00四年十月十五日

广东分署，天津、上海特派办，各直属海关：

为保证国家对残疾人专用品进口税收优惠政策的有效实施，经商民政部、中国残疾人联合会，现就有关问题进一步明确如下：

一、《海关总署关于执行<残疾人专用品免征进口税收暂行规定实施办法>的通知》（署税[1997]544号）附件第五条规定批量进口残疾人专用品的“进口单位”，由民政部和中国残疾人联合会分别进行管理。

（一）民政部门核准的有：

1、直接从事残疾人康复治疗工作的机构；

2、专门制作残疾人用品的生产企业；

3、专门经营和销售残疾人用品的贸易公司。

（二）中国残疾人联合会系统有：

1、各级残联；

2、各级残联所属的单位；

二、上述单位批量进口《残疾人个人用专用品清单》所列商品，海关凭民政部（包括省、自治区、直辖市的民政部门）或中国残疾人联合会（包括省、自治区、直辖市的残疾人联合会）出具的证明函，办理免税审批手续。

三、进口单位可以委托进出口公司代理进口，或者自营进口。自营进口的应在向商务部门领取对外贸易经营者备案登记表后，按规定到海关办理注册登记手续。

关于印发《民政部项目资金管理暂行办法》的通知

民办发[2004]3号　二〇〇四年十二月二十四日

各司（局）、直属事业单位，中国老龄协会：

为了规范和加强部机关及事业单位项目经费管理，根据财政部《中央本级项目支出预算管理办法（试行）》（财预[2004]84号）的有关规定，结合行政、事业单位财务制度和会计制度，部制定了《民政部项目资金管理暂行办法》，现印发给你们，请遵照执行。

民政部办公厅

二〇〇四年十二月二十四日

民政部项目资金管理暂行办法

第一章　总则

第一条　为了规范民政部机关和直属事业单位项目资金管理，根据财政部制定的《中央本级项目支出预算管理办法(试行)》以及有关规定，制定本办法。

第二条　本办法所称项目资金，是指部机关和直属事业单位为完成特定的行政工作任务或者事业发展目标，向财政部申请并经批准，列入基本支出经费以外的专项经费。

第三条　项目资金申请按照财政部规定的程序及格式进行，项目资金支出本着项目负责人负责的原则，按照国家财务管理的有关规定执行。

第四条　项目资金实行追踪问效制度。各司(局)、直属事业单位(以下简称项目单位)负责人或者项目负责人对所承担项目资金的使用和效益负责，并对绩效情况进行反馈。

第五条　部财务和机关事务司(以下简称部财务司)负责项目预算申报、资金用款计划编报、项目执行的监督、检查、汇总等管理工作。

第二章　项目资金的申请

第六条　项目单位应当根据民政工作事业发展规划及实际业务需要，有计划地开展立项及项目论证工作，并按规定的时间向部财务司报送项目预算。

第七条　项目预算的申报，须经项目单位负责人集体研究、统筹安排确定。凡属中央、国务院已经决定的事项、上年预算执行必须继续完成的事项（延续项目）、预算年度必然发生的事项以及职能所要求的业务工作，应当进行立项并编制项目预算。

第八条　申报的预算项目应当符合以下条件：

（一）符合国家有关方针政策、财政资金支持的方向和范围；

（二）属于项目单位行政业务工作或者事业发展需要安排的项目；

（三）有明确的项目目标、组织实施计划和科学合理的经费预算，并经过充分的研究和论证。

第九条　项目预算的申报，应当按照财政部的要求填报项目文本，包括：项目申报书、项目可行性报告及项目评审报告。项目申报书必须填报；项目可行性报告和项目评审报告可以根据实际情况确定是否填报。预算数额较大或者专业技术较强的项目(包括信息系统建设项目、大型设备购置项目等)，应当填报项目的可行性报告和项目评审报告。

项目申报书要说明项目申请理由、主要内容、总体目标以及项目组织实施条件、项目支出预算和测算依据等。

项目可行性报告要说明项目基本情况(项目单位、项目负责人及项目总体概括)、项目的必要性与可行性分析、项目实施条件(人员条件、资金条件、基础条件)、项目进度与计划安排、主要结论等。

项目评审报告是项目单位组织专家评审组或者中介机构对立项依据的充分性、目标设置的合理性、组织实施能力与条件、预期社会效益、经济效益、资金筹措情况、预算支出的合理性、风险与不确定因素等进行评审、评估后所形成的结论性报告。项目评审报告由项目评审专家组或者中介机构填写，项目专家组成员签字予以确认。对100万元以上项目的评审，部财务司可视情况派人参加。

第十条　项目申报材料应当按部财务司规定的时间及时报送。材料内容必须真实、准确、完整。部财务司对申报的项目进行审核，将符合条件的列入部项目库，择优排序，经部长办公会批准后报财政部。

部财务司根据财政部预算批复及有关要求，将项目预算下达到项目单位后，项目即可实施。

第三章　项目资金支出

第十一条　项目资金实行项目负责人负责制。项目负责人须对项目资金的支出范围、方式和项目实施进度及项目预期成果负责。项目资金的开支，须经项目负责人或者由项目负责人指定的人员批准，并经单位财务部门对开支标准及范围进行审核后，方可支付。

第十二条　项目资金的支出，应当按照项目确定的开支范围和标准，国家财务、会计制度的有关规定执行。基层调研工作需按照差旅费的有关开支标准执行；会议按照会议类别确定的标准执行；政府采购项目按照《政府采购法》及有关规定执行；资金支付按照《财政部国库管理制度改革试点资金支付管理办法》规定的程序执行。

第十三条　项目资金由单位财务部门统一管理，项目单位根据部财务司下达的项目预算指标结合项目实施进度按季分月编制项目资金用款计划，并提前45天将下一季度项目的分月用款计划报送部财务司。分月用款计划需说明项目名称、项目总预算、项目执行进度、计划完成的工作任务、用款支出明细及具体支付时间(月份)等内容。部财务司审核汇总后报财政部核批，项目资金在财政部核批的数额内支付。

第十四条　项目支出预算一经批复，不得自行调整。如发生项目变更、终止，需要调整预算的，必须经部财务司核实后报财政部审批。

第十五条　项目年度预算应当确保按期完成。如遇特殊情况，未完成的部分经批准后，可以结转下年使用，不得挪作他用。完工项目结余资金的使用按照财政部的有关规定执行。

第十六条　项目资金购置的固定资产，须及时纳入单位的固定资产账，按规定进行核算与管理。

第四章　项目资金的检查与监督

第十七条　单位财务部门应当对项目的实施过程和完成结果进行监督、检查，定期向项目单位提供资金支出情况，督促其按确定的范围、时间进度实施。一些重要项目，部财务司将按有关绩效考评的规定，在项目执行期间或者项目结束后，组织实施绩效考评。

第十八条　项目执行完毕后，项目单位应当及时组织验收和总结，并向单位财务部门提交项目执行情况的文字材料。单位财务部门年终需按规定编报项目决算。上报决算应附文字说明，主要内容包括：项目资金的具体用向、使用效果、固定资产管理等情况。部财务司负责汇总民政部的项目资金使用情况并报告财政部。

第十九条　项目单位负责人或者项目负责人应当检查、督促项目预算执行情况，严格控制经费支出，对项目执行中发现的问题必须及时予以研究解决。

第二十条　违反项目资金管理规定，采取弄虚作假、截留、挪用、挤占项目资金的，由部财务司暂停项目拨款；情节严重的，将提请有关部门处理。

第五章　附则

第二十一　本办法由部财务司负责解释。

第二十二条　本办法自发布之日起执行。

CASY

3. 历年统计资料

A-1 全国总人口

单位：万人、%

年　份	总人口	城镇	乡村	农村贫困人口	65岁及以上老年人口	65岁及以上人口比例	出生人口	死亡人口	当年净增人口
1978	96259	17245	79014	25000					
1979	97542	18495	79047						1283
1980	98705	19140	79565						1163
1981	100072	20171	79901						1367
1982	101654	21480	80174			4.91			1469
1983	103008	22274	80734						954
1984	104357	24017	80340	12800					
1985	105851	25094	80757	12500					1164
1986	107507	26366	81141	13100					1476
1987	109300	27674	81626	12200		5			1500
1988	111026	28661	82365	9600					1541
1989	112704	29540	83164	10200					1577
1990	114333	30195	84138	8500		5.58	2391	762	1629
1991	115823	31203	84620				2258	768	1490
1992	117171	32175	84996	8000			2119	771	1348
1993	118517	33173	85344				2126	780	1346
1994	119850	34169	85681	7000			2104	771	1333
1995	121121	35174	85947	6540		6.4	2063	792	1271
1996	122389	37304	85085				2067	799	1268
1997	123626	39449	84177	4962		6.7	2038	801	1237
1998	124761	41608	83153	4210	8375	6.9	1942	807	1135
1999	125786	43748	82038	3412	8687		1834	809	1025
2000	126743	45906	80837	3209	8811	6.96	1771	814	957
2001	127627	48064	79563	2927	9062	7.1	1702	818	884
2002	128453	50212	78241	2820	9377	7.3	1647	821	826
2003	129227	52376	76851	2900	9692	7.5	1599	825	774
2004	129988	54283	75705	2610	9857	7.6	1593	832	761

注：本表资料来源于国家统计局。

A–2 城乡居民生活水平、职工工资和住房

单位：元、平方米

年 份	平均消费水平			职工平均工资	城市人均住宅建筑面积
	全国	农村	城镇		
1978	184	138	405	615	6.7
1979	207	158	434	668	6.9
1980	236	178	496	762	7.2
1981	236	199	562	772	7.7
1982	262	221	576	798	8.2
1983	284	246	603	826	8.7
1984	311	283	664	974	9.1
1985	437	347	802	1148	10
1986	485	376	920	1329	12.4
1987	550	417	1089	1459	12.7
1988	693	508	1431	1747	13
1989	762	553	1568	1935	13.5
1990	803	571	1686	2140	13.7
1991	896	621	1925	2340	14.2
1992	1070	718	2356	2711	14.8
1993	1331	855	3027	3371	15.2
1994	1746	1118	3891	4538	15.7
1995	2236	1434	4874	5500	16.3
1996	2641	1768	5430	6210	17
1997	2834	1876	5796	6470	17.8
1998	2972	1895	6217	7479	18.7
1999	3138	1927	6796	8346	19.4
2000	3397	2037	7402	9371	20.3
2001	3609	2156	7761	10870	20.8
2002	3791	2259	7972	12422	22.8
2003	4089	2361	8473	14040	
2004	4556			16024	

注：1.本表资料来源于国家统计局。

A-3 城乡居民家庭人均收入和消费支出

单位：元、%

年　份	城镇居民可支配收入	城镇居民家庭		农民纯收入	农村居民家庭	
		人均生活消费支出	恩格尔系数		人均生活消费支出	恩格尔系数
1978	343	311	57.5	134	116	67.7
1979				161	135	64
1980	478	412	56.9	191	162	61.8
1981	*458*	457	56.7	223	191	59.8
1982	*495*	471	58.6	270	220	60.6
1983	*526*	506	59.2	310	248	59.4
1984	*608*	559	58	355	274	59.3
1985	739	673	52.2	398	317	57.8
1986	900	799	52.4	424	357	56.5
1987	1002	884	53.5	463	398	55.8
1988	1181	1104	51.4	545	477	54
1989	1376	1211	54.5	602	535	54.8
1990	1510	1279	54.2	686	585	58.8
1991	1701	1454	53.8	709	620	57.6
1992	2027	1672	53	784	659	57.6
1993	2577	2111	50.3	922	770	58.1
1994	3496	2851	50	1221	1017	58.9
1995	4283	3538	51	1578	1310	58.6
1996	4839	3919	48.8	1926	1572	56.3
1997	5160	4186	46.6	2090	1617	55.1
1998	5425	4332	44.7	2162	1590	53.4
1999	5854	4616	42.1	2210	1577	52.6
2000	6280	4998	39.4	2253	1670	49.1
2001	6860	5309	38.2	2366	1741	47.7
2002	7703	6030	37.7	2476	1834	46.2
2003	8472	6511	37.1	2622	1943	45.6
2004	9422		37.7	2936		47.2

注：1.本表资料来源于国家统计局。
　　2.斜体下划线为生活费支出，与其他年份不可比。

A-4 民间组织

年 份	民间组织合计	社会团体（个）	民办非企业（个）	基金会（个）
1978				
1979				
1980				
1981				
1982				
1983				
1984				
1985				
1986				
1987				
1988	4446	4446		
1989	4544	4544		
1990	10855	10855		
1991	82814	82814		
1992	154502	154502		
1993	167506	167506		
1994	174060	174060		
1995	180583	180583		
1996	184821	184821		
1997	181318	181318		
1998	165600	165600		
1999	142665	136764	5901	
2000	153322	130668	22654	
2001	210939	128805	82134	
2002	244509	133297	111212	
2003	266612	141167	124491	954
2004	289432	153359	135181	892

注：2002年以前的基金会含在社会团体内。

A−5 抚恤、补助优抚对象

年 份	抚恤补助总人数（万人）	享受伤残保健金人数（万人）	享受伤残抚恤金人数（万人）	享受定期抚恤金人数（万人）	享受定期补助人数（万人）
1978	205.9	27.0	46.4		
1979	173.6	26.6	49.0		
1980	222.4	28.4	50.2		
1981	233.6	30.1	49.5		
1982	240.8	31.4	50.2		
1983	251.2	32.5	50.5		
1984	267.3	33.8	50.6		
1985	283.3	35.1	50.2	51.9	145.5
1986	339.8	36.8	49.7	53.3	199.4
1987	366.3	38.4	49.6	54.8	222.3
1988	378.5	40.0	48.7	53.7	235.3
1989	411.7	40.6	48.5	52.5	270.9
1990	425.7	40.8	46.6	51.7	285.9
1991	434.8	41.5	46.0	50.4	293.2
1992	433.7	42.4	45.2	49.2	296.9
1993	441.2	42.4	45.9	49.6	303.3
1994	442.0	43.0	45.5	48.7	304.8
1995	448.8	43.4	45.4	48.6	307.0
1996	447.0	43.9	45.4	48.6	309.3
1997	448.3	44.4	45.1	48.0	310.8
1998	447.0	44.6	44.6	47.4	310.4
1999	445.1	44.8	43.9	45.8	310.6
2000	442.4	45.1	43.0	44.8	309.5
2001	450.7	44.0	41.5	48.1	317.1
2002	459.0	40.4	45.4	48	325.2
2003	464.9	39.1	46.9	48.9	330
2004	462	38.5	47.1	48.6	327.8

A-6 烈士褒扬和优待

年　份	本年批准烈士人数	零散烈士纪念建筑物	优待优抚对象户数	优待军属户数	优待总金额	固定优待军属总额
1978		5347				
1979		3779			20393	
1980		2825			31459	
1981		2915			47255	
1982	8601	3592	4730756		58750	
1983	11024	3826	4387292		59588	
1984	8478	3953	4102419		62263	
1985	5887	3716	3567165	2884906	71655	577018
1986	11758	3871	3355694	2710272	75243	62205
1987	10644	4121	3223550	2562036	80915	66321
1988	9035	4236	3225253	2477699	87160	71735
1989	3960	4466	3086285	2423418	92169	77764
1990	3067	6065	2941486	2522476	99535	86739
1991	1556	6474	2967881	2540714	106354	93069
1992	1338	6957	2967002	2535037	116573	102008
1993	1467	6956	3009163	2470099	1315551	113330
1994	1215	7279	3027420	2462671	155627	133070
1995	1277	7067	3051322	2476261	194379	166414
1996	1187	7020	3040439	2449077	251798	217527
1997	888	7048	3334000	2427586	321741	261865
1998	749	7322	3250395	2415838	356413	292305
1999	616	7252	3818210	2380675	402998	305386
2000	468	7427	3855797	2282584	469054	363675
2001	460	7802	3973085	2086464	385859	275456
2002	403	8051	4130817	1929011	374819	251854
2003	461	7781	3962425	1672205	391581	239410
2004	316	7425	3632630	1430630	418498.9	267458

A-7 人口受灾和救灾

年 份	受灾人口（万人次）	因灾死亡人口（人）	紧急转移人口（万人）	紧急抢救灾民累计人数（万人）	因灾发救济费累计人数（万人）
1978		4965			
1979		6962			
1980		6821			
1981	26710.0	7422			
1982	22900.7	7935			
1983	22439.0	10952			
1984	20894.0	6927			
1985	26446.0	4394	290.5	139	6061
1986	29928.0	5410	345.8	199	6738
1987	23512.0	5495	348	113	6710
1988	36169.0	7306	582.9	112	6029
1989	34569.0	5952	365.3	132	6499
1990	29348.0	7338	579.2	129	5804
1991	41941.0	7315	1308.5	549	6725
1992	37174.0	5741	303.6	205	5259
1993	37541.0	6125	307.7	159	5258
1994	43799.0	8549	1054	244	5990
1995	24215.0	5561	1064	297	6710
1996	32305.0	7273	1216	478	6447
1997	47886.0	3212	511.3	305	5487
1998	35216.0	5511	2082.4	903	5781
1999	35319.0	2966	664.8	367	5058
2000	45652.3	3014	467.1	324	5127
2001	37255.9	2583	211.1	476	5727
2002	37841.8	2840	471.8	460	6013
2003	49745.9	2259	707.3	1001.5	6242
2004	33920.6	2250	563.2	492	4854.9

A-8 因灾造成物资损失

年　份	直接经济损失（亿元）	倒塌房屋（万间）	受灾面积（万公倾）	死亡大牲畜（万头）
1978		73.09	4844	226.3
1979		152.06	3937	
1980		137.30	5003	72.6
1981		261.50	3979	170.9
1982		320.30	3313	198.6
1983	260.9	345.40	3471	114.8
1984		274.70	3189	36.9
1985	410.4	224.90	4437	322.7
1986		209.71	4714	79.0
1987	326.3	180.00	4207	100.0
1988		258.00	5087	249.2
1989	525.0	194.10	4699	450.0
1990	616.0	247.35	3847	166.0
1991	1215.1	581.51	5547	97.9
1992	853.9	196.56	5133	171.4
1993	933.2	271.64	4867	150.8
1994	1876.0	512.06	5504	238.2
1995	1863.0	439.29	4587	245.2
1996	2882.0	809.00	5975	619.3
1997	1975.0	288.00	5343	33.5
1998	3007.4	821.40	2229	689.3
1999	1962.4	174.53	4998	82.2
2000	2045.3	147.30	5469	162.0
2001	1942.0	92.20	5215	62.8
2002	1717.4	175.7	4711.9	74.8
2003	1884.2	343	5438.6	81.1
2004	1602.3	155	3710.6	169.5

A-9 社会捐赠

单位：万元、万件

年　份	社会捐赠款物合计	社会捐赠款			社会捐赠衣被物资折款	接收社会捐赠衣被数量
			民政部门	慈善会		
1978						
1979						
1980						
1981						
1982						
1983						
1984						
1985						
1986						
1987						
1988						
1989						
1990						
1991						
1992						
1993						
1994						
1995						
1996						
1997	140159.5	41514.6			98644.9	9358.0
1998	1132082.4	501921.3	501921.3		630161.1	29000.0
1999	177807.4	69434.8	49914.4	19520.4	108372.6	5636.2
2000	163053.6	93464	54211.7	39252.3	69589.6	7708.5
2001	199885.6	117241.8	75769.6	41472.2	82643.8	12635.4
2002	207979.7	189675.8	110905.8	78770	18303.9	22961.1
2003	434054.9	410234.7	291690.4	118544.3	23820.2	19648.8
2004	351205.7	339641.3	170671.3	168970	11564.4	8957.2

A–10 城市居民传统救济与最低生活保障

年 份	城市居民传统救济总人数（万人）	城市居民传统定救人数（万人）	城市精简退职老职工人数（万人）		
				享受40%人数（万人）	定量救济人数（万人）
1978					
1979	33.6	23.7	*9.9*		
1980	32.9	22.9	*10*		
1981	31.5	21.5	*10*		
1982	34.7	21.4	*13.3*		
1983	47.1	22.6	*24.5*		
1984	*207.4*	*160.6*	*46.8*	*25.3*	
1985	30.0	18.2	11.8	6.4	5.4
1986	49.0	35.6	13.4	7.1	6.3
1987	29.8	16.2	13.6	7.2	6.4
1988	32.9	17.6	15.3	7.7	7.6
1989	30.5	16.2	14.3	7.1	7.2
1990	41.8	16.4	25.4	16.4	9.0
1991	33.7	16.1	17.6	8.5	9.0
1992	39.5	19.2	20.3	9.7	10.6
1993	24.6	13.8	10.8	5	5.8
1994	23.0	12.4	10.6	4.9	5.7
1995	109.0	55.2	53.8	23.9	29.9
1996	120.1	66.5	53.6	23.6	30.0

年 份	城市最低生活保障人数	在职人员	下岗人员	退休人员	失业人员	“三无”人员	其他人员
1996	84.9						
1997	87.9						
1998	184.1						
1999	256.9						
2000	402.6						
2001	1170.7						
2002	2064.7	186.8	554.5	90.8	358.3	91.9	783.1
2003	2246.8	179.3	518.4	90.7	409	99.9	949.3
2004	2205	141	468.9	73.1	423.1	95.4	1003.5

注：1984年以前的精简退职老职工人数含农村的数据。

A-11 农村居民传统救济与最低生活保障

年份	农村社会救济总人数（万人）	农村定期定量救济人数（万人）	农村精简退职老职工人数（万人）		
				享受40%人数（万人）	定量救济人数（万人）
1978					
1979	6847.6	*6837.7*	*9.9*		
1980	4651.8	*4641.8*	*10*		
1981	4265.1	*4255.1*	*10*		
1982	4270.7	*4257.4*	*13.3*		
1983	3526.7	*3502.2*	*24.5*		
1984	3842.7	*3795.9*	*46.8*	*25.3*	
1985	116.7	75.1	41.6	18.1	23.5
1986	103	63.1	39.9	18.1	21.7
1987	92.2	53.2	39	17.7	21.3
1988	93	54.1	38.9	17.6	21.4
1989	75.7	35.0	40.7	18.3	22.3
1990	100.2	46.7	53.5	23.6	29.9
1991	97	43.8	53.2	23.5	29.8
1992	97.5	45.6	51.9	23.3	28.6
1993	80.1	36.3	43.8	19.5	24.3
1994	82.1	38.5	43.6	19.2	24.3
1995	98.3	55.2	43.1	19	24.1
1996	109.2	66.5	42.7	18.6	24.1
1997	104.5	51.4	53.1	23.2	29.8
1998	120.5	65.6	54.9	24.9	30
1999	107.1	55.6	51.5	22.5	28.7
2000	112.2	62.5	49.7	22.1	27.6
2001	130.5	80.7	49.8	21.3	27.8
2002	1929.5	*1880.8*	48.7	20.9	27.8

年份	农村社会救济总人数（万人）	农村居民最低生活保障人数（万人）	农村居民最低生活保障户数（万户）			农村传统救济人数（万人）	农村传统救济户数（万户）			
				困难户（万户）	五保户（万户）	其他（万户）			困难户（万户）	五保户（万户）	其他（万户）
2001	385.3	304.6					80.7				
2002	2288.6	407.8	156.7				1880.8				
2003	1160.5	367.1	176.8	114.5	30.3	32	793.4	456	192.7	173.9	89.3
2004	1402.1	488	235.9	165.2	37.1	33.6	914.1	545.8	260.4	228.7	56.6

注：1.斜体数据为农村定救和临时救济的合计数。

2.1984年以前的精简退职老职工人数含城镇的数据。

A–12 社区服务

年　份	社区服务中心（个）	城镇社区服务设施数（个）	城镇便民、利民网点（个）
1978			
1979			
1980			
1981			
1982			
1983			
1984			
1985			
1986			
1987			
1988		69699	
1989		71357	
1990		84757	
1991		89918	
1992		112171	
1993	3711	89235	169503
1994	4034	94645	204229
1995	4380	110795	234024
1996	5055	127254	259201
1997	5113	133253	307226
1998	6154	148042	345075
1999	7623	157339	405740
2000	6444	181444	451567
2001	6179	195579	539544
2002	7898	198845	622986
2003	7520	196425	668418
2004	7804	198122	703760

A-13 村民自治

单位：万人、个

年 份	当年农村登记选民数	参选人数	村民自治示范县	村民自治示范乡镇	村民自治示范村
1978					
1979					
1980					
1981					
1982					
1983					
1984					
1985					
1986					
1987					
1988					
1989					
1990					
1991					
1992					
1993					
1994					
1995			63	3917	82266
1996			187	4892	106000
1997			334	7942	164350
1998			488	10754	207898
1999			555	13709	239994
2000			587	14067	265730
2001			792		
2002	42403.7	38405.6	579	7457	
2003	12247.4	10746.6	667	7937	
2004	21407.1	19066.4	737	8047	

注：2003年以前的基金会含在社会团体内。

A-14 自治组织

年 份	居民委员会（个）	家委会（个）	居民小组（万个）	居民委员会成员（万人）	村民委员会（万个）	村民小组（万个）	村民委员会成员（万人）
1978							
1979	46810						
1980							
1981	57169						
1982							
1983	65519				31.2		
1984	75609				92.7		
1985	80943			34.9	94.9		379.6
1986	86824			36.2	86.6		365.9
1987	86799			37.0	84.5		359.9
1988	95684			36.1	88.3		366.6
1989	93691			36.6	93.4		379.4
1990	98814			43.1	100.1		409.4
1991	100347			44.1	101.9		424.4
1992	104136			46.5	100.4		430.9
1993	107173			47.9	101.3		456
1994	110112			48.0	100.7		458.5
1995	111860			48.0	93.2		400.5
1996	113690			49.3	92.8		397.5
1997	117915	11989.0	108.3	49.8	90.6	535.8	378.8
1998	119042	12087.0	117.2	50.8	83.3	537.1	358.6
1999	114815	12520.0	124.7	50.1	80.1	555.7	351.3
2000	108424	11382.0	127.2	48.4	73.2	553.4	315.0
2001	91893	7661.0	125.9	46.4	70.0	541.9	316.4
2002	860870		124.4	39.6	68.1	528.6	294.2
2003	77431	2311	122.2	39.7	66.3	519.2	319.1
2004	77884	2126	129.6	42.5	64.4	507.9	292.1

A-15 县以下行政区划

单位：个

年 份	乡镇级合计	镇	乡	民族乡	区公所	街道办事处
1978	6198	2176			4022	
1979	10424	2361			3619	4444
1980						
1981	11434	2678			3791	4965
1982						
1983	49695	2968	35514		5909	5304
1984	106439	7186	85290		8119	5844
1985	104900	9140	82450	3144	7908	5402
1986	84018	10718	61417	2936	6165	5718
1987	81025	11103	58739	3020	5503	5680
1988	65345	11481	45195	1571	3570	5099
1989	65419	11873	44624	1755	3502	5420
1990	65188	12084	44397	1980	3438	5269
1991	63391	12455	42654	1403	3096	5186
1992	54830	14539	33827	1348	1231	5233
1993	54863	15805	32445	1351	1143	5470
1994	54605	16702	31463	1322	1068	5372
1995	53360	17532	29502	1330	730	5596
1996	51336	18171	27056	1383	544	5565
1997	50967	18925	25966	1545	398	5678
1998	50999	19216	25712	1517	339	5732
1999	50750	19756	24745	1222	345	5904
2000	49668	20312	23199	1356	255	5902
2001	45303	20374	19341	1188	78	5510
2002	44850	20601	18639	1167	34	5576
2003	44067	20226	18064	1149	26	5751
2004	43258	19883	17451	1124	20	5904

A-16 县及以上行政区划

单位：个

年 份	省级	地级（不含地级市）	县级（不含县级市、市辖区）	市			市辖区
					地级	县级	
1978	30	241	2138	190	99	91	
1979	30	209	2137	216	104	109	520
1980	30	209	2137	223	107	113	511
1981	30	208	2136	226	110	113	581
1982	30	210	2133	245	109	133	527
1983	30	183	2095	281	137	141	599
1984	30	175	2069	300	148	149	595
1985	30	165	2046	324	162	159	620
1986	30	159	2017	353	166	184	629
1987	30	156	1986	381	170	208	623
1988	31	151	1930	434	183	248	647
1989	31	151	1919	450	185	262	648
1990	31	151	1903	467	185	279	651
1991	31	151	1894	479	187	289	650
1992	31	148	1848	517	191	323	662
1993	31	139	1795	570	196	371	669
1994	31	127	1735	622	206	413	697
1995	31	124	1716	640	210	427	706
1996	31	117	1696	666	218	445	717
1997	33	110	1693	668	222	442	727
1998	33	104	1689	668	227	437	737
1999	34	95	1682	667	236	427	749
2000	34	74	1674	663	259	400	787
2001	34	67	1660	662	265	393	808
2002	34	57	1649	660	275	381	830
2003	34	51	1642	660	282	374	845
2004	34	50	1636	661	283	374	852

A-17 结婚登记

年 份	结婚登记总数（万对）	内地居民登记结婚数（万对）	涉外华侨港澳台登记结婚数（万对）	结婚率（‰）
1978	597.8	597.8		12.4
1979	637.1	636.3	0.8	13.4
1980	720.9	719.8	1.1	14.6
1981	1041.7	1040.3	1.4	20.8
1982	836.9	835.5	1.4	16.5
1983	765.4	764.2	1.3	14.9
1984	784.8	783.4	1.4	15.0
1985	831.3	829.1	2.2	15.7
1986	884.0	882.3	1.7	16.4
1987	926.7	924.7	2.0	17.2
1988	899.2	897.2	2.0	16.6
1989	937.2	935.2	2.0	16.8
1990	951.1	948.7	2.4	16.4
1991	953.6	951.0	2.6	16.5
1992	957.5	954.5	3.0	16.5
1993	915.4	912.2	3.3	15.5
1994	932.4	929.0	3.4	15.6
1995	934.1	929.7	4.4	15.4
1996	938.7	934.0	4.7	15.3
1997	914.1	909.1	5.1	14.7
1998	891.7	886.7	5.0	14.4
1999	885.3	879.9	5.4	14.1
2000	848.5	842.0	6.5	13.4
2001	805.0	797.1	7.9	12.6
2002	786	778.8	7.3	12.2
2003	811.4	803.5	7.8	12.6
2004	867.2	860.8	6.4	13.3

注：结婚率计算方法

$$结婚率=\frac{当年领证人数（人）}{当地人口数（人）}\times 1000‰$$

A–18 离婚办理

年 份	离婚总数（万对）	民政部门登记离婚数（万对）	内地居民登记离婚数（万对）	涉外华侨港澳台登记离婚数（对）	法院部门办理离婚数（万对）	离婚率（‰）
1978	28.5	17.0	17		11.5	0.35
1979	31.9	19.3	19.3	82	12.6	0.65
1980	34.1	18.0	18	330	16.1	0.69
1981	38.9	18.7	18.7	46	20.2	0.78
1982	42.8	21.1	21.1	116	21.7	0.84
1983	41.8	19.7	19.7	126	22.1	0.83
1984	45.4	19.9	19.9	110	25.5	0.80
1985	45.8	19.6	19.6	108	26.2	0.87
1986	50.6	21.4	21.4	205	29.2	0.94
1987	58.1	23.6	23.6	220	34.5	1.10
1988	65.5	26.4	26.4	310	39.1	1.20
1989	75.3	28.8	28.7	518	46.5	1.35
1990	80.0	30.1	30	602	49.9	1.38
1991	83.1	30.1	30	588	53	1.43
1992	85.0	31.6	31.5	833	53.4	1.47
1993	91.0	33.6	33.5	968	57.4	1.54
1994	98.2	35.5	35.4	737	62.7	1.64
1995	105.6	36.8	36.7	813	68.8	1.75
1996	113.4	39.4	39.3	1175	74	1.85
1997	119.9	44.0	43.9	1385	75.9	1.94
1998	119.2	46.6	46.5	948	72.6	1.92
1999	120.2	47.8	47.7	975	72.4	1.91
2000	121.3	48.9	48.8	1075	72.4	1.91
2001	125.0	52.8	52.5	2856	72.2	1.96
2002	117.7	57.3	56.8	5221	60.4	1.80
2003	133.0	69	68.7	3333	64	2.10
2004	166.5	104.6	104	5830	61.9	2.56

注：离婚率计算方法

$$离婚率=\frac{当年领证人数（人）}{当地人口数（人）}\times 1000‰$$

A-19 收养登记

年 份	收养登记总数	中国公民收养登记	外国公民收养登记	被收养人合计	福利机构抚养的孤儿	被中国公民收养	被外国人收养
1978							
1979							
1980							
1981							
1982							
1983							
1984							
1985							
1986							
1987							
1988							
1989							
1990							
1991							
1992							
1993							
1994							
1995							
1996	18896	14804	4092	20389	2201		
1997	21548	17193	4355	21548	975		
1998	26498	20611	5887	26498	677		
1999	38074	31584	6158	38019	1670	31882	6137
2000	55802	49037	6765	56191	1847	49500	6691
2001	44706	36089	8617	45844	1908	37200	8644
2002	45336	35372	9964	47860	2404	37642	10218
2003	54159	44884	9275	54159	3427	44884	9275
2004	52603	40084	12519	55572	3189	44708	10864

A-20 救助与殡葬

年　份	救助人次数（人次）	救助类单位床位数（张）	火化炉数（台）	火化遗体数（万具）	火化率（%）
1978			1712	117.5	
1979			2300	102.1	
1980			2510	98.7	
1981			2586	85.4	
1982			2622	96.2	
1983			2622	108.0	
1984			2686	128.2	
1985			2729	155.2	
1986			2745	155.5	26.2
1987			2752	162.0	27.0
1988			2729	180.9	29.5
1989			2768	182.3	30.1
1990			2795	201.3	31.5
1991			2714	215.6	34.0
1992			2852	242.6	31.2
1993			2891	247.6	31.6
1994			2882	257.1	33.4
1995			2927	262.7	33.2
1996			3005	282.7	35.2
1997			2959	295.0	36.8
1998			3157	319.7	39.6
1999			*3340*	336.4	41.5
2000			*3565*	373.7	46.0
2001			4299	386.7	47.3
2002			3945	415.2	50.6
2003			4159	434.9	52.7
2004	820254	47086	4792	436.9	52.5

注：斜体下划线数据经过修正。

A-21 民政行业单位

单位：个

年份	合计	行政机关	提供住宿的社会福利单位	不提供住宿的社会福利单位	社会福利企业
1978	11497		8571	2006	920
1979	12863		8988	2769	1106
1980	14214		9669	3236	1309
1981	14898		10031	3293	1574
1982	17303		12275	3324	1704
1983	25137		15807	3400	5930
1984	33116		22796	3610	6710
1985	47736		29100	3764	14872
1986	58968		35008	4095	19865
1987	69401		37372	4236	27793
1988	83900		39030	4374	40496
1989	85797		39743	4489	41565
1990	86657		40583	4247	41827
1991	90448		42264	4379	43805
1992	97630		43319	4475	49836
1993	109577		43681	9015	56881
1994	112202		43240	8729	60233
1995	112499		43074	9188	60237
1996	112205		42829	9979	59397
1997	108696		42385	10802	55509
1998	104543		42131	11898	50514
1999	98308		40430	13250	44628
2000	101222		42342	18210	40670
2001	101118	6121	40176	16841	37980
2002	98377	4666	39736	18217	35758
2003	95951	4323	38741	18911	33976
2004	103411	4117	40141	26743	32410

A-22 民政行业单位职工

单位：万人

年 份	合 计	行政机关职工	提供住宿的社会福利单位职工	不提供住宿的社会福利单位职工	社会福利企业职工
1978	19.7		2.8	2.4	14.5
1979	21.9		4.3	3.1	14.5
1980	25.3		5.2	3.2	16.9
1981	27.8		5.8	3.3	18.7
1982	29.1		6.4	3.4	19.3
1983	41.5		7.3	3.4	30.7
1984	48.0		9.2	3.7	35.1
1985	83.4		11.0	4.3	68.0
1986	104.1		12.8	4.7	86.6
1987	132.2		13.5	4.8	113.9
1988	166.9		14.4	4.9	147.6
1989	171.5		14.8	5.2	151.5
1990	179.3		15.6	5.5	158.3
1991	192.7		16.3	5.7	170.7
1992	213.9		17.1	5.9	190.9
1993	230.0		17.5	6.3	206.3
1994	243.1		17.6	6.4	219.0
1995	245.7		17.6	6.6	221.4
1996	229.2		18.1	7.0	204.2
1997	252.5	14.3	18.4	9.9	209.8
1998	239.8	14.8	18.5	11.2	195.3
1999	228.5	14.8	19.9	13.6	180.2
2000	216.9	13.5	21.5	16.1	165.8
2001	214.5	12.1	22.2	20.5	159.8
2002	203.6	11.2	21	19.1	152.3
2003	203.8	10.8	23.1	19.4	150.5
2004	209.1	11.3	23.3	22	152.5

A-23 收养性社会福利单位

年　份	单位数（个）	床位数（万张）	收养人数（万人）
1978	8571		16.3
1979	8988	22.6	18.6
1980	9669	24.2	19.1
1981	10031	25.3	19.7
1982	12275	28.2	22.5
1983	15807	32.4	25.9
1984	22796	42.5	34.1
1985	29100	49.1	40.8
1986	35008	58.7	47.4
1987	37372	64.9	51.8
1988	39030	69.5	54.8
1989	39743	73.8	56.9
1990	40583	78.0	59.9
1991	42264	82.8	64.6
1992	43319	89.8	69.6
1993	43681	92.7	72.4
1994	43240	95.5	73.6
1995	43074	97.6	74.7
1996	42829	100.8	76.9
1997	42385	103.1	78.5
1998	42131	105.8	80.0
1999	40430	108.9	82.7
2000	40491	113.0	85.4
2001	39338	124.7	89.3
2002	38875	125.1	92.6
2003	37294	129.8	96.5
2004	38593	146.7	110.9

A-24 社会福利企业

年　份	单位数 （个）	残疾职工 人数（万人）	利润额 （亿元）
1978	920	3.5	0.8
1979	1106	4.8	0.8
1980	1309	5.5	0.9
1981	1574	6.1	0.7
1982	1704	6.4	0.8
1983	5930	9.6	0.9
1984	6710	11.6	1.3
1985	14872	23.2	5.1
1986	19865	31.4	4.2
1987	27793	43.3	8.8
1988	40496	55.9	16.5
1989	41565	60.5	16.1
1990	41827	63.8	17.8
1991	43805	70.1	21.3
1992	49836	77.8	32.6
1993	56881	84.5	44.7
1994	60233	90.9	44.1
1995	60237	93.9	49.1
1996	59397	93.6	45.1
1997	55509	91.0	66.3
1998	50514	85.6	63.9
1999	44628	79.0	76.7
2000	40670	72.5	99.0
2001	37980	69.9	119.5
2002	35758	68.3	148.3
2003	33976	67.9	189.9
2004	32410	66.2	219

A-25 基本建设投资

单位：万元

年份	计划总投资	本年完成投资						本年施工项目个数
			国家投资	国内贷款	自筹	福利彩票公益金	其他	
1978								
1979								
1980								
1981								
1982								
1983								
1984								
1985								
1986								
1987								
1988								
1989	57958	19527	7995	1162	7958		2412	
1990	69125	23600	9562	633	10438		2967	
1991	69593	30010	10803	1468	14680		3059	
1992	72702	32111	8270	1412	18877		3552	
1993	127777	55800	13126	1824	33941		7013	
1994	154660	62196	23466	4601	28587		5542	
1995	209227	95860	45535	2903	38326		9096	
1996	298233	100529	21014	4136	63992		11387	
1997	356854	138158	27171	8245	86340		16402	
1998	410430	165656	28352	8034	110656		18614	
1999	631557.5	246884.8	59661.1	22982.3	146282.4	35354.1	17959	1456
2000	682187.4	247195.3	76935.4	15560.8	135891.8	33144.7	18807.3	1337
2001	774689.7	307979.5	103834.4	22418	151128.5	35850.4	30598.6	1360
2002	887153.6	301346.1	95140.9	14227.9	158957.6	33374.3	33019.7	3659
2003	872516.1	300137	99340.5	17251.1	150951.3	35298	32594.1	3867
2004	928742	292253.7	89987.6	23753.2	143730.4	46764.9	34782.5	8985

A-26 民政事业费支出

单位：亿元

年份	民政事业费总支出	抚恤费	离休费	社会福利及其他社会救济费	最低生活保障事业费	自然灾害救济费	退休费	其他民政事业费
1978	13.7	2.8		4.4		4.2	2.3	
1979	18.4	3.5		5.2		6.8	2.9	
1980	17.5	4.4		5.2		4.5	3.4	
1981	19.2	4.4		5.1		6.3	3.4	
1982	19.6	4.8		5.1		6.0	3.5	
1983	21.6	5.3		6.5		6.4	3.4	
1984	24.2	6.1	0.2	8.0		6.9	3.0	
1985	29.6	6.7	0.7	7.4		9.6	3.5	1.7
1986	34.4	8.4	1.2	8.3		10.7	3.8	1.9
1987	35.9	9.6	1.8	8.6		9.9	4.1	2
1988	39.6	11	2.3	9		10.4	4.3	2.5
1989	46.6	14	2.9	10		12.3	4.6	2.9
1990	51.9	16.2	3.2	10.8		13.1	5.2	3.5
1991	62.5	16.8	3.6	11.7		20.9	5.4	4.2
1992	63.7	18	4.2	12.4		17.1	6.6	5.4
1993	69.9	20.1	3.6	14.5		14.9	8.3	8.4
1994	87.0	24.4	5.5	17.3		17.7	12.1	10.1
1995	103.5	28.5	6.3	19.7		23.5	13.1	12.4
1996	121.2	31.9	6.2	22.8	3	30.8	13.9	15.5

年份	民政事业费总支出	抚恤费	军队离退休、退职费	社会福利及其他社会救济费	最低生活保障事业费	自然灾害救济费	地方离、退休人员费	其他民政事业费
1997	133.5	36.1	12.4	27.1	2.9	28.7	10.3	19
1998	161.8	39.4	15.2	34	7.1	41.2	10.9	21.3
1999	194.7	49.7	18.4	52.5	13.8	35.6	11.2	27.2
2000	229.7	63.5	24.7	65.4	21.9	35.2	11.7	29.2
2001	284.8	69.5	31.2	90.6	41.6	41	13	39.5
2002	392.3	74.7	49.5	167.5	108.7	40	13.2	47.3

年份	民政事业费总支出	抚恤费	军队离退休、退职费	社会福利及其他社会救济费	最低生活保障事业费	自然灾害救济费	地方离、退休人员费	其他民政事业费
2003	498.9	87.9	59	78.9	153.1	52.9	13.1	54
2004	577.4	104.1	74.1	99.4	172.7	51.5	13.9	61.7

CASY

4. 综合统计资料

B-1 2000年-2004年民政事业发展主要指标年平均增长水平

项　目	单位	2000年	2004年	年平均递增(%)
一、民间组织	个	153322	289432	17.2
二、抚恤补助优抚对象	万人	442.4	462	1.1
三、在乡伤残人员年均抚恤金	元／年、人	1586	2377.9	10.7
四、烈属和牺牲病故军人家属人均年抚恤金	元／年、人	1507	2777.8	16.7
五、城镇居民最低生活保障人数	万人	402.6	2205	53.0
六、收养性单位集体供给金额	亿元	9.7	12.6	6.8
七、收养性单位床位数	万张	113	129.8	3.5
其中：国家办	万张	22.1	28.2	6.3
集体办和民办	万张	90.9	101.6	2.8
八、社会福利企业	个	40670	32410	-5.5
九、乡镇变化	万个	4.4	3.7	-4.2
十、村、居委会组织变化	万个	84	72.2	-3.7
十一、办理结婚登记	万对	848.5	867.2	0.5
十二、办理离婚登记	万对	121.3	166.5	8.2
十三、家庭收养儿童	万件	55802	55572	-0.1
十四、全年火化遗体	万具	373.7	436.9	4.0
十五、福利彩票销售金额	亿元	113.4	226.4	18.9
十六、事业费支出情况	亿元	229.7	577.4	25.9
十七、民政系统固定资产原值	亿元	406.5	599.8	10.2

B-2 民政事业发展主要数据与上年比较

指　标	单位	2003年	2004年	比上年增减（%）
一、民间组织				
社会团体数	万个	14.2	15.3	7.7
民办非企业单位数	万个	12.4	13.5	8.9
二、优抚安置				
1.国家抚恤、补助各类优抚对象	万人	464.9	461.9	-0.6
2.安置义务兵、士官人数	万人	48.7	52.6	8.0
3.接收军队离退休人员人数	万人	1.2	1.1	-8.3
三、救灾救济				
1.城市居民最低生活保障人数	万人	2246.8	2205	-1.9
2.城市居民最低生活保障户数	万户	930.5	955.5	2.7
3.城市最低生活保障平均标准	元／人、月	149	152	2.0
4城市最低生活保障平均补差水平	元／人、月	58	65	12.1
5.农村居民最低生活保障人数	万人	367.1	488	32.9
6.农村传统救济人数	万人	793.4	914.1	15.2
7.社会捐赠款数	亿元	29.2	34	16.4
8.捐赠衣被总数	亿件	1.9	0.9	-52.6
9.受益人次数	万人次	4242.8	2444.5	-42.4
10.社会捐赠接收站、点数	万个	2.8	3.2	14.3
四、社区建设				
1.村委会	万个	66.3	64.4	-2.9
2.居委会（社区居委会）	万个	7.7	7.8	1.3
3.社区服务中心	个	7520	7804	3.8
4.城镇社区服务设施数	万个	19.6	19.8	1.0
五、行政区划				
地级	个	333	333	
其中：地级市	个	282	283	0.4
县级	个	2861	2862	
其中：县级市	个	374	374	

B-2续表

指　标	单位	2003年	2004年	比上年增减（%）
六、社会福利				
1.收养性单位数	万个	3.7	3.9	5.4
2.床位数	万张	129.8	146.8	13.1
3.收养人数	万人	96.5	110.9	14.9
4.社会福利企业数	万个	3.4	3.2	-5.9
5.其中残疾职工数	万人	67.9	66.2	-2.5
七、婚姻、收养与殡葬				
1.结婚登记	万对	811.4	867.2	6.9
其中：涉外及港台	万对	7.8	6.4	-17.9
2.离婚率	‰	2.1	2.56	（0.46千分点）
3.收养孤残儿童	万人	5.4	5.3	-1.9
4.火化遗体数	万具	435	436.9	0.4
5.火化率	%	52.7	52.5	（-0.2百分点）
八、福利彩票				
1.销售福利彩票	亿元	200	226.4	13.2
2.筹集社会福利基金	亿元	67.2	79.2	17.9
九、老龄人口				
1.65岁以上老年人口	万人	9692	9857	1.7
2.占全国总人口	%	7.5	7.6	（0.1百分点）
十、民政事业费				
民政事业费总支出	亿元	498.9	577.4	15.7
其中：自然灾害救济支出	亿元	52.9	51.5	-2.6
城市最低生活保障支出	亿元	150.5	172.7	14.8
抚恤费支出	亿元	87.9	104.1	18.4
基本建设支出	亿元	30	29.2	-2.7

B-3 民间组织发展情况与上年比较

单位：个

项　目	2003年	2004年	比上年增减（%）
民间组织合计	267566	289476	14.6
一、社团管理	142121	153359	7.9
（一）按活动区域分			
中央级社团	1736	1673	-3.6
省级社团	21030	20563	-2.2
地级社团	48731	50424	3.5
县级社团	70624	80699	14.3
（二）按性质分			
专业性社团	40325	44322	9.9
行业性社团	41722	46370	11.1
学术性社团	37401	37899	1.3
联合性社团	19640	21790	10.9
港澳台社团	32	38	18.8
外国商会	15	16	6.7
其他	2032	2924	43.9
二、民办非企业单位	124491	135181	8.6
（一）按性质分类			
法人	56633	64308	13.6
合伙	6075	7220	18.8
个体	61783	63653	3.0
（二）按隶属行业分类			
教育	62776	69068	10.0
卫生	26795	27509	2.7
文化	2811	3139	11.7
科技	4522	5824	28.8
体育	2682	3441	28.3
劳动	9037	10736	18.8
民政	7792	9658	23.9
社会中介服务业	1777	1275	-28.2
法律服务业	728	546	-25.0
其他	5571	3985	-28.5
三、基金会	954	892	-6.5

B-4 优抚、安置对象与上年比较

单位：人

项　目	2003年	2004年	比上年增减（%）
一、国家抚恤、补助优抚对象总人数	4649215	4 619 457	-0.6
（一）重点优抚对象人数	4621363	4 593 959	-0.6
1.抚恤人数	1348983	1 341 543	-0.6
（1）革命伤残人员抚恤人数	860163	855 810	-0.5
#享受伤残保健金人数	391384	385 053	-1.6
#享受伤残抚恤金人数	468779	470 757	0.4
（2）牺牲抚恤人数	65303	65 695	0.6
（3）病故抚恤人数	78376	80 221	2.4
（4）烈属定期抚恤人数	345141	339 817	-1.5
2.补助人数	3272380	3252416	-0.6
（1）在乡复员军人	2262264	2 214 467	-2.1
（2）在乡退伍军人	919349	950 428	3.4
（3）在乡退伍红军老战士	2893	2 701	-6.6
（4）在乡西路军红军老战士	1610	1 454	-9.7
（5）红军失散人员	86264	83 366	-3.4
（二）其他定补人数	27852	25 498	-8.5
二、离退休人员数	11507	10 794	-6.2
1.军队干部（含地方）	5055	8 884	75.7
2.军队退休士官	140	90	-35.7
3.军队无军籍职工	6312	1 820	-71.2

B-5 最低生活保障与农村传统救济与上年比较

单位：万人、万户

项　目	2003年	2004年	比上年增减（%）
最低生活保障与农村传统救济总人数	3407.3	3607.1	5.9
（一）城市居民最低生活保障人数	2246.8	2205	-1.9
其中：在职人员	179.3	141	-21.4
下岗人员	518.4	468.9	-9.5
退休人员	90.7	73.1	-19.4
失业人员	409.1	423.1	3.4
“三无”人员	100	95.4	-4.6
其他人员	949.4	1003.5	5.7
城市居民最低生活保障家庭数	930.5	955.5	2.7
其中：困难户	642.5	665.1	3.5
五保户	64.8	56.1	-13.4
其他	223.2	234.4	5.0
（二）农村居民最低生活保障和传统救济人数	1160.5	1402.1	20.8
1.农村居民最低生活保障人数	367.1	488	32.9
农村居民最低生活保障家庭数	176.8	235.9	33.4
其中：困难户	114.5	165.2	44.3
五保户	30.3	37.1	22.4
其它	32	33.6	5.0
2.传统救济人数	793.4	914.1	15.2
传统救济家庭数	455.9	545.8	19.7
其中：困难户	192.7	260.4	35.1
五保户	173.9	228.7	31.5
其它	89.3	56.6	-36.6

B-6 社会捐赠与上年比较

单位：万元

项 目	2003年	2004年	比上年增减（%）
社会捐赠合计	42896142.5	24831881.9	-42.11
一、民政部门直接接收的捐赠	42777598.2	24662911.9	-42.35
（一）直接接收捐赠情况	291690.4	170671.3	-41.49
1.捐赠款数额	19648.8	8957.2	-54.41
2.捐赠衣被合计	2661.8	1788.4	-32.81
其中：棉衣被	54107.7	11564.4	-78.63
3.捐赠其他物资价值			
（二）间接接收捐赠情况	29979.8	15732.6	-47.52
1.捐赠款数额	18979.3	11409.4	-39.89
2.捐赠衣被合计	4171.4	2489.9	-40.31
其中：棉衣被	874.3	931.9	6.59
3.捐赠其他物资价值	6829.1	1833.3	-73.15
（三）受益人次数	42428138	24444813	-42.39
（四）社会捐赠接收工作站、点数	27790	31695	14.05
其中：社会捐赠接收工作站数	9074	14470	59.47
慈善超市数		1842	
二、慈善会直接接收的捐赠	118544.3	168970	42.54

B-7 基层组织、社区建设与上年比较

项　目	2003年	2004年	比上年增减（%）
一、村（居）民自治组织			
（一）社区居委会（居民委员会）	77431	77884	0.59
其中：家委会	2311	2126	-8.01
居民小组	1221774	1296392	6.11
居民委员会成员人数	396873	424939	7.07
其中：女性	232046	237145	2.20
其中：中共党员	175106	195326	11.55
（二）村民委员会	663486	644166	-2.91
村民小组	5192369	5079109	-2.18
村民委员会成员人数	3191326	2921132	-8.47
其中：女性	514500	442496	-13.99
其中：中共党员	1479733	1515611	2.42
（三）村民自治模范县（市、区、旗）数	667	737	10.49
村民自治模范乡镇数	7937	8047	1.39
二、村委会选举情况			
（一）当年进行选举的村委会数	144673	214827	48.49
所属的县（市、区、旗）数	929	927	-0.22
（二）当年参选村人口数	164781586	278998784	69.31
其中：登记选民数	122474393	214071474	74.79
参选人数	107465760	190664470	77.42
三、城镇社区服务			
（一）城镇社区服务设施	196452	198 122	0.85
其中：星光老年之家	21988	25 658	16.69
（二）社区从业人员	2280995	3 246 120	42.31
其中：安置下岗人员	980497	1 216 744	24.09
（三）社区服务志愿者组织数	124755	133 413	6.94
社区服务志愿者人数	5567126	6 269 162	12.61
（四）城镇便民、利民服务网点数	668418	703 760	5.29

B-8 行政区划与上年比较

单位：个

项　目	2003年	2004年	比上年增减（%）
一、地级行政区划合计	333	333	-
其中：地级市	282	283	0.35
地区	18	17	-5.56
自治州	30	30	-
盟	3	3	-
二、县级行政区划合计	2861	2862	0.03
其中：市辖区	845	852	0.83
县级市	374	374	-
县	1470	1464	-0.41
自治县	117	117	-
旗	49	49	-
自治旗	3	3	-
特区	2	2	-
林区	1	1	-
三、乡镇、街道级行政区划合计	44067	43258	-1.84
其中：镇	20226	19883	-1.70
乡	18064	17451	-3.39
民族乡	1149	1124	-2.18
街道办事处	5751	5904	2.66
区公所	26	20	-23.08

B–9 社会行政事务与上年比较

单位：个

项　目	2003年	2004年	比上年增减（%）
一、结婚登记			
（一）内地居民登记结婚	8035801	8608275	7.12
初婚人数	14838665	15696217	5.78
再婚人数	1232937	1520333	23.31
男性	625824	749640	19.78
恢复结婚	68204	84799	24.33
（二）涉外及华侨、港澳台居民登记结婚	78285	63544	-18.83
二、离婚登记			
（一）民政部门办理离婚	690735	1046150	51.45
1.内地居民办理离婚	687402	1040320	51.34
2.华侨、港澳台居民登记离婚	3333	5830	74.92
（二）各级法院办理离婚	640017	618980	-3.29
三、收养登记合计	14147	52603	271.83
（一）中国公民收养登记	3904	40084	926.74
其中：1.港、澳居民	3210	750	-76.64
2.台湾居民	201	117	-41.79
3.华侨	493	101	-79.51
（二）外国人收养登记	10243	12519	22.22
四、被收养人合计	54159	55572	2.61
（一）社会福利机构抚养的孤儿	3427	3189	-6.94
其中：被外国人收养	545	215	-60.55
（二）社会福利机构抚养的弃婴	17335	19287	11.26
其中：被外国人收养	8727	10647	22.00
（三）社会弃婴	30495	28729	-5.79
（四）父母无力抚养的儿童	1103	1165	5.62
其中：被外国人收养	3	2	-33.33
（五）其他	1799	3202	77.99
五、救助人次数	634528	820254	29.27
六、殡仪馆、公墓和殡葬管理单位数	2969	3119	5.05
（一）火化炉数	4159	4792	15.22
（二）全年处理遗体数	4349834	4368646	0.43
（三）火化率	52.7	52.5	(-0.2百分点)
（四）穴位数	6557589	7648449	16.64
（五）安葬数	4232041	4308703	1.81

B-10 民政系统基本单位情况与上年比较

项 目	单位数（个）			职工人数（人）		
	2003年	2004年	比上年增减（%）	2003年	2004年	比上年增减（%）
全国合计	**95901**	**103 411**	**7.8**	**2035291**	**2 090 558**	**2.7**
一、事业单位	57602	66 884	16.1	422373	453 053	7.3
(一)提供住宿的社会福利单位	40700	42190	3.7	249530	256992	3.0
1.优抚类收养单位	1435	1 446	0.8	25878	26 531	2.5
2.福利类收养单位	35859	37 147	3.6	179474	183 554	2.3
3.军队离退休干部休养所	1682	1 724	2.5	15758	16 001	1.5
4.军队供应管理单位	327	325	-0.6	8078	7 556	-6.5
5.救助类单位	864	1 026	18.8	13533	17 182	27.0
6.社区服务单位	533	522	-2.1	6809	6 168	-9.4
(二)不提供住宿的社会福利单位	16902	17039	0.8	172843	172448	-0.2
1.烈士纪念建筑物管理单位	918	938	2.2	8634	8 692	0.7
2.社区服务单位	6987	7 282	4.2	49057	51 656	5.3
3.殡葬事业单位	2969	3 119	5.1	59658	66 287	11.1
4.募捐、彩票单位	1452	1 128	-22.3	6939	5 864	-15.5
5.其他事业单位	4576	4 572	-0.1	48555	39 949	-17.7
（三）老龄事业单位		7 655			23 613	
二、社会福利企业单位	33976	32 410	-4.6	1504860	1524857	1.3
其中：国有	1321	1 119	-15.3	80592	70 247	-12.8
假肢厂	41	40	-2.4	2973	2 640	-11.2
三、行政机关	4323	4 117	-4.8	108058	112648	4.2

B-11 收养救助类单位情况与上年比较

项　目	床位数（万个）			收养救助人数（万人）			年末床位利用率（%）
	2003年	2004年	比上年增减（%）	2003年	2004年	比上年增减（%）	
全国合计	**137.1**	**153.3**	**11.8**	**102.3**	**116.5**	**13.9**	**76.0**
一、收养类单位	129.9	146.8	13.0	97	110.9	14.3	75.5
（一）优抚类收养单位	7.6	8.3	9.2	5.6	5.6	-	67.5
1.荣誉军人康复医院	0.5	0.6	20.0	0.3	0.3	-	50.0
2.复员军人慢性病疗养院	0.6	0.5	-16.7	0.4	0.4	-	80.0
3.复退军人精神病院	1.6	1.7	6.2	1.5	1.2	-20.0	70.6
4.光荣院	4.9	5.5	12.2	3.4	3.7	8.8	67.3
（二）福利类收养单位	122.3	138.5	13.2	91.4	105.3	15.2	76.0
1.社会福利院	14.5	15.7	8.3	10.9	12.1	11.0	77.1
2.儿童福利院	2.7	3	11.1	2.5	2.8	12.0	93.3
3.精神病人福利院	2.9	2.8	-3.4	2.4	2.4	-	85.7
4.城镇老年福利机构	32.6	37.9	16.3	23.8	28	17.6	73.9
5.农村老年福利机构	67.6	77.5	14.6	50.4	59.4	17.9	76.6
6其它收养性单位	2	1.6	-20.0	1.4	0.6	-57.1	37.5
二、社区类收养单位	2.4	1.8	-25.0	1.2	0.8	-33.3	44.4
三、救助类单位	4.8	4.7	-2.1	4.1	4.8	17.1	102.1

B-12 国家、集体和民办的福利企、事业单位情况比较

项　目	2003年	2004年	比上年增减（%）
一、收养类单位			
(一)床位数(万张)	129.8	146.7	13.0
国家办	28.2	30.8	9.2
集体办	94.1	105.8	12.4
民　办	7.5	10.1	34.7
(二)工作人员(万人)	20.6	21.1	2.4
国家办	7.6	8	5.3
集体办	11.7	11.5	-1.7
民　办	1.3	1.6	23.1
(三)收养人员(万人)	96.4	110.9	15.0
国家办	21.2	23.4	10.4
集体办	70.1	81.1	15.7
民　办	5.1	6.4	25.5
二、社会福利企业			
(一)单位数(个)	33976	32410	-4.6
国　有	1321	1 119	-15.3
集体办	26184	24 202	-7.6
民　办	6471	7 089	9.6
(二)职工人数(万人)	150.5	152.5	1.3
国　有	8	7	-12.5
集体办	118.1	111	-5.9
民　办	24.3	34	41.6
(三)残疾人就业人数(万人)	67.9	66.3	-2.4
国　有	3.5	3	-14.3
集体办	53.3	50.4	-5.4
民　办	11.1	12.9	16.2

B-13 固定资产投资情况与上年比较

单位：亿元

项　目	年末固定资产投资		比上年增减（%）
	2003年	2004年	
全国合计	**1760.4**	**1819.7**	**3.4**
一、事业单位合计	401.2	512.5	27.7
（一）优抚事业单位小计	68.6	75.1	9.5
1.军队离退休干部休养所	20.7	21.6	4.3
2.军队供应管理单位	8.3	8.7	4.8
3.烈士纪念建筑物管理单位	19.6	22.2	13.3
4.荣誉军人康复医院	3.3	4.2	27.3
5.复员军人慢性病疗养院	2.9	3.3	13.8
6.复退军人精神病院	4.2	4.8	14.3
7.光荣院	9.6	10.3	7.3
(二)福利事业单位小计	159.6	178.4	11.8
1.社会福利院	32.6	37.4	14.7
2.儿童福利院	7.1	7.9	11.3
3. 精神病人福利院	6.6	7.4	12.1
4.城镇老年福利机构	46.6	52.9	13.5
5.农村老年福利机构	63.9	70.8	10.8
6.其它收养性单位	2.8	2.0	-28.6
(三)社区服务单位小计	30.1	31.8	5.6
(四)救助类单位	10.9	12.8	17.4
(五)殡葬事业单位	104.4	114.0	9.2
(六)彩票、募捐单位	27.6	25.9	-6.2
(七)其他事业单位		74.5	
二、企业合计	1359.2	1244.4	-8.4
1.社会福利工厂	1203.2	1081.5	-10.1
2.假肢厂	2.1	2.1	-
3.其他福利企业	153.9	159.5	3.6
4.安置农场	1.4	1.3	-7.1
三、行政机关		62.8	

B-14 民政系统行政机关、事业单位经费支出与上年比较

单位：亿元

项　目	行政事业经费支出		比上年增减（%）
	2003年	2004年	
全国合计	**2353076.9**	**5073760.8**	
一、行政单位		2110099.5	
二、事业单位	2353076.9	2963661.3	25.9
（一）优抚事业单位小计	580209.9	689870.8	18.9
1.军队离退休干部休养所	396989.8	474000.4	19.4
2.军队供应管理单位	34930.0	36194.4	3.6
3.烈士纪念建筑物管理单位	42941.6	50959.3	18.7
4.荣誉军人康复医院	20639.1	27061.6	31.1
5.复员军人慢性病疗养院	20845.0	20456.3	-1.9
6.复退军人精神病院	32302.7	39196.7	21.3
7.光荣院	31561.7	42002.1	33.1
(二)福利事业单位小计	466394.8	564348.8	21.0
1.社会福利院	144731.1	168752.3	16.6
2.儿童福利院	37231.4	41074.7	10.3
3. 精神病人福利院	64460.2	72789.7	12.9
4.城镇老年福利机构	91355.3	117671.4	28.8
5.农村老年福利机构	120843.4	154423.2	27.8
6.其它收养性单位	7773.4	9637.5	24.0
(三)社区服务单位小计	73393.4	86504.0	17.9
(四)救助类单位	82974.3	80422.6	-3.1
(五)殡葬事业单位	736879.2	895420.7	21.5
(六)彩票、募捐单位	413225.3	382359.6	-7.5
(七)其他事业单位		480605.2	

CASY

5.分省统计资料

C-1 县及以上行政区划

单位：个

地区	面积（万平方千米）	地级合计	地级市	地区	自治州	盟	县级合计	市辖区	县级市	县	自治县	旗	自治旗	特区	林区
全　国	**960**	**333**	**283**	**17**	**30**	**3**	**2862**	**852**	**374**	**1464**	**117**	**49**	**3**	**2**	**1**
北　京	1.68						18	16		2					
天　津	1.1						18	15		3					
河　北	19	11	11				172	36	22	108	6				
山　西	15	11	11				119	23	11	85					
内蒙古	110	12	9			3	101	21	11	17		49	3		
辽　宁	15	14	14				100	56	17	19	8				
吉　林	18	9	8		1		60	19	20	18	3				
黑龙江	46	13	12	1			130	65	19	45	1				
上　海	0.58						19	18		1					
江　苏	10	13	13				106	54	27	25					
浙　江	10	11	11				90	32	22	35	1				
安　徽	13	17	17				105	44	5	56					
福　建	12	9	9				85	26	14	45					
江　西	16	11	11				99	19	10	70					
山　东	15	17	17				140	49	31	60					
河　南	16	17	17				159	50	21	88					
湖　北	18	13	12		1		102	38	24	37	2				1
湖　南	21	14	13		1		122	34	16	65	7				
广　东	18	21	21				121	54	23	41	3				
广　西	23	14	14				109	34	7	56	12				
海　南	3.4	2	2				20	4	6	4	6				
重　庆	8.23						40	15	4	17	4				
四　川	48	21	18		3		181	43	14	120	4				
贵　州	17	9	4	2	3		88	10	9	56	11			2	
云　南	38	16	8		8		129	12	9	79	29				
西　藏	120	7	1	6			73	1	1	71					
陕　西	19	10	10				107	24	3	80					
甘　肃	39	14	12		2		86	17	4	58	7				
青　海	72	8	1	1	6		43	4	2	30	7				
宁　夏	6.6	5	5				21	8	2	11					
新　疆	160	14	2	7	5		99	11	20	62	6				
香　港															
澳　门															
台　湾															

C-2 县以下行政区划

单位：个

地区	合计	镇	乡	民族乡	街道办事处	区公所
全国	**43258**	**19883**	**17451**	**1124**	**5904**	**20**
北京	311	142	42	5	127	
天津	240	120	20	2	100	
河北	2209	937	1030	54	241	1
山西	1388	561	634		193	
内蒙古	1427	532	704	19	191	
辽宁	1530	613	378	77	539	
吉林	1005	454	312	28	239	
黑龙江	1297	473	458	58	366	
上海	220	114	3		103	
江苏	1488	1078	123	1	287	
浙江	1569	760	519	14	290	
安徽	1776	968	574	9	234	
福建	1104	605	346	18	153	
江西	1549	771	658	7	120	
山东	1941	1223	295	2	423	
河南	2451	865	1244	12	342	
湖北	1236	738	224	9	274	
湖南	2576	1098	1244	98	226	8
广东	1612	1188	12	7	412	
广西	1396	748	576	61	72	
海南	218	181	20		17	
重庆	1150	626	418	8	106	
四川	5018	1882	2918	94	218	
贵州	1540	692	760	253	88	
云南	1559	577	930	171	52	
西藏	692	140	543	8	9	
陕西	1747	903	677	8	167	
甘肃	1350	456	785	28	109	
青海	429	116	282	30	31	
宁夏	226	93	94		39	
新疆	1004	229	628	43	136	11

C-3 村（居）民

地 区	村、居委会合计	社区居委会（居民委员会）	家委会	居民小组数	居民委员会成员人数	女性	中共党员
全 国	**722050**	**77884**	**2126**	**1296392**	**424939**	**237145**	**195326**
北 京	6503	2529	19	61739	17309	13326	7819
天 津	5629	1793	36	75269	10911	8346	4850
河 北	52494	2833	158	38411	13699	8338	5804
山 西	30244	1777	27	14053	7586	4990	3036
内蒙古	14885	2619	50	22937	11904	9403	5090
辽 宁	15929	4278	71	153314	26057	22434	10370
吉 林	11156	1661	77	39448	10136	6818	4145
黑龙江	11806	2865	97	86301	13463	10230	4968
上 海	5285	3365	3	174904	18891	13347	10300
江 苏	23434	5065	182	101876	28661	13985	15156
浙 江	39473	3635	46	72413	18473	10713	9084
安 徽	28570	2551	55	27171	14178	8085	6775
福 建	16432	1904	4	24005	10697	6513	5092
江 西	20058	2417	211	14986	10054	6416	4390
山 东	87055	4974	272	72289	24854	9511	13922
河 南	50796	2998	92	26418	15401	8115	7213
湖 北	29826	3356	107	44946	15145	8870	8886
湖 南	50209	4577	252	46615	19945	10657	10942
广 东	26024	6100	58	57142	32100	15874	15879
广 西	15944	1611		28895	8927	3769	5206
海 南	2957	425	2	2886	2095	694	1574
重 庆	12053	1916	52	17559	9801	4478	4309
四 川	57185	4625	151	34354	20995	8784	10339
贵 州	21412	1593	48	16423	8790	5015	3329
云 南	13927	992	10	10757	26876	2577	5647
西 藏	6088	157		477	531	88	171
陕 西	30456	1599	16	6843	7180	3911	3691
甘 肃	18080	1058	3	7548	4874	2909	2162
青 海	4481	348		1305	1712	1222	846
宁 夏	2877	452		1651	2240	1873	1009
新 疆	10782	1811	27	13457	11454	5854	3322

自治组织

单位：个

村民委员会	村民小组数	村民委员会成员人数			村民自治模范县(市、区、旗)数	村民自治模范乡镇数
			女性	中共党员		
644166	**5079109**	**2921132**	**442496**	**1515611**	**737**	**8047**
3974	26649	14176	3293	9368		
3836	39497	11255	962	5914	3	33
49661	312802	182136	20551	96829	44	288
28467	108297	105293	13661	51746	35	144
12266	65138	49467	9844	25737	31	131
11651	85869	44383	10757	27710	26	93
9495	59350	39195	9413	24777	44	142
8941	52766	39880	7947	23092	85	177
1920	26241	7073	2039	5576	6	48
18369	243090	84337	17694	63971	45	650
35838	272201	127911	14059	61853	56	439
26019	290681	107646	19688	72261	24	445
14528	153985	55232	8022	28779	11	74
17641	188393	71853	13531	44605	29	463
82081	412510	564485	33760	200783	39	258
47798	397486	217960	38677	112771	29	1008
26470	210387	97812	18833	67741	26	199
45632	483510	185871	45700	120524	31	489
19924	225673	99294	17776	64409	26	247
14333	263097	69440	10665	41626	28	218
2532	24713	11648	2093	9389	3	16
10137	94818	41397	9787	25332	4	261
52560	385499	214803	43761	110770	27	1019
19819	184089	95685	14278	40357	13	421
12935	169376	73992	10089	42162	33	43
5931	6712	21695	4625	8958	2	13
28857	143163	130843	15048	53661	9	186
17022	96825	79647	12306	35186	12	318
4133	11416	17443	2675	7967	3	69
2425	14654	10060	1854	6137	7	98
8971	30222	49220	9108	25620	6	57

C-4 农村村委会选举

单位：个、人

地区	当年进行选举的村委会数	所属的县（市、区、旗）数	当年参选村人口数	登记选民数	参选人数
全国	**214827**	**927**	**278998784**	**214071474**	**190664470**
北京	3898	13	3285033	2721514	2580124
天津	22		32593	26957	23383
河北	4482	39	4301713	2963912	2555105
山西	4659	19	3205926	2188886	1832004
内蒙古	196	2	292362	180563	153054
辽宁	11625	86	19769556	16334058	15095629
吉林	8585	72	11540857	8562269	7736209
黑龙江	862	8	1206258	1095733	1027569
上海					
江苏	16770	99	44939027	34503868	31368928
浙江	1260	7	1527071	1258117	969906
安徽					
福建	1242	9	2493679	1215480	1076048
江西					
山东	63068	123	51411973	38101904	34415497
河南	1514	5	2635968	1894608	1633421
湖北					
湖南	7286	24	6737937	5723347	5418684
广东					
广西	1	1	17513	9828	
海南	2529		4703859	2994142	2845754
重庆	8326	16	16038817	11951025	9214691
四川	39390	133	43588920	36056716	31031734
贵州	13370	49	20194307	15481155	13874943
云南	10928	74	25267198	19046771	17633364
西藏					
陕西	647	11	715963	625325	524161
甘肃	7924	70	9033352	6397756	5731267
青海					
宁夏	1436	15	1817490	1473265	1324133
新疆	4807	52	4241412	3264275	2598862

C-5 城市社区服务

单位：个、人

地　区	城市社区服务设施数	星光老年之家	从业人员数	安置下岗人员数	社区服务志愿者组织数	社区服务志愿者人数	城市便民、利民服务网点数
全　国	**198122**	**25658**	**3246120**	**1216744**	**133413**	**6269162**	**703760**
北　京	1970	1524	34165	8751	8578	253001	6500
天　津	1976	445	99533	13160	3133	331518	9476
河　北	11105	1466	170191	46728	4121	202649	19704
山　西	3041	532	29439	10553	1607	81069	11066
内蒙古	6089	443	126971	54366	2671	108067	43052
辽　宁	11678	1433	353762	172528	7244	542571	93657
吉　林	3294	400	349457	41365	3707	126346	24591
黑龙江	6294	701	87315	49959	8185	201642	54237
上　海	9703	1313	48283	18698	16330	802077	12007
江　苏	24376	1141	147123	74452	11684	758799	60440
浙　江	31023	1109	129381	59294	12066	445437	43789
安　徽	7087	924	176055	57389	2264	81219	22321
福　建	3906	924	49366	21081	2051	141742	50146
江　西	3053	791	28701	20013	1281	32112	8990
山　东	10140	1644	159403	69462	6511	273376	44770
河　南	3804	535	88595	39123	3760	121368	14864
湖　北	6858	1636	223121	87363	6877	216955	27798
湖　南	13538	754	239950	146690	4915	268598	41084
广　东	7452	3027	88754	38521	5259	493281	9026
广　西	1413	561	17987	5069	1042	32363	3343
海　南	418	172	38515	5936	352	21351	1709
重　庆	1349	722	206410	31572	3656	154023	6641
四　川	7559	582	125920	56972	4279	170863	29699
贵　州	4406	394	13524	5340	1074	35499	11100
云　南	709	342	28916	4416	693	30349	1537
西　藏	47	9					
陕　西	7674	714	61776	34926	2267	134496	23711
甘　肃	2531	551	43488	19265	1284	51251	17432
青　海	1205	205	6415	2332	434	6518	627
宁　夏	1920	251	32634	4468	2855	22585	3657
新　疆	2504	413	40970	16952	3233	128037	6786

C-6 社会

地区	本年末实有社团		按活动		
		本年批准登记社团	中央级社团	省级社团	地级社团
全 国	**153359**	**18607**	**1673**	**20563**	**50424**
中央级	1673	24	1673		
北 京	2491	201		1157	
天 津	1798	106		771	
河 北	6112	821		636	2159
山 西	3648	574		698	1375
内蒙古	2621	382		456	1096
辽 宁	6348	759		569	3425
吉 林	3795	264		499	1351
黑龙江	3651	678		657	1770
上 海	2846	181		1002	
江 苏	11815	1161		805	3889
浙 江	10862	966		776	2955
安 徽	5191	627		653	2129
福 建	6593	586		690	2144
江 西	4751	774		605	1691
山 东	10359	1900		902	3766
河 南	6413	853		830	2903
湖 北	6714	616		717	2426
湖 南	6856	928		704	2624
广 东	8697	823		784	3762
广 西	4881	740		561	1586
海 南	908	36		536	125
重 庆	3072	327		709	
四 川	11642	1459		826	3212
贵 州	2826	632		563	709
云 南	4603	542		610	1381
西 藏	261	11		151	110
陕 西	3530	417		625	1199
甘 肃	3555	536		672	979
青 海	1005	76		383	269
宁 夏	1029	253		442	256
新 疆	2813	354		574	1133

团体

单位：个

区域分	按性质分			
县级社团	专业性社团	行业性社团	学术性社团	联合性社团
80699	**44322**	**46370**	**37899**	**21790**
	329	634	592	102
1334	1106	549	502	334
1027	509	280	502	507
3317	1898	2195	1308	673
1575	1111	1162	729	583
1069	869	766	555	357
2354	1832	1670	1767	1010
1945	889	1180	1127	500
1224	962	1264	1013	369
1844	1276	193	692	620
7121	3843	3538	2788	1413
7131	3305	2911	2550	1805
2409	1582	1325	1488	782
3759	1383	1643	2008	1533
2455	1126	1536	1221	666
5691	3544	3750	1958	1019
2680	1366	2616	1693	514
3571	1896	2021	1726	908
3528	1946	1999	1866	785
4151	2337	2006	2291	1985
2734	1346	1469	954	730
247	282	211	252	159
2363	784	1044	797	447
7604	3213	3343	2835	2129
1554	860	1138	603	183
2612	1154	1522	1252	552
	55	91	90	20
1706	1026	1134	1003	306
1904	1074	1462	626	320
353	257	403	205	99
331	280	383	213	137
1106	882	932	693	243

C-6续表

地 区	按性质分			本年注、撤销、取缔社团总数
	港澳台社团	外国商会	其他	
全 国	**38**	**16**	**2924**	**6642**
中央级		16		
北 京				113
天 津				28
河 北	1		37	266
山 西	1		62	332
内蒙古	2		72	137
辽 宁			69	206
吉 林	1		98	123
黑龙江	1		42	261
上 海			65	45
江 苏	2		231	553
浙 江			291	558
安 徽			14	94
福 建	2		24	205
江 西			202	320
山 东			88	616
河 南	5		219	296
湖 北			163	378
湖 南	1		259	306
广 东			78	90
广 西			382	250
海 南			4	12
重 庆				71
四 川			122	352
贵 州	1		41	52
云 南	2		121	178
西 藏			5	16
陕 西	2		59	427
甘 肃	17		56	133
青 海			41	48
宁 夏			16	72
新 疆			63	104

单位：个

撤销社团数	外国商会及港澳台社团	社团负责人	女性	应建立党组织的社会团体	已建立党组织的社会团体
3458		**560148**	**65717**	**40535**	**19778**
		1654	165	1617	1352
69		19418	3494	688	544
17		9256	1652	330	162
86		13311	1243	2616	2011
285		10209	2048	728	286
71		13284	2076	1114	615
164		19804	3082	2144	893
43		7637	831	877	584
165		11240	1510	1171	855
17		6002	909	2598	1886
203		44951	4667	1895	698
138		48275	4735	2105	1430
60		11620	2211	886	227
70		22202	2090	334	202
182		11277	1096	626	246
379		42470	5121	2985	1529
150		24618	1932	2009	732
211		24774	3282	2259	915
201		27271	3925	2522	1067
30		32848	3813	1131	351
74		19524	3472	735	329
5		4042	335	60	48
12		10747	1592	585	152
202		75146	5064	3127	1125
43		8783	692	1137	437
131		10449	1191	811	212
		1223	32	39	33
246		8182	746	659	232
69		5322	571	646	228
41		3404	479	634	145
56		3879	193	608	74
38		7326	1468	859	178

C-7 民办

地　区	本年末实有民办非企业单位	本年批准登记单位	按性质分类		
			法人	合伙	个体
全　国	**135181**	**21101**	**64308**	**7220**	**63653**
中央级	24	9	24		
北　京	2078	458	1336	53	689
天　津	1571	298	1433	14	124
河　北	5854	875	1623	365	3866
山　西	1867	385	1046	117	704
内蒙古	1683	297	585	116	982
辽　宁	5586	1184	2523	239	2824
吉　林	2654	352	557	96	2001
黑龙江	4432	1123	1118	241	3073
上　海	4121	606	3956	46	119
江　苏	6894	1264	4037	328	2529
浙　江	9760	1032	3097	670	5993
安　徽	2533	659	1055	173	1305
福　建	1696	647	956	116	624
江　西	3143	455	899	397	1847
山　东	32887	3263	19873	1941	11073
河　南	6152	1199	2345	328	3479
湖　北	4530	757	2366	302	1862
湖　南	2900	661	1578	191	1131
广　东	9331	1536	4461	297	4573
广　西	3007	423	977	250	1780
海　南	547	76	156	26	365
重　庆	1487	284	656	78	753
四　川	10624	1213	2538	301	7785
贵　州	1003	133	244	102	657
云　南	1429	358	392	132	905
西　藏	4		4		
陕　西	3245	659	1820	79	1346
甘　肃	1963	323	1200	79	684
青　海	377	98	173	77	127
宁　夏	283	99	161	24	98
新　疆	1516	375	1119	42	355

非企业

单位：个、人

按隶属行业分类					
教育	卫生	文化	科技	体育	劳动
69068	**27509**	**3139**	**5824**	**3441**	**10736**
	3	1	3		
1551	56	29	103	83	155
838	42	30	20	120	242
1730	2731	88	363	97	451
984	156	86	315	65	129
596	585	34	109	33	145
3110	297	85	120	148	801
1361	65	171	138	45	253
2648	103	55	302	113	593
2245	84	67	37	104	527
3305	810	213	187	252	662
7629	371	173	539	142	409
1258	451	82	214	64	257
1093	59	65	91	70	189
1874	640	56	68	109	211
10461	14354	633	1648	569	997
2124	1768	230	358	322	630
1898	553	160	182	281	554
1905	154	80	54	50	317
6961	28	143	176	140	1225
2358	20	36	55	92	301
418	47	16	15		32
1012	19	25	29	60	259
6789	2070	189	125	132	774
593	161	35	34	38	37
1080	17	34	65	62	59
4					
1505	943	109	204	53	205
537	738	58	196	89	133
144	42	50	11	20	19
108	23	14	17	25	39
949	119	92	46	63	131

C-8 民办非企业

地　区	按隶属行业分类				本年注、撤销、取缔单位
	民政	社会中介服务业	法律服务业	其他	
全　国	**9658**	**1275**	**546**	**3985**	**10406**
中央级	3	1	1	12	
北　京	57		3	41	62
天　津	218	14	3	44	227
河　北	226	69	17	82	328
山　西	93	8	4	27	372
内蒙古	97	32	7	45	405
辽　宁	753	35	18	219	364
吉　林	467	39	23	92	262
黑龙江	546	23	5	44	232
上　海	691	18	8	340	91
江　苏	978	148	4	335	222
浙　江	212	44	12	229	584
安　徽	126	39	3	39	25
福　建	56	26	1	46	35
江　西	85	47	8	45	421
山　东	2650	240	297	1038	3760
河　南	405	109	13	193	213
湖　北	544	87	31	240	375
湖　南	119	43	6	172	626
广　东	336	18	3	301	225
广　西	81	3		61	144
海　南	11	4		4	34
重　庆	35	3	1	44	20
四　川	337	93	12	103	411
贵　州	77	10	6	12	66
云　南	71	13	4	24	29
西　藏					
陕　西	117	24	18	67	472
甘　肃	101	30	30	51	114
青　海	52	19	5	15	60
宁　夏	19	25	1	12	66
新　疆	95	11	2	8	161

和基金会

单位：个、人

撤销单位	民办非企业单位负责人	女性	应建立党组织的民办非企业单位	已建立党组织的民办非企业单位	基金会
5583	**191131**	**65065**	**21341**	**9594**	**892**
	23	5	22	19	84
33	4572	1733	376	131	44
18	3403	1096	407	173	28
101	7031	1537	783	433	11
320	2164	461	498	217	3
83	2726	1036	368	120	22
171	6965	3013	568	228	12
71	3007	1354	336	38	16
144	5027	2390	834	128	1
51	5227	1659	3330	2803	63
56	11607	3515	1427	614	36
322	12534	6425	872	477	100
7	2876	968	258	79	14
23	2398	1124	111	45	36
340	3551	1478	298	64	9
2480	45457	10634	2816	1538	23
111	8987	2216	531	336	28
152	8201	2778	1451	498	34
212	7100	1918	733	305	33
66	11254	5311	1136	384	136
49	6475	2307	308	122	8
	970	446	15	12	5
6	3160	1261	158	57	2
261	13353	5993	1663	304	37
64	1406	482	246	30	5
18	1709	884	126	15	17
	4	2	2		7
257	4712	1408	484	179	17
27	2358	530	108	33	21
59	733	200	347	170	9
18	311	78	145	16	11
63	1830	823	584	26	20

C-9 社会

地 区	直接接收捐赠情况				间接接收
	捐赠款数额	捐赠衣被合计	棉衣被	捐赠其他物资价值	捐赠款数额
全 国	**170671.3**	**8957.2**	**1788.4**	**11564.4**	**11409.4**
中央级	280.8				
北 京	2574.9	373.4	72.0	215.1	1133.0
天 津	806.9	147.8	83.1	22.5	195.3
河 北	1596.8	77.3	18.5	67.7	52.4
山 西	1439.7	144.4	17.7	201.4	58.8
内蒙古	1442.8	41.2	18.1	117.6	299.0
辽 宁	10512.6	292.0	88.4	1230.2	
吉 林	7160.7	66.5	7.9	24.1	54.0
黑龙江	2880.9	70.7	29.7	62.3	119.5
上 海	2093.8	398.4	73.2		1099.7
江 苏	15546.8	242.0	162.1	216.0	693.2
浙 江	56260.1	238.5	78.9	1193.7	263.8
安 徽	993.4	30.7	7.1	28.8	223.6
福 建	422.2	332.9	271.7	21.8	19.0
江 西	1558.8	91.3	6.0	405.5	81.4
山 东	25298.8	398.6	162.2	212.3	438.4
河 南	1826.3	169.3	57.4	460.7	52.3
湖 北	3859.6	126.3	39.7	110.5	430.8
湖 南	5293.9	308.8	177.0	1222.1	88.2
广 东	3926.0	958.4	165.2	447.2	2655.6
广 西	1474.0	424.6	36.5	148.0	19.1
海 南	326.6	5.4	0.2		
重 庆	6821.3	175.1	16.1	1481.2	915.5
四 川	3650.0	511.6	71.3	2020.7	888.1
贵 州	1222.2	99.1	15.3	69.4	48.5
云 南	5669.2	2821.5	22.5	1291.4	613.8
西 藏	268.5	8.0		9.1	
陕 西	2121.9	127.2	17.4	50.7	42.5
甘 肃	823.6	118.9	54.2	63.5	341.7
青 海	212.1	3.5	1.5	1.2	0.8
宁 夏	527.8	71.6	3.0	1.5	33.7
新 疆	1778.3	82.2	14.5	168.2	547.7

捐赠

单位：万元、个、人次、万件

捐赠情况			受益人次数	社会捐赠接收工作站、点数		
捐赠衣被合计	棉衣被	捐赠其他物资价值			社会捐赠接收工作站数	慈善超市数
2489.9	**931.9**	**1833.3**	**24444813.0**	**31695**	**14470**	**1842**
			1093021.0	742	19	17
1.0	1.0	5.3	58018.0	1600	272	34
19.9	12.6	3.9	221821.0	1582	830	52
19.3	3.4		642008.0	1265	586	106
49.2	5.8	22.3	395752.0	582	22	19
			954116.0	3942	1605	672
1.7	0.2	8.2	553256.0	985	551	154
2.8	0.3	163.3	761960.0	1277	995	218
16.8	1.0		45649.0	150	73	15
10.8	5.1	18.8	369336.0	1068	501	95
0.9		24.0	665252.0	254	98	31
3.7	1.0	91.2	616120.0	487	387	22
1.4		28.9	101115.0	790	402	16
62.9	4.5	165.9	665692.0	796	385	7
18.9	7.2	68.6	2336350.0	3517	2307	80
4.0	0.3	11.0	925513.0	798	338	2
40.8	2.0	12.7	1011116.0	715	298	99
7.5	1.9	14.8	777108.0	1045	701	8
0.2		33.5	895564.0	2088	647	11
417.1	11.1	161.7	1624502.0	864	379	3
			70438.0	34	34	
40.0	4.8	25.6	2623030.0	1185	869	14
435.9	10.4	17.4	2009515.0	2033	562	96
175.9	5.1	239.3	800443.0	641	99	10
943.4	836.5	595.9	1859778.0	257	173	1
		1.0	71752.0	82	82	
83.9	2.5	6.2	837678.0	759	127	32
36.4	2.4	52.5	737122.0	1116	359	2
3.5	1.5		9609.0	36	9	
46.1	2.9	3.1	336544.0	363	272	19
45.9	8.4	58.2	375635.0	642	488	7

C−10 全国自然

地区	总计		旱灾		洪涝灾（含滑坡、泥石流）	
	受灾	绝收	受灾	绝收	受灾	绝收
合　计	**3710.6**	**436.0**	**1725.3**	**167.7**	**745.9**	**104.5**
北　京	2.8	0.3	0.8	0.1	0.4	0.1
天　津	7.5	0.9	3.8	0.4	0.1	
河　北	175.7	16.6	51.7	2.6	11.3	1.8
山　西	94.7	12.6	29.6	3.4	9.2	0.8
内蒙古	321.6	56.3	216.1	31.6	19.2	7.5
辽　宁	125.0	5.9	105.7	4.4	4.7	0.1
吉　林	255.0	37.2	236.2	35.0	10.5	1.1
黑龙江	379.0	36.2	295.5	13.0	15.0	1.5
上　海	0.6	0.1			0.5	0.1
江　苏	95.6	7.4	24.4	1.7	11.1	1.1
浙　江	79.6	8.2	27.6	2.1	2.0	0.1
安　徽	71.5	9.9	28.4	5.9	16.0	1.2
福　建	67.1	4.4	29.2	2.1	8.4	0.3
江　西	112.2	13.3	47.3	6.2	31.0	2.8
山　东	211.9	20.0	27.7	1.1	71.7	8.1
河　南	223.4	27.1	42.4	7.0	82.4	13.1
湖　北	155.0	16.6	49.6	2.8	82.6	9.8
湖　南	112.9	17.4	21.7	1.3	62.9	12.7
广　东	107.1	6.8	72.8	4.0	9.6	1.2
广　西	199.5	22.2	113.5	13.8	65.9	6.9
海　南	15.8	0.6	14.3	0.5	1.2	0.1
重　庆	91.0	9.3	22.0	0.6	56.0	7.4
四　川	147.6	23.0	29.1	4.0	74.4	12.6
贵　州	69.8	7.8	17.5	1.9	26.2	2.1
云　南	113.3	14.3	22.0	2.1	38.2	4.9
西　藏	4.3	0.5	1.3		2.2	0.3
陕　西	112.1	9.3	43.5	3.8	17.3	3.8
甘　肃	214.7	28.9	92.5	7.6	7.7	1.4
青　海	15.7	0.9	4.1	0.1	1.6	0.1
宁　夏	54.5	9.2	18.3	2.5	2.3	0.4
新　疆	42.9	10.0	28.5	5.7	2.5	1.1
#新疆兵团	31.3	2.6	8.4	0.5	1.8	0.1

灾害核定数

单位：万公顷

风雹灾		台风灾		雪灾、低温冷冻		病虫害	
受灾	绝收	受灾	绝收	受灾	绝收	受灾	绝收
579.7	**76.3**	**69.1**	**7.2**	**371.1**	**52.9**	**219.5**	**27.4**
1.5	0.1			0.1			
3.5	0.5						
78.2	10.6			17.3	0.4	17.3	1.2
28.9	4.9			16.2	2.7	10.8	0.9
21.4	4.9			35.7	4.6	29.2	7.7
8.5	1.4			6.1		0.1	
8.1	1.1			0.2			
34.4	6.7			22.1	10.1	12.0	5.0
0.1							
19.1	2.2	2.7	0.4	2.5		35.7	2.0
2.4	0.1	44.6	5.7	2.8	0.2	0.1	
22.9	2.1	0.1		2.5	0.5	1.6	0.3
2.3	0.2	18.7	0.8	6.1	0.8	2.3	0.2
12.6	1.4	1.2	0.2	12.9	1.4	7.2	1.3
79.8	6.1			14.7	3.3	18.1	1.4
71.5	6.4	0.1		13.7	0.2	13.4	0.5
11.3	3.3	1.2		8.1	0.3	2.2	0.4
14.4	2.2			10.9	0.6	3.1	0.5
2.3	0.2	0.5		21.5	1.3	0.4	0.1
3.9	0.4			9.0	0.4	7.3	0.6
						0.3	
10.6	0.9			0.8		1.6	0.4
27.9	4.1			3.3	0.3	13.0	1.9
12.4	2.5			0.3	0.1	13.5	1.2
28.1	5.7			15.9	0.9	9.0	0.7
0.3	0.1			0.4		0.2	
34.3	0.9			12.5	0.3	4.5	0.5
12.6	2.2			92.9	17.7	9.0	0.1
2.3	0.3			7.7	0.5		
4.5	0.7			29.4	5.6		
9.6	2.9			1.5	0.2	0.9	0.2
10.1	1.4			4.0	0.5	6.9	0.1

C-11 全国自然

地区	人口受灾情况			
	受灾	紧急转移安置	饮水困难	死亡(人)
合计	**33920.6**	**563.2**	**1941.7**	**2250**
北京	50.1	0.1	4.6	
天津	31.4			
河北	1750.0	2.3	51.1	39
山西	886.1	2.8	46.7	41
内蒙古	856.3	1.8	96.1	37
辽宁	524.3	6.3	51.2	26
吉林	479.1	7.2		3
黑龙江	825.5	2.9	24.1	3
上海				7
江苏	1104.4	0.5	0.5	43
浙江	2038.3	86.4	87.0	226
安徽	1268.7	2.4	10.1	50
福建	872.9	78.2	164.6	28
江西	1272.0	9.3		74
山东	2179.7	4.7	18.2	29
河南	2290.1	23.6	49.3	70
湖北	1126.8	20.8	20.3	87
湖南	2098.6	46.5	66.7	93
广东	770.6	1.6	64.1	54
广西	2532.1	34.9	364.6	89
海南	212.5		21.5	
重庆	1380.1	46.2	164.5	187
四川	2937.5	62.3	237.5	342
贵州	1356.7	28.4	77.8	249
云南	1758.6	47.8	56.9	329
西藏	54.6	4.9	8.5	18
陕西	974.0	2.8	95.8	31
甘肃	1548.5	33.4	103.4	48
青海	205.7	2.8		9
宁夏	297.2		55.0	1
新疆	176.3	0.7	1.0	37
#新疆兵团	62.0	1.7	0.6	

灾害损失

单位：万人次、万间、万头、亿元

	损失情况			
因灾伤病	倒塌房屋	损坏房屋	死亡大牲畜	直接经济损失
59.7	**155.0**	**550.9**	**169.5**	**1602.3**
0.1	0.1	0.2		3.6
		1.5		2.9
0.7	1.3	5.3	0.1	74.9
5.3	4.2	5.7	0.4	41.9
2.8	4.7	11.6	6.9	85.0
0.4	1.5	3.4	0.2	23.1
	1.6	8.7		61.0
4.2	0.2	2.1		99.8
				0.5
0.3	1.1	8.0	0.5	33.8
1.0	8.5	40.2	1.8	251.7
8.3	3.2	15.6	1.1	47.1
2.0	3.1	15.8	1.3	54.5
4.5	4.4	28.5	1.7	41.9
0.4	8.8	22.3		121.3
6.5	11.5	19.2	0.8	101.6
1.4	8.3	18.8	0.4	55.3
0.4	9.6	46.3	4.9	88.4
0.2	0.7	5.7	0.1	17.4
0.6	6.5	18.0	0.8	69.2
				2.6
1.6	19.5	65.3	4.2	53.0
9.5	28.7	57.6	10.7	91.4
0.4	1.9	29.2	0.2	23.7
3.2	11.7	96.8	3.5	68.9
3.4	2.1	5.9	33.6	2.2
1.2	0.8	0.6		3.3
0.9	5.5	8.8	5.3	39.7
	1.9	4.3	83.0	10.6
	1.0	2.3	3.2	16.5
0.4	1.7	2.8	4.2	7.5
0.1	1.0	0.3	0.5	7.7

C-12 结婚

地 区	结婚登记	内地居民登记结婚	初婚人数	再婚人数	男性	恢复结婚
全 国	**8671819**	**8608275**	**15696217**	**1520333**	**749640**	**84799**
北 京	126436	125462	214443	36481	18091	2359
天 津	76950	76589	131569	21609	10408	1446
河 北	574838	574611	1041641	107581	54087	4128
山 西	161520	161424	302448	20400	9894	900
内蒙古	147740	147566	268504	26628	12965	1729
辽 宁	292892	290391	496718	84064	38877	4898
吉 林	177153	175107	300478	49736	24804	4974
黑龙江	237964	235120	410058	60182	30802	4972
上 海	124895	122259	202735	41783	21301	4225
江 苏	516358	514932	939840	90024	41398	5011
浙 江	399211	394705	721680	67730	31593	2792
安 徽	451189	450293	855132	45454	22018	3044
福 建	294973	279488	529008	29968	15461	1647
江 西	296058	294339	560260	28418	14757	1662
山 东	759410	758520	1387003	130037	60061	2958
河 南	506224	504852	956204	53500	27293	3664
湖 北	381472	378949	705587	52311	26764	3260
湖 南	425706	422706	781960	63452	33741	3778
广 东	621269	612120	1173540	50700	29494	1686
广 西	344281	341067	649421	32713	17300	1200
海 南	38859	37843	69419	6267	3178	69
重 庆	190290	188705	306642	70768	34372	4431
四 川	442904	440239	758474	122004	56654	6178
贵 州	223621	222888	415269	30507	15086	2342
云 南	264189	263598	486636	40560	18525	3467
西 藏	4599	4584	8735	433	205	21
陕 西	205605	205091	370754	39428	19506	2165
甘 肃	121187	121079	225150	17008	9705	965
青 海	30163	30140	55192	5088	2795	369
宁 夏	40505	40473	74386	6560	3045	356
新 疆	193358	193135	297331	88939	45460	4103

登记

单位：人、对、件

涉外及华侨、港澳台居民登记结婚	内地居民	男性	香港居民	澳门居民	台湾居民	华侨	外国人
63544	**61973**	**7972**	**10525**	**1154**	**22315**	**6988**	**24133**
974	958	256	71	4	81	238	596
361	357	63	25		32	49	259
227	227	30	26		44	48	109
96	93	1	7	1	20	18	53
174	174	29	15		43	26	90
2501	2501	164	52	9	516	160	1764
2046	2046	58	56	3	329	84	1574
2844	2844	286	93	11	389	277	2074
2636	2623	417	155	14	412	392	1676
1426	1424	52	119	7	559	155	588
4506	4466	715	151	21	1393	2201	780
896	896	48	140	8	475	62	211
15485	14217	2841	1825	92	7020	1139	6677
1719	1719	60	293	22	1175	44	185
890	890	83	47	5	249	76	513
1372	1352	60	203	8	938	35	208
2523	2520	81	644	40	1264	125	453
3000	2963	331	1479	103	1300	40	115
9149	9055	1749	2599	674	949	1540	3481
3214	3214	189	476	50	1649	107	932
1016	1016	136	462	17	325	22	190
1585	1585	16	432	24	828	29	272
2665	2665	56	711	26	1413	46	469
733	723	15	227	9	416	16	75
591	530	159	72	1	172	15	392
15	15	3				3	12
514	514	30	87	3	232	27	165
108	108	11	22	1	35	8	42
23	23	3	6		7		10
32	32	2	7		10		15
223	223	28	23	1	40	6	153

C–13 离婚

地 区	总计	民政部门合计	内地居民登记离婚	港澳台、华侨居民登记离婚
全 国	**1665130**	**1046150**	**1040320**	**5830**
北 京	32657	21013	20973	40
天 津	18031	12556	12520	36
河 北	76882	43117	43117	
山 西	26917	14335	14331	4
内蒙古	37385	16123	15991	132
辽 宁	106532	74187	74093	94
吉 林	71169	47464	47438	26
黑龙江	93011	49278	48655	623
上 海	36315	26742	26461	281
江 苏	91396	57926	57832	94
浙 江	68532	46424	45532	892
安 徽	53083	27367	27300	67
福 建	42672	26515	25553	962
江 西	39897	25669	25604	65
山 东	89359	47825	47781	44
河 南	87466	56422	56391	31
湖 北	70480	46369	46247	122
湖 南	80863	55071	54949	122
广 东	72775	49481	48903	578
广 西	39775	27372	27220	152
海 南	4937	2937	2902	35
重 庆	65784	48352	48229	123
四 川	131474	90854	90679	175
贵 州	37420	22037	21996	41
云 南	42841	26424	25893	531
西 藏	1257	812	812	
陕 西	40505	23094	22541	553
甘 肃	21499	9868	9861	7
青 海	7744	3640	3640	
宁 夏	7994	4804	4804	
新 疆	68463	42072	42072	

办理

单位：件

法院合计	离婚案件收案	判决离婚	判决不离	调解离婚	调解不离
618980	**976924**	**241448**	**103509**	**377532**	**64124**
11644	21148	2982	2268	8662	593
5475	10044	1952	1638	3523	605
33765	51671	12942	5244	20823	3750
12582	20098	6545	2217	6037	1402
21262	33012	7004	1189	14258	2448
32345	51735	10111	4966	22234	3387
23705	37817	7582	1788	16123	3204
43733	65740	10825	1166	32908	2449
9573	19626	2761	4035	6812	1308
33470	59843	11473	12456	21997	3641
22108	39783	8057	7650	14051	2319
25716	39205	10738	3182	14978	1683
16157	24322	8288	2760	7869	1051
14228	21663	6836	2163	7392	1161
41534	71031	13983	9335	27551	8553
31044	50052	15054	5383	15990	4269
24111	35974	10301	3176	13810	1897
25792	38050	13523	4875	12269	1711
23294	33653	10999	4253	12295	1462
12403	17678	6529	2515	5874	579
2000	3055	779	407	1221	186
17432	26464	8031	3165	9401	1218
40620	60224	15793	6220	24827	2988
15383	21874	6203	1449	9180	1533
16417	25033	6830	2219	9587	1504
445	612	102	10	343	47
17411	29141	7333	3114	10078	2938
11631	18828	4837	1915	6794	1680
4104	6428	1441	398	2663	515
3190	5620	1343	639	1847	471
26391	37475	10270	1712	16121	3570

C-14 收养登记

单位：人

地区	收养登记合计	中国公民收养登记				外国人收养登记	协议解除收养关系登记	
			港、澳居民	台湾居民	华侨			中国公民
全国	**52603**	**40084**	**750**	**117**	**101**	**12519**	**167**	**135**
北京	1624	1574		1	1	50		
天津	321	294		3	2	27		
河北	1452	1446	27	1		6	30	23
山西	403	324			1	79		
内蒙古	513	501	7			12		
辽宁	623	571	14	6	7	52	32	32
吉林	128	81				47		
黑龙江	168	146	1	2	4	22	4	4
上海	1153	1082			5	71	5	4
江苏	5244	4802	7	6	3	442	13	11
浙江	4928	4803	28	9	29	125	13	13
安徽	2835	2033	2			802	16	4
福建	1566	1372	139	34	3	194	1	1
江西	3412	1138	13	4	1	2274		
山东	4138	4125	2	11	18	13	1	1
河南	1632	1544	3	6		88	1	1
湖北	1996	1173	10	4	3	823	5	5
湖南	3653	1603	16	3		2050	4	4
广东	5117	3582	396	6	14	1535	11	5
广西	2833	1383	19	6		1450	7	7
海南	52	24	6	2		28		
重庆	1946	791	4	3	2	1155		
四川	2029	1855	9	3	1	174	7	6
贵州	850	661	6	5		189	5	4
云南	1888	1609	36	1	2	279	4	2
西藏	32	32						
陕西	551	307	3			244		
甘肃	487	264				223		
青海	80	64			2	16		
宁夏	56	48	2	1		8		
新疆	893	852			3	41	8	8

C-15 被收养人情况

单位：人

地区	被收养人合计	社会福利机构抚养的孤儿	被外国人收养	社会福利机构抚养的弃婴	被外国人收养	社会弃婴	父母无力抚养的儿童	被外国人收养	其他
全　国	**55572**	**3189**	**215**	**19287**	**10647**	**28729**	**1165**	**2**	**3202**
北　京	1626			840	50	765	7		14
天　津	321	4		59	27	226	2		30
河　北	1452	34		73	6	1283	28		34
山　西	413	5	2	111	79	272	10		15
内蒙古	513	38	6	37	6	382	38		18
辽　宁	643	19	5	143	52	378	16		87
吉　林	183	28		74	47	52	15		14
黑龙江	168	9		22	20	61	29	2	47
上　海	1153			72		1053	6		22
江　苏	5277	282		735	442	2562	204		1494
浙　江	5233	373		1629	125	3046	45		140
安　徽	2835	116		1067	802	1511	60		81
福　建	1566	188	1	565	225	644	13		156
江　西	3412	135		2806	2274	451	15		5
山　东	4138	62	13	116		3824	34		102
河　南	1632	235	2	215	87	1007	118		57
湖　北	1996	101		1143	823	642	52		58
湖　南	4742	443		1000		3205	36		58
广　东	5511	312	146	3334	1851	1542	36		287
广　西	2833	78		2017	1450	658	46		34
海　南	52			28		17	1		6
重　庆	2385	56	12	1582	1351	713	24		10
四　川	2029	125		237	171	1494	103		70
贵　州	850	53		282	189	493	11		11
云　南	2137	207	6	434	45	1180	88		228
西　藏	32	23		1		4	3		1
陕　西	735	67	22	288	245	331	21		28
甘　肃	676	94		298	223	259	16		9
青　海	80			16	16	35	23		6
宁　夏	56	10				46			
新　疆	893	92		63	41	593	65		80

C-16 革命伤残人员

地 区	享受伤残保健金人数	特等	一等	二等甲	二等乙	三等甲	三等乙
全 国	**385053**	**581**	**5085**	**25026**	**77064**	**137078**	**140219**
北 京	8817	15	136	469	1599	3293	3305
天 津	5078	3	61	248	1002	1761	2003
河 北	26548	42	252	1580	5621	9685	9368
山 西	16340	17	176	920	2997	6339	5891
内蒙古	7609	7	53	366	2261	2819	2103
辽 宁	26380	18	359	1757	5429	8773	10044
吉 林	14195	51	382	1634	3881	4298	3949
黑龙江	13303	13	168	1175	2789	4636	4522
上 海	6745	7	92	377	1224	2268	2777
江 苏	20167	23	394	1299	4316	6661	7474
浙 江	14806	11	149	675	2505	4691	6775
安 徽	20325	27	295	1419	4121	7374	7089
福 建	5352	5	69	357	1140	1770	2011
江 西	7035	15	78	481	1527	2251	2683
山 东	33499	59	705	2606	6896	12685	10548
河 南	27109	30	252	1350	5450	10293	9734
湖 北	16395	14	176	1119	3266	5780	6040
湖 南	11760	18	174	808	2346	3782	4632
广 东	13795	24	138	716	2260	4684	5973
广 西	6856	10	60	414	1267	2401	2704
海 南	1628		24	130	270	591	613
重 庆	9311	12	90	531	1531	3703	3444
四 川	23397	31	295	1459	4403	8858	8351
贵 州	8745	16	86	577	1467	3106	3493
云 南	10975	18	103	651	1784	3967	4452
西 藏	499		2	48	90	214	145
陕 西	13281	71	117	827	2618	4801	4847
甘 肃	6560	7	59	380	1205	2373	2536
青 海	2323	6	30	138	416	1040	693
宁 夏	1274	2	18	71	289	443	451
新 疆	4946	9	92	444	1094	1738	1569

享受抚恤情况

单位：人

享受伤残抚恤金人数	特等	一等	二等甲	二等乙	三等甲	三等乙
470757	**2623**	**14816**	**42631**	**118023**	**148507**	**144157**
1939	6	60	159	454	625	635
2016	19	106	185	581	574	551
49545	166	1094	4072	12129	16811	15273
22459	69	645	2015	5542	7767	6421
7849	61	201	734	1800	2474	2579
10222	123	469	900	2469	2823	3438
12495	78	603	2011	4033	3273	2497
14109	60	275	1002	2723	4993	5056
500	15	42	45	102	131	165
38591	192	1589	3775	10683	10226	12126
6540	41	222	460	1501	1784	2532
17852	119	691	1933	4902	5041	5166
4535	20	145	357	1199	1314	1500
12454	56	228	791	2730	3564	5085
91929	292	2779	9123	24218	30496	25021
36112	144	1120	3203	10211	11582	9852
19950	121	608	1815	4839	6218	6349
28075	133	831	2639	6808	8272	9392
10151	76	354	797	2457	2935	3532
4989	37	165	400	1107	1546	1734
936	8	37	56	239	341	255
12012	75	335	996	2634	4029	3943
35112	249	1114	2662	8069	11824	11194
6196	92	208	455	1211	2080	2150
6984	74	275	553	1431	2234	2417
217	9	36	17	61	63	31
9677	208	350	857	2193	3048	3021
3915	45	138	292	806	1316	1318
832	16	30	127	159	321	179
893	2	28	48	205	283	327
1671	17	38	152	527	519	418

C-17 优抚对象享受定期

地 区	享受定期抚恤金人数	城镇享受人数	烈属	牺牲军人家属	病故军人家属	享受定期补助人数	在乡复员军人
全 国	**485733**	**85481**	**339817**	**65695**	**80221**	**3277914**	**2214467**
北 京	2324	678	1371	188	765	10827	9608
天 津	1284	376	841	120	323	16176	7621
河 北	41885	4989	32208	4058	5619	181309	152149
山 西	18352	1592	13861	2017	2474	88585	65873
内蒙古	4508	1581	3115	614	779	52586	40967
辽 宁	9179	2025	5643	1658	1878	72774	60007
吉 林	12277	4017	9346	1208	1723	63489	53981
黑龙江	9422	3998	6643	1331	1448	108196	84606
上 海	1170	497	659	79	432	5710	4760
江 苏	28394	4327	21352	2345	4697	153532	102776
浙 江	6385	859	3680	899	1806	77966	44712
安 徽	17023	3797	11087	2812	3124	238787	87536
福 建	15424	2314	12261	1648	1515	50222	36529
江 西	29846	3898	24274	2558	3014	108461	54129
山 东	65008	8677	50883	6890	7235	302574	239867
河 南	31945	4546	19403	5924	6618	218660	163868
湖 北	42636	6742	30863	6397	5376	231718	114209
湖 南	27963	10655	18439	4159	5365	286687	170162
广 东	16498	3595	11935	1597	2966	111655	76297
广 西	8888	1412	6287	907	1694	84525	77011
海 南	5672	925	5271	176	225	17654	15245
重 庆	7433	1089	4122	1440	1871	108961	59779
四 川	36214	4091	20263	7843	8108	349245	225568
贵 州	5479	990	3266	850	1363	85014	70312
云 南	8516	1219	5301	1161	2054	79816	58836
西 藏	3145	554	1961	601	583	532	298
陕 西	19072	4060	10660	4017	4395	104529	81051
甘 肃	4885	675	2022	1225	1638	37680	31574
青 海	1207	332	616	235	356	5907	4690
宁 夏	1240	225	743	181	316	6078	5269
新 疆	2459	746	1441	557	461	18059	15177

抚恤、定期补助及优待情况

单位：人、万元、户

在乡退伍军人	在乡红军老战士等			优待优抚对象户数		优待总金额	
		西路军	红军失散人员		优待军属户数		固定优待军属总额
950428	**87521**	**1454**	**83366**	**3632630**	**1430630**	**418498.9**	**267457.8**
446	4			18295	6780	7077.3	5244.5
4708	2			7215	4395	1742.3	1542.3
29141	19			212332	72526	19155.5	9449.1
22196	97	1	11	107581	43144	6239.8	4671.9
11569	47	30	16	29329	14676	2314.3	1175.7
12618	10		9	120214	45534	16079.4	8162.3
9455	44	1	40	62908	24083	5388.6	3221.3
23472	83		34	114072	33761	10746.0	4427.7
834				32843	16038	16934.1	14925.5
50500	17	1	3	264559	109508	35151.1	19631.9
30831	576		576	114709	50455	32674.5	20375.8
139292	6345		6313	156510	59580	15933.7	7887.8
9329	4196	1	4184	96155	40835	11379.8	8285.9
28550	25724		25604	136663	60938	9083.5	6039.1
62417	287		242	536073	133339	55875.0	25223.5
48261	6530	11	6442	281240	102316	17745.9	10803.4
102744	9602	44	9544	237446	91451	13297.7	10009.9
108434	7032		7005	260773	113307	14446.7	7742.4
28565	3432		3432	92460	61391	31327.8	18781.0
4721	2296		2296	118340	56915	7077.2	5464.1
1288	568		568	14438	7194	1106.2	464.9
49087	84	14	69	116313	61677	3927.6	2602.3
109721	13860	1048	12472	207511	75956	10738.5	5830.4
14425	277		273	42314	25475	3507.7	3023.4
20419	64		64	65554	29861	57088.5	55772.1
232	2			3114	1801	601.9	
17562	5503		3824	67706	34472	5180.6	2394.2
5041	731	240	326	64187	30510	3749.6	2622.5
1082	37	25	8	1575	1167	181.9	108.9
627	31	21	8	16104	4372	819.6	464.7
2861	21	17	3	34097	17173	1926.6	1109.3

C-18 烈士褒扬和

地 区	烈士褒扬		安置退役士兵、复员干部总人数
	本年批准烈士人数	零散烈士纪念建筑物数	
全 国	**316**	**7425**	**526184**
北 京	3	136	5255
天 津	5	5	4376
河 北	16	750	35260
山 西	6	503	16521
内蒙古	10	147	7639
辽 宁	8	360	21347
吉 林	1	259	12005
黑龙江	4	229	15370
上 海	1	19	4850
江 苏	17	527	36529
浙 江	21	252	18303
安 徽	21	488	24919
福 建	14	249	10706
江 西	8	335	19678
山 东	23	305	31142
河 南	18	134	57969
湖 北	19	237	34820
湖 南	28	168	28863
广 东	5	437	26138
广 西	18	578	13504
海 南	1	110	2115
重 庆	13	147	13645
四 川	17	298	33351
贵 州	5	284	4426
云 南	6	174	14429
西 藏		45	534
陕 西	16	114	16854
甘 肃	6	58	8340
青 海		39	1557
宁 夏	4	13	2174
新 疆	2	25	3565

义务兵、士官安置

单位：人、处

退伍义务兵	城镇	转业、复员士官	复员干部
464093	**235251**	**60709**	**1382**
4384	2773	705	166
3833	2079	543	
28801	14667	6433	26
14578	8121	1918	25
6880	4388	739	20
17434	11764	3802	111
10614	8116	1375	16
14926	11145	430	14
4129	2875	696	25
31592	15117	4851	86
16688	6030	1589	26
22383	9558	2456	80
9956	3943	737	13
18051	8240	1604	23
22491	22363	8622	29
52676	27144	5174	119
34040	12687	700	80
26321	11076	2431	111
24687	8019	1428	23
12444	3761	1037	23
1902	1192	186	27
12183	6010	1401	61
27134	12662	6138	79
3987	3824	439	
12454	3642	1932	43
534	534		
15290	6911	1518	46
7482	2533	839	19
1228	1126	325	4
1966	729	195	13
3025	2222	466	74

C-19 离退休、

地区	本年接收人员合计	军队离退休干部（含地方）	离休	军队退休士官
				离退休、
全 国	**10794**	**8884**	**200**	**90**
北 京	2736	2726	51	
天 津	164	163	2	
河 北	887	592	5	11
山 西	138	110	12	2
内蒙古	43	23	1	3
辽 宁	639	612	11	
吉 林	323	122	26	2
黑龙江	899	779	3	5
上 海	369	369	3	
江 苏	817	624	8	14
浙 江	120	117	2	3
安 徽	107	98	4	2
福 建	162	158		
江 西	162	83	10	
山 东	615	503	8	7
河 南	219	138	2	2
湖 北	313	120	2	5
湖 南	169	87	1	2
广 东	686	511	21	5
广 西	46	44	13	1
海 南	76	73		2
重 庆	51	29		21
四 川	270	261	6	1
贵 州	18	18		
云 南	67	60	3	
西 藏				
陕 西	508	312	2	2
甘 肃	56	18		
青 海	3	3		
宁 夏	35	35		
新 疆	96	96	4	

退职人员

单位：人

	退职人员情况			
军队无军籍职工	实有人数合计	军队离退休干部（含地方）	军队退休士官	军队无军籍职工
1820	**237649**	**170649**	**3409**	**63591**
10	38196	27258	531	10407
1	5597	4638	40	919
284	14082	10745	445	2892
26	4121	2702	148	1271
17	2639	2044	21	574
27	20814	15058	94	5662
199	4984	3055	26	1903
115	3487	2016	70	1401
	5415	3419		1996
179	14968	11692	148	3128
	7314	5837	16	1461
7	4316	3211	167	938
4	8590	7889	65	636
79	5754	4742	50	962
105	16162	12837	229	3096
79	8248	6136	61	2051
188	11915	9460	52	2403
80	10124	7773	247	2104
170	8028	4944	347	2737
1	2418	1576	29	813
1	1335	544	16	775
1	3931	2675	56	1200
8	9782	6753	229	2800
	1968	1421	12	535
7	7598	4585	65	2948
	886	18		868
194	7591	5092	175	2324
38	2986	1346	51	1589
	948	162	1	785
	336	234	3	99
	3116	787	15	2314

C–20 城市居民

地 区	城市居民最低生活保障人数	在职人员	下岗人员	退休人员	失业人员	"三无"人员	其他人员
全 国	**22050205**	**1409756**	**4688711**	**730997**	**4231456**	**954340**	**10034945**
北 京	160774	13409	5211	3098	29341	4554	105161
天 津	205118	6038	18618	2886	43107	2816	131653
河 北	811250	53975	223118	22536	91968	35526	384127
山 西	848643	83918	196666	31191	97878	27735	411255
内蒙古	717128	23772	81906	8279	120705	44680	437786
辽 宁	1373887	40245	413359	49443	225737	25797	619306
吉 林	1352550	125835	107615	74592	171853	73209	799446
黑龙江	1570046	40468	384249	38621	215711	52530	838467
上 海	403580	224511			153941	1418	23710
江 苏	382390	12207	45932	10782	69382	18731	225356
浙 江	88461	2248	3733	1232	16933	6685	57630
安 徽	990415	65128	261414	51641	255397	31231	325604
福 建	201772	8517	40327	6902	33260	14731	98035
江 西	1005048	27975	398927	27592	149912	61307	339335
山 东	654942	65769	200384	8390	80146	23888	276365
河 南	1348304	80510	471981	48361	227779	43716	475957
湖 北	1578315	106196	389260	75060	485440	98085	424274
湖 南	1358225	45345	411883	55282	334828	65109	445778
广 东	378446	22700	59158	20786	52586	18664	204552
广 西	566210	44114	88263	21360	119207	50047	243219
海 南	134472	6614	32057	5857	25447	17151	47346
重 庆	699189	24785	62028	20511	176549	21892	393424
四 川	1514778	36704	256481	35337	361887	56173	768196
贵 州	474805	13189	49782	9854	86087	22122	293771
云 南	658451	53391	58675	15364	147529	32954	350538
西 藏	43418	8417	2062	1571	940	12943	17485
陕 西	779516	63186	192662	40324	135790	25438	322116
甘 肃	610036	51350	143678	21908	108486	13298	271316
青 海	200777	8281	23334	2628	39669	4159	122706
宁 夏	199685	12225	29106	5118	43720	6296	103220
新 疆	739574	38734	36842	14491	130241	41455	477811

最低生活保障

单位：人、人次、万元

城市居民最低生活保障家庭数				城市低保资金全年计划支出	城市临时救济人数
	困难户	五保户	其他		
9555458	**6650598**	**560957**	**2343903**	**1739670.1**	**2851791**
74068	61041	857	12170	44721.2	29405
81623	1027	1836	78760	21084.9	38667
343828	235742	23147	84939	54733.9	56580
372995	251636	24425	96934	63266.7	14102
316397	209903	29243	77251	57900.9	33883
602367	445267	18247	138853	126550.6	582642
535569	435364	13540	86665	107589.4	17530
679390	492515	29894	156981	109139.0	45498
224973	200491	1418	23064	74460.3	85982
162346	132662	9410	20274	34965.6	118833
47629	30545	6558	10526	14304.4	47007
428648	277781	31998	118869	65667.1	60261
82669	61571	7765	13333	13691.9	47025
377965	225774	43628	108563	75229.2	590666
249018	208845	5841	34332	47109.8	60833
601568	442187	23278	136103	91130.4	81359
642511	414642	49596	178273	113043.4	213771
595694	403495	37512	154687	93454.9	133482
138101	114415	5132	18554	32061.0	93493
251966	142812	39936	69218	37295.4	103961
61529	41346	9378	10805	8016.7	17008
342946	241716	14339	86891	65394.3	24578
734588	548677	32928	152983	109046.0	43785
223433	161420	16731	45282	37954.0	21070
353375	199358	24494	129523	57885.9	10472
13272	13272			4735.2	78
319473	211057	15970	92446	54949.4	34886
254412	166889	10418	77105	42218.2	19004
77007	45717	3623	27667	20121.7	129830
75271	50835	2349	22087	12351.5	7807
290827	182596	27466	80765	49597.2	88293

C−21 农村居民最低

地区	农村居民最低生活保障人数	农村居民最低生活保障家庭数				农村低保资金全年计划支出	农村定期救济人数
			困难户	五保户	其他		
全国	**4880084**	**2359492**	**1652121**	**371105**	**336266**	**180635.2**	**9141006**
北京	74914	39442	27974	4382	7086	5991.6	
天津	28954	11524	5773	1311	4440	1262.7	949
河北	138999	71018	46510	6245	18263	2813.6	109395
山西	148152	65795	47038	9345	9412	3412.8	401364
内蒙古	15354	7856	4167	1395	2294	415.4	76927
辽宁	217476	125398	87144	18291	19963	6016.4	72030
吉林	118992	59096	46594	5052	7450	6345.5	20057
黑龙江	59172	22483	19170	1450	1863	789.0	494422
上海	91009	48737	45133	3604		6834.6	
江苏	419072	184471	139736	26748	17987	16938.4	140781
浙江	539577	320365	191432	46440	82493	37860.9	
安徽	268126	150029	82077	50822	17130	3119.4	830106
福建	759291	329598	221006	71324	37268	32636.1	27497
江西							1209249
山东	271276	135989	104151	14434	17404	8676.9	197855
河南	103430	59592	40090	12282	7220	845.9	1337677
湖北	88310	47756	25019	17008	5729	2435.0	436271
湖南	55319	27456	15396	4675	7385	708.9	875424
广东	784845	324871	272934	23910	28027	31799.8	175748
广西	42274	25050	9719	10095	5236	1146.6	427499
海南	46595	29929	9343	12566	8020	1297.7	27993
重庆	4900	2682	2361	204	117	107.7	498259
四川	253911	117890	103343	6777	7770	4542.3	523514
贵州	41710	24938	14398	7929	2611	822.5	336291
云南	25581	12986	10838	536	1612	986.7	156646
西藏	1531	420		399	21	24.0	8058
陕西	231292	95053	66361	11036	17656	2364.5	255549
甘肃	47678	17663	13148	2720	1795	377.1	102730
青海	1541	675	554	121		13.3	118452
宁夏							206660
新疆	803	730	712	4	14	49.9	73603

生活保障和传统救济

单位：人、人次、万元

农村定期救济户数	困难户	五保户	其他	农村定期救济资金全年计划支出	农村临时救济人次数	总人数	资助参加合作医疗人数	大病医疗救助人数
5458107	**2604380**	**2287237**	**566490**	**224718.7**	**17200457**	**7291620**	**5526377**	**1210801**
					22912	511326	475000	35478
892	64	109	719	102.3	45957	452		452
60175	33150	15604	11421	2422.8	367970	64104	39808	15922
243888	150897	69094	23897	5581.2	407286	380583	361019	22783
57069	14657	14285	28127	2649.9	217763	130478	54143	4797
50807	35320	14228	1259	3435.4	490813	1861	640	574
12660	3542	7949	1169	3641.1	180094	67606	51900	5309
185354	69953	46530	68871	2678.6	526662	17434	2048	15386
					39813	100274		46661
121782	18756	66957	36069	15587.0	923721	438862	549858	143947
				9.6	373588	324561	309085	10359
534103	168217	291960	73926	19994.6	446108	128738	119929	6975
22397	6462	8288	7647	2161.7	209040	19697	18533	277
745859	531364	214495		27653.6	419453	512707		512707
112619	74499	26831	11289	4074.9	240993	645236	643143	2576
707208	460413	196914	49881	16916.6	512311	568728	536231	2572
258668	182459	48002	28207	7979.3	1724968	139116	106078	12454
569367	230322	293572	45473	16571.7	813502	74434	64770	10340
159956	13038	139285	7633	25353.0	904861	286761	266436	17903
298360	55589	233128	9643	13829.7	1695454	149519	110722	13654
21562	5242	12644	3676	1091.2	230586	37462	25738	8872
282109	163263	106870	11976	10617.3	853066	190080	158545	35928
409223	82440	290305	36478	20650.4	792119	362777	162429	30891
171814	80873	60018	30923	7103.8	774920	107085	86500	20585
119623	38250	44927	36446	6521.9	1923832	637919	608134	10012
7959	29	7923	7	129.6	23900	607	443	
102364	56056	32240	14068	2021.2	531813	85606	35753	19372
41494	9958	18485	13051	1584.3	297094	984246	609813	18384
45762	33740	10528	1494	996.6	29863	181753	4369	177988
85996	66984	10520	8492	2523.8	387019	25944		154
29037	18843	5546	4648	835.6	792976	115664	125310	7489

C-22 优抚安

地 区	单位数	年末职工人数	资产合计	固定资产原值	负债合计
全 国	**2987**	**32249**	**804028.3**	**526226.6**	**142017.1**
北 京	65	1851	81942.6	20941.1	9877.1
天 津	31	416	14820.3	9946.8	3212.0
河 北	241	1988	50346.3	41693.6	3505.0
山 西	109	900	13688.7	10439.8	905.5
内蒙古	33	457	7309.5	5666.3	495.5
辽 宁	133	2150	57980.8	31879.3	19909.8
吉 林	70	841	16552.5	12693.9	3348.6
黑龙江	73	852	16189.0	12443.3	2194.9
上 海	50	779	84714.4	74450.7	3678.7
江 苏	209	2207	50530.0	30839.1	15210.6
浙 江	86	642	28592.3	17516.5	5906.7
安 徽	132	1678	24872.4	16472.7	6389.5
福 建	97	710	21670.6	13886.6	4676.6
江 西	62	798	17055.1	12141.2	5363.3
山 东	232	2662	65543.5	43935.4	13826.9
河 南	222	3113	31085.9	23917.4	5463.2
湖 北	149	1872	30272.0	16673.6	7388.3
湖 南	136	1434	22953.8	14310.2	4964.4
广 东	120	1083	36718.5	19097.1	4674.1
广 西	54	715	18339.5	13130.2	4011.3
海 南	10	141	5247.5	3094.4	496.3
重 庆	64	422	6540.2	4998.1	1139.9
四 川	200	1072	24505.4	17459.4	3956.8
贵 州	42	383	5456.6	4247.7	859.9
云 南	145	1072	24029.7	17657.5	5123.9
西 藏	3	3	568.0	567.0	1.0
陕 西	100	978	19609.0	16160.8	2723.7
甘 肃	52	432	7832.0	6717.8	550.8
青 海	14	100	1717.3	1520.1	205.6
宁 夏	16	119	2273.0	1598.9	307.3
新 疆	37	379	15071.9	10130.1	1649.9

置单位

单位：个、人、万元

净资产合计	事业基金	收入合计	财政补助收入	事业收入	支出合计
650480.2	**59209.5**	**572685.1**	**483672.5**	**25588.3**	**561154.1**
71392.2	13883.4	93943.7	79883.9	2188.6	93270.4
11133.5	291.1	11774.4	11644.2	71.0	11299.6
45657.9	2703.1	35066.7	33673.1	710.0	33883.3
12492.8	996.1	11027.4	9705.3	237.1	10737.0
6564.5	649.5	7266.2	6886.7	279.0	7016.7
38078.9	1503.1	41879.0	38239.2	1246.3	41886.9
13158.6	1581.5	11104.8	9254.6	347.2	11059.5
13255.7	562.4	10009.9	3958.7	719.0	9271.5
82234.2	1493.4	21625.5	14676.0	229.1	22824.0
34480.2	4664.1	39752.6	31468.3	2579.6	38913.4
21839.4	1448.5	16400.7	12746.8	626.9	15554.5
18522.7	2299.3	11538.4	8402.9	1247.5	11578.2
16676.3	2001.6	12356.8	10547.9	585.0	12039.1
11626.4	1023.5	5148.4	4135.0	633.2	5083.0
50020.7	2872.6	51741.8	46953.1	827.2	50045.9
25684.7	2477.0	21169.0	17789.0	1763.2	21231.0
23211.5	6073.3	27163.8	24725.2	877.5	27491.6
17388.1	1819.4	15880.6	13383.3	806.5	15279.3
29889.5	4459.2	27709.2	19655.7	3454.2	25554.3
13455.5	540.6	8210.1	6317.9	549.2	7337.4
4267.8	1000.0	3098.3	2473.5	177.7	2614.9
5335.1	277.6	8083.2	7109.4	228.9	8018.0
19528.2	1511.2	23186.8	19460.6	1289.0	22166.4
4491.0	36.8	4574.5	4249.6	88.7	4468.8
19004.4	1215.9	17830.2	14302.4	2530.5	17928.8
567.0					
17555.4	831.8	17422.5	16322.4	416.4	18092.6
7075.6	136.2	6102.6	5997.7	47.9	5897.0
1493.7	13.0	1177.3	1151.8	12.5	1159.3
1897.7	93.0	2053.8	1814.0	18.2	1985.8
12501.0	751.3	8386.9	6744.3	801.2	7465.9

C-23 军休所

地区	单位数	年末职工人数	资产合计	固定资产原值	负债合计	净资产合计
全国	**1724**	**16001**	**433903.3**	**216439.1**	**94653.0**	**332784.9**
北京	59	1723	76067.3	17266.9	8542.2	66900.4
天津	20	222	9936.7	5183.3	3175.9	6286.1
河北	142	1045	17542.1	12125.7	2722.1	15095.6
山西	60	413	6750.2	4649.7	759.3	5741.8
内蒙古	20	229	5179.8	3922.8	336.0	4765.4
辽宁	100	1506	46278.4	20882.3	19366.7	26899.6
吉林	32	300	7155.9	4836.8	725.6	6264.8
黑龙江	48	470	8822.3	7253.9	1014.8	7818.9
上海	35	349	15295.8	7252.9	3104.7	13561.4
江苏	124	944	23943.9	9577.3	9546.0	13722.6
浙江	50	259	12648.1	4898.5	2941.2	9121.1
安徽	48	342	7837.5	4127.6	1484.6	6003.5
福建	53	332	9082.2	4937.2	1495.4	7356.0
江西	15	125	3666.7	2103.1	832.5	2805.9
山东	157	1682	45364.3	27610.8	12514.6	32819.6
河南	111	1076	14262.4	9134.5	3148.8	11190.3
湖北	97	874	19073.7	7311.7	5589.4	13640.0
湖南	96	683	14238.8	8466.5	3197.0	10462.7
广东	73	550	18032.6	6903.7	3555.6	13447.7
广西	32	212	5899.6	3115.7	1016.8	4138.1
海南	7	88	3460.5	1492.0	423.9	2568.8
重庆	43	279	4080.8	2847.8	539.5	3488.9
四川	108	603	14392.1	8619.6	2699.1	10650.4
贵州	13	114	1610.2	1053.6	418.1	1039.1
云南	75	524	13123.4	7868.2	2414.2	10637.5
西藏						
陕西	64	605	15982.4	12913.0	2187.7	14446.6
甘肃	18	168	3832.6	3263.2	217.5	3404.4
青海	3	42	439.0	315.0	105.0	334.0
宁夏	7	61	1291.5	631.9	304.8	935.7
新疆	14	181	8612.5	5873.9	274.0	7238.0

（含管理中心）

单位：个、人、户、万元

事业基金	收入合计	财政补助收入	事业收入	支出合计	修养所可提供休养的户数	年末休养(含分散修养)人数	本年代发离退休金
44844.5	**480465.8**	**429875.2**	**5749.9**	**474000.4**	**84902**	**105003**	**227527.4**
13201.9	90938.7	79112.8	18.2	90314.0	14863	16771	16784.8
291.1	10915.6	10827.6	71.0	10440.9	590	2274	150.1
397.2	23690.5	22979.6	97.7	23966.1	4037	6783	13879.3
179.5	8789.0	8098.9	17.0	8539.9	1183	1812	5851.7
509.6	6070.3	6008.9		5991.9	777	1126	4636.0
676.7	39615.0	36545.1	918.5	39602.9	6352	10248	22430.3
1325.1	7971.7	7738.0	20.0	7806.2	1599	1622	1927.8
421.0	6719.4	2362.7	209.0	6730.8	1383	1445	2579.3
879.4	16823.6	10676.2	155.9	18193.9	2582	3025	9590.7
2995.8	30800.2	27212.9	365.9	30124.9	5565	6203	11717.5
1035.5	11906.0	10845.9	74.4	11320.2	2072	2243	6037.1
1401.7	7892.0	7019.8	129.6	7542.6	1484	2035	4327.0
1725.2	10471.6	9595.4	208.5	10240.8	1797	2191	7071.5
374.2	3542.2	3117.8	104.6	3513.9	728	889	2105.7
2406.9	44718.6	43823.9	112.0	44688.5	10396	11511	31564.6
2093.7	15844.8	14620.7	338.9	15921.5	3328	3842	3056.0
5575.5	24532.8	23111.6	212.9	24688.5	3954	4894	13932.8
1522.8	12882.7	11450.2	190.3	12303.6	3032	4307	8775.4
2981.3	20037.8	16298.1	318.2	19008.5	2828	3567	12934.3
327.0	6571.8	5309.8	62.1	5827.1	959	1216	2496.8
1000.0	2817.0	2261.7	110.0	2349.2	933	1082	6160.7
255.3	7541.8	6628.1	182.1	7489.4	1579	1749	4554.3
890.7	20700.5	18266.3	654.0	19657.9	3543	3962	11913.0
9.7	3533.0	3405.9	39.1	3380.0	596	628	2194.2
1076.8	14928.1	13356.9	978.0	14856.4	3128	3542	10484.8
745.5	16163.4	15510.1	140.3	16815.3	3556	3733	1897.3
87.1	5144.9	5144.9		4934.2	635	879	3942.0
13.0	926.0	926.0		926.0	149	170	705.0
69.0	1823.2	1704.9	13.2	1772.2	416	416	897.9
376.3	6153.6	5914.5	8.5	5053.1	858	838	2929.5

C-24 军

地区	单位数	年末职工人数	资产合计	固定资产原值	负债合计	净资产合计
全国	**325**	**7556**	**114879.6**	**87463.3**	**31757.0**	**83097.0**
北京	1	49	1164.9	967.6	66.4	1098.5
天津	1	26	298.0	261.0	5.0	293.0
河北	9	129	2062.2	1840.6	38.6	1917.7
山西	7	133	635.0	503.6	58.0	537.6
内蒙古	5	116	978.6	835.1	85.1	862.4
辽宁	11	294	3363.8	2962.2	346.0	3037.8
吉林	11	276	1901.7	1511.2	403.5	1570.3
黑龙江	11	261	5227.9	3298.0	761.2	3840.9
上海	1	86	2858.4	2432.2	26.7	2804.8
江苏	17	453	7952.9	6346.0	4386.8	3553.5
浙江	11	239	10100.7	7851.5	2546.7	7542.8
安徽	41	907	9187.3	5862.9	4392.2	5377.7
福建	13	236	8795.4	6008.7	2733.6	6072.0
江西	12	337	7414.8	4659.2	3776.5	3687.7
山东	19	336	2299.2	1827.5	400.4	1938.5
河南	23	877	7042.8	6073.0	1751.1	5410.7
湖北	8	294	1503.0	1259.9	447.1	1050.9
湖南	13	372	4465.5	2935.9	1372.4	3066.7
广东	14	298	8012.3	5601.6	811.8	7005.0
广西	12	406	5882.6	4851.0	2353.5	3474.0
海南	1	45	544.0	374.4	72.4	456.0
重庆	4	64	332.2	245.4	37.4	282.0
四川	15	250	4065.1	3631.2	416.7	3688.7
贵州	9	179	2080.0	1444.4	438.2	1675.1
云南	25	447	8349.2	7421.2	2630.7	5886.8
西藏						
陕西	5	106	925.8	679.4	297.6	631.0
甘肃	8	142	1902.5	1525.7	149.0	1753.5
青海	4	43	840.6	767.4	80.6	760.0
宁夏	2	28	613.9	607.8	2.5	611.4
新疆	12	127	4079.3	2877.7	869.3	3210.0

供站

单位：个、人、张、人次、万元

	收入合计			支出合计	床位数	接待人次数	
事业基金		财政补助收入	事业收入				接待军队人次数
4498.6	**36220.0**	**18408.6**	**7378.3**	**36194.4**	**38663**	**5023282**	**3001003**
3.7	603.2	582.8		603.2	120	78060	78060
	207.0	207.0		207.0	128	37960	21950
68.7	989.3	904.3	48.0	883.4	195	183737	180345
24.3	489.1	408.1	16.4	449.7	333	96453	47083
39.0	551.4	513.3		520.3	379	32482	32482
778.5	1022.9	686.5	177.4	1042.9	3992	147063	103667
97.8	844.3	519.9	276.0	916.4	861	99606	40812
140.0	2567.7	1064.0	461.1	1941.9	1052	117949	35572
225.5	616.4	575.1		589.5	186	40555	40555
651.2	3912.9	782.6	1167.1	3900.3	1418	205057	49620
55.3	2917.5	768.8	374.2	2906.3	1168	212558	107292
323.5	1994.1	253.0	644.5	2576.7	2982	330954	127846
180.0	907.2	303.5	284.8	917.4	4445	174423	97051
43.3	516.2	381.8	131.2	565.6	1191	183461	90872
179.5	1339.5	999.3	181.0	1379.2	2630	402788	317898
245.4	2470.3	1153.7	896.8	2589.3	2702	477809	311720
-38.5	960.9	660.1	9.0	955.9	1011	118790	76599
65.7	1639.9	909.2	286.9	1613.5	1200	260058	151562
767.9	2729.5	1782.6	345.9	2534.0	2197	291472	196093
17.5	1182.5	802.0	261.8	1127.4	1661	227169	94580
	241.0	171.5	67.7	225.4	452	48186	30000
22.3	331.0	310.4	7.8	318.2	65	39392	33014
217.7	1389.5	781.7	118.2	1429.8	2662	248847	206560
25.6	646.3	492.5	43.4	679.6	607	87995	82675
91.1	2774.6	829.5	1544.5	2942.9	3164	506784	203609
21.6	398.7	250.9	8.5	401.5	336	104064	50620
2.0	465.2	449.2	13.0	465.2	301	46111	46111
	177.1	167.6	9.5	177.1	157	73283	73283
	86.4	57.8	3.6	86.4		26800	26800
250.0	1248.4	639.9		1248.4	1068	123416	46672

C−25 烈士纪念建

地　区	单位数	年末职工人数	资产合计	固定资产原值	负债合计	净资产合计	事业基金	收入合计
全　国	**938**	**8692**	**255245.4**	**222324.2**	**15607.1**	**234598.3**	**9866.4**	**55999.3**
北　京	5	79	4710.4	2706.6	1268.5	3393.3	677.8	2401.8
天　津	10	168	4585.6	4502.5	31.1	4554.4		651.8
河　北	90	814	30742.0	27727.3	744.3	28644.6	2237.2	10386.9
山　西	42	354	6303.5	5286.5	88.2	6213.4	792.3	1749.3
内蒙古	8	112	1151.1	908.4	74.4	936.7	100.9	644.5
辽　宁	22	350	8338.6	8034.8	197.1	8141.5	47.9	1241.1
吉　林	27	265	7494.9	6345.9	2219.5	5323.5	158.6	2288.8
黑龙江	14	121	2138.8	1891.4	418.9	1595.9	1.4	722.8
上　海	14	344	66560.2	64765.6	547.3	65868.0	388.5	4185.5
江　苏	68	810	18633.2	14915.8	1277.8	17204.1	1017.1	5039.5
浙　江	25	144	5843.5	4766.5	418.8	5175.5	357.7	1577.2
安　徽	43	429	7847.6	6482.2	512.7	7141.5	574.1	1652.3
福　建	31	142	3793.0	2940.7	447.6	3248.3	96.4	978.0
江　西	35	336	5973.6	5378.9	754.3	5132.8	606.0	1090.0
山　东	56	644	17880.0	14497.1	911.9	15262.6	286.2	5683.7
河　南	88	1160	9780.7	8709.9	563.3	9083.7	137.9	2853.9
湖　北	44	704	9695.3	8102.0	1351.8	8520.6	536.3	1670.1
湖　南	27	379	4249.5	2907.8	395.0	3858.7	230.9	1358.0
广　东	33	235	10673.6	6591.8	306.7	9436.8	710.0	4941.9
广　西	10	97	6557.3	5163.5	641.0	5843.4	196.1	455.8
海　南	2	8	1243.0	1228.0		1243.0		40.3
重　庆	17	79	2127.2	1904.9	563.0	1564.2		210.4
四　川	77	219	6048.2	5208.6	841.0	5189.1	402.8	1096.8
贵　州	20	90	1766.4	1749.7	3.6	1776.8	1.5	395.2
云　南	45	101	2557.1	2368.1	79.0	2480.1	48.0	127.5
西　藏	3	3	568.0	567.0	1.0	567.0		
陕　西	31	267	2700.8	2568.4	238.4	2477.8	64.7	860.4
甘　肃	26	122	2096.9	1928.9	184.3	1917.7	47.1	492.5
青　海	7	15	437.7	437.7	20.0	399.7		74.2
宁　夏	7	30	367.6	359.2		350.6	24.0	144.2
新　疆	11	71	2380.1	1378.5	506.6	2053.0	125.0	984.9

筑物管理单位

单位：个、人、平方米、人次、万元

财政补助收入	事业收入	支出合计	管理单位占地面积	烈士纪念建筑物面积	烈士纪念建筑物数	纪念馆（陈列馆）个数	藏品数	参观人次数
35388.7	**12460.1**	**50959.3**	**48791622**	**3246414**	**7116**	**952**	**139663**	**40116791**
188.3	2170.4	2353.2	75343	22467	10	4	735	375000
609.6		651.7	371334	19084	44	26	1710	214681
9789.2	564.3	9033.8	2471755	220224	600	81	30201	2412468
1198.3	203.7	1747.4	927941	87391	1233	99	1566	1075550
364.5	279.0	504.5	484624	22176	21	9	249	121200
1007.6	150.4	1241.1	3294911	192842	54	16	7447	748301
996.7	51.2	2336.9	2746399	199633	596	33	4098	710121
532.0	48.9	598.8	1115819	57156	344	13	2693	494140
3424.7	73.2	4040.6	344896	25216	52	16	2751	1543186
3472.8	1046.6	4888.2	3374119	283307	266	67	10246	4300061
1132.1	178.3	1328.0	4822512	100172	103	29	4520	6626368
1130.1	473.4	1458.9	3626251	168270	426	43	8328	1472961
649.0	91.7	880.9	656142	77332	110	40	733	951239
635.4	397.4	1003.5	1401053	48785	145	27	6626	1996833
2129.9	534.2	3978.2	3807947	177046	1248	91	11645	4269666
2014.6	527.5	2720.2	6086643	99772	216	75	8665	2705891
953.5	655.6	1847.2	2623330	311206	172	44	7450	1742337
1023.9	329.3	1362.2	791041	29329	56	12	2661	383083
1575.0	2790.1	4011.8	1403211	123239	133	16	1020	1211459
206.1	225.3	382.9	2030894	34853	116	5	1684	418280
40.3		40.3	696037	148710	75	21	4401	300944
170.9	39.0	210.4	153263	64301	55	11	2494	845531
412.6	516.8	1078.7	748064	178639	573	67	2780	1581499
351.2	6.2	409.2	813491	14887	38	8	313	1021650
116.0	8.0	129.5	1097590	97858	152	21	2847	444924
			259501	212774	26	2	5702	50000
561.4	267.6	875.8	577062	63389	100	32	2254	880996
403.6	34.9	497.6	1003536	86486	90	22	854	675672
58.2	3.0	56.2	128125	29281	20	4	1040	237200
51.3	1.4	127.2	220637	10356	21	10	1654	160183
189.9	792.7	1164.4	638151	40233	21	8	296	145367

C-26 收养性社会

地　区	单位数	年末职工人数	医护人员	年末床位数	光荣间床位	年在院总人天数	年末在院人数
全　国	**38593**	**210085**	**51121**	**1467542**	**75739**	**333245897**	**1109203**
北　京	325	5527	1124	28253	799	5137503	17405
天　津	279	3705	843	16698	704	3826637	11162
河　北	2099	11499	2504	61511	6413	13946423	41811
山　西	775	4330	1248	16101	2450	3549828	10277
内蒙古	775	3867	2281	23116	1295	5618151	16389
辽　宁	1257	12045	3080	77780	3296	15415714	54885
吉　林	858	6724	1706	44715	3199	9844160	34339
黑龙江	826	6183	1572	44833	2916	10499849	36873
上　海	450	10944	2132	42897	45	12860592	35575
江　苏	2226	15528	3509	98849	4079	25422712	80820
浙　江	1615	8403	1351	98815	2378	20171221	71495
安　徽	1888	8610	1561	55456	2942	13610002	44243
福　建	894	3972	768	21321	1663	5163891	14770
江　西	2070	10061	1094	99922	9971	22984889	86087
山　东	1896	15584	4671	103007	8782	26805054	79085
河　南	2264	10924	2446	65115	5219	16334146	48131
湖　北	2359	16344	3502	156461	6754	40963835	144042
湖　南	1681	7992	2105	53085	2980	10006664	39054
广　东	2058	13621	2973	91190	3774	18538451	57606
广　西	3895	7128	4357	59445	1594	10665268	45991
海　南	188	417	39	3535	167	775940	2396
重　庆	1062	3673	604	43408	403	9343603	31402
四　川	2859	8996	2166	74194	1678	13792747	46535
贵　州	876	2477	667	14586	234	3471174	9615
云　南	748	2506	438	19093	64	3271290	10689
西　藏	126	175		3265		709560	1944
陕　西	675	3374	1066	17638	792	3981872	13093
甘　肃	683	1703	317	10093	105	1713583	5827
青　海	166	181	12	3296	37	944120	3026
宁　夏	163	652	141	3885	299	681166	2579
新　疆	557	2940	844	15979	707	3195852	12057

福利单位

单位：个、人、张、人天、人次

女性	在院人员按性质分			在院人员按年龄分			康复和医疗门诊人次数
	优抚对象	“三无”对象	自费人员	老人	青壮年	少年儿童	
351232	**98699**	**824054**	**186450**	**980615**	**62300**	**66288**	**8595682**
6831	640	5136	11629	14504	1383	1518	268044
4509	453	3478	7231	9663	827	672	62324
7120	8046	30508	3257	39500	1408	903	152565
2476	2813	6013	1451	7438	1359	1480	79488
1797	2204	12838	1347	14506	1090	793	23572
14458	4604	39012	11269	47008	6172	1705	132483
7462	3296	27719	3324	29126	3999	1214	230060
7764	4556	28383	3934	31127	4022	1724	71381
20467	620	6475	28480	30717	2789	2069	289172
27289	4667	60221	15932	73305	4453	3062	732374
20100	2340	39631	29524	66929	2092	2474	566961
14620	4997	36467	2779	39020	1489	3734	205270
4487	2460	9403	2907	10807	2348	1615	275017
34461	11901	67702	6484	76900	3340	5847	139993
27850	10082	60903	8100	75454	2339	1292	472049
13631	5923	39911	2297	43882	1777	2472	236563
40795	9248	125812	8982	134922	4009	5111	2107538
14698	5491	29990	3573	33119	1860	4075	287654
26975	4675	41487	11444	48154	2800	6652	524634
11787	1323	39759	4909	41222	1342	3427	551539
1248	321	1964	111	2141	20	235	12539
9879	1156	26356	3890	27559	1572	2271	147263
11135	3308	36291	6936	40360	3610	2565	675314
2486	286	8199	1130	7578	835	1202	53622
4013	762	8674	1253	8599	908	1182	67953
950	40	1904		1300		644	
3690	1471	10567	1055	8369	2783	1941	44264
1455	233	5167	427	4653	356	818	70880
1535	42	2936	48	2838	75	113	3720
802	76	1979	524	2139	112	328	11372
4462	665	9169	2223	7776	1131	3150	100074

C-26续表

地　区	资产合计	固定资产原值	负债合计	净资产合计	事业基金
全　国	**2451410.0**	**2010057.9**	**239461.6**	**2181850.7**	**92292.7**
北　京	102810.9	83700.2	20151.4	79532.4	3801.7
天　津	29668.4	18044.1	2470.5	26270.1	-625.7
河　北	77786.5	70441.7	5373.6	72411.0	1647.9
山　西	29424.1	26129.4	2009.9	26484.6	2006.8
内蒙古	29609.4	25252.4	2507.9	26717.4	899.0
辽　宁	130744.5	108983.6	14709.4	115262.1	346.3
吉　林	69248.3	53848.8	8619.9	60049.4	3032.6
黑龙江	57056.2	50510.2	6922.2	49753.2	1917.5
上　海	125542.3	91623.9	18451.6	105407.3	7399.1
江　苏	221483.3	181061.9	22262.6	195084.5	12081.4
浙　江	203412.7	161101.9	21132.9	177988.1	6447.5
安　徽	64852.6	55364.8	3546.1	61134.6	2311.5
福　建	42122.5	30965.0	4230.9	36624.4	2526.2
江　西	79563.3	64330.5	6328.4	71926.1	5082.7
山　东	164388.7	135747.0	13439.7	150179.7	3475.1
河　南	93270.6	77490.1	4606.5	87992.6	1344.3
湖　北	173658.9	150651.3	17198.2	155640.0	4742.9
湖　南	78243.8	63073.4	9702.6	67793.4	4816.9
广　东	327853.6	273032.9	20900.3	304908.4	12837.2
广　西	71667.7	60279.0	4731.0	66466.9	3787.3
海　南	9984.1	8953.6	583.6	9286.7	131.0
重　庆	57629.3	45718.6	6897.8	48231.6	2946.2
四　川	81854.3	67527.2	8936.8	71917.5	3984.2
贵　州	25459.8	21395.1	2072.5	23372.7	875.2
云　南	27649.9	21710.0	1450.1	25651.5	2282.3
西　藏	2217.8	2111.9	65.9	2151.9	
陕　西	25772.0	19798.7	4435.6	21117.2	368.2
甘　肃	12337.3	10407.9	996.4	11211.6	93.5
青　海	2299.8	2274.8	217.4	2082.4	28.5
宁　夏	5673.4	4704.5	471.3	5237.3	442.4
新　疆	28124.0	23823.5	4038.6	23964.1	1263.0

单位：万元

收入合计	财政补助收入	事业收入	支出合计	代发伤残抚恤金	年集体供给金额
725886.8	**355737.3**	**192137.1**	**695789.1**	**2892.6**	**125610.9**
30727.1	12290.2	8355.6	27600.0	4.7	13425.2
13021.3	7666.0	1991.7	12093.5		583.1
24785.9	18497.1	2537.6	24784.0	302.0	3606.5
13027.0	11188.0	1130.4	12097.4	72.2	272.2
8651.5	6121.0	1414.9	8267.4	8.9	16.0
32184.3	15951.6	11965.7	31411.3	128.8	6675.3
18873.7	11255.1	5286.9	18294.7	214.7	3175.1
18577.3	12780.7	4304.3	18196.5	13.4	3277.8
48380.8	19214.0	15772.5	46697.4	24.0	952.1
98658.7	35138.8	22624.1	94522.5	206.9	8758.1
56506.0	27560.6	10243.3	52214.3	45.9	6259.3
13666.4	8077.7	2755.0	13494.5	12.0	3523.4
15332.5	9078.1	4106.9	14065.3	60.6	602.7
26098.2	10294.5	4739.6	24789.4	123.4	2812.6
40792.2	20642.7	14344.2	40022.9	628.1	10027.4
15509.3	8657.4	3245.2	14837.8	59.1	5249.0
44571.0	22218.2	15312.5	43750.3	79.5	4332.8
29298.5	10218.4	12472.4	28550.7	118.3	1856.2
82366.9	36209.1	23349.4	80322.0	317.9	13138.4
17825.0	8514.9	6583.6	17355.2	7.9	400.6
1770.3	975.5	337.6	1656.5	93.1	222.9
13251.0	5713.2	2724.4	10751.1	161.9	1801.2
25168.5	12589.9	9051.3	24168.5	86.6	2771.8
7584.9	5286.9	1497.9	7570.3	51.1	383.5
6341.9	3725.9	1809.7	5793.6	1.8	29979.1
394.7	394.7		394.7		
8328.1	6269.1	722.1	8108.9	0.6	481.0
3488.8	2636.5	618.8	3359.5	59.1	425.3
592.6	528.4	15.7	592.6		22.6
1339.9	620.1	457.2	1375.1	0.2	196.5
8772.5	5423.0	2366.6	8651.2	9.9	383.2

C-27 国家办收

地区	单位数	年末职工人数	医护人员	年末床位数	光荣间床位	年在院总人天数	年末在院人数
全国	**3454**	**79321**	**29813**	**307891**	**28784**	**76973903**	**233829**
北京	79	2236	667	7083	395	1894021	5818
天津	25	1474	534	4236	614	1539669	3432
河北	210	4369	1433	14480	4077	3431088	9780
山西	118	2650	1081	7549	2060	2111545	5314
内蒙古	106	2032	1219	7531	926	1780628	5017
辽宁	97	4039	1330	15604	1963	3920621	11632
吉林	40	2392	1087	8351	656	2222511	6992
黑龙江	59	2839	1141	10688	959	2991617	9096
上海	36	3122	904	9072	1	3158633	8757
江苏	96	4820	1939	16044	788	3905314	12441
浙江	146	2795	758	16432	668	4062395	11456
安徽	240	2722	726	12048	1022	2897160	9645
福建	167	2282	689	10520	1190	2622529	7608
江西	138	2264	439	13867	1162	3187269	11952
山东	70	3880	2224	9826	817	2688369	7728
河南	130	2925	1095	8914	1438	2234015	6681
湖北	217	6292	1981	22411	3081	6699816	17870
湖南	306	4451	1665	18257	1332	4136871	13656
广东	195	5792	1731	24110	1721	4921820	16328
广西	116	3057	1953	10889	800	2437902	8110
海南	10	204	27	668	61	196935	488
重庆	95	1506	431	8908	284	2270582	7208
四川	150	3514	1746	15620	1054	4027800	11159
贵州	71	1314	535	4464	197	1032413	3226
云南	106	1002	347	5117	6	1216800	3477
西藏	121	163		3033		649700	1780
陕西	87	2063	992	7957	577	1940990	6349
甘肃	36	762	248	2761	61	568921	1929
青海	6	56	10	530	22	58359	422
宁夏	32	366	108	1811	158	218863	1104
新疆	149	1938	773	9110	694	1948747	7374

养性单位

单位：个、人、张、人天、人次

女性	在院人员按性质分			在院人员按年龄分			康复和医疗门诊人次数
	优抚对象	“三无”对象	自费人员	老人	青壮年	少年儿童	
93754	**39741**	**127347**	**66741**	**134682**	**43160**	**55987**	**6275952**
2627	411	2458	2949	3705	768	1345	128277
1399	396	1532	1504	2055	709	668	36080
1644	6119	2529	1132	8061	950	769	92783
1672	2279	2340	695	2561	1332	1421	66264
1080	1296	2794	927	3549	826	642	23572
4261	1654	6066	3912	7155	3098	1379	85783
2021	1367	4688	937	3767	2308	917	184632
3103	879	6026	2191	5077	2529	1490	58581
4383	122	2650	5985	5149	1869	1739	120386
5145	1104	6418	4919	6680	3060	2701	461533
5534	734	4212	6510	7616	1464	2376	391005
4426	1419	6802	1424	5642	872	3131	100456
2481	1568	3986	2054	3857	2311	1440	260368
5436	1453	8506	1993	6625	997	4330	26738
2137	2812	2777	2139	4710	1972	1046	251029
2078	1749	3527	1405	3116	1481	2084	178502
7162	3664	9101	5105	13032	2115	2723	2010239
6444	3559	7663	2434	8174	1725	3757	259783
9077	1693	9864	4771	7465	2577	6286	360468
4519	848	4481	2781	3690	1280	3140	334908
247	130	328	30	266	20	202	9347
3222	473	4387	2348	4738	695	1775	118829
4055	1443	5685	4031	6357	2817	1985	413003
1353	170	2067	989	1436	807	983	44547
1338	361	2414	702	1693	767	1017	56777
872	40	1740		1211		569	
1909	1307	4677	365	2070	2439	1840	32139
694	81	1481	367	866	319	744	65040
164		374	48	236	74	112	1671
415	43	676	385	752	40	312	8465
2856	567	5098	1709	3371	939	3064	94747

C-27续表

地　区	资产合计	固定资产原值	负债合计	净资产合计	事业基金
全　国	**1011002.7**	**803205.4**	**107884.4**	**888759.6**	**47014.6**
北　京	49606.5	40411.6	3140.8	43870.0	3602.1
天　津	17699.3	8259.8	1422.5	15468.7	-627.8
河　北	40077.0	35366.4	4003.8	36068.9	1232.3
山　西	21350.1	18671.9	1075.9	19330.1	1228.7
内蒙古	15539.5	12159.2	1959.4	13175.0	687.0
辽　宁	41022.1	35414.6	4966.9	35627.6	-502.8
吉　林	16533.4	14033.5	3413.3	13131.0	1011.1
黑龙江	26877.4	22937.8	3222.1	23469.3	590.2
上　海	62823.9	51367.1	2922.0	58979.1	2585.6
江　苏	82556.5	64678.5	10556.0	71311.1	5612.4
浙　江	74245.0	55372.8	8469.7	64461.9	3253.4
安　徽	21917.7	18114.2	1542.2	20157.1	1155.2
福　建	29106.8	19972.0	3476.5	24346.5	1756.5
江　西	27483.6	19816.7	2243.6	24295.3	2643.7
山　东	53946.8	42066.1	5943.7	47330.3	1694.8
河　南	26620.5	22349.1	2050.1	23927.4	826.2
湖　北	64814.9	55520.7	7550.1	56951.9	1921.5
湖　南	39779.0	29940.2	5716.3	33468.8	3124.4
广　东	120076.2	93330.2	11728.8	108546.0	5428.1
广　西	31784.2	26083.6	2829.7	28784.3	1819.0
海　南	5966.8	5519.6	388.6	5495.7	81.0
重　庆	18661.4	13233.7	4380.7	13756.7	692.2
四　川	44171.3	35113.3	5754.8	38229.5	2666.7
贵　州	12752.3	9808.0	1841.3	10882.0	638.8
云　南	14528.1	10916.9	955.5	13323.9	1989.9
西　藏	2217.8	2111.9	65.9	2151.9	
陕　西	15891.7	13191.1	2130.8	13539.4	338.7
甘　肃	6565.4	5389.2	694.1	5810.1	66.0
青　海	984.0	959.0	24.0	960.0	
宁　夏	3444.0	2728.8	439.4	3049.9	397.9
新　疆	21959.5	18367.9	2975.9	18860.2	1101.8

单位：万元

收入合计	财政补助收入	事业收入	支出合计	代发伤残抚恤金	年集体供给金额
447917.8	**268764.0**	**109728.6**	**433559.1**	**1416.9**	**4750.6**
21741.5	10495.8	4404.3	19145.8	0.4	133.1
10061.8	7323.9	1366.1	9253.7		
17632.3	15461.7	827.6	17628.0	287.3	241.1
11973.5	10756.8	798.7	11029.4	66.2	5.7
7209.9	5840.5	671.6	6804.8	4.1	
20006.4	13680.2	4277.5	19578.8	96.8	18.4
11524.9	8958.6	1468.4	11535.8	22.8	159.0
13214.4	10871.0	1850.5	13028.4		552.0
23918.3	15385.2	5767.5	22995.5		4.5
41648.4	26114.3	10912.1	40959.0	12.9	162.6
23443.4	11104.6	5793.2	22130.0	34.0	301.0
8655.2	6052.3	1568.3	8436.8	11.8	507.8
13504.4	8508.1	3425.9	12220.6	59.4	117.3
14082.3	5100.2	2401.9	13137.6	27.1	96.2
25669.5	18471.3	5195.3	24996.7	88.0	1.0
10844.4	7711.3	1361.9	10201.4	33.7	97.9
24900.0	11238.6	10427.5	24587.1	76.5	118.3
22706.3	8207.3	10759.6	22112.4	109.3	145.5
51860.2	23703.8	15210.3	52058.8	212.9	739.6
13936.3	6180.9	5683.2	13766.1	4.3	5.1
1160.1	649.0	83.0	1077.6	26.1	9.8
7409.7	4325.6	1685.6	6885.7	66.9	133.7
19214.6	10330.9	7441.0	19027.6	75.8	222.1
6466.6	4608.6	1269.1	6437.6	50.1	10.1
5002.5	3050.2	1637.4	4753.8		717.1
394.7	394.7		394.7		
7433.4	5863.5	499.3	7211.9	0.6	54.1
3062.8	2501.3	532.5	3001.6	41.0	29.8
265.0	213.0	5.0	265.0		
1001.1	410.6	419.3	1046.4		77.0
7973.9	5250.2	1985.0	7850.5	8.9	90.8

C-28 集体办收

地 区	单位数	年末职工人数	医护人员	年末床位数	光荣间床位	年在院总人天数	年末在院人数
全 国	**33736**	**115134**	**18246**	**1058485**	**46649**	**237161452**	**811315**
北 京	191	2070	191	15157	363	2219885	8278
天 津	149	906	145	5768	69	1190161	3405
河 北	1808	6668	968	44559	2315	10105058	30670
山 西	620	1412	109	7318	335	1220666	4238
内蒙古	664	1823	1058	15519	369	3817623	11329
辽 宁	1009	6835	1407	52370	1331	9956362	38046
吉 林	767	4063	570	34590	2516	7304265	26270
黑龙江	739	3199	415	32843	1932	7311033	26984
上 海	235	3510	512	16434	18	5313250	13275
江 苏	2078	10178	1432	80308	3281	21086466	66844
浙 江	1285	4579	416	62233	1709	10317939	43220
安 徽	1624	5687	800	42088	1890	10604312	33663
福 建	724	1674	78	10571	473	2506322	7066
江 西	1845	6974	611	83124	8809	19219161	71555
山 东	1774	11096	2315	90435	7965	23547495	69308
河 南	2123	7892	1344	55682	3774	13995109	41092
湖 北	2117	9873	1497	133154	3668	34058025	125404
湖 南	1367	3392	439	34517	1648	5774969	25122
广 东	1804	7100	1028	58238	2045	13277585	39955
广 西	3731	3358	2066	45944	792	7755985	35856
海 南	177	189	4	2797	106	563685	1845
重 庆	949	1986	157	33165	119	6820756	23412
四 川	2665	4841	305	52475	604	9309775	33362
贵 州	793	1060	118	9737	37	2413273	6254
云 南	598	1336	38	12561	58	1958374	6459
西 藏							
陕 西	577	1235	67	9105	215	1969242	6488
甘 肃	641	928	69	7220	44	1126257	3841
青 海	158	118	1	2692	15	873716	2571
宁 夏	130	273	32	1874	141	390763	1279
新 疆	394	879	54	6007	8	1153940	4224

养性单位

单位：个、人、张、人天、人次

女性	在院人员按性质分			在院人员按年龄分			康复和医疗门诊人次数
	优抚对象	“三无”对象	自费人员	老人	青壮年	少年儿童	
226895	**57721**	**691588**	**62006**	**784524**	**18280**	**8511**	**1781133**
2699	173	2630	5475	7611	519	148	35780
1161	38	1915	1452	3373	32		14917
4979	1927	27641	1102	30093	453	124	57557
512	490	3570	178	4191	21	26	8209
706	908	10021	400	10914	264	151	
6581	2892	32606	2548	34762	2991	293	20459
4859	1929	22921	1420	24332	1676	262	45301
4446	3629	22201	1154	25280	1479	225	11164
7924	106	3062	10107	12752	514	9	133974
21298	3560	53724	9560	65122	1361	361	268811
8590	1605	35054	6561	42514	608	98	102385
9806	3574	29618	471	32455	605	603	98828
1970	819	5414	833	6898	37	131	14649
28127	10232	58892	2431	67705	2340	1510	113197
24677	7270	58126	3912	68695	367	246	215196
11411	4137	36279	676	40455	295	342	58046
33372	5567	116334	3503	121238	1889	2277	88564
8149	1932	22113	1077	24858	135	129	27639
17250	2938	31429	5588	39465	218	272	146476
6071	475	34988	393	35761	62	33	6843
945	191	1636	18	1812		33	1764
6169	682	21760	970	22248	855	309	27677
6136	1863	30326	1173	32242	773	347	251728
1084	116	6117	21	6012	23	219	3965
2494	180	5927	352	6226	133	100	6026
1690	164	5831	493	6049	339	100	12025
759	152	3629	60	3741	37	63	5840
1347	42	2529		2569	1	1	589
335	33	1226	20	1192	72	15	2907
1348	97	4069	58	3959	181	84	617

C-28续表

地　区	资产合计	固定资产原值	负债合计	净资产合计	事业基金
全　国	**1298177.6**	**1101923.7**	**89217.8**	**1194987.8**	**44152.6**
北　京	31924.7	25299.6	3957.6	27390.4	714.8
天　津	9601.3	8262.8	235.4	9274.1	2.1
河　北	34978.3	32771.9	836.8	34133.4	412.6
山　西	5664.5	5202.5	482.5	5205.5	758.1
内蒙古	14028.9	13052.2	548.5	13501.4	212.0
辽　宁	73376.8	63181.4	4548.9	68722.8	839.1
吉　林	49637.9	37088.3	5106.6	43941.4	2021.5
黑龙江	27962.6	25552.7	3620.6	24114.2	1305.3
上　海	35727.8	24650.2	5508.6	29465.8	3512.6
江　苏	135390.8	113626.3	11414.5	120554.8	6463.0
浙　江	93569.7	77589.4	5400.1	86276.0	3178.6
安　徽	41511.7	36135.1	1956.9	39618.5	1149.3
福　建	12720.7	10710.0	719.4	12027.9	753.1
江　西	49023.8	42018.6	3444.8	45287.1	2439.0
山　东	108765.1	92619.3	7143.1	101572.4	1780.3
河　南	65956.6	54486.5	2546.4	63381.4	481.1
湖　北	108101.5	94450.7	9623.4	97961.4	2789.5
湖　南	37526.4	32227.8	3981.8	33407.1	1692.5
广　东	203395.5	178669.0	8615.9	192693.4	7384.1
广　西	37952.6	32468.0	1397.6	36285.3	1964.6
海　南	3868.3	3285.0	195.0	3642.0	50.0
重　庆	37176.9	30922.8	2213.3	33068.7	2254.0
四　川	32718.5	27766.3	1840.1	30142.7	1208.5
贵　州	12445.1	11341.3	198.1	12229.3	236.4
云　南	12442.8	10293.3	456.4	11680.6	262.4
西　藏					
陕　西	8940.6	5667.9	1831.7	7111.2	29.5
甘　肃	5691.9	5001.7	302.3	5321.5	27.5
青　海	1280.1	1280.1	193.4	1086.7	28.5
宁　夏	1998.4	1782.8	1.4	1994.1	44.5
新　疆	4797.8	4520.2	896.7	3896.7	158.1

单位：万元

收入合计			支出合计	代发伤残抚恤金	年集体供给金额
	财政补助收入	事业收入			
215617.5	**85993.6**	**69887.0**	**201645.5**	**1473.7**	**120425.5**
6577.3	1777.7	2870.8	6000.6	4.3	13260.1
1589.7	342.1	296.9	1497.9		583.1
6853.6	3035.4	1641.0	6845.5	14.7	3363.9
656.8	350.8	85.2	680.3	4.0	266.5
1440.1	280.5	741.8	1461.1	4.8	16.0
10109.6	2248.4	6879.7	10004.5	32.0	6656.9
7071.6	2296.5	3591.3	6481.7	191.9	3013.6
5208.6	1907.7	2386.8	4980.8	13.4	2666.8
12241.1	3078.0	4519.2	11487.7	24.0	936.3
26250.2	9024.5	11238.8	22828.7	194.0	8594.0
28217.1	16452.6	3731.8	26323.5	11.9	5680.4
4781.9	2024.8	1154.6	4845.6	0.2	3009.1
1678.3	558.2	676.2	1704.9	1.2	484.4
11278.4	5194.3	2337.7	10986.5	96.3	2716.4
14339.7	2171.4	8365.9	14290.1	540.1	10026.4
4421.8	945.6	1724.7	4393.0	25.4	5151.1
19404.9	10950.2	4733.5	18888.2	3.0	4214.5
6416.4	2002.7	1548.4	6278.9	9.0	1707.2
28191.2	12498.1	7667.1	26105.0	105.0	12398.8
3343.7	2321.5	492.7	3074.0	3.6	395.5
552.9	326.5	197.3	521.6	67.0	213.1
5128.3	1387.6	824.3	3233.4	95.0	1666.7
5151.8	2247.9	1205.6	4416.1	10.8	2546.1
1073.1	675.9	187.3	1055.4	1.0	373.4
1220.0	665.3	172.3	914.2	1.8	29241.0
839.7	400.6	172.8	842.0		421.9
414.9	134.1	86.3	346.8	18.1	394.9
318.6	315.4	1.7	318.6		15.5
249.6	209.5	37.9	246.7	0.2	119.5
596.6	169.8	317.4	592.2	1.0	292.4

C-29 民办收

地区	单位数	年末职工人数	医护人员	年末床位数	光荣间床位	年在院总人天数	年末在院人数
全国	**1403**	**15630**	**3062**	**101166**	**306**	**19110542**	**64059**
北京	55	1221	266	6013	41	1023597	3309
天津	105	1325	164	6694	21	1096807	4325
河北	81	462	103	2472	21	410277	1361
山西	37	268	58	1234	55	217617	725
内蒙古	5	12	4	66		19900	43
辽宁	151	1171	343	9806	2	1538731	5207
吉林	51	269	49	1774	27	317384	1077
黑龙江	28	145	16	1302	25	197199	793
上海	179	4312	716	17391	26	4388709	13543
江苏	52	530	138	2497	10	430932	1535
浙江	184	1029	177	20150	1	5790887	16819
安徽	24	201	35	1320	30	108530	935
福建	3	16	1	230		35040	96
江西	87	823	44	2931		578459	2580
山东	52	608	132	2746		569190	2049
河南	11	107	7	519	7	105022	358
湖北	25	179	24	896	5	205994	768
湖南	8	149	1	311		94824	276
广东	59	729	214	8842	8	339046	1323
广西	48	713	338	2612	2	471381	2025
海南	1	24	8	70		15320	63
重庆	18	181	16	1335		252265	782
四川	44	641	115	6099	20	455172	2014
贵州	12	103	14	385		25488	135
云南	44	168	53	1415		96116	753
西藏	5	12		232		59860	164
陕西	11	76	7	576		71640	256
甘肃	6	13		112		18405	57
青海	2	7	1	74		12045	33
宁夏	1	13	1	200		71540	196
新疆	14	123	17	862	5	93165	459

养性单位

单位：个、人、张、人天、人次

女性	在院人员按性质分			在院人员按年龄分			康复和医疗门诊人次数
	优抚对象	“三无”对象	自费人员	老人	青壮年	少年儿童	
30583	**1237**	**5119**	**57703**	**61409**	**860**	**1790**	**538597**
1505	56	48	3205	3188	96	25	103987
1949	19	31	4275	4235	86	4	11327
497		338	1023	1346	5	10	2225
292	44	103	578	686	6	33	5015
11		23	20	43			
3616	58	340	4809	5091	83	33	26241
582		110	967	1027	15	35	127
215	48	156	589	770	14	9	1636
8160	392	763	12388	12816	406	321	34812
846	3	79	1453	1503	32		2030
5976	1	365	16453	16799	20		73571
388	4	47	884	923	12		5986
36	73	3	20	52		44	
898	216	304	2060	2570	3	7	58
1036			2049	2049			5824
142	37	105	216	311	1	46	15
261	17	377	374	652	5	111	8735
105		214	62	87		189	232
648	44	194	1085	1224	5	94	17690
1197		290	1735	1771		254	209788
56			63	63			1428
488	1	209	572	573	22	187	757
944	2	280	1732	1761	20	233	10583
49		15	120	130	5		5110
181	221	333	199	680	8	65	5150
78		164		89		75	
91		59	197	250	5	1	100
2		57		46		11	
24		33		33			1460
52		77	119	195		1	
258	1	2	456	446	11	2	4710

C-29续表

地　区	资产合计	固定资产原值	负债合计	净资产合计	事业基金
全　国	**142229.7**	**104928.8**	**42359.4**	**98103.3**	**1125.5**
北　京	21279.7	17989.0	13053.0	8272.0	-515.2
天　津	2367.8	1521.5	812.6	1527.3	
河　北	2731.2	2303.4	533.0	2208.7	3.0
山　西	2409.5	2255.0	451.5	1949.0	20.0
内蒙古	41.0	41.0		41.0	
辽　宁	16345.6	10387.6	5193.6	10911.7	10.0
吉　林	3077.0	2727.0	100.0	2977.0	
黑龙江	2216.2	2019.7	79.5	2169.7	22.0
上　海	26990.6	15606.6	10021.0	16962.4	1300.9
江　苏	3536.0	2757.1	292.1	3218.6	6.0
浙　江	35598.0	28139.7	7263.1	27250.2	15.5
安　徽	1423.2	1115.5	47.0	1359.0	7.0
福　建	295.0	283.0	35.0	250.0	16.6
江　西	3055.9	2495.2	640.0	2343.7	
山　东	1676.8	1061.6	352.9	1277.0	
河　南	693.5	654.5	10.0	683.8	37.0
湖　北	742.5	679.9	24.7	726.7	31.9
湖　南	938.4	905.4	4.5	917.5	
广　东	4381.9	1033.7	555.6	3669.0	25.0
广　西	1930.9	1727.4	503.7	1397.3	3.7
海　南	149.0	149.0		149.0	
重　庆	1791.0	1562.1	303.8	1406.2	
四　川	4964.5	4647.6	1341.9	3545.3	109.0
贵　州	262.4	245.8	33.1	261.4	
云　南	679.0	499.8	38.2	647.0	30.0
西　藏					
陕　西	939.7	939.7	473.1	466.6	
甘　肃	80.0	17.0		80.0	
青　海	35.7	35.7		35.7	
宁　夏	231.0	192.9	30.5	193.3	
新　疆	1366.7	935.4	166.0	1207.2	3.1

单位：万元

收入合计			支出合计	代发伤残抚恤金	年集体供给金额
	财政补助收入	事业收入			
62351.5	**979.7**	**12521.5**	**60584.5**	**2.0**	**434.8**
2408.3	16.7	1080.5	2453.6		32.0
1369.8		328.7	1341.9		
300.0		69.0	310.5		1.5
396.7	80.4	246.5	387.7	2.0	
1.5		1.5	1.5		
2068.3	23.0	808.5	1828.0		
277.2		227.2	277.2		2.5
154.3	2.0	67.0	187.3		59.0
12221.4	750.8	5485.8	12214.2		11.3
30760.1		473.2	30734.8		1.5
4845.5	3.4	718.3	3760.8		277.9
229.3	0.6	32.1	212.1		6.5
149.8	11.8	4.8	139.8		1.0
737.5			665.3		
783.0		783.0	736.1		
243.1	0.5	158.6	243.4		
266.1	29.4	151.5	275.0		
175.8	8.4	164.4	159.4		3.5
2315.5	7.2	472.0	2158.2		
545.0	12.5	407.7	515.1		
57.3		57.3	57.3		
713.0		214.5	632.0		0.8
802.1	11.1	404.7	724.8		3.6
45.2	2.4	41.5	77.3		
119.4	10.4		125.6		21.0
55.0	5.0	50.0	55.0		5.0
11.1	1.1		11.1		0.6
9.0		9.0	9.0		7.1
89.2			82.0		
202.0	3.0	64.2	208.5		

C-30 优抚类收

地　区	单位数	年末职工人数	医护人员	年末床位数	光荣间床位	年在院总人天数	年末在院人数
全　国	**1446**	**26531**	**11247**	**81406**	**29681**	**18288339**	**55770**
北　京	10	247	19	776	381	142992	421
天　津	9	398	145	1071	611	646124	809
河　北	161	3347	1176	10256	3921	2385842	6977
山　西	93	2054	854	4773	2102	836967	2856
内蒙古	33	696	442	2098	726	525078	1267
辽　宁	27	1308	531	3426	1515	775362	2275
吉　林	13	659	388	1397	386	439420	1175
黑龙江	20	343	113	774	329	143749	517
上　海	1	42	13	50		5988	12
江　苏	23	800	445	1365	748	194722	1177
浙　江	45	538	246	1239	473	230424	627
安　徽	44	786	324	1575	671	425654	1233
福　建	59	462	62	2158	940	390653	1140
江　西	273	1988	295	13111	6769	3543031	10943
山　东	28	2379	1570	3992	626	1083201	3156
河　南	97	1464	613	3778	1920	915561	2898
湖　北	119	2814	1132	8342	2733	1954684	6297
湖　南	150	1581	623	6087	1089	1307636	4286
广　东	79	1323	503	6077	1147	777276	2319
广　西	32	643	392	1985	751	408299	1310
海　南	7	63	4	213	61	39895	120
重　庆	11	117	29	555	109	94069	354
四　川	37	894	412	2106	703	331660	1221
贵　州	5	149	72	395	175	34812	98
云　南	4	154	84	260	2	43919	148
西　藏							
陕　西	24	765	457	1607	276	273887	1019
甘　肃	6	133	64	266	48	48755	125
青　海							
宁　夏	3	28	15	75		10950	30
新　疆	33	356	224	1599	469	277729	960

养性单位

单位：个、人、张、人天、人次

女性	在院人员按性质分			在院人员按年龄分			康复和医疗门诊人次数
	优抚对象	“三无”对象	自费人员	老人	青壮年	少年儿童	
11828	**38977**	**9002**	**7791**	**45184**	**9839**	**747**	**1377079**
57	362	6	53	419	2		31954
237	395	90	324	736	73		11948
614	6026	629	322	6432	486	59	74935
343	2317	162	377	2102	709	45	40822
80	1097	72	98	1131	131	5	18624
560	1425	161	689	1532	742	1	23580
232	1030	9	136	1032	143		57135
116	448	36	33	419	93	5	13979
1	12			12			
194	896	19	262	666	503	8	83276
158	302	5	320	470	157		85688
122	1111	11	111	993	240		50451
218	752	181	207	1097	13	30	8318
4785	6734	4007	202	10023	683	237	23567
306	2533	120	503	2012	1133	11	135371
301	2165	271	462	2197	645	56	104391
1048	3254	1919	1124	5230	968	99	149793
865	3256	635	395	3805	434	47	59526
480	1248	284	787	1173	1049	97	83831
296	740	56	514	740	541	29	74762
55	116		4	119		1	4589
70	210	41	103	310	44		41950
95	958	82	181	912	309		122094
	91		7	94	4		5354
20	118	2	28	37	111		4844
275	926	49	44	620	392	7	21164
36	79	14	32	52	73		41820
2	29	1		29	1		96
262	347	140	473	790	160	10	3217

C-30续表

地　区	资产合计	固定资产原值	负债合计	净资产合计	事业基金
全　国	**286481.4**	**226574.8**	**30125.1**	**253148.7**	**11310.3**
北　京	4397.5	3598.0	144.9	4173.6	845.9
天　津	11316.0	3160.5	238.2	10247.7	162.5
河　北	31905.8	28437.6	3068.2	28793.9	912.4
山　西	15353.6	13171.0	801.4	13799.9	998.7
内蒙古	5795.2	4238.7	879.0	4809.8	100.8
辽　宁	10339.8	8832.8	840.8	9264.9	117.3
吉　林	4161.0	3544.0	656.0	3473.0	299.0
黑龙江	2361.8	2164.8	179.0	2177.8	8.0
上　海	503.5	459.6	4.6	520.8	21.3
江　苏	8484.6	4892.9	3204.6	5270.1	32.7
浙　江	7774.8	5209.2	965.3	6510.2	680.6
安　徽	4963.7	4328.0	328.8	4538.6	386.7
福　建	5372.3	4276.6	435.7	4738.0	239.1
江　西	15809.6	13056.7	1149.3	14356.5	1357.5
山　东	33497.5	25504.8	3420.2	29670.8	439.0
河　南	14411.2	11733.6	797.1	13076.5	602.6
湖　北	31971.2	27579.2	3439.6	28393.6	712.3
湖　南	13872.3	10735.1	1891.4	12280.5	1355.2
广　东	27206.8	22114.9	2875.0	25182.4	558.2
广　西	7970.1	6010.3	764.2	7283.6	274.8
海　南	1436.3	1293.7	225.0	1168.4	
重　庆	2767.5	2327.9	253.4	2360.3	402.9
四　川	8949.0	7241.8	1146.4	7947.5	329.9
贵　州	1718.4	993.7	351.1	1141.8	
云　南	2240.2	1926.9	368.4	1865.9	176.4
西　藏					
陕　西	5735.7	4534.5	1174.6	4566.2	78.9
甘　肃	1753.9	1541.2	186.3	1558.0	6.2
青　海					
宁　夏	17.4	17.4		17.4	6.4
新　疆	4394.7	3649.4	336.6	3961.0	205.0

单位：万元

收入合计			支出合计	代发伤残抚恤金	年集体供给金额
	财政补助收入	事业收入			
134647.9	**89047.6**	**26274.5**	**131440.3**	**1351.1**	**2202.0**
1813.6	1573.2	91.1	1734.6		
3718.9	3249.9	43.7	2888.8		
13178.3	11438.0	449.5	13134.6	287.3	166.3
9106.8	8408.5	445.7	8354.5	66.1	5.6
2580.9	2288.6	227.6	2474.5	4.1	
6256.2	4324.7	1238.3	6022.1	96.8	
2636.0	2375.0	170.0	2604.0	22.8	53.3
1234.5	1123.2	81.3	1229.5		6.0
473.3	353.7		495.2		
5086.3	2858.3	2075.4	5076.4	11.7	4.0
2641.6	1824.3	413.6	2342.3	34.0	38.3
2565.6	2284.4	242.2	2469.3	8.7	36.5
2082.3	1507.7	207.8	1883.7	57.8	46.5
9153.2	3216.0	544.4	8849.4	67.9	492.3
17173.1	12141.5	3709.9	16766.6	88.0	1.0
6343.5	4652.8	746.5	5805.9	29.7	157.2
11722.0	5353.9	5436.1	11584.0	74.8	135.9
5837.2	3698.5	1805.7	6136.8	100.3	162.0
15796.3	5890.8	5017.7	16646.9	136.0	177.3
2804.8	1059.5	1602.2	2882.5	4.3	1.4
216.7	134.3	42.9	173.8	26.1	9.8
962.8	865.5	71.1	809.0	64.3	9.7
4490.2	3667.9	636.0	4635.1	68.6	89.1
727.1	703.7	1.0	501.6	50.1	
787.3	656.8	40.5	781.4		604.9
3024.1	2287.7	25.4	3029.2	0.6	0.5
744.3	456.1	287.6	734.7	43.0	
23.9	23.9		23.9		
1467.1	629.2	621.3	1370.0	8.1	4.4

C−31 福利类收

地区	单位数	年末职工人数		年末床位数		年在院总人天数	年末在院人数
			医护人员		光荣间床位		
全　国	**37147**	**183554**	**39874**	**1386136**	**46058**	**314957558**	**1053433**
北　京	315	5280	1105	27477	418	4994511	16984
天　津	270	3307	698	15627	93	3180513	10353
河　北	1938	8152	1328	51255	2492	11560581	34834
山　西	682	2276	394	11328	348	2712861	7421
内蒙古	742	3171	1839	21018	569	5093073	15122
辽　宁	1230	10737	2549	74354	1781	14640352	52610
吉　林	845	6065	1318	43318	2813	9404740	33164
黑龙江	806	5840	1459	44059	2587	10356100	36356
上　海	449	10902	2119	42847	45	12854604	35563
江　苏	2203	14728	3064	97484	3331	25227990	79643
浙　江	1570	7865	1105	97576	1905	19940797	70868
安　徽	1844	7824	1237	53881	2271	13184348	43010
福　建	835	3510	706	19163	723	4773238	13630
江　西	1797	8073	799	86811	3202	19441858	75144
山　东	1868	13205	3101	99015	8156	25721853	75929
河　南	2167	9460	1833	61337	3299	15418585	45233
湖　北	2240	13530	2370	148119	4021	39009151	137745
湖　南	1531	6411	1482	46998	1891	8699028	34768
广　东	1979	12298	2470	85113	2627	17761175	55287
广　西	3863	6485	3965	57460	843	10256969	44681
海　南	181	354	35	3322	106	736045	2276
重　庆	1051	3556	575	42853	294	9249534	31048
四　川	2822	8102	1754	72088	975	13461087	45314
贵　州	871	2328	595	14191	59	3436362	9517
云　南	744	2352	354	18833	62	3227371	10541
西　藏	126	175		3265		709560	1944
陕　西	651	2609	609	16031	516	3707985	12074
甘　肃	677	1570	253	9827	57	1664828	5702
青　海	166	181	12	3296	37	944120	3026
宁　夏	160	624	126	3810	299	670216	2549
新　疆	524	2584	620	14380	238	2918123	11097

养性单位

单位：个、人、张、人天、人次

女性	在院人员按性质分			在院人员按年龄分			康复和医疗门诊人次数
	优抚对象	“三无”对象	自费人员	老人	青壮年	少年儿童	
339404	**59722**	**815052**	**178659**	**935431**	**52461**	**65541**	**7218603**
6774	278	5130	11576	14085	1381	1518	236090
4272	58	3388	6907	8927	754	672	50376
6506	2020	29879	2935	33068	922	844	77630
2133	496	5851	1074	5336	650	1435	38666
1717	1107	12766	1249	13375	959	788	4948
13898	3179	38851	10580	45476	5430	1704	108903
7230	2266	27710	3188	28094	3856	1214	172925
7648	4108	28347	3901	30708	3929	1719	57402
20466	608	6475	28480	30705	2789	2069	289172
27095	3771	60202	15670	72639	3950	3054	649098
19942	2038	39626	29204	66459	1935	2474	481273
14498	3886	36456	2668	38027	1249	3734	154819
4269	1708	9222	2700	9710	2335	1585	266699
29676	5167	63695	6282	66877	2657	5610	116426
27544	7549	60783	7597	73442	1206	1281	336678
13330	3758	39640	1835	41685	1132	2416	132172
39747	5994	123893	7858	129692	3041	5012	1957745
13833	2235	29355	3178	29314	1426	4028	228128
26495	3427	41203	10657	46981	1751	6555	440803
11491	583	39703	4395	40482	801	3398	476777
1193	205	1964	107	2022	20	234	7950
9809	946	26315	3787	27249	1528	2271	105313
11040	2350	36209	6755	39448	3301	2565	553220
2486	195	8199	1123	7484	831	1202	48268
3993	644	8672	1225	8562	797	1182	63109
950	40	1904		1300		644	
3415	545	10518	1011	7749	2391	1934	23100
1419	154	5153	395	4601	283	818	29060
1535	42	2936	48	2838	75	113	3720
800	47	1978	524	2110	111	328	11276
4200	318	9029	1750	6986	971	3140	96857

C-31续表

地　区	资产合计	固定资产原值	负债合计	净资产合计	事业基金
全　国	**2164928.6**	**1783483.1**	**209336.5**	**1928702.0**	**80982.4**
北　京	98413.4	80102.2	20006.5	75358.8	2955.8
天　津	18352.4	14883.6	2232.3	16022.4	-788.2
河　北	45880.7	42004.1	2305.4	43617.1	735.5
山　西	14070.5	12958.4	1208.5	12684.7	1008.1
内蒙古	23814.2	21013.7	1628.9	21907.6	798.2
辽　宁	120404.7	100150.8	13868.6	105997.2	229.0
吉　林	65087.3	50304.8	7963.9	56576.4	2733.6
黑龙江	54694.4	48345.4	6743.2	47575.4	1909.5
上　海	125038.8	91164.3	18447.0	104886.5	7377.8
江　苏	212998.7	176169.0	19058.0	189814.4	12048.7
浙　江	195637.9	155892.7	20167.6	171477.9	5766.9
安　徽	59888.9	51036.8	3217.3	56596.0	1924.8
福　建	36750.2	26688.4	3795.2	31886.4	2287.1
江　西	63753.7	51273.8	5179.1	57569.6	3725.2
山　东	130891.2	110242.2	10019.5	120508.9	3036.1
河　南	78859.4	65756.5	3809.4	74916.1	741.7
湖　北	141687.7	123072.1	13758.6	127246.4	4030.6
湖　南	64371.5	52338.3	7811.2	55512.9	3461.7
广　东	300646.8	250918.0	18025.3	279726.0	12279.0
广　西	63697.6	54268.7	3966.8	59183.3	3512.5
海　南	8547.8	7659.9	358.6	8118.3	131.0
重　庆	54861.8	43390.7	6644.4	45871.3	2543.3
四　川	72905.3	60285.4	7790.4	63970.0	3654.3
贵　州	23741.4	20401.4	1721.4	22230.9	875.2
云　南	25409.7	19783.1	1081.7	23785.6	2105.9
西　藏	2217.8	2111.9	65.9	2151.9	
陕　西	20036.3	15264.2	3261.0	16551.0	289.3
甘　肃	10583.4	8866.7	810.1	9653.6	87.3
青　海	2299.8	2274.8	217.4	2082.4	28.5
宁　夏	5656.0	4687.1	471.3	5219.9	436.0
新　疆	23729.3	20174.1	3702.0	20003.1	1058.0

单位：万元

收入合计	财政补助收入	事业收入	支出合计	代发伤残抚恤金	年集体供给金额
591238.9	**266689.7**	**165862.6**	**564348.8**	**1541.5**	**123408.9**
28913.5	10717.0	8264.5	25865.4	4.7	13425.2
9302.4	4416.1	1948.0	9204.7		583.1
11607.6	7059.1	2088.1	11649.4	14.7	3440.2
3920.2	2779.5	684.7	3742.9	6.1	266.6
6070.6	3832.4	1187.3	5792.9	4.8	16.0
25928.1	11626.9	10727.4	25389.2	32.0	6675.3
16237.7	8880.1	5116.9	15690.7	191.9	3121.8
17342.8	11657.5	4223.0	16967.0	13.4	3271.8
47907.5	18860.3	15772.5	46202.2	24.0	952.1
93572.4	32280.5	20548.7	89446.1	195.2	8754.1
53864.4	25736.3	9829.7	49872.0	11.9	6221.0
11100.8	5793.3	2512.8	11025.2	3.3	3486.9
13250.2	7570.4	3899.1	12181.6	2.8	556.2
16945.0	7078.5	4195.2	15940.0	55.5	2320.3
23619.1	8501.2	10634.3	23256.3	540.1	10026.4
9165.8	4004.6	2498.7	9031.9	29.4	5091.8
32849.0	16864.3	9876.4	32166.3	4.7	4196.9
23461.3	6519.9	10666.7	22413.9	18.0	1694.2
66570.6	30318.3	18331.7	63675.1	181.9	12961.1
15020.2	7455.4	4981.4	14472.7	3.6	399.2
1553.6	841.2	294.7	1482.7	67.0	213.1
12288.2	4847.7	2653.3	9942.1	97.6	1791.5
20678.3	8922.0	8415.3	19533.4	18.0	2682.7
6857.8	4583.2	1496.9	7068.7	1.0	383.5
5554.6	3069.1	1769.2	5012.2	1.8	29374.2
394.7	394.7		394.7		
5304.0	3981.4	696.7	5079.7		480.5
2744.5	2180.4	331.2	2624.8	16.1	425.3
592.6	528.4	15.7	592.6		22.6
1316.0	596.2	457.2	1351.2	0.2	196.5
7305.4	4793.8	1745.3	7281.2	1.8	378.8

C−32 荣誉军人

地　区	单位数	年末职工人数	医护人员	年末床位数	光荣间床位	年在院总人天数	年末在院人数
全　国	**29**	**4009**	**2369**	**5588**	**729**	**1104384**	**3203**
北　京							
天　津							
河　北	1	215	147	200		47085	129
山　西	1	67	22	120		17155	38
内蒙古	1	84	53	100		17685	47
辽　宁	1	185	75	200	100	38165	119
吉　林	1	240	180	340	40	117320	298
黑龙江	1	96	58	150		16425	45
上　海	1	42	13	50		5988	12
江　苏	1	108	66	140		10585	30
浙　江	1	242	141	295	40	90899	241
安　徽	1	150	102	120	80	28677	116
福　建	1	44	24	160		51400	143
江　西	1	290	178	400		156401	361
山　东	2	526	349	600		163470	454
河　南	2	72	25	140		6090	38
湖　北	1	326	208	400	150	41580	105
湖　南	1	128	82	120		34675	82
广　东	1	155	99	263	43	59188	160
广　西	1	85	67	190	35	57717	170
海　南							
重　庆	1	72	20	180		18615	102
四　川	3	419	222	650	80	68965	296
贵　州	2	123	60	300	150	18250	50
云　南	1	101	54	100		19345	53
西　藏							
陕　西	1	199	102	300		14324	102
甘　肃							
青　海							
宁　夏							
新　疆	1	40	22	70	11	4380	12

康复医院

单位：个、人、张、人天、人次

女性	在院人员按性质分			在院人员按年龄分			康复和医疗门诊人次数
	优抚对象	“三无”对象	自费人员	老人	青壮年	少年儿童	
482	**2136**	**3**	**1064**	**2120**	**1053**	**30**	**508578**
1	129			86	43		15831
	38			38			
	47			47			4315
31	90		29	52	67		4453
2	298			268	30		21940
1	45			38	7		12000
1	12			12			
	30			25	5		673
112	27		214	120	121		75302
	80		36	95	21		20457
90			143	137	6		5600
2	361			38	323		13653
107	322		132	388	63	3	39850
1	38			38			11050
16	26		79	60	40	5	63500
	28		54	61	7	14	27472
	30		130	111	47	2	43375
92	19		151	145	25		14161
	50		52	59	43		38000
15	271		25	168	128		85281
	50			46	4		2520
	53			13	40		2510
11	80	3	19	69	27	6	6635
	12			6	6		

C-32续表

地　区	资产合计	固定资产原值	负债合计	净资产合计	事业基金
全　国	**54594.9**	**42481.3**	**5477.8**	**48276.2**	**1719.4**
北　京					
天　津					
河　北	2235.0	2024.0	83.0	2152.0	106.0
山　西	643.0	346.0		350.0	2.0
内蒙古	1107.6	1067.1	13.5	1067.1	
辽　宁	1518.0	1315.0	35.4	1390.1	78.2
吉　林	1449.0	1239.0	155.0	1294.0	11.0
黑龙江	1236.0	1087.0	149.0	1087.0	
上　海	503.5	459.6	4.6	520.8	21.3
江　苏	1999.4	1008.3	850.2	1145.1	
浙　江	3865.0	2468.0	121.0	3477.0	627.0
安　徽	1128.0	995.0	67.0	1059.0	66.0
福　建	611.2	427.5	53.6	557.5	73.2
江　西	1722.0	871.6	240.8	1178.7	609.6
山　东	9906.0	7842.0	915.0	9052.0	32.0
河　南	1205.5	1062.0	10.9	1177.7	3.5
湖　北	4686.2	4356.1	165.9	4427.2	95.7
湖　南	1443.0	936.0	251.0	1375.0	439.0
广　东	5883.0	4691.0	1023.0	5090.0	-1023.0
广　西	1766.1	1482.8	160.5	1598.1	60.6
海　南					
重　庆	1625.0	1337.0	69.0	1399.0	
四　川	4518.6	3533.5	428.1	4235.5	266.6
贵　州	1409.7	695.7	107.6	1076.6	
云　南	1846.6	1559.3	103.9	1742.7	172.9
西　藏					
陕　西	1622.0	1138.3	449.2	1179.3	24.9
甘　肃					
青　海					
宁　夏					
新　疆	665.5	539.5	20.6	644.8	52.9

单位：万元

收入合计			支出合计	代发伤残抚恤金	年集体供给金额
	财政补助收入	事业收入			
27902.5	**20158.7**	**6319.1**	**27061.6**	**798.9**	**604.9**
				130.0	
638.0	586.0	8.0	345.0	48.0	
472.5	472.5		445.5		
1373.9	941.1	99.4	1281.4	88.2	
1025.0	1025.0		1025.0		
503.0	503.0		503.0		
473.3	353.7		495.2		
1360.2	855.4	475.4	1356.1		
1128.0	787.0	250.0	861.0	34.0	
589.0	516.0	73.0	587.0		
413.0	305.3	107.7	412.9	57.3	
1465.0	1465.0		1162.5	11.4	
4789.0	3696.0	890.0	4850.0	88.0	
499.9	339.7		483.0		
2247.3	995.7	1190.1	2154.2	41.5	
676.0	316.0	329.0	859.0	42.0	
3490.0	1425.0	2015.0	3720.0	73.0	
825.4	390.1	343.0	817.9		
626.0	579.0	35.0	469.0	63.0	
2530.9	1953.7	409.3	2675.9	66.3	
697.9	697.7		472.4	48.1	
604.9	604.9		604.9		604.9
1066.3	1066.3		1072.8		
408.0	284.6	94.2	407.9	8.1	

C-33 复员军人

地区	单位数	年末职工人数	医护人员	年末床位数	光荣间床位	年在院总人天数	年末在院人数
全国	**34**	**3351**	**2063**	**5442**	**1288**	**1114496**	**3775**
北京							
天津	1	22	7	100	100	9400	69
河北	6	921	453	1340	300	351074	1101
山西	2	329	232	580	250	86535	347
内蒙古	2	77	32	290		18345	48
辽宁							
吉林	2	227	147	360		125200	345
黑龙江							
上海							
江苏	4	249	177	250	58	54869	246
浙江	1	70	45	80	80		
安徽							
福建							
江西	1	27		120		8140	74
山东	5	569	390	975		251447	697
河南	2	463	301	530	400	81812	353
湖北	1	8	1	100		3000	20
湖南	1	20	15	40		3870	12
广东	2	185	90	321	100	47172	162
广西							
海南							
重庆							
四川	1	15	12	26		16200	26
贵州							
云南							
西藏							
陕西	3	169	161	330		57432	275
甘肃							
青海							
宁夏							
新疆							

疗养院

单位：个、人、张、人天、人次

女性	在院人员按性质分			在院人员按年龄分			康复和医疗门诊人次数
	优抚对象	“三无”对象	自费人员	老人	青壮年	少年儿童	
463	**2905**	**546**	**324**	**3410**	**338**	**27**	**231741**
	69			69			1203
93	536	495	70	1069	32		17600
30	330		17	331	13	3	15988
10	15	15	18	44	4		2060
7	345			279	66		19537
	226		20	239	7		47599
14	46	28		74			
22	623	8	66	614	75	8	35780
42	290		63	295	58		76464
5	20			5	15		
4	3		9	4	8		3650
36	101		61	96	50	16	
	26			16	10		3660
200	275			275			8200

C-33续表

地 区	资产合计	固定资产原值	负债合计	净资产合计	事业基金
全 国	**47839.6**	**32574.5**	**4170.4**	**43367.3**	**1254.0**
北 京					
天 津	7632.0	689.5	4.1	7627.9	45.0
河 北	8990.5	7467.9	1098.1	7871.3	435.4
山 西	2870.0	2696.0	63.2	2662.9	214.0
内蒙古	1016.0	625.0	435.0	581.0	
辽 宁					
吉 林	820.0	769.0	51.0	769.0	
黑龙江					
上 海					
江 苏	2348.1	1647.7	817.9	1524.4	28.7
浙 江	85.0	13.4	28.5	56.5	
安 徽					
福 建					
江 西	17.2	11.4	5.8	15.3	
山 东	12651.8	9769.8	417.4	11853.0	112.7
河 南	4004.2	2942.7	428.2	3198.8	126.3
湖 北	80.0	70.0	10.0	70.0	
湖 南	188.0	152.0	30.0	158.0	0.8
广 东	5776.8	4769.1	370.2	6030.2	285.1
广 西					
海 南					
重 庆					
四 川	86.0	86.0	25.0	61.0	
贵 州					
云 南					
西 藏					
陕 西	1274.0	865.0	386.0	888.0	6.0
甘 肃					
青 海					
宁 夏					
新 疆					

单位：万元

收入合计			支出合计	代发伤残抚恤金	年集体供给金额
	财政补助收入	事业收入			
20758.2	**14684.1**	**3726.2**	**20456.3**	**18.3**	
807.7	670.9	1.0	807.7		
4016.7	3478.6	230.0	3995.6	1.0	
1807.6	1721.9	65.0	1663.7		
95.7	64.7	31.0	95.7		
818.0	818.0		818.0		
1239.4	399.6	819.4	1233.6		
4.5			4.5		
33.4	31.6	1.8	37.3		
5549.8	3893.9	873.3	5168.4		
2793.0	1972.8	478.1	2415.8	17.3	
30.0	10.0	20.0	30.0		
91.0	71.0	20.0	91.0		
2661.6	1461.3	1177.6	3285.2		
31.0	22.0	9.0	31.0		
778.8	67.8		778.8		

C−34 复退军人

地　区	单位数	年末职工人数	医护人员	年末床位数	光荣间床位	年在院总人天数	年末在院人数
全　国	**76**	**8017**	**5040**	**16742**	**1591**	**3812574**	**11607**
北　京							
天　津	1	111	76	130	130	441360	118
河　北	2	518	351	993		287708	821
山　西	8	800	473	1330	120	284904	975
内蒙古	2	170	124	200	80	66768	161
辽　宁	3	603	342	1052	10	320239	893
吉　林	1	45	32	100		29930	84
黑龙江	1	50	27	100		83	99
上　海							
江　苏	1	315	191	569	330	18615	569
浙　江	1	62	45	50		13140	36
安　徽	1	309	174	400		140890	386
福　建							
江　西	1	3	2	30			30
山　东	11	1193	814	2130	477	601104	1816
河　南	1	344	218	729		65610	729
湖　北	7	1197	722	1995	140	361589	1258
湖　南	7	572	394	975	53	180737	573
广　东	8	586	268	3509	15	419060	1183
广　西	4	374	254	850	96	223967	679
海　南							
重　庆							
四　川	3	232	150	410	108	50824	333
贵　州							
云　南	2	47	30	140	2	22695	90
西　藏							
陕　西	3	249	166	549		139307	432
甘　肃	2	67	45	136	10	33850	84
青　海							
宁　夏	1	25	15	50		8030	22
新　疆	5	145	127	315	20	102164	236

精神病院

单位：个、人、张、人天、人次

女性	在院人员按性质分			在院人员按年龄分			康复和医疗门诊人次数
	优抚对象	“三无”对象	自费人员	老人	青壮年	少年儿童	
1848	**6418**	**1105**	**4084**	**3481**	**7875**	**251**	**397663**
	108		10	45	73		
29	699	3	119	365	402	54	16885
163	595	44	336	256	682	37	13175
39	72	15	74	30	126	5	10683
193	188	119	586	221	671	1	7149
	84			44	40		
12	85		14	20	79		1544
116	327		242	75	490	4	32478
	36				36		
	356		30	175	211		16489
2	20	8	2	27	3		1020
136	1421	90	305	821	995		59691
92	366		363	98	575	56	13049
251	308	366	584	387	850	21	59021
160	217	185	171	173	382	18	19701
286	457	163	563	213	942	28	29231
130	364	26	289	139	514	26	37422
45	169	16	148	168	165		27446
20	60	2	28	19	71		2100
55	415		17	73	358	1	6239
34	46	10	28	18	66		41500
	22			22			
85	3	58	175	92	144		2840

C-34续表

地区	资产合计	固定资产原值	负债合计	净资产合计	事业基金
全国	**65996.3**	**48420.2**	**11863.6**	**52937.1**	**2630.2**
北京					
天津	1208.2	294.8	17.6	390.8	104.6
河北	3543.3	2473.4	1009.7	2483.6	48.0
山西	4438.2	3716.1	411.4	3866.5	203.1
内蒙古	1167.4	838.9	290.4	869.2	20.9
辽宁	3418.0	2555.0	471.0	2837.2	37.0
吉林	80.0	80.0		80.0	
黑龙江	378.0	367.0	11.0	367.0	
上海					
江苏	3227.4	1395.4	1479.3	1748.1	
浙江	762.0	576.0	129.0	633.0	4.0
安徽	1222.0	951.0	172.0	965.0	114.0
福建					
江西	16.6	16.6		16.6	
山东	9968.9	6980.2	2034.4	7835.4	283.3
河南	4388.0	3724.0	192.0	4034.0	264.0
湖北	13284.1	11108.7	2031.3	11292.9	255.4
湖南	2556.1	1362.0	712.1	2041.7	387.4
广东	7028.9	5143.6	1165.8	5911.1	635.7
广西	4171.0	2803.3	507.0	3766.0	122.0
海南					
重庆					
四川	1301.0	906.0	420.4	880.9	53.0
贵州					
云南	358.6	332.6	264.5	88.2	3.5
西藏					
陕西	1847.7	1542.4	300.4	1545.9	48.0
甘肃	665.9	473.2	178.3	478.0	6.2
青海					
宁夏					
新疆	965.0	780.0	66.0	806.0	40.1

单位：万元

收入合计	财政补助收入	事业收入	支出合计	代发伤残抚恤金	年集体供给金额
40484.7	**24261.4**	**13359.4**	**39289.1**	**1.4**	**53.0**
1489.5	1479.8	9.7	689.7		
3099.9	2229.9	101.6	3049.9		
3650.0	3278.1	343.9	3489.7		
611.2	423.2	188.0	603.4		
2773.8	1360.8	1053.2	2664.0		
90.0			90.0		
297.0	271.0	26.0	297.0		
2115.7	1265.9	750.8	2115.7	0.4	
282.0	240.0	42.0	282.0		
1073.0	945.0	128.0	988.0	1.0	
5.0	2.0		5.0		
6584.4	4305.7	1945.6	6485.3		
1802.0	1227.5	209.0	1640.0		
6172.4	2151.3	3890.0	6212.5		
1985.7	751.8	1101.3	2183.4		
3812.0	1904.3	1608.0	3860.0		53.0
1686.0	461.0	1206.0	1788.0		
927.0	759.0	168.0	927.3		
182.4	51.9	40.5	176.5		
908.5	883.1	25.4	907.1		
461.3	173.1	287.6	451.7		
475.9	97.0	234.8	382.9		

C-35 光

地区	单位数	年末职工人数	医护人员	年末床位数	光荣间床位	年在院总人天数	年末在院人数
全国	**1307**	**11154**	**1775**	**53634**	**26073**	**12256885**	**37185**
北京	10	247	19	776	381	142992	421
天津	7	265	62	841	381	195364	622
河北	152	1693	225	7723	3621	1699975	4926
山西	82	858	127	2743	1732	448373	1496
内蒙古	28	365	233	1508	646	422280	1011
辽宁	23	520	114	2174	1405	416958	1263
吉林	9	147	29	597	346	166970	448
黑龙江	18	197	28	524	329	127241	373
上海							
江苏	17	128	11	406	360	110653	332
浙江	42	164	15	814	353	126385	350
安徽	42	327	48	1055	591	256087	731
福建	58	418	38	1998	940	339253	997
江西	270	1668	115	12561	6769	3378490	10478
山东	10	91	17	287	149	67180	189
河南	92	585	69	2379	1520	762049	1778
湖北	110	1283	201	5847	2443	1548515	4914
湖南	141	861	132	4952	1036	1088354	3619
广东	68	397	46	1984	989	251856	814
广西	27	184	71	945	620	126615	461
海南	7	63	4	213	61	39895	120
重庆	10	45	9	375	109	75454	252
四川	30	228	28	1020	515	195671	566
贵州	3	26	12	95	25	16562	48
云南	1	6		20		1879	5
西藏							
陕西	17	148	28	428	276	62824	210
甘肃	4	66	19	130	38	14905	41
青海							
宁夏	2	3		25		2920	8
新疆	27	171	75	1214	438	171185	712

荣院

单位：个、人、张、人天、人次

女性	在院人员按性质分			在院人员按年龄分			康复和医疗门诊人次数
	优抚对象	“三无”对象	自费人员	老人	青壮年	少年儿童	
9035	**27518**	**7348**	**2319**	**36173**	**573**	**439**	**239097**
57	362	6	53	419	2		31954
237	218	90	314	622			10745
491	4662	131	133	4912	9	5	24619
150	1354	118	24	1477	14	5	11659
31	963	42	6	1010	1		1566
336	1147	42	74	1259	4		11978
223	303	9	136	441	7		15658
103	318	36	19	361	7	5	435
78	313	19		327	1	4	2526
46	239	5	106	350			10386
122	675	11	45	723	8		13505
128	752	181	64	960	7	30	2718
4767	6307	3971	200	9884	357	237	8894
41	167	22		189			50
166	1471	271	36	1766	12		3828
776	2900	1553	461	4778	63	73	27272
701	3008	450	161	3567	37	15	8703
158	660	121	33	753	10	51	11225
74	357	30	74	456	2	3	23179
55	116		4	119		1	4589
70	160	41	51	251	1		3950
35	492	66	8	560	6		5707
	41		7	48			2834
	5			5			234
9	156	46	8	203	7		90
2	33	4	4	34	7		320
2	7	1		7	1		96
177	332	82	298	692	10	10	377

C-35续表

地区	资产合计	固定资产原值	负债合计	净资产合计	事业基金
全国	**118050.6**	**103098.8**	**8613.3**	**108568.1**	**5706.7**
北京	4397.5	3598.0	144.9	4173.6	845.9
天津	2475.8	2176.2	216.5	2229.0	12.9
河北	17137.0	16472.3	877.4	16287.0	323.0
山西	7402.4	6412.9	326.8	6920.5	579.6
内蒙古	2504.2	1707.7	140.1	2292.5	79.9
辽宁	5403.8	4962.8	334.4	5037.6	2.1
吉林	1812.0	1456.0	450.0	1330.0	288.0
黑龙江	747.8	710.8	19.0	723.8	8.0
上海					
江苏	909.7	841.5	57.2	852.5	4.0
浙江	3062.8	2151.8	686.8	2343.7	49.6
安徽	2613.7	2382.0	89.8	2514.6	206.7
福建	4761.1	3849.1	382.1	4180.5	165.9
江西	14053.8	12157.1	902.7	13145.9	747.9
山东	970.8	912.8	53.4	930.4	11.0
河南	4813.5	4004.9	166.0	4666.0	208.8
湖北	13920.9	12044.4	1232.4	12603.5	361.2
湖南	9685.2	8285.1	898.3	8705.8	528.0
广东	8518.1	7511.2	316.0	8151.1	660.4
广西	2033.0	1724.2	96.7	1919.5	92.2
海南	1436.3	1293.7	225.0	1168.4	
重庆	1142.5	990.9	184.4	961.3	402.9
四川	3043.4	2716.3	272.9	2770.1	10.3
贵州	308.7	298.0	243.5	65.2	
云南	35.0	35.0		35.0	
西藏					
陕西	992.0	988.8	39.0	953.0	
甘肃	1088.0	1068.0	8.0	1080.0	
青海					
宁夏	17.4	17.4		17.4	6.4
新疆	2764.2	2329.9	250.0	2510.2	112.0

单位：万元

收入合计			支出合计	代发伤残抚恤金	年集体供给金额
	财政补助收入	事业收入			
45502.5	**29943.4**	**2869.8**	**44633.3**	**532.5**	**1544.1**
1813.6	1573.2	91.1	1734.6		
1421.7	1099.2	33.0	1391.4		
6061.7	5729.5	117.9	6089.1	156.3	166.3
3011.2	2822.5	28.8	2856.1	18.1	5.6
1401.5	1328.2	8.6	1329.9	4.1	
2108.5	2022.8	85.7	2076.7	8.6	
703.0	532.0	170.0	671.0	22.8	53.3
434.5	349.2	55.3	429.5		6.0
371.0	337.4	29.8	371.0	11.3	4.0
1227.1	797.3	121.6	1194.8		38.3
903.6	823.4	41.2	894.3	7.7	36.5
1669.3	1202.4	100.1	1470.8	0.5	46.5
7649.8	1717.4	542.6	7644.6	56.5	492.3
249.9	245.9	1.0	262.9		1.0
1248.6	1112.8	59.4	1267.1	12.4	157.2
3272.3	2196.9	336.0	3187.3	33.3	135.9
3084.5	2559.7	355.4	3003.4	58.3	162.0
5832.7	1100.2	217.1	5781.7	63.0	124.3
293.4	208.4	53.2	276.6	4.3	1.4
216.7	134.3	42.9	173.8	26.1	9.8
336.8	286.5	36.1	340.0	1.3	9.7
1001.3	933.2	49.7	1000.9	2.3	89.1
29.2	6.0	1.0	29.2	2.0	
270.5	270.5		270.5	0.6	0.5
283.0	283.0		283.0	43.0	
23.9	23.9		23.9		
583.2	247.6	292.3	579.2		4.4

C-36 社会

地　区	单位数	年末职工人数	医护人员	年末床位数	光荣间床位	年在院总人天数	年末在院人数
全　国	**1515**	**32115**	**8957**	**157414**	**4454**	**40049005**	**121290**
北　京	8	981	393	2499	6	671686	2038
天　津	6	346	111	904		260559	796
河　北	44	808	118	3859	107	922148	2676
山　西	15	408	166	2199	19	1171850	2120
内蒙古	36	761	453	3247	171	744329	2234
辽　宁	47	1774	532	7508	189	2065331	5962
吉　林	18	792	175	3702	87	1023062	3121
黑龙江	47	1099	374	5528	379	1395216	4402
上　海	26	1966	516	5876	1	1742406	4848
江　苏	58	1769	402	8768	124	2068950	6652
浙　江	81	1589	258	11201	251	2806980	7939
安　徽	57	793	192	4334	222	871287	3395
福　建	71	850	80	4643	228	1150238	3341
江　西	99	1397	151	11150	364	2571467	9692
山　东	24	949	387	3524	169	1034849	2892
河　南	57	963	221	3743	63	968976	3040
湖　北	103	2797	478	13298	507	4646690	11110
湖　南	92	1423	505	8232	228	1932062	6568
广　东	184	4098	990	17572	748	3676319	13072
广　西	73	1634	1149	6911	53	1447459	5110
海　南	3	125	24	454		150865	345
重　庆	20	556	126	4295	46	1088000	3495
四　川	61	1166	378	7812	113	2168762	5422
贵　州	39	445	75	1850	14	465765	1409
云　南	114	646	62	3718		792309	1934
西　藏	15	22		1025		176660	484
陕　西	41	941	366	4751	102	1300850	3834
甘　肃	20	320	103	1513	12	321757	1096
青　海	4	42	5	387	22	51859	309
宁　夏	10	202	53	953	146	30580	401
新　疆	42	453	114	1958	83	329734	1553

福利院

单位：个、人、张、人天、人次

女性	在院人员按性质分			在院人员按年龄分			康复和医疗门诊人次数
	优抚对象	“三无”对象	自费人员	老人	青壮年	少年儿童	
57648	**4295**	**78180**	**38815**	**76123**	**15101**	**30066**	**1707472**
886	12	633	1393	1609	407	22	5483
276		446	350	491	268	37	10222
1064	49	1685	942	1577	375	724	23733
1214	8	2002	110	315	517	1288	24132
537	75	1730	429	1591	311	332	1366
2304	151	3690	2121	3585	1607	770	62746
1169	104	2686	331	1731	1022	368	114937
1335	215	3087	1100	3699	647	56	10970
2840	46	702	4100	4337	504	7	120576
3077	80	3647	2925	4527	644	1481	213346
3953	442	2536	4961	5660	974	1305	232799
1712	261	2249	885	1755	306	1334	12913
1477	280	2300	761	1966	273	1102	138069
4756	127	7730	1835	5311	470	3911	7130
1201	184	1985	723	1683	583	626	75183
1057	123	2726	191	1454	303	1283	10228
5290	597	6810	3703	8722	948	1440	141262
3580	127	5320	1121	3280	734	2554	29269
8033	690	8548	3834	7105	774	5193	180392
3344	16	3747	1347	2431	192	2487	130142
176	20	296	29	159	20	166	5094
1811	43	2037	1415	2431	99	965	38930
2442	90	3378	1954	4164	651	607	72008
599	40	1043	326	815	160	434	2238
861	67	1242	625	1537	244	153	13896
245	40	444		392		92	
1055	284	3166	384	1256	1703	875	9311
508	4	939	153	587	123	386	6343
110		261	48	226	74	9	1649
165	7	92	302	368	31	2	3615
571	113	1023	417	1359	137	57	9490

C−36续表

地　区	资产合计	固定资产原值	负债合计	净资产合计	事业基金
全　国	**462769.4**	**373567.5**	**45563.6**	**409488.3**	**19728.2**
北　京	28049.2	23269.2	2088.5	24910.4	1311.5
天　津	2343.4	2053.7	217.3	2065.1	
河　北	7722.6	6796.1	1585.7	6104.9	76.3
山　西	4946.2	4604.7	103.9	4658.2	200.0
内蒙古	5625.0	4673.1	527.6	4994.1	322.7
辽　宁	18559.5	15759.7	3017.4	15490.6	-910.5
吉　林	5605.2	4908.5	300.5	5288.6	304.3
黑龙江	9640.4	9198.7	637.5	9020.9	232.0
上　海	35647.1	29704.1	2154.5	32896.0	1051.3
江　苏	46570.3	39387.8	3346.8	43016.1	1782.4
浙　江	39254.1	30235.2	4339.1	34200.9	1480.7
安　徽	7678.8	6235.8	594.6	7026.9	420.2
福　建	13368.9	9854.9	1337.0	11262.5	391.7
江　西	19939.8	13950.2	1860.7	17488.0	2018.1
山　东	10989.8	8460.5	1029.2	9721.3	964.0
河　南	5718.3	4788.9	562.8	5089.2	141.2
湖　北	24040.6	20144.5	2276.1	21668.1	775.9
湖　南	13967.7	11231.8	1408.3	11966.0	902.7
广　东	85894.6	67860.5	7421.2	77318.6	4395.6
广　西	18697.1	14992.6	1621.3	16331.4	1870.9
海　南	4453.2	4203.4	163.6	4267.1	72.0
重　庆	9747.2	6211.1	3183.1	6390.1	58.2
四　川	13381.1	11125.0	1481.1	11833.3	525.9
贵　州	3908.1	3437.1	327.4	3688.2	148.2
云　南	6450.3	4739.8	425.9	5872.0	243.0
西　藏	1030.0	1000.0	10.0	1020.0	
陕　西	8229.2	5353.0	2283.8	5926.9	63.5
甘　肃	2377.0	1880.8	291.9	2045.6	46.6
青　海	482.0	457.0	24.0	458.0	
宁　夏	2924.9	2392.9	252.7	2697.2	219.0
新　疆	5527.8	4656.9	690.1	4772.1	620.8

单位：万元

收入合计			支出合计	代发伤残抚恤金	年集体供给金额
	财政补助收入	事业收入			
176469.8	**103044.9**	**40150.1**	**168752.3**	**77.7**	**3027.1**
11278.5	5299.4	2079.2	10228.2	0.4	45.7
2394.5	1886.1	403.5	2333.5		
3349.3	2825.4	380.6	3317.3		57.0
2212.2	1902.7	147.8	2028.1		0.7
2615.9	2143.1	134.5	2512.6		
8240.8	5751.4	1715.3	8189.3		
3950.8	3103.4	425.5	3934.7		105.7
3871.1	2967.7	790.7	3889.1		600.0
13150.3	7681.1	3781.3	12553.7		4.5
17808.8	11475.2	2808.1	17601.4	1.2	158.6
11099.0	5663.5	2751.7	10384.9		230.4
2373.9	1367.0	535.9	2316.6	3.1	52.6
5203.4	3286.2	990.8	4434.0	1.6	86.8
6340.9	2717.8	2135.6	5749.8	2.8	48.1
5195.0	4159.9	625.9	4955.7		
3001.6	2248.7	205.0	2935.3		17.9
8808.0	4597.1	2298.3	8711.6	3.4	28.2
10800.7	3095.4	5267.1	10207.3		72.5
29419.2	14562.4	7354.4	28264.4	56.0	1242.4
7058.6	3273.3	2249.3	6314.2		3.2
870.7	477.1	5.0	848.2		4.0
2686.1	1891.8	598.4	2512.1	1.2	1.8
5262.8	3363.2	1244.5	5196.1	7.2	70.7
1496.5	1188.6	108.9	1604.0		10.1
1343.0	821.4	243.3	1190.6		54.8
42.5	42.5		42.5		
2728.7	2301.5	324.6	2710.2		7.1
1195.4	1114.4	57.6	1155.9		29.8
173.0	126.0		173.0		
583.9	353.9	108.0	608.9		29.3
1914.7	1357.7	379.3	1849.1	0.8	65.2

C-37 儿童

地区	单位数	年末职工人数	医护人员	年末床位数	光荣间床位	年在院总人天数	年末在院人数
全国	**208**	**6645**	**1531**	**29592**	**199**	**9185585**	**27752**
北京	3	337	92	727		455666	1493
天津	2	151	42	736		241020	692
河北							
山西	3	29	2	118		30700	105
内蒙古	3	117	73	430		121870	335
辽宁	2	150	9	723		247470	699
吉林	2	170	6	560		202450	560
黑龙江	9	399	26	1575		472254	1385
上海	6	494	77	1300		655008	1893
江苏	8	559	230	1768		489860	1357
浙江	6	250	93	1139		390164	1116
安徽	13	623	139	2533	10	795965	2259
福建	3	112	29	387		132258	362
江西	3	65	1	355		110990	350
山东	4	88	27	471		138765	409
河南	3	212	12	661		346815	654
湖北	14	351	97	1441	90	407724	1308
湖南	15	347	58	1612		461405	1291
广东	17	317	41	1775	1	270795	1153
广西	7	280	87	930		271355	919
海南	1	20	1	35		9800	35
重庆	4	232	21	1176		330763	965
四川	11	271	71	1919	5	670805	1574
贵州	5	90	20	514		188590	527
云南	6	124	27	1073		309120	972
西藏	9	67		748		201480	552
陕西	7	150	69	976		140322	967
甘肃	4	93	17	446		125706	412
青海	1	13	5	103		3000	103
宁夏	1	65	39	310		107570	310
新疆	36	469	120	3051	93	855895	2995

福利院

单位：个、人、张、人天、人次

女性	在院人员按性质分			在院人员按年龄分			康复和医疗门诊人次数
	优抚对象	“三无”对象	自费人员	老人	青壮年	少年儿童	
15160	**187**	**26422**	**1143**	**467**	**1145**	**26140**	**276215**
864		1455	38	1	166	1326	332
308		692			65	627	1033
48		55	50			105	200
183		335			32	303	
340		699			187	512	
191		560				560	
510	178	1196	11			1385	1980
920		1620	273			1893	120
821		1318	39	20	211	1126	23067
604	1	972	143	95	18	1003	10808
1699	1	2143	115	263	257	1739	32087
233		360	2	1	3	358	
202		350				350	
189		402	7			409	3040
506		654		8	10	636	
828	3	1284	21	11	27	1270	11899
1114		1291			10	1281	76912
715		1147	6			1153	27349
514		701	218	51	17	851	2370
25		35				35	
705		945	20			965	3603
654		1403	171			1574	40456
377		526	1			527	1230
500		972		2	61	909	30174
225		552				552	
450	4	955	8		30	937	82
34		412		10	45	357	186
54		103				103	
182		310				310	2623
1165		2975	20	5	6	2984	6664

C-37续表

地　区	资产合计	固定资产原值	负债合计	净资产合计	事业基金
全　国	**101331.5**	**78810.1**	**9609.5**	**90048.6**	**5461.6**
北　京	7202.8	5465.2	234.4	5989.6	496.1
天　津	1098.0	491.0	586.4	511.6	
河　北					
山　西	45.9	20.0	0.6	43.6	0.7
内蒙古	1146.1	911.3	136.9	970.2	64.8
辽　宁	1720.0	1572.9	64.6	1587.4	4.3
吉　林	1750.0	1567.0	1750.0		
黑龙江	6524.4	5058.0	1217.1	5303.3	99.2
上　海	18857.1	15999.1	346.5	18404.6	31.0
江　苏	7093.3	5645.0	507.8	6536.9	397.0
浙　江	3432.9	2450.2	458.6	2895.5	206.5
安　徽	5340.8	3969.7	295.8	4984.1	261.8
福　建	1221.0	174.7	145.6	1010.0	65.8
江　西	25.4	15.4	5.2	22.3	4.7
山　东	1682.8	1541.1	124.5	1558.3	10.3
河　南	1539.8	1400.4	237.2	1253.7	
湖　北	5629.7	5312.0	331.7	5282.8	374.7
湖　南	3547.5	2325.1	315.9	3191.9	703.0
广　东	7519.0	4390.4	512.0	7176.6	541.0
广　西	1638.5	1455.1	66.5	1600.6	7.8
海　南	279.3	224.5		262.2	9.0
重　庆	2387.0	1563.8	894.6	1328.2	2.0
四　川	6417.2	5674.4	256.1	6034.3	341.2
贵　州	1094.5	713.5	131.4	1058.7	212.2
云　南	4191.4	2541.2	62.2	4135.1	1374.5
西　藏	1187.8	1111.9	55.9	1131.9	
陕　西	2082.6	1846.9	55.3	1937.2	42.5
甘　肃	731.3	559.4	20.9	700.2	5.1
青　海	302.0	302.0		302.0	
宁　夏					
新　疆	5643.4	4508.9	795.8	4835.8	206.4

单位：万元

收入合计			支出合计	代发伤残抚恤金	年集体供给金额
	财政补助收入	事业收入			
42748.1	**27998.4**	**5415.1**	**41074.7**		**134.6**
4682.0	2822.1		3703.2		32.0
1218.7	665.6		1218.7		
38.0	22.1	11.8	36.3		
559.8	441.9		520.8		
1437.7	933.1	94.5	1369.7		
742.2	742.2		742.2		
2417.9	2109.4	109.5	2413.9		15.0
4348.7	3389.2	196.2	4242.7		
3968.2	3350.9	170.5	3919.6		
2560.6	1824.2	437.0	2481.8		
2665.7	1973.7	358.0	2604.8		35.0
636.3	484.5	142.8	570.9		
17.8	17.8		19.9		
626.7	511.3	3.8	626.7		
651.8	238.7	270.0	602.9		25.2
1785.1	1054.4	248.3	1769.9		6.0
1600.9	387.9	816.3	1561.2		
2111.4	929.7	726.6	2281.0		10.0
1291.0	713.1	265.6	1319.6		
80.7	40.6	40.1	63.6		
1788.2	425.4	168.8	1624.0		3.4
1922.0	900.5	519.6	1795.2		8.0
679.7	472.5	39.2	775.3		
1251.5	639.9	563.3	1257.4		
289.0	289.0		289.0		
962.0	633.6	5.6	871.9		
480.8	475.6	0.2	470.6		
87.0	87.0		87.0		
1846.7	1422.5	227.4	1834.9		

C-38 精神病

地区	单位数	年末职工人数	医护人员	年末床位数	光荣间床位	年在院总人天数	年末在院人数
全国	**135**	**11354**	**6795**	**28318**	**865**	**8101615**	**24214**
北京	2	113	90	250		58765	158
天津	2	347	210	695		219592	602
河北							
山西	2	117	70	160		50505	140
内蒙古	3	283	189	500		148425	379
辽宁	2	103	71	260		80665	221
吉林	7	755	519	2538	145	546757	2063
黑龙江	5	963	620	2412	17	811711	2377
上海	3	608	219	1780		678071	1829
江苏	11	1647	860	3500	20	1106051	2832
浙江	2	113	80	430	20	153694	415
安徽	1	8	1	80		7300	20
福建	17	848	498	3227	22	876288	2781
江西	2	149	89	270	30	79344	246
山东	2	294	173	520		162825	449
河南	3	287	206	700		156585	466
湖北							
湖南	6	906	391	1080	75	229100	841
广东	2	408	226	1156		408611	1053
广西	4	432	299	850		282152	789
海南							
重庆	7	386	250	930	52	283962	810
四川	17	1100	824	3232	246	793450	2640
贵州	13	522	340	1345	5	295427	981
云南	4	201	137	449		131612	388
西藏							
陕西	6	143	97	485	200	166030	457
甘肃	4	181	65	312	1	59608	180
青海							
宁夏							
新疆	8	440	271	1157	32	315085	1097

福利院

单位：个、人、张、人天、人次

女性	在院人员按性质分			在院人员按年龄分			康复和医疗门诊人次数
	优抚对象	“三无”对象	自费人员	老人	青壮年	少年儿童	
7262	**2475**	**11151**	**10588**	**7658**	**16134**	**422**	**916817**
38	12	43	103	46	112		69509
303		285	317	300	298	4	12877
41		50	90	35	105		38
142	73	224	82	75	304		3582
62		178	43	21	158	42	26
430	207	1424	432	922	1141		12748
717	48	1909	420	549	1771	57	29761
502	64	326	1439	466	1363		
779	188	1499	1145	1041	1699	92	77861
112	23	97	295	63	352		20784
20		20				20	
636	606	978	1197	740	2022	19	112469
72	14	174	58	87	159		4685
104	66	211	172	193	256		5963
178	5	47	414	29	423	14	33764
301	169	164	508	249	530	62	70062
335	24	463	566	285	758	10	57268
361	89	218	482	249	529	11	71892
198	164	399	247	284	513	13	31243
760	389	757	1494	920	1680	40	176578
302	35	409	537	335	640	6	28122
111	131	111	146	94	273	21	4645
157	76	377	4	145	302	10	1560
65	1	116	63	94	85	1	16691
536	91	672	334	436	661		74689

C-38续表

地　区	资产合计	固定资产原值	负债合计	净资产合计	事业基金
全　国	**104010.2**	**73712.8**	**18297.8**	**83821.2**	**9664.0**
北　京	1777.5	1189.6	213.1	1244.0	308.4
天　津	1595.0	1525.0	217.0	1453.0	-818.0
河　北					
山　西	400.0	292.0	86.0	309.0	16.0
内蒙古	940.1	742.6	165.9	766.3	51.1
辽　宁	1013.1	869.2	120.9	870.2	22.0
吉　林	4645.2	3845.0	600.8	4098.4	843.8
黑龙江	6321.0	5210.0	484.0	5563.0	243.0
上　海	7545.2	5358.3	554.8	7013.3	1396.7
江　苏	16394.4	10540.7	3351.9	12480.2	3243.4
浙　江	3264.0	1190.6	1155.3	1880.1	289.7
安　徽	147.0	137.0	9.0	138.0	
福　建	9115.5	6040.4	1795.2	7077.9	1024.5
江　西	525.7	374.2	102.1	386.1	3.1
山　东	1726.4	977.6	467.2	1259.2	281.5
河　南	3382.2	2888.3	459.4	2941.2	51.9
湖　北					
湖　南	6148.0	3669.3	1498.5	4443.8	284.8
广　东	6039.8	4113.5	1731.6	4342.2	22.6
广　西	4405.1	3498.7	616.3	3925.9	385.0
海　南					
重　庆	2350.8	1880.8	216.4	2041.2	106.1
四　川	13231.4	9436.7	2479.0	10654.7	1270.8
贵　州	4582.9	3328.7	948.4	3629.8	250.0
云　南	1807.2	1396.6	119.0	1646.2	187.8
西　藏					
陕　西	1725.5	1005.5	282.0	1325.5	166.0
甘　肃	769.2	567.1	175.1	592.2	10.0
青　海					
宁　夏					
新　疆	4158.0	3635.4	448.9	3739.8	23.8

单位：万元

收入合计			支出合计	代发伤残抚恤金	年集体供给金额
	财政补助收入	事业收入			
74680.9	**41455.0**	**29598.4**	**72789.7**	**14.1**	**242.1**
1909.2	557.8	1184.4	1588.8		
1946.0	1257.0	644.0	2021.0		
548.0	367.0	125.0	543.0		
901.6	805.9	88.0	893.7		
493.6	358.4	131.2	471.6		
3967.3	2390.0	992.3	4021.3		129.0
4701.0	4002.0	633.0	4427.0		
5419.0	3741.9	1562.6	5441.9		
14362.0	8286.3	5603.0	13799.7		
2550.0	1002.8	1506.2	2321.4		
11.0		11.0	11.0		
5588.4	3117.9	2126.3	5346.0		
575.7	385.3	188.9	538.2		
1952.8	1642.8	310.0	1952.8		
624.7	471.2	114.6	643.1		
3815.6	601.1	2611.8	3609.9	12.7	
5314.9	2491.6	2465.3	5348.9		
2770.4	1427.5	1328.9	2907.5		
1946.1	925.8	790.4	1852.9	1.4	68.0
7066.9	2145.1	4782.7	6969.2		45.1
3380.6	2184.1	1012.1	3375.9		
1307.2	679.6	627.6	1265.2		
658.3	534.0	108.0	540.3		
482.5	351.0	131.5	480.6		
2388.1	1728.9	519.6	2418.8		

C-39 城市老年

地 区	单位数	年末职工人数	医护人员	年末床位数	光荣间床位	年在院总人天数	年末在院人数
全 国	**8553**	**48699**	**8202**	**378997**	**12346**	**83256394**	**279588**
北 京	163	2082	260	11692	61	2079623	6479
天 津	130	1899	231	9443	28	1698189	6098
河 北	551	2257	363	14954	518	3214953	9894
山 西	50	316	53	1777	44	281626	914
内蒙古	71	251	74	1754	61	412215	1120
辽 宁	230	2427	558	17061	290	3163714	10388
吉 林	323	1873	285	15899	880	2767270	11903
黑龙江	135	689	112	6174	642	1259348	4461
上 海	202	4487	871	15354	2	5695111	13151
江 苏	1406	7665	1050	59479	1741	14069037	47499
浙 江	604	3110	372	39041	521	7502165	25740
安 徽	516	1906	314	16199	679	3603371	13084
福 建	116	276	14	1727	25	299525	1179
江 西	352	1872	133	17427	825	4366883	14761
山 东	419	3399	701	26295	1547	6440674	19434
河 南	361	1653	329	10833	767	2734232	7386
湖 北	655	3103	532	40769	1566	9713600	38704
湖 南	181	622	190	6375	488	1187661	4966
广 东	728	4136	833	29168	1250	6549127	20111
广 西	123	887	441	4532	95	792035	3073
海 南	2	26	8	80		18920	73
重 庆	59	310	39	3104	15	473110	2062
四 川	444	1529	193	14569	149	1965418	7461
贵 州	403	714	98	5930	18	1444627	3603
云 南	35	174	39	1497		82825	829
西 藏	6	6		178		19345	53
陕 西	229	608	54	4637	77	1013771	3213
甘 肃	18	79	4	586	25	54191	378
青 海	3	5		82	10	8335	27
宁 夏	2	32	2	439	12	115945	377
新 疆	36	306	49	1942	10	229548	1167

福利机构

单位：个、人、张、人天、人次

女性	在院人员按性质分			在院人员按年龄分			康复和医疗门诊人次数
	优抚对象	“三无”对象	自费人员	老人	青壮年	少年儿童	
96389	**16980**	**178894**	**83714**	**273120**	**4696**	**1772**	**1524934**
2792	109	1120	5250	6116	304	59	126753
2904	20	77	6001	5992	102	4	15479
1595	478	8494	922	9741	76	77	11455
315	63	250	601	889	7	18	4514
180	129	617	374	1104	12	4	
5509	191	3038	7159	9896	437	55	27375
2371	716	9560	1627	11202	613	88	18360
1476	769	1822	1870	4324	113	24	6302
8459	240	526	12385	12894	254	3	31696
16804	1922	34675	10902	46578	742	179	261082
6577	1186	14393	10161	25372	312	56	174219
3702	1228	10525	1331	12637	234	213	74551
413	250	595	334	1140	12	27	2271
6303	1486	11077	2198	14124	371	266	13170
8114	1832	12332	5270	19314	68	52	69857
1821	732	5858	796	7312	55	19	8440
9625	2862	32874	2968	38251	235	218	49207
1870	293	3896	777	4939	16	11	12233
8415	1676	13954	4481	19842	134	135	161330
1567	19	813	2241	3028	27	18	209941
60		10	63	73			2856
964	16	698	1348	2005	41	16	768
2032	373	4832	2256	7107	283	71	214948
651	79	3268	256	3489	21	93	11118
139	223	274	332	825	4		621
28		53		53			
945	71	2569	573	2984	195	34	9940
78		255	123	360		18	310
8	1	26		26	1		175
90	7	168	202	369	7	1	546
582	9	245	913	1134	20	13	5417

C-39续表

地　区	资产合计	固定资产原值	负债合计	净资产合计	事业基金
全　国	**646056.9**	**529182.9**	**72397.3**	**564438.9**	**22347.1**
北　京	31061.2	25673.3	13258.8	17477.0	418.0
天　津	5100.8	3197.7	1196.6	3807.5	29.8
河　北	11671.6	10432.5	117.3	11576.0	116.5
山　西	3125.1	2946.6	501.9	2617.7	385.0
内蒙古	2397.4	1629.1	279.7	1969.4	324.6
辽　宁	34363.0	26374.3	6717.0	27336.5	317.6
吉　林	23232.8	15420.4	1899.3	20769.6	815.8
黑龙江	7711.8	6643.1	1298.4	6514.8	202.3
上　海	23951.3	11314.1	8781.3	14652.5	2737.3
江　苏	103348.9	86371.0	6500.8	93492.5	6051.0
浙　江	86798.5	69506.1	10656.5	74503.3	2958.4
安　徽	17302.1	15124.7	1245.1	16036.9	386.9
福　建	2180.4	1945.2	24.3	2130.7	257.5
江　西	12745.5	11600.0	867.6	11807.4	38.1
山　东	36240.0	30479.1	2648.0	33504.4	108.0
河　南	14958.4	11801.0	368.3	14581.0	135.4
湖　北	31637.6	27032.1	3743.8	27974.9	424.6
湖　南	9751.1	7839.3	1989.8	7765.3	182.7
广　东	149184.3	129415.8	5819.0	141727.2	5286.9
广　西	4490.1	3920.6	957.3	3675.0	64.6
海　南	149.0	149.0		149.0	
重　庆	4688.2	4321.1	165.5	4511.0	438.0
四　川	12206.2	10920.5	1881.5	9522.4	243.4
贵　州	7871.2	7194.5	242.8	7658.9	227.4
云　南	742.7	631.6		728.3	
西　藏					
陕　西	4508.9	3709.6	542.6	3970.0	10.8
甘　肃	1205.0	920.7	29.9	1175.1	-1.9
青　海	303.6	303.6		303.6	
宁　夏	536.9	315.6	217.2	332.8	139.5
新　疆	2593.3	2050.7	447.0	2168.2	48.9

单位：万元

收入合计	财政补助收入	事业收入	支出合计	代发伤残抚恤金	年集体供给金额
126892.1	**40027.2**	**42402.5**	**117671.4**	**199.6**	**21302.2**
5332.5	665.9	2698.4	5007.1	1.3	189.4
2779.6	285.3	821.1	2682.9		
2360.8	645.8	624.3	2382.5		1214.9
416.3	68.2	268.2	410.8	2.1	23.9
551.7	77.4	239.0	403.4		16.0
5894.3	2074.2	2253.5	5584.8		98.8
3679.4	959.8	2081.3	3115.5	20.8	1053.9
1703.5	746.7	694.6	1804.9	3.4	252.8
12574.3	198.2	5099.3	12056.8		7.2
20319.7	7934.7	8370.8	16964.1	4.0	5729.7
22987.6	10129.1	2823.6	21348.9	7.9	2891.0
2540.0	797.1	755.5	2519.9		1769.5
420.1	69.6	300.3	394.7		59.5
2414.6	789.8	613.7	2344.1	36.0	404.8
5260.4	707.6	3415.4	5172.8	2.0	2119.3
1378.0	170.8	476.6	1368.9	0.3	878.6
5121.0	2564.9	1611.7	5202.1	1.3	929.5
1275.5	301.0	381.8	1279.5	0.3	219.0
23149.0	9150.3	6090.1	21510.9	117.4	2203.9
797.4	74.3	556.2	939.6		8.4
57.3		57.3	57.3		
673.5	100.8	271.0	661.8		26.6
2731.2	650.2	811.1	1928.9	2.3	777.1
712.7	399.4	212.1	743.2	0.5	171.1
91.7	29.4	61.8	77.3		16.0
6.0	6.0		6.0		
433.5	222.4	85.8	437.2		203.3
187.6	106.0	55.6	187.6		2.0
8.4	1.7	6.7	8.4		
424.2	5.1	280.7	437.3		23.2
610.3	95.5	385.0	632.2		12.8

C–40 农村老年

地　区	单位数	年末职工人数	医护人员	年末床位数	光荣间床位	年在院总人天数	年末在院人数
全　国	**26442**	**82016**	**13377**	**775466**	**27888**	**172376163**	**594417**
北　京	138	1742	270	12164	351	1728582	6788
天　津	130	564	104	3849	65	761153	2165
河　北	1334	4700	693	31488	1813	7194257	21797
山　西	561	1265	63	6433	283	1062102	3826
内蒙古	628	1745	1043	15047	337	3662586	11016
辽　宁	940	6124	1297	48150	1277	8965441	34892
吉　林	490	2448	331	20478	1692	4850696	15434
黑龙江	609	2654	325	28170	1549	6381071	23623
上　海	211	3330	436	18537	42	4084008	13842
江　苏	718	3078	522	23906	1446	7494092	21257
浙　江	848	2557	241	43397	1083	8551925	33975
安　徽	1251	4442	582	30492	1345	7656966	24069
福　建	625	1381	62	9129	448	2309454	5946
江　西	1341	4590	425	57609	1983	12313174	50095
山　东	1407	8339	1799	68124	6440	17928680	52699
河　南	1731	6234	1021	44803	2369	11104779	33313
湖　北	1453	6805	969	91850	1841	24142645	86109
湖　南	1229	2973	252	29280	1068	4854315	20933
广　东	994	3086	335	28086	628	6722124	19374
广　西	3653	3162	1966	44177	695	7463456	34778
海　南	175	183	2	2753	106	556460	1823
重　庆	958	2061	137	33257	181	7048505	23633
四　川	2275	3921	231	44053	462	7716101	27762
贵　州	408	537	48	4501	22	1031589	2987
云　南	568	1131	46	11685	53	1873995	6214
西　藏	96	80		1314		312075	855
陕　西	340	667	22	4836	137	1029799	3314
甘　肃	627	887	63	6913	19	1102881	3627
青　海	158	121	2	2724	5	880926	2587
宁　夏	147	325	32	2108	141	416121	1461
新　疆	399	884	58	6153	7	1176205	4223

福利机构

单位：个、人、张、人天、人次

女性	在院人员按性质分			在院人员按年龄分			康复和医疗门诊人次数
	优抚对象	“三无”对象	自费人员	老人	青壮年	少年儿童	
160780	**35408**	**517896**	**41113**	**573235**	**14390**	**6792**	**918671**
2184	143	1866	4779	6289	389	110	34013
481	38	1888	239	2144	21		10765
3652	1457	19493	847	21385	369	43	42442
439	384	3290	152	3786	19	21	6448
671	830	9822	364	10603	264	149	
5517	2813	31011	1068	31782	2827	283	18472
3060	1234	13446	754	14175	1079	180	26805
3547	2898	20333	392	22028	1398	197	8389
7745	258	3301	10283	13008	668	166	136780
5614	1578	19063	616	20427	654	176	73742
8010	371	21514	12090	33665	268	42	29113
7322	2390	21362	317	23227	436	406	30507
1497	569	4986	391	5842	25	79	13890
18343	3540	44364	2191	47355	1657	1083	91441
17926	5467	45832	1400	52206	299	194	182568
9641	2804	30166	343	32761	232	320	34579
23808	2484	82842	783	82404	1651	2054	38173
6919	1639	18637	657	20708	105	120	19381
8735	1033	16659	1682	19226	84	64	14464
5697	459	34224	95	34711	36	31	6685
932	185	1623	15	1790		33	
6114	723	22153	757	22456	865	312	30769
5020	1493	25599	670	26988	510	264	47491
556	41	2946		2840	7	140	698
2320	149	5995	70	5976	139	99	6334
452		855		855			
783	110	3164	40	3108	138	68	2207
733	149	3422	56	3541	30	56	5530
1363	41	2546		2586		1	1896
363	33	1408	20	1373	73	15	4492
1336	95	4086	42	3990	147	86	597

C-40续表

地　区	资产合计	固定资产原值	负债合计	净资产合计	事业基金
全　国	**824569.6**	**708417.6**	**59706.7**	**758977.7**	**22476.3**
北　京	30207.3	24430.5	4211.0	25623.1	381.5
天　津	8215.2	7616.2	15.0	8185.2	
河　北	24358.9	23163.4	309.5	24055.1	299.1
山　西	4501.8	4151.5	459.0	4067.8	382.1
内蒙古	13669.5	13034.8	506.5	13184.0	35.0
辽　宁	63434.7	54541.0	3806.1	59534.7	775.6
吉　林	29255.1	24191.9	3365.3	25933.8	769.7
黑龙江	24411.8	22169.6	3085.2	21107.4	1133.0
上　海	38790.4	28788.2	6509.6	31919.5	2161.5
江　苏	39490.8	34161.5	5341.7	34196.7	574.9
浙　江	57756.7	49743.2	3342.6	53111.4	319.1
安　徽	29302.6	25488.7	1043.8	28323.0	855.9
福　建	10474.4	8336.2	478.1	10030.3	495.6
江　西	30517.3	25334.0	2343.5	27865.8	1661.2
山　东	79811.7	68343.4	5737.6	74025.2	1672.3
河　南	51400.7	43109.9	2181.7	49191.0	382.2
湖　北	76065.4	67089.1	5851.6	69617.4	2382.8
湖　南	30113.2	26511.8	2373.7	27578.6	1346.5
广　东	48316.1	41962.8	1818.5	46310.2	2024.9
广　西	33896.2	29921.5	649.0	33129.8	1162.5
海　南	3666.3	3083.0	195.0	3440.0	50.0
重　庆	35640.6	29366.2	2184.5	31553.1	1939.0
四　川	26137.4	22081.0	1502.7	24600.3	1074.9
贵　州	6087.0	5569.1	56.1	6013.8	9.0
云　南	11427.3	9898.8	443.2	10717.3	289.9
西　藏					
陕　西	3307.1	3208.6	89.9	3215.8	6.5
甘　肃	5438.9	4936.7	292.3	5078.5	27.5
青　海	1212.2	1212.2	193.4	1018.8	28.5
宁　夏	2194.2	1978.6	1.4	2189.9	77.5
新　疆	5468.8	4994.2	1319.2	4160.2	158.1

单位：万元

收入合计			支出合计	代发伤残抚恤金	年集体供给金额
	财政补助收入	事业收入			
160308.4	**49887.6**	**43974.0**	**154423.2**	**1101.1**	**98395.0**
5446.1	1371.8	2299.0	5072.9	3.0	13144.1
963.6	322.1	79.4	948.6		583.1
4553.1	2366.1	971.2	4558.8	14.7	2163.3
501.7	282.0	80.5	526.7	4.0	226.5
1384.0	306.5	725.8	1405.0	4.8	
9358.1	2100.7	6449.4	9264.2	32.0	6576.5
3462.3	1365.7	1604.1	3506.3	27.1	1750.0
4569.3	1831.7	1915.2	4350.1	10.0	2404.0
12241.1	3680.8	5133.1	11879.8	24.0	940.4
37103.7	1233.4	3596.3	37151.3	190.0	2865.8
13053.5	6785.5	1844.0	11750.8	4.0	3087.6
3360.0	1512.1	852.4	3424.2	0.2	1629.8
1235.0	475.2	313.9	1269.0	1.2	408.9
7596.0	3167.8	1257.0	7288.0	16.7	1867.4
10575.1	1479.6	6270.1	10526.2	538.1	7904.0
3339.8	752.3	1385.5	3311.8	24.1	4160.1
14298.8	8370.0	3165.7	13702.4		3233.2
5685.0	2033.1	1407.5	5524.1	5.0	1399.6
6165.1	3009.3	1646.3	5977.7	8.5	9370.8
2699.0	1809.4	378.8	2581.6	3.6	387.6
544.9	323.5	192.3	513.6	67.0	209.1
5168.1	1477.7	824.7	3265.1	95.0	1679.1
3239.0	1652.0	828.2	3204.6	8.5	1772.8
489.0	304.2	71.8	471.9	0.5	202.3
1218.0	723.0	135.3	951.2	1.8	29301.0
57.2	57.2		57.2		
461.3	229.7	172.7	459.9		267.1
388.9	125.1	86.3	320.8	16.1	393.5
324.2	313.7	9.0	324.2		22.6
307.9	237.2	68.5	305.0	0.2	144.0
519.6	189.2	210.0	530.2	1.0	300.8

C−41 其他收养性

地区	单位数	年末职工人数	医护人员	年末床位数	光荣间床位	年在院总人天数	年末在院人数
全国	**294**	**2725**	**1012**	**16349**	**306**	**1988796**	**6172**
北京	1	25		145		189	28
天津							
河北	9	387	154	954	54	229223	467
山西	51	141	40	641	2	116078	316
内蒙古	1	14	7	40		3648	38
辽宁	9	159	82	652	25	117731	448
吉林	5	27	2	141	9	14505	83
黑龙江	1	36	2	200		36500	108
上海	1	17					
江苏	2	10		63			46
浙江	29	246	61	2368	30	535869	1683
安徽	6	52	9	243	15	249459	183
福建	3	43	23	50		5475	21
江西							
山东	12	136	14	81		16060	46
河南	12	111	44	597	100	107198	374
湖北	15	474	294	761	17	98492	514
湖南	8	140	86	419	32	34485	169
广东	54	253	45	7356		134199	524
广西	3	90	23	60		512	12
海南							
重庆	3	11	2	91		25194	83
四川	14	115	57	503		146551	455
贵州	3	20	14	51		10364	10
云南	17	76	43	411	9	37510	204
西藏							
陕西	28	100	1	346		57213	289
甘肃	4	10	1	57		685	9
青海							
宁夏							
新疆	3	32	8	119	13	11656	62

福利机构

单位：个、人、张、人天、人次

女性	在院人员按性质分			在院人员按年龄分			康复和医疗门诊人次数
	优抚对象	“三无”对象	自费人员	老人	青壮年	少年儿童	
2165	**377**	**2509**	**3286**	**4828**	**995**	**349**	**1874494**
10	2	13	13	24	3	1	
195	36	207	224	365	102		
76	41	204	71	311	2	3	3334
4		38		2	36		
166	24	235	189	192	214	42	284
9	5	34	44	64	1	18	75
63			108	108			
	3		43	46			
686	15	114	1554	1604	11	68	13550
43	6	157	20	145	16	22	4761
13	3	3	15	21			
10		21	25	46			67
127	94	189	91	121	109	144	45161
196	48	83	383	304	180	30	1717204
49	7	47	115	138	31		20271
262	4	432	88	523	1		
8			12	12			55747
17		83		73	10		
132	5	240	210	269	177	9	1739
1		7	3	5	3	2	4862
62	74	78	52	128	76		7439
25		287	2	256	23	10	
1		9		9			
10	10	28	24	62			

C-41续表

地　区	资产合计	固定资产原值	负债合计	净资产合计	事业基金
全　国	**26191.0**	**19792.2**	**3761.6**	**21927.3**	**1305.2**
北　京	115.4	74.4	0.7	114.7	40.3
天　津					
河　北	2127.6	1612.1	292.9	1881.1	243.6
山　西	1051.5	943.6	57.1	988.4	24.3
内蒙古	36.1	22.8	12.3	23.6	
辽　宁	1314.4	1033.7	142.6	1177.8	20.0
吉　林	599.0	372.0	48.0	486.0	
黑龙江	85.0	66.0	21.0	66.0	
上　海	247.7	0.5	100.3	0.6	
江　苏	101.0	63.0	9.0	92.0	
浙　江	5131.7	2767.4	215.5	4886.7	512.5
安　徽	117.6	80.9	29.0	87.1	
福　建	390.0	337.0	15.0	375.0	52.0
江　西					
山　东	440.5	440.5	13.0	440.5	
河　南	1860.0	1768.0		1860.0	31.0
湖　北	4314.4	3494.4	1555.4	2703.2	72.6
湖　南	844.0	761.0	225.0	567.3	42.0
广　东	3693.0	3175.0	723.0	2851.2	8.0
广　西	570.6	480.2	56.4	520.6	21.7
海　南					
重　庆	48.0	47.7	0.3	47.7	
四　川	1532.0	1047.8	190.0	1325.0	198.1
贵　州	197.7	158.5	15.3	181.5	28.4
云　南	790.8	575.1	31.4	686.7	10.7
西　藏					
陕　西	183.0	140.6	7.4	175.6	
甘　肃	62.0	2.0		62.0	
青　海					
宁　夏					
新　疆	338.0	328.0	1.0	327.0	

单位：万元

收入合计	财政补助收入	事业收入	支出合计	代发伤残抚恤金	年集体供给金额
10139.6	**4276.6**	**4322.5**	**9637.5**	**149.0**	**307.9**
265.2		3.5	265.2		14.0
1344.4	1221.8	112.0	1390.8		5.0
204.0	137.5	51.4	198.0		15.5
57.6	57.6		57.4		
503.6	409.1	83.5	509.6		
435.7	319.0	13.7	370.7	144.0	83.2
80.0		80.0	82.0		
174.1	169.1		27.3		
10.0			10.0		
1613.7	331.2	467.2	1584.2		12.0
150.2	143.4		148.7		
167.0	137.0	25.0	167.0		1.0
9.1		9.1	22.1		3.1
169.9	122.9	47.0	169.9	5.0	10.0
2836.1	277.9	2552.4	2780.3		
283.6	101.4	182.2	231.9		3.1
411.0	175.0	49.0	292.2		134.0
403.8	157.8	202.6	410.2		
26.2	26.2		26.2		12.6
456.4	211.0	229.2	439.4		9.0
99.3	34.4	52.8	98.4		
343.2	175.8	137.9	270.5		2.4
60.2	60.2		60.2		3.0
9.3	8.3		9.3		
26.0		24.0	16.0		

C-42 社区服

地　区	单位数	年末职工人数	资产合计		负债合计
				固定资产原值	
全　国	**7804**	**57824**	**400995.8**	**318377.6**	**61669.3**
北　京	158	1934	48173.2	35606.6	7937.0
天　津	108	821	3034.0	2635.6	200.2
河　北	197	1386	7403.0	6794.7	1277.5
山　西	165	1379	2177.8	1853.6	235.1
内蒙古	202	920	3166.9	3069.5	180.6
辽　宁	324	2186	20069.9	13447.0	2399.2
吉　林	291	1537	6411.3	5840.9	566.5
黑龙江	466	2097	5429.2	4828.0	333.3
上　海	89	1367	17290.6	10141.2	3344.3
江　苏	472	3598	27478.1	23811.6	2670.9
浙　江	223	2158	15909.1	9158.3	3519.0
安　徽	359	2474	11316.8	9193.1	2062.3
福　建	281	1500	13457.1	6192.8	1481.1
江　西	308	2610	7594.9	6444.4	1256.5
山　东	389	4158	36799.5	30458.4	9709.5
河　南	286	2322	14196.2	13681.9	555.0
湖　北	251	2709	22715.6	19056.4	3759.4
湖　南	881	6543	20064.8	17865.3	4308.7
广　东	759	3667	40062.1	33781.8	5828.6
广　西	94	396	2096.7	1885.4	417.8
海　南	6	15	238.0	226.7	3.9
重　庆	78	464	8943.1	7155.9	666.0
四　川	380	2334	18264.0	13904.2	2555.5
贵　州	127	1021	9040.8	7942.0	1410.8
云　南	51	976	4230.0	3742.8	616.6
西　藏					
陕　西	236	2553	11805.0	10910.9	1477.2
甘　肃	275	1187	11225.2	7759.6	467.9
青　海					
宁　夏	80	689	1509.1	1467.6	440.1
新　疆	268	2823	10893.8	9521.4	1988.8

务中心

单位：个、人、万元

净资产合计		收入合计		
	事业基金		财政补助收入	事业收入
337572.8	**47034.4**	**88257.7**	**26914.9**	**44848.4**
40013.2	2819.1	10849.2	3990.8	3990.7
2788.6	435.1	473.6	102.1	203.5
6346.8	856.0	1768.6	345.8	1245.8
1895.2	64.6	564.1	65.6	234.8
2982.4	87.6	737.4	578.2	121.5
17635.2	1650.2	3014.4	451.3	827.0
5828.5	1392.9	1086.9	513.0	460.9
5087.1	1113.0	1116.1	226.9	747.6
13723.8	3564.1	8370.7	4384.0	1442.1
24395.4	1327.3	7954.0	1229.0	5883.5
11857.0	950.1	5305.2	2761.8	1496.0
9180.4	2053.9	3715.7	2010.1	1389.7
11437.3	9329.1	1900.4	413.4	1066.8
6273.9	1032.9	1641.0	148.0	943.3
27103.1	3767.4	7876.8	713.1	5777.3
13630.2	1070.8	1204.4	661.0	504.5
18970.1	753.9	3715.9	504.2	2366.3
15774.9	2199.9	4166.4	764.5	2945.7
35171.2	1225.8	7182.0	3175.9	3424.7
1595.2	103.5	942.0	55.6	281.0
232.3	187.3	190.9	44.0	146.9
8263.2	308.5	557.8	371.5	138.3
15568.8	1155.6	3105.1	1081.4	1516.3
7490.2	331.1	919.3	174.6	690.9
3639.0	442.6	356.8	25.6	321.2
10274.1	1101.0	1561.6	370.1	956.0
10753.1	3412.7	3219.7	89.9	3129.4
1127.0	1076.0	1043.3	52.4	990.9
8535.6	3222.4	3718.4	1611.1	1605.8

C-42续表

地　区	支出合计	活动项目数	老年人活动项目	残疾人活动项目	家务劳动服务项目
全　国	**86504.0**	**78695**	**19779**	**6566**	**15380**
北　京	10626.2	3905	1075	463	1131
天　津	428.4	867	213	113	325
河　北	1989.9	1338	479	86	204
山　西	516.6	1741	875	87	342
内蒙古	733.5	977	355	72	143
辽　宁	2978.9	1956	551	252	456
吉　林	1070.6	5914	605	328	455
黑龙江	1107.3	5027	1535	290	905
上　海	8148.2	2236	807	347	275
江　苏	7542.2	12919	1799	691	2535
浙　江	4772.1	5552	863	382	651
安　徽	3641.6	2800	396	180	1405
福　建	1361.7	1934	1076	188	315
江　西	1576.5	1843	762	141	333
山　东	7889.9	1294	448	237	267
河　南	1193.4	2004	679	229	496
湖　北	3729.8	3180	792	314	1116
湖　南	4185.2	4850	1158	449	1324
广　东	8119.7	5369	1902	743	862
广　西	858.3	294	159	14	50
海　南	189.1	208	107		51
重　庆	543.9	4565	544	127	230
四　川	2965.4	2442	580	221	604
贵　州	779.5	735	345	63	131
云　南	382.4	466	188	56	41
西　藏					
陕　西	1507.9	1131	492	97	127
甘　肃	3215.5	1261	367	150	291
青　海					
宁　夏	1101.3	572	149	58	102
新　疆	3349.0	1315	478	188	213

单位：个、人次、张、人、万元

	活动人次数		床位数	年末收养人数
其他社区服务项目		老人		
25656	**28484177**	**17394315**	**18016**	**7625**
1226	4093069	1485242	1947	985
197	673304	368844		
539	652790	490065	663	217
408	185743	71863	326	187
378	384271	166824	200	58
524	718540	461091	80	45
4420	399902	199119	194	146
945	987621	627833	1851	963
768	3763041	2901910	304	201
4413	2601998	1465421	137	23
2299	1202066	855856	717	394
563	652784	295921	984	362
319	989979	750278	45	
511	406454	231467	374	119
340	1620765	909280	1997	1252
518	275091	170016	1106	367
931	550937	291116	1650	327
1835	1041478	670423	794	352
1766	1950920	1334661	466	60
49	113841	97192	30	5
50	4038	2621		
419	748046	450236	387	242
693	1235693	718755	1118	508
161	686789	500574	857	390
167	198417	167905	206	40
233	791468	421039	1081	332
407	515649	452282	502	50
166	332478	298931		
411	707005	537550		

C-43 国家办社区

地　区	单位数	年末职工人数	资产合计	固定资产原值	负债合计
全　国	**1732**	**15197**	**182138.8**	**149502.8**	**28617.1**
北　京	98	1383	39380.2	31968.0	5558.4
天　津	5	41	236.6	138.7	21.8
河　北	56	414	3708.4	3554.0	283.4
山　西	22	228	847.8	758.6	1.1
内蒙古	100	463	2043.6	1948.2	81.5
辽　宁	29	97	374.9	352.1	138.0
吉　林	166	697	1852.5	1735.5	56.3
黑龙江	72	268	2102.2	1926.5	71.5
上　海	46	695	13394.1	8159.3	1549.0
江　苏	17	65	2591.2	1580.8	1070.3
浙　江	41	345	5309.7	3076.1	657.5
安　徽	64	592	5743.4	4505.3	1379.3
福　建	25	464	2187.8	1084.5	906.0
江　西	40	563	3018.3	2799.5	579.9
山　东	131	1209	11022.6	9570.0	2958.2
河　南	42	486	8476.6	8256.2	93.2
湖　北	68	718	13525.4	10904.4	2660.6
湖　南	55	545	5150.8	4557.6	944.1
广　东	42	412	10001.6	9007.8	2702.7
广　西	6	41	505.4	405.5	104.9
海　南	5	11	52.7	41.7	3.9
重　庆	47	293	6298.6	5545.4	548.5
四　川	188	1115	14522.2	10805.4	2141.8
贵　州	62	265	5409.5	5012.4	863.6
云　南	20	146	2656.8	2484.5	490.5
西　藏					
陕　西	56	1054	7081.0	6636.1	690.2
甘　肃	50	454	4972.0	4348.7	288.0
青　海					
宁　夏	2	26	46.1	39.6	5.1
新　疆	177	2107	9626.8	8300.4	1767.8

服务中心

单位：个、人、万元

净资产合计		收入合计		
	事业基金		财政补助收入	事业收入
153351.8	**17857.8**	**34778.0**	**15023.1**	**12388.2**
33958.4	2105.9	6566.8	2213.6	2718.8
172.3	29.0	184.7	61.9	18.4
3443.0	605.3	489.0	245.0	223.0
850.2	16.6	91.1	12.6	9.8
1958.2	42.0	608.8	552.7	40.0
235.9	26.0	97.0	69.0	10.0
1796.2	960.7	594.5	399.1	195.4
2029.2	462.5	248.6	171.1	72.7
11642.2	2876.8	6459.3	3430.2	868.2
1449.1	500.9	348.8	182.4	138.0
4562.7	284.9	1049.3	650.8	120.8
4345.0	1334.6	2281.4	1790.4	390.1
1174.0	303.6	329.7	53.4	161.3
2406.4	225.6	651.8	31.0	599.8
8141.2	314.9	2947.9	451.6	1611.9
8381.4	628.5	357.4	218.5	135.4
10914.9	361.2	1815.3	438.6	1065.5
4185.6	652.4	897.3	185.3	478.9
7783.2	294.6	1304.5	808.1	239.0
396.7	0.9	69.0	14.4	42.2
47.3	2.3	45.4	43.5	1.9
5772.2	199.4	427.7	269.4	115.3
12437.1	851.1	1900.7	705.1	819.5
4503.3	74.8	290.7	72.4	208.0
2199.3	10.6	198.0	24.6	163.4
6356.1	203.5	576.5	242.6	113.4
4680.1	1366.8	315.8	73.4	242.4
41.0	41.0	20.8	12.4	8.4
7489.6	3081.4	3610.2	1600.0	1576.7

C-43续表

地　区	支出合计	活动项目数	老年人活动项目	残疾人活动项目	家务劳动服务项目
全　国	**34608.1**	**27101**	**5801**	**2008**	**4392**
北　京	6703.4	2607	678	301	762
天　津	142.2	102	21	4	57
河　北	507.0	609	162	50	117
山　西	94.6	92	29	19	15
内蒙古	604.9	456	199	41	77
辽　宁	96.0	240	72	24	56
吉　林	594.5	4967	238	226	245
黑龙江	247.1	2767	528	130	579
上　海	6256.4	874	304	145	83
江　苏	277.0	374	75	38	188
浙　江	959.8	960	122	78	87
安　徽	2262.3	368	103	33	97
福　建	221.9	903	590	71	146
江　西	619.8	424	186	73	90
山　东	3024.7	420	121	84	105
河　南	355.4	298	98	19	108
湖　北	1865.4	670	126	44	170
湖　南	876.2	957	190	128	257
广　东	1788.8	320	103	34	34
广　西	65.2	63	28		24
海　南	43.9	200	99		51
重　庆	449.8	4381	485	94	195
四　川	1957.4	1572	336	112	370
贵　州	248.1	336	178	35	61
云　南	231.0	184	81	11	36
西　藏					
陕　西	541.8	422	212	52	56
甘　肃	311.9	552	83	16	157
青　海					
宁　夏	20.8	10	5	1	1
新　疆	3240.8	973	349	145	168

单位：个、人次、人、张、万元

	活动人次数		床位数	年末收养人数
其他社区服务项目		老人		
10136	**11481900**	**7456741**	**9056**	**2942**
860	2084760	929492	1430	647
20	74575	26200		
280	329870	258379	543	132
25	20672	3255	100	37
114	171764	82082	84	
86	44026	34996		
4197	147809	80060		
593	433058	360618	12	8
307	2675783	2068643		
73	282835	182964	20	
646	292669	176904	230	110
129	160519	53720	154	40
91	31907	21516	45	
50	31640	17145	70	29
110	780681	466548	372	235
71	38988	30206	682	152
317	166095	80510	1570	327
368	102552	63445	624	321
90	326535	221801	400	
11	27665	26570		
50	3506	2313		
362	597277	349218	387	242
501	1040670	608858	664	176
60	427160	349106	711	289
45	124557	121398	174	28
97	264794	144446	462	135
294	291996	282316	322	34
3	1478	921		
286	506059	413111		

C-44 集体办社区

地　区	单位数	年末职工人数	资产合计	固定资产原值	负债合计
全　国	**5000**	**35523**	**193060.6**	**151636.8**	**30097.4**
北　京	60	551	8793.0	3638.6	2378.6
天　津	103	780	2797.4	2496.9	178.4
河　北	141	972	3694.6	3240.7	994.1
山　西	135	1061	1153.0	946.0	189.0
内蒙古	77	359	725.3	723.3	11.1
辽　宁	295	2089	19695.0	13094.9	2261.2
吉　林	97	717	4189.0	3747.6	466.0
黑龙江	255	790	1821.5	1646.0	219.8
上　海	42	653	3776.5	1906.9	1774.3
江　苏	438	3359	24529.4	21944.0	1472.9
浙　江	131	870	8938.9	5089.2	2599.3
安　徽	257	1378	3955.4	3138.8	612.2
福　建	170	582	1909.3	1618.3	262.1
江　西	211	1673	3117.7	2379.5	472.2
山　东	215	2579	23658.9	19105.4	6633.3
河　南	232	1671	5651.5	5387.8	446.7
湖　北	180	1948	9024.2	8034.0	1095.8
湖　南	695	5148	13790.6	12374.5	3181.4
广　东	504	2457	29346.0	24325.0	2818.3
广　西	81	307	1477.3	1373.9	298.4
海　南	1	4	185.3	185.0	
重　庆	30	169	2614.5	1580.5	117.5
四　川	145	1100	3558.2	2985.4	373.2
贵　州	56	597	2959.5	2423.6	404.2
云　南	31	830	1573.2	1258.3	126.1
西　藏					
陕　西	87	928	2336.2	2126.8	275.6
甘　肃	222	722	6139.2	3296.9	179.7
青　海					
宁　夏	18	513	383.0	348.0	35.0
新　疆	91	716	1267.0	1221.0	221.0

服务中心

单位：个、人、万元

净资产合计	事业基金	收入合计	财政补助收入	事业收入
161752.8	**16763.0**	**46992.3**	**11245.6**	**27873.5**
6054.8	713.2	4282.4	1777.2	1271.9
2616.3	406.1	288.9	40.2	185.1
2903.8	250.7	1279.6	100.8	1022.8
933.0	37.0	391.0	47.0	194.0
714.2	23.5	79.3	17.5	40.3
17399.3	1624.2	2917.4	382.3	817.0
3686.6	429.9	439.1	108.5	217.6
1602.7	472.5	315.5	12.0	257.5
1982.6	611.3	1886.7	930.8	572.2
22730.3	776.9	7352.8	1034.1	5632.5
6030.1	438.0	3338.4	1933.8	805.8
3267.4	716.3	1224.5	215.7	883.8
1490.3	336.5	565.6	213.5	189.3
2618.7	277.3	697.4	91.6	231.7
16962.9	2396.5	4425.9	261.5	3889.4
5195.8	426.1	814.4	439.4	352.5
7903.2	369.7	1800.1	64.1	1290.8
10616.5	1334.1	2913.0	548.4	2143.4
27038.0	900.1	5360.4	2341.7	2760.6
1099.0	80.6	732.5	39.2	108.3
185.0	185.0	145.5	0.5	145.0
2461.0	109.1	130.1	102.1	23.0
2991.1	298.4	1139.7	369.7	667.4
2456.9	245.3	532.0	36.7	451.8
1439.7	432.0	158.8	1.0	157.8
2042.6	401.0	370.1	88.7	266.4
5959.0	2045.7	2900.5	16.5	2884.0
326.0	285.0	402.5	20.0	382.5
1046.0	141.0	108.2	11.1	29.1

C-44续表

地区	支出合计	活动项目数	老年人活动项目	残疾人活动项目	家务劳动服务项目
全国	**45781.9**	**46795**	**12454**	**4061**	**10149**
北京	3922.8	1298	397	162	369
天津	286.2	765	192	109	268
河北	1482.9	729	317	36	87
山西	360.0	1598	824	68	312
内蒙古	79.3	341	119	7	48
辽宁	2882.9	1716	479	228	400
吉林	402.7	792	296	84	184
黑龙江	316.5	1438	666	48	171
上海	1867.1	1346	497	197	192
江苏	7026.6	12266	1681	622	2278
浙江	3028.9	4046	610	281	492
安徽	1148.7	2328	264	136	1300
福建	408.7	693	378	57	106
江西	670.6	1189	502	49	187
山东	4363.2	741	266	123	146
河南	805.4	1627	551	202	371
湖北	1774.9	2479	657	265	943
湖南	2920.3	3442	799	298	960
广东	5870.7	4608	1634	666	742
广西	652.6	208	123	11	17
海南	145.2	8	8		
重庆	94.1	182	58	33	35
四川	945.8	759	218	102	223
贵州	433.6	356	161	26	52
云南	151.4	282	107	45	5
西藏					
陕西	352.1	347	170	22	37
甘肃	2900.0	667	259	124	134
青海					
宁夏	380.5	202	92	17	45
新疆	108.2	342	129	43	45

单位：个、人次、张、人、万元

其他社区服务项目	活动人次数	老人	床位数	年末收养人数
14010	**15519820**	**8926050**	**5825**	**2955**
366	2008309	555750	517	338
177	598729	342644		
259	322920	231686	120	85
373	162071	66608	173	120
167	149268	77796	52	33
438	674514	426095	80	45
183	210031	88832	94	91
161	482394	225153	1019	307
456	1041633	806767	304	201
4204	2312928	1278033	117	23
1343	742179	557828	147	52
424	484783	240095	30	
151	433081	302877		
392	314803	170879	233	22
204	774771	401073	1625	1017
425	228681	134533	364	185
603	384101	210316	80	
1325	918158	594213	170	31
1541	1513435	1038410	66	60
35	65988	54722		
	532	308		
56	150734	100991		
179	180392	103278	396	317
84	199589	140271	26	
122	73860	46507	32	12
63	364155	157505		
106	195835	150431	180	16
48	331000	298010		
125	200946	124439		

C-45 民办社区

地　区	单位数	年末职工人数	资产合计	固定资产原值	负债合计
全　国	**1072**	**7104**	**25796.4**	**17238.0**	**2954.8**
北　京					
天　津					
河　北					
山　西	8	90	177.0	149.0	45.0
内蒙古	25	98	398.0	398.0	88.0
辽　宁					
吉　林	28	123	369.8	357.8	44.2
黑龙江	139	1039	1505.5	1255.5	42.0
上　海	1	19	120.0	75.0	21.0
江　苏	17	174	357.5	286.8	127.7
浙　江	51	943	1660.5	993.0	262.2
安　徽	38	504	1618.0	1549.0	70.8
福　建	86	454	9360.0	3490.0	313.0
江　西	57	374	1458.9	1265.4	204.4
山　东	43	370	2118.0	1783.0	118.0
河　南	12	165	68.1	37.9	15.1
湖　北	3	43	166.0	118.0	3.0
湖　南	131	850	1123.4	933.2	183.2
广　东	213	798	714.5	449.0	307.6
广　西	7	48	114.0	106.0	14.5
海　南					
重　庆	1	2	30.0	30.0	
四　川	47	119	183.6	113.4	40.5
贵　州	9	159	671.8	506.0	143.0
云　南					
西　藏					
陕　西	93	571	2387.8	2148.0	511.4
甘　肃	3	11	114.0	114.0	0.2
青　海					
宁　夏	60	150	1080.0	1080.0	400.0
新　疆					

服务中心

单位：个、人、万元

净资产合计	事业基金	收入合计	财政补助收入	事业收入
22468.2	**12413.6**	**6487.4**	**646.2**	**4586.7**
112.0	11.0	82.0	6.0	31.0
310.0	22.1	49.3	8.0	41.2
345.7	2.3	53.3	5.4	47.9
1455.2	178.0	552.0	43.8	417.4
99.0	76.0	24.7	23.0	1.7
216.0	49.5	252.4	12.5	113.0
1264.2	227.2	917.5	177.2	569.4
1568.0	3.0	209.8	4.0	115.8
8773.0	8689.0	1005.1	146.5	716.2
1248.8	530.0	291.8	25.4	111.8
1999.0	1056.0	503.0		276.0
53.0	16.2	32.6	3.1	16.6
152.0	23.0	100.5	1.5	10.0
972.8	213.4	356.1	30.8	323.4
350.0	31.1	517.1	26.1	425.1
99.5	22.0	140.5	2.0	130.5
30.0				
140.6	6.1	64.7	6.6	29.4
530.0	11.0	96.6	65.5	31.1
1875.4	496.5	615.0	38.8	576.2
114.0	0.2	3.4		3.0
760.0	750.0	620.0	20.0	600.0

C-45续表

地 区	支出合计	活动项目数	老年人活动项目	残疾人活动项目	家务劳动服务项目
全 国	**6114.0**	**4799**	**1524**	**497**	**839**
北 京					
天 津					
河 北					
山 西	62.0	51	22		15
内蒙古	49.3	180	37	24	18
辽 宁					
吉 林	73.4	155	71	18	26
黑龙江	543.7	822	341	112	155
上 海	24.7	16	6	5	
江 苏	238.6	279	43	31	69
浙 江	783.4	546	131	23	72
安 徽	230.6	104	29	11	8
福 建	731.1	338	108	60	63
江 西	286.1	230	74	19	56
山 东	502.0	133	61	30	16
河 南	32.6	79	30	8	17
湖 北	89.5	31	9	5	3
湖 南	388.7	451	169	23	107
广 东	460.2	441	165	43	86
广 西	140.5	23	8	3	9
海 南					
重 庆		2	1		
四 川	62.2	111	26	7	11
贵 州	97.8	43	6	2	18
云 南					
西 藏					
陕 西	614.0	362	110	23	34
甘 肃	3.6	42	25	10	
青 海					
宁 夏	700.0	360	52	40	56
新 疆					

单位：个、人次、张、人、万元

其他社区服务项目	活动人次数	老人	床位数	年末收养人数
1510	**1482457**	**1011524**	**3135**	**1728**
10	3000	2000	53	30
97	63239	6946	64	25
40	42062	30227	100	55
191	72169	42062	820	648
5	45625	26500		
136	6235	4424		
310	167218	121124	340	232
10	7482	2106	800	322
77	524991	425885		
69	60011	43443	71	68
26	65313	41659		
22	7422	5277	60	30
11	741	290		
142	20768	12765		
135	110950	74450		
3	20188	15900	30	5
1	35	27		
13	14631	6619	58	15
17	60040	11197	120	101
73	162519	119088	619	197
7	27818	19535		
115				

C-46 提供住宿的

地　区	单位数	年末职工人数	资产合计	固定资产原值	负债合计
全　国	**522**	**6168**	**87147.2**	**74276.9**	**14295.8**
北　京	20	468	20010.8	16782.3	2479.8
天　津					
河　北	8	130	3261.7	3168.0	690.7
山　西	21	243	1101.1	852.0	164.0
内蒙古	4	33	330.2	314.8	15.4
辽　宁	5	40	53.1	49.1	1.1
吉　林	14	91	1002.0	913.0	141.1
黑龙江	94	691	932.2	885.0	59.0
上　海	6	78	5546.7	4686.8	107.2
江　苏	16	130	1067.7	899.9	93.6
浙　江	5	40	1004.6	886.2	99.5
安　徽	17	158	3559.6	3386.2	859.8
福　建	1	22	361.0	336.0	5.0
江　西	42	327	1579.8	1196.3	362.7
山　东	33	450	7126.3	5791.7	3245.0
河　南	17	409	7885.5	7553.2	346.2
湖　北	20	398	7583.2	6418.1	1733.5
湖　南	38	501	3426.2	3060.1	628.9
广　东	9	74	1363.5	1193.4	216.3
广　西	2	9	39.0	31.0	8.7
海　南					
重　庆	6	50	1010.2	961.2	218.7
四　川	50	374	6520.3	5495.8	812.5
贵　州	19	146	3451.7	3151.4	805.8
云　南	28	925	1966.7	1487.0	530.0
西　藏					
陕　西	33	316	2440.4	2079.1	469.9
甘　肃	13	63	4353.7	2529.3	201.4
青　海					
宁　夏					
新　疆	1	2	170.0	170.0	

社区服务中心

单位：个、人、万元

净资产合计	事业基金	收入合计	财政补助收入	事业收入
73534.3	**4809.6**	**12606.8**	**2435.7**	**8024.0**
17482.6	280.8	2081.3	570.9	934.9
2797.6	97.0	804.9	98.6	706.3
893.1	39.8	343.7	28.0	106.0
314.8	0.1	39.3	20.0	19.3
52.0	3.1	4.2	1.1	3.1
857.9	136.0	95.7	34.9	60.8
874.2	52.0	420.4	21.1	363.3
5777.2	244.2	1424.4	967.7	123.9
979.0	38.3	444.0	143.9	287.4
900.5	87.3	107.0	3.2	103.8
2740.7	44.4	241.1	14.6	155.6
356.0	4.0	8.0	1.0	7.0
1215.1	94.1	356.1	24.4	58.8
3878.2	1074.0	1418.9	58.0	1222.0
7541.3	500.3	330.8	161.9	168.9
5853.8	142.3	817.2	94.2	503.5
2796.7	741.5	457.5	95.5	329.0
1332.9	3.0	47.5	11.5	28.0
29.1	3.6	4.5	1.2	3.3
780.5	32.5	46.0	13.9	22.6
5683.6	466.3	498.6	28.9	436.9
2633.7	83.9	166.8	0.8	156.8
1462.3	440.1	193.0	23.1	159.9
1980.2	192.0	753.0	12.1	565.4
4151.3	9.0	1502.9	5.2	1497.5
170.0				

C－46续表

地 区	支出合计	活动项目数	老年人活动项目	残疾人活动项目	家务劳动服务项目
全 国	**13289.7**	**6261**	**1992**	**423**	**1194**
北 京	2032.9	406	200	44	80
天 津					
河 北	1031.5	53	22	6	12
山 西	299.7	252	79	15	56
内蒙古	39.3	120	13	3	10
辽 宁	4.2	48	28	4	2
吉 林	92.7	137	56	20	23
黑龙江	421.4	823	417	11	18
上 海	1762.1	206	56	31	23
江 苏	448.9	271	77	40	75
浙 江	102.4	504	173	2	4
安 徽	282.0	113	38	10	22
福 建	8.0	2	1		
江 西	354.1	197	73	20	47
山 东	1415.8	132	59	18	23
河 南	332.8	225	114	39	26
湖 北	821.3	418	44	15	117
湖 南	456.9	1088	82	36	407
广 东	233.2	106	28	11	12
广 西	3.3	10	4	1	2
海 南					
重 庆	35.0	95	58	28	4
四 川	474.4	470	83	23	139
贵 州	154.6	76	39	4	5
云 南	218.6	156	52	14	37
西 藏					
陕 西	762.7	263	161	18	23
甘 肃	1501.9	85	35	10	27
青 海					
宁 夏					
新 疆		5			

单位：个、人次、张、人、万元

其他社区服务项目	活动人次数	老人	床位数	年末收养人数
2103	**1433967**	**770934**	**18016**	**7625**
75	325009	160289	1947	985
5	4375	2607	663	217
101	35848	20498	326	187
94	3049	1871	200	58
14	5560	5370	80	45
27	4835	3021	194	146
24	33486	26011	1851	963
96	139690	106450	304	201
69	95019	66230	137	23
325	55306	18806	717	394
39	14820	2857	984	362
1	1000	200	45	
48	57901	11389	374	119
32	64763	46483	1997	1252
40	43869	24386	1106	367
240	63400	30023	1650	327
543	33599	11667	794	352
9	7011	1837	466	60
3	788		30	5
5	9823	8478	387	242
200	95099	59121	1118	508
26	87216	51952	857	390
51	58257	41494	206	40
25	162660	41101	1081	332
11	31584	28793	502	50

C-47 不提供住宿的

地　区	单位数	年末职工人数	资产合计	固定资产原值	负债合计
全　国	**7282**	**51656**	**313848.6**	**244100.7**	**47373.5**
北　京	138	1466	28162.4	18824.3	5457.2
天　津	108	821	3034.0	2635.6	200.2
河　北	189	1256	4141.3	3626.7	586.8
山　西	144	1136	1076.7	1001.6	71.1
内蒙古	198	887	2836.7	2754.7	165.2
辽　宁	319	2146	20016.8	13397.9	2398.1
吉　林	277	1446	5409.3	4927.9	425.4
黑龙江	372	1406	4497.0	3943.0	274.3
上　海	83	1289	11743.9	5454.4	3237.1
江　苏	456	3468	26410.4	22911.7	2577.3
浙　江	218	2118	14904.5	8272.1	3419.5
安　徽	342	2316	7757.2	5806.9	1202.5
福　建	280	1478	13096.1	5856.8	1476.1
江　西	266	2283	6015.1	5248.1	893.8
山　东	356	3708	29673.2	24666.7	6464.5
河　南	269	1913	6310.7	6128.7	208.8
湖　北	231	2311	15132.4	12638.3	2025.9
湖　南	843	6042	16638.6	14805.2	3679.8
广　东	750	3593	38698.6	32588.4	5612.3
广　西	92	387	2057.7	1854.4	409.1
海　南	6	15	238.0	226.7	3.9
重　庆	72	414	7932.9	6194.7	447.3
四　川	330	1960	11743.7	8408.4	1743.0
贵　州	108	875	5589.1	4790.6	605.0
云　南	23	51	2263.3	2255.8	86.6
西　藏					
陕　西	203	2237	9364.6	8831.8	1007.3
甘　肃	262	1124	6871.5	5230.3	266.5
青　海					
宁　夏	80	689	1509.1	1467.6	440.1
新　疆	267	2821	10723.8	9351.4	1988.8

社区服务中心

单位：个、人、万元

净资产合计		收入合计		
	事业基金		财政补助收入	事业收入
264038.5	**42224.8**	**75650.9**	**24479.2**	**36824.4**
22530.6	2538.3	8767.9	3419.9	3055.8
2788.6	435.1	473.6	102.1	203.5
3549.2	759.0	963.7	247.2	539.5
1002.1	24.8	220.4	37.6	128.8
2667.6	87.5	698.1	558.2	102.2
17583.2	1647.1	3010.2	450.2	823.9
4970.6	1256.9	991.2	478.1	400.1
4212.9	1061.0	695.7	205.8	384.3
7946.6	3319.9	6946.3	3416.3	1318.2
23416.4	1289.0	7510.0	1085.1	5596.1
10956.5	862.8	5198.2	2758.6	1392.2
6439.7	2009.5	3474.6	1995.5	1234.1
11081.3	9325.1	1892.4	412.4	1059.8
5058.8	938.8	1284.9	123.6	884.5
23224.9	2693.4	6457.9	655.1	4555.3
6088.9	570.5	873.6	499.1	335.6
13116.3	611.6	2898.7	410.0	1862.8
12978.2	1458.4	3708.9	669.0	2616.7
33838.3	1222.8	7134.5	3164.4	3396.7
1566.1	99.9	937.5	54.4	277.7
232.3	187.3	190.9	44.0	146.9
7482.7	276.0	511.8	357.6	115.7
9885.2	689.3	2606.5	1052.5	1079.4
4856.5	247.2	752.5	173.8	534.1
2176.7	2.5	163.8	2.5	161.3
8293.9	909.0	808.6	358.0	390.6
6601.8	3403.7	1716.8	84.7	1631.9
1127.0	1076.0	1043.3	52.4	990.9
8365.6	3222.4	3718.4	1611.1	1605.8

C−47续表

地　区	支出合计	活动项目数	老年人活动项目
全　国	**73214.3**	**72434**	**17787**
北　京	8593.3	3499	875
天　津	428.4	867	213
河　北	958.4	1285	457
山　西	216.9	1489	796
内蒙古	694.2	857	342
辽　宁	2974.7	1908	523
吉　林	977.9	5777	549
黑龙江	685.9	4204	1118
上　海	6386.1	2030	751
江　苏	7093.3	12648	1722
浙　江	4669.7	5048	690
安　徽	3359.6	2687	358
福　建	1353.7	1932	1075
江　西	1222.4	1646	689
山　东	6474.1	1162	389
河　南	860.6	1779	565
湖　北	2908.5	2762	748
湖　南	3728.3	3762	1076
广　东	7886.5	5263	1874
广　西	855.0	284	155
海　南	189.1	208	107
重　庆	508.9	4470	486
四　川	2491.0	1972	497
贵　州	624.9	659	306
云　南	163.8	310	136
西　藏			
陕　西	745.2	868	331
甘　肃	1713.6	1176	332
青　海			
宁　夏	1101.3	572	149
新　疆	3349.0	1310	478

单位：个、人次、万元

残疾人活动项目	家务劳动服务项目	其他社区服务项目	活动人次数	老人
6143	**14186**	**23553**	**27050210**	**16623381**
419	1051	1151	3768060	1324953
113	325	197	673304	368844
80	192	534	648415	487458
72	286	307	149895	51365
69	133	284	381222	164953
248	454	510	712980	455721
308	432	4393	395067	196098
279	887	921	954135	601822
316	252	672	3623351	2795460
651	2460	4344	2506979	1399191
380	647	1974	1146760	837050
170	1383	524	637964	293064
188	315	318	988979	750078
121	286	463	348553	220078
219	244	308	1556002	862797
190	470	478	231222	145630
299	999	691	487537	261093
413	917	1292	1007879	658756
732	850	1757	1943909	1332824
13	48	46	113053	97192
	51	50	4038	2621
99	226	414	738223	441758
198	465	493	1140594	659634
59	126	135	599573	448622
42	4	116	140160	126411
79	104	208	628808	379938
140	264	396	484065	423489
58	102	166	332478	298931
188	213	411	707005	537550

C-48 社会福

地　区	单位数	年末职工人数	残疾职工	残疾职工女性	资产总额	固定资产原值	固定资产净值	负债总额
全　国	**32410**	**1524857**	**662263**	**229879**	**32612206.2**	**12430842.0**	**8067368.3**	**17559971.8**
北　京	1561	42018	18430	7232	842454.3	266722.6	189953.3	320212.4
天　津	810	36382	16194	5962	636892.8	263899.7	178593.1	303867.6
河　北	1708	52270	23715	7333	817279.9	365622.9	247678.2	385279.8
山　西	833	33984	16079	3795	355840.0	150815.3	101548.2	182282.0
内蒙古	502	18831	9102	2940	270064.5	91247.2	58775.0	146926.9
辽　宁	2707	100428	46524	16361	1429505.6	526456.1	369496.3	845623.2
吉　林	971	24296	10691	4009	265640.4	103689.8	77908.9	146569.7
黑龙江	1038	25603	12276	4604	235449.8	117467.6	76876.2	114000.1
上　海	2487	127115	53787	19555	3071820.6	971478.0	454723.1	1482482.6
江　苏	5002	302887	138456	53174	8033949.6	3203889.2	1998742.1	4750397.3
浙　江	3345	236891	104613	36183	10005501.9	3437169.3	2368784.6	5340419.5
安　徽	594	16370	7687	2388	180746.8	67338.0	51224.5	82127.1
福　建	560	23034	10951	3189	347368.5	188921.4	115631.7	154541.7
江　西	391	14441	6991	3135	105905.8	45490.4	30460.9	48087.8
山　东	2012	101024	45667	13764	1902735.7	821997.4	576572.9	1171357.2
河　南	1708	128908	30398	8504	907085.8	361962.1	247163.4	493430.2
湖　北	803	25621	11603	4377	205760.0	98185.2	68122.7	95095.6
湖　南	823	29292	14040	5329	212813.5	103632.5	64927.0	114328.0
广　东	284	14143	6641	2655	260563.5	122019.8	72321.0	116456.0
广　西	274	9731	3869	1144	138366.5	48845.4	32854.7	86934.2
海　南	19	843	421	131	39634.1	6181.8	5166.7	15587.3
重　庆	889	35831	16763	5655	395462.1	170298.3	98930.6	194532.0
四　川	1026	43034	21293	8040	564129.5	246166.3	163786.3	229469.4
贵　州	200	8602	4104	882	92240.6	38930.8	25518.6	53806.6
云　南	646	32448	14571	3449	723940.5	374155.9	221470.4	375841.7
西　藏	16	344	179	46	3304.8	2165.3	1162.0	1559.0
陕　西	599	19717	8485	2947	245528.1	89629.7	64155.2	122679.9
甘　肃	288	10823	4126	1352	85613.4	53301.9	36781.2	40150.4
青　海	19	320	151	46	2039.9	1055.1	401.7	904.6
宁　夏	74	2674	1257	375	41465.0	18263.6	14707.5	23926.9
新　疆	221	6952	3199	1323	193102.7	73843.4	52930.3	121095.1

利企业

单位：个、人、万元

所有者权益合计	未分配利润	销售（营业）收入	纳税情况				
			纳税总额	应退税金总额	实际退税金额	盈利总额	亏损总额
15052234.4	**2115536.9**	**35582371.0**	**2433617.5**	**1868942.5**	**1547714.0**	**2190212.2**	**204504.4**
522241.9	77390.6	558708.0	60599.1	47022.9	28836.3	41028.7	8553.8
333025.2	23331.7	590135.4	44049.4	42525.7	37308.0	35407.7	1403.6
432000.1	43709.0	1222799.3	85495.5	74201.8	58794.9	62979.6	4092.5
173558.0	34336.2	449589.7	41370.3	36684.9	30933.4	40583.0	3214.3
123137.6	26892.6	198173.3	20467.3	14950.6	10087.2	19063.3	2461.7
583882.4	60634.2	1867443.4	125786.2	118088.2	90266.5	157438.7	6841.8
119070.7	13961.2	204526.5	30605.5	14412.6	14109.0	17904.1	2726.2
121449.7	5182.7	445424.0	19564.5	16562.5	10976.0	19978.2	2637.0
1589338.0	94960.1	2987851.2	333528.0	317166.7	315175.4	260628.0	10750.1
3283552.3	369007.4	10099008.5	529751.3	352132.0	238696.9	483103.6	49204.7
4665082.4	931057.0	9823035.4	557843.8	396034.2	357964.6	688004.0	48285.2
98619.7	18088.9	460402.8	22208.8	19154.1	18181.7	16429.7	7071.1
192826.8	32500.3	395475.5	23617.8	19887.6	16033.0	19930.7	1366.0
57818.0	-815.8	59798.9	14839.6	10370.6	9150.9	5650.1	1087.1
731378.5	86434.0	1844946.1	125372.1	100392.2	75906.9	79917.0	13351.9
413655.6	76636.5	794226.0	65620.9	59988.7	45328.8	49362.5	5625.0
110664.4	7509.2	276030.7	17214.3	15678.4	12984.9	14563.4	2733.0
98485.5	-7640.0	385828.0	29461.5	24071.9	19957.9	7760.7	3422.5
144107.5	31086.0	254331.4	18518.8	15410.2	10460.7	16158.5	2516.1
51432.3	-345.9	116177.4	7201.8	6046.3	4950.0	6000.5	2129.3
24046.8	14539.4	27926.5	3078.3	2875.6	1558.2	14363.1	239.2
200930.1	31957.8	602744.5	36916.7	33352.4	24130.0	36004.4	2776.1
334660.1	87109.1	745594.5	94197.3	24977.7	20418.4	24027.9	9380.0
38434.0	1897.8	175733.6	28635.4	26216.0	23308.8	3121.9	1599.7
348098.8	34161.2	634719.7	72728.3	59568.0	57528.6	49268.6	6794.4
1745.8	1.0	238.8	10.3	2.0	2.0	39.9	45.0
122848.2	10844.4	158217.5	10933.6	8844.3	5415.1	5544.0	1485.1
45463.0	3228.5	73372.5	3772.1	3198.5	2695.7	2737.7	514.4
1135.3	39.1	1324.2	118.3	102.1	83.0	33.7	0.2
17538.1	2939.3	26529.3	3656.5	3401.7	3182.2	7919.0	79.3
72007.6	4903.4	102058.4	6454.2	5622.1	3289.0	5260.0	2118.1

C−49 国有社会

地　区	单位数	年末职工人数	残疾职工	残疾职工女性	资产总额	固定资产原值	固定资产净值	负债总额
全　国	**1119**	**70247**	**29900**	**11355**	**1022140.1**	**377664.9**	**258682.6**	**550551.4**
北　京	64	4059	1938	744	233748.2	50703.8	43850.3	45427.3
天　津	35	3669	1424	607	67468.2	31560.8	19079.0	32819.8
河　北	76	4282	1916	667	44802.6	23111.3	17157.3	28585.1
山　西	72	3735	1709	424	94317.1	24567.1	14170.2	48053.2
内蒙古	32	1519	795	354	10973.2	4667.0	3318.7	7059.9
辽　宁	52	7887	2383	904	61768.6	28040.0	15740.1	67081.9
吉　林	41	3574	1472	603	26071.3	10931.9	8314.3	19252.9
黑龙江	22	2144	881	313	15636.4	8736.3	5170.3	14549.6
上　海	36	3293	1928	677	72370.7	12929.9	8610.1	44595.1
江　苏	28	2377	1008	417	37840.8	13696.9	9636.9	23577.1
浙　江	8	950	365	134	6280.8	2816.3	1741.0	6110.7
安　徽	37	1251	590	191	7339.3	3835.0	3038.7	4955.2
福　建	18	923	409	150	5974.2	3452.6	1922.4	1987.5
江　西	43	1771	840	419	5234.1	2909.5	1867.2	2967.1
山　东	35	2772	1203	350	32751.2	18327.1	11826.6	15579.4
河　南	61	4363	1787	727	55995.0	21947.6	14243.7	30290.2
湖　北	32	1516	603	288	12124.3	6817.4	4168.1	6491.0
湖　南	81	6319	2953	1269	43279.4	23740.7	16652.1	37385.1
广　东	40	2030	993	343	36905.0	20147.0	14733.4	15716.8
广　西	36	1296	404	164	34400.1	10222.6	7350.2	28560.8
海　南	2	72	41	16	1092.0	416.5	394.6	609.5
重　庆	8	751	297	133	5343.8	2367.4	1387.0	3419.5
四　川	20	978	417	146	11247.9	4975.3	2863.3	6378.9
贵　州	15	689	243	85	5090.1	2466.1	2045.4	2490.8
云　南	31	1170	529	178	14375.8	9153.6	6367.7	7397.3
西　藏	16	344	179	46	3304.8	2165.3	1162.0	1559.0
陕　西	76	2448	985	397	29647.0	11554.5	8893.0	16452.8
甘　肃	25	1774	613	220	14125.2	8582.1	5916.4	8206.3
青　海	1	13			176.0	94.0	94.0	43.0
宁　夏	3	56	32		166.8	104.8	62.0	86.0
新　疆	73	2222	963	389	32290.2	12624.5	6906.6	22862.6

福利企业

单位：个、人、万元

所有者权益合计		销售（营业）收入	纳税情况				
	末分配利润		纳税总额	应退税金总额	实际退税金额	盈利总额	亏损总额
471588.7	**-4684.9**	**567190.4**	**46644.0**	**42320.0**	**23274.3**	**53281.1**	**25923.2**
188320.9	56394.0	88760.1	14420.0	14241.7	1806.5	17122.0	902.9
34648.4	-4617.4	36487.8	3060.5	2272.0	2183.4	2307.8	874.6
16217.5	-3559.9	46292.3	3900.1	3218.6	1703.5	1250.9	1471.4
46263.9	17883.0	104332.2	6688.4	6424.9	5471.1	17971.9	444.4
3913.3	73.2	6073.2	1813.9	1807.4	113.7	59.7	1330.8
-5313.3	-34036.3	21436.5	1704.3	1619.1	1463.5	445.6	4734.7
6818.4	-2488.7	11051.6	1118.3	699.0	560.6	893.2	216.2
1086.8	-5801.0	5889.8	313.8	251.8	296.4	15.2	943.0
27775.6	-12813.9	22001.3	1410.4	1294.9	1128.3	1782.3	4861.6
14263.7	-722.4	23296.5	1764.0	1510.7	779.9	1210.3	190.2
170.1	-5586.1	1205.1	95.7	83.2	68.7	174.0	2297.1
2384.1	-207.2	4007.4	261.1	223.4	143.1	32.0	207.9
3986.7	-735.4	1159.7	97.1	83.9	59.6	24.6	211.9
2267.0	223.1	3234.9	150.3	98.2	76.6	144.7	113.6
17171.8	3504.5	42170.9	1435.6	1246.1	1228.9	2158.6	104.8
25704.8	4172.1	33775.0	1668.7	1466.9	1584.8	1357.6	1313.0
5633.3	861.5	2347.3	362.1	341.2	268.4	509.7	171.2
5894.3	-9857.3	25763.2	2226.8	2008.7	1472.8	1476.9	1550.2
21188.2	-371.9	13804.3	892.1	730.1	674.8	379.0	222.7
5839.3	-3439.5	5715.6	456.6	328.0	186.9	112.9	377.8
482.5	11.5						3.5
1924.3	-686.1	4714.5	222.6	219.6	210.9	320.2	149.6
4869.0	-2020.4	2822.9	242.1	147.7	124.8	936.6	1953.6
2599.3	-124.2	1191.2	87.9	78.3	70.3	28.6	86.2
6978.5	-1160.8	4270.1	499.1	323.9	386.0	313.5	424.3
1745.8	1.0	238.8	10.3	2.0	2.0	39.9	45.0
13194.2	-395.9	18665.6	715.2	666.4	472.1	387.8	234.0
5918.9	-15.4	15221.2	309.8	273.2	236.4	408.4	149.5
133.0		16.0					
80.8							
9427.6	831.0	21245.4	717.2	659.1	500.3	1417.2	337.5

C−50 集体社会

地　区	单位数	年末职工人数	残疾职工	残疾职工女性	资产总额	固定资产原值	固定资产净值	负债总额
全　国	**24202**	**1110773**	**503826**	**178642**	**27110049.4**	**10181260.6**	**6565677.8**	**14824826.5**
北　京	1317	33684	14480	5629	496603.5	192303.3	132105.8	245659.3
天　津	51	1281	585	225	22649.5	6924.5	4628.9	11288.4
河　北	1279	37530	17147	5697	582854.3	265945.6	186802.6	254840.4
山　西	522	19345	9427	2523	153055.1	77714.1	51302.7	75732.0
内蒙古	187	5670	2741	1055	35789.5	16131.7	10697.1	19431.5
辽　宁	2054	70502	33739	11404	1041957.0	370851.9	261817.4	599701.6
吉　林	783	17824	7935	3012	217712.3	79395.5	58500.6	115249.7
黑龙江	857	20039	9739	3634	182638.0	97561.6	64038.7	86535.5
上　海	2451	123822	51859	18878	2999449.9	958548.1	446113.0	1437887.5
江　苏	4873	297369	136010	52247	7963653.8	3176785.3	1980198.0	4708253.8
浙　江	3037	222309	99126	34551	9704319.0	3335516.0	2303717.0	5206212.7
安　徽	468	13564	6344	2014	154121.9	54759.2	42754.2	70757.7
福　建	163	5744	2748	901	115348.4	53995.6	32921.7	57649.8
江　西	205	7273	3560	1576	55135.9	31648.6	24480.8	29605.7
山　东	1627	79986	36200	10983	1528059.6	643208.0	448074.7	945488.0
河　南	1266	42769	20353	5241	614811.6	229729.4	162896.4	332260.8
湖　北	426	13104	6013	2331	77095.7	41966.1	25029.4	45102.3
湖　南	526	17638	8577	3290	123547.1	60455.9	34060.4	53783.0
广　东	201	10966	5147	2121	204223.8	94391.7	54657.8	92363.8
广　西	185	6306	2572	726	74435.8	30651.3	19922.9	45980.8
海　南	5	290	148	41	1538.0	925.0	541.0	654.0
重　庆	322	13017	6309	1986	95045.4	41460.5	24588.5	49738.2
四　川	370	15841	7498	3518	136517.6	53399.8	27927.3	58851.5
贵　州	50	1522	698	232	14167.3	6587.5	4835.6	7426.6
云　南	170	7062	3327	793	175734.4	115109.6	60730.5	105933.2
西　藏								
陕　西	444	15778	6805	2388	191267.7	61584.2	42965.0	88274.0
甘　肃	238	7165	3145	1004	65839.2	41134.1	28400.3	31073.4
青　海	14	218	111	35	1181.0	764.0	126.0	431.0
宁　夏	16	367	169	73	2756.7	1934.7	1237.4	672.2
新　疆	95	2788	1314	534	78540.4	39877.8	29606.1	47988.1

福利企业

单位：个、人、万元

所有者权益合计	末分配利润	销售（营业）收入	纳税情况				
			纳税总额	应退税金总额	实际退税金额	盈利总额	亏损总额
12285222.9	**1740722.3**	**29581743.3**	**1902774.2**	**1484792.5**	**1235436.4**	**1815340.2**	**144598.4**
250944.2	18664.3	409043.7	41341.1	28059.3	23260.8	22478.0	5576.4
11361.1	2245.1	24603.9	1211.0	1178.4	910.0	2632.2	63.5
328013.9	36721.2	813778.7	58249.0	49323.4	39168.4	49945.3	1832.1
77323.1	9662.9	195892.9	19741.3	16798.8	15231.2	8082.4	1347.3
16358.0	415.2	31262.1	2152.3	1973.4	915.3	1797.4	280.5
442255.4	73870.7	1439513.6	98863.7	92165.2	70603.6	115303.7	1798.1
102462.6	13896.1	172649.1	19169.9	12179.6	11792.4	14924.8	2019.0
96102.5	10269.2	409139.2	17218.5	14408.2	9749.4	16877.7	1637.0
1561562.4	107774.0	2965849.9	332117.6	315871.8	314047.1	258845.7	5888.5
3255400.0	369174.6	10041470.5	526660.1	349562.2	236980.7	480756.9	48913.4
4498106.3	892415.2	9283722.5	519528.8	379405.7	345464.4	661804.6	44547.3
83364.2	17470.5	412414.4	20733.9	18341.2	17666.2	15494.4	6832.0
57698.6	13727.8	142548.5	6660.7	6222.9	4112.6	7811.9	125.6
25530.2	-1436.6	35826.3	2060.0	1656.2	1080.8	1312.4	386.2
582571.6	56060.8	1466523.8	101633.2	81802.6	61319.7	53357.6	7747.8
282550.8	52877.5	616104.9	47638.0	44346.6	28332.1	38530.7	3196.5
31993.4	526.1	87153.2	6689.1	5673.1	4561.6	4121.1	760.5
69764.1	653.8	133537.1	10134.9	9668.5	8806.4	4951.6	1212.6
111860.0	29558.7	206423.7	15153.0	12658.7	8582.8	14038.8	1557.3
28455.0	2325.1	83088.4	5096.2	4218.2	3715.0	4923.0	1562.5
884.0	79.0	1385.6	121.4	121.4	121.4	32.0	5.6
45307.2	9796.4	130991.7	9605.2	7032.0	4104.7	8756.0	791.4
77666.1	7313.3	101571.2	8652.5	4741.3	4129.7	4227.4	711.4
6740.7	412.3	11392.7	1649.7	907.2	624.7	667.7	99.3
69801.2	-280.1	130327.6	14049.5	12554.1	11038.8	14659.5	3050.3
102993.7	11029.3	125322.2	9173.2	7554.1	4429.4	4758.0	1200.1
34765.8	3221.7	53778.8	3273.9	2795.9	2402.9	2072.4	364.9
750.0	27.0	880.0	97.5	97.5	83.0	30.0	
2084.5	33.4	6339.4	241.7	235.2	182.8	49.4	46.6
30552.3	2217.8	49207.7	3857.3	3239.8	2018.5	2097.6	1044.7

C-51 民办社会

地　区	单位数	年末职工人数	残疾职工	残疾职工女性	资产总额	固定资产原值	固定资产净值	负债总额
全　国	**7089**	**343837**	**128537**	**39882**	**4480016.7**	**1871916.5**	**1243007.9**	**2184593.9**
北　京	180	4275	2012	859	112102.6	23715.5	13997.2	29125.8
天　津	724	31432	14185	5130	546775.1	225414.4	154885.2	259759.4
河　北	353	10458	4652	969	189623.0	76566.0	43718.3	101854.3
山　西	239	10904	4943	848	108467.8	48534.1	36075.3	58496.8
内蒙古	283	11642	5566	1531	223301.8	70448.5	44759.2	120435.5
辽　宁	601	22039	10402	4053	325780.0	127564.2	91938.8	178839.7
吉　林	147	2898	1284	394	21856.8	13362.4	11094.0	12067.1
黑龙江	159	3420	1656	657	37175.4	11169.7	7667.2	12915.0
上　海								
江　苏	101	3141	1438	510	32455.0	13407.0	8907.2	18566.4
浙　江	300	13632	5122	1498	294902.1	98837.0	63326.6	128096.1
安　徽	89	1555	753	183	19285.6	8743.8	5431.6	6414.2
福　建	379	16367	7794	2138	226045.9	131473.2	80787.6	94904.4
江　西	143	5397	2591	1140	45535.8	10932.3	4112.9	15515.0
山　东	350	18266	8264	2431	341924.9	160462.3	116671.6	210289.8
河　南	381	81776	8258	2536	236279.2	110285.1	70023.3	130879.2
湖　北	345	11001	4987	1758	116540.0	49401.7	38925.2	43502.3
湖　南	216	5335	2510	770	45987.0	19435.9	14214.5	23159.9
广　东	43	1147	501	191	19434.7	7481.1	2929.8	8375.4
广　西	53	2129	893	254	29530.6	7971.5	5581.6	12392.6
海　南	12	481	232	74	37004.1	4840.3	4231.1	14323.8
重　庆	559	22063	10157	3536	295072.9	126470.4	72955.1	141374.3
四　川	636	26215	13378	4376	416364.0	187791.2	132995.7	164239.0
贵　州	135	6391	3163	565	72983.2	29877.2	18637.6	43889.2
云　南	445	24216	10715	2478	533830.3	249892.7	154372.2	262511.2
西　藏								
陕　西	79	1491	695	162	24613.4	16491.0	12297.2	17953.1
甘　肃	25	1884	368	128	5649.0	3585.7	2464.5	870.7
青　海	4	89	40	11	682.9	197.1	181.7	430.6
宁　夏	55	2251	1056	302	38541.5	16224.1	13408.1	23168.7
新　疆	53	1942	922	400	82272.1	21341.1	16417.6	50244.4

福利企业

单位：个、人、万元

所有者权益合计	末分配利润	销售（营业）收入	纳税情况				
			纳税总额	应退税金总额	实际退税金额	盈利总额	亏损总额
2295422.8	**379499.5**	**5433437.3**	**484199.3**	**341830.0**	**289003.3**	**321590.9**	**33982.8**
82976.8	2332.3	60904.2	4838.0	4721.9	3769.0	1428.7	2074.5
287015.7	25704.0	529043.7	39777.9	39075.3	34214.6	30467.7	465.5
87768.7	10547.7	362728.3	23346.4	21659.8	17923.0	11783.4	789.0
49971.0	6790.3	149364.6	14940.6	13461.2	10231.1	14528.7	1422.6
102866.3	26404.2	160838.0	16501.1	11169.8	9058.2	17206.2	850.4
146940.3	20799.8	406493.3	25218.2	24303.9	18199.4	41689.4	309.0
9789.7	2553.8	20825.8	10317.3	1534.0	1756.0	2086.1	491.0
24260.4	714.5	30395.0	2032.2	1902.5	930.2	3085.3	57.0
13888.6	555.2	34241.5	1327.2	1059.1	936.3	1136.4	101.1
166806.0	44227.9	538107.8	38219.3	16545.3	12431.5	26025.4	1440.8
12871.4	825.6	43981.0	1213.8	589.5	372.4	903.3	31.2
131141.5	19507.9	251767.3	16860.0	13580.8	11860.8	12094.2	1028.5
30020.8	397.7	20737.7	12629.3	8616.2	7993.5	4193.0	587.3
131635.1	26868.7	336251.4	22303.3	17343.5	13358.3	24400.8	5499.3
105400.0	19586.9	144346.1	16314.2	14175.2	15411.9	9474.2	1115.5
73037.7	6121.6	186530.2	10163.1	9664.1	8154.9	9932.6	1801.3
22827.1	1563.5	226527.7	17099.8	12394.7	9678.7	1332.2	659.7
11059.3	1899.2	34103.4	2473.7	2021.4	1203.1	1740.7	736.1
17138.0	768.5	27373.4	1649.0	1500.1	1048.1	964.6	189.0
22680.3	14448.9	26540.9	2956.9	2754.2	1436.8	14331.1	230.1
153698.6	22847.5	467038.3	27088.9	26100.8	19814.4	26928.2	1835.1
252125.0	81816.2	641200.4	85302.7	20088.7	16163.9	18863.9	6715.0
29094.0	1609.7	163149.7	26897.8	25230.5	22613.8	2425.6	1414.2
271319.1	35602.1	500122.0	58179.7	46690.0	46103.8	34295.6	3319.8
6660.3	211.0	14229.7	1045.2	623.8	513.6	398.2	51.0
4778.3	22.2	4372.5	188.4	129.4	56.4	256.9	
252.3	12.1	428.2	20.8	4.6		3.7	0.2
15372.8	2905.9	20189.9	3414.8	3166.5	2999.4	7869.6	32.7
32027.7	1854.6	31605.3	1879.7	1723.2	770.2	1745.2	735.9

C－52 福利

地　区	单位数	年末职工人数	残疾职工	残疾职工女性	资产总额	固定资产原值	固定资产净值	负债总额
全　国	**27548**	**1346670**	**579516**	**203294**	**28810798.1**	**10814822.7**	**7021791.2**	**15514480.6**
北　京	1437	39255	17228	6753	796971.7	248603.6	178664.8	297067.3
天　津	797	36105	16134	5935	629740.5	259980.1	175927.9	300939.5
河　北	1359	42251	19032	5699	652053.5	304857.9	198691.7	310018.0
山　西	585	24341	11783	3303	219024.3	103018.9	74003.2	118453.7
内蒙古	277	10529	5358	1644	119198.1	47360.7	35159.7	70525.0
辽　宁	2162	85557	39535	13760	1168939.9	417202.6	300277.9	696833.1
吉　林	815	21787	9588	3581	254240.8	96690.5	73875.7	140855.6
黑龙江	916	22214	10834	4127	211078.8	105764.6	68479.5	103389.7
上　海	2474	124798	52308	19029	3037572.8	967965.9	452155.0	1467504.8
江　苏	4994	302606	138384	53150	8023038.6	3201593.5	1997478.8	4744522.1
浙　江	3024	209662	91510	31668	8879932.7	2891914.4	2056440.9	4707820.7
安　徽	475	13953	6420	2049	167044.1	59029.9	45159.0	78725.4
福　建	330	14136	6633	1969	203204.1	108999.4	65775.9	91616.2
江　西	380	13980	6789	3065	102784.0	43379.0	29444.8	46356.1
山　东	1819	92935	42086	12758	1483698.9	710547.9	487289.4	858658.8
河　南	1479	122690	27745	7609	831328.5	326634.0	218187.7	450792.9
湖　北	510	16829	7805	3093	125273.3	62009.6	40281.4	53362.2
湖　南	618	22479	10811	3819	159945.7	76825.2	45417.5	84579.9
广　东	207	10808	5123	2056	195506.3	98030.3	56282.5	92038.0
广　西	180	6997	2766	825	84032.1	31365.3	19081.1	50846.8
海　南	13	730	367	102	30711.6	3961.0	3208.8	12857.6
重　庆	683	29108	13760	4559	320400.7	140865.1	83427.9	155590.8
四　川	576	23470	11527	4735	294451.6	118285.8	75938.8	135636.5
贵　州	135	5551	2708	605	54616.5	24931.3	15594.2	31372.1
云　南	261	17280	7686	1818	262533.1	158678.2	78824.5	141055.2
西　藏								
陕　西	547	18851	8201	2885	239672.3	85845.7	61010.7	119798.8
甘　肃	257	10003	3849	1275	76215.2	46773.1	31094.5	37465.4
青　海	13	212	94	28	1485.8	737.0	189.6	630.6
宁　夏	53	2087	941	309	24892.0	11916.4	9527.3	15864.9
新　疆	172	5466	2511	1086	161210.6	61055.8	44900.5	99302.9

工厂

单位：个、人、万元

所有者权益合计		销售（营业）收入	纳税情况				
	末分配利润		纳税总额	应退税金总额	实际退税金额	盈利总额	亏损总额
13296317.5	**1859056.5**	**31801587.3**	**2110891.7**	**1663217.3**	**1377622.0**	**1977721.5**	**173455.9**
499904.4	72821.7	534815.8	56444.1	45860.7	27803.4	39681.7	8090.6
328801.0	23338.4	588894.0	43987.4	42464.7	37259.0	35398.7	1350.3
342035.5	27721.6	1014180.6	74178.9	63388.5	50073.4	49565.3	3963.1
100570.6	12681.3	282984.5	24610.4	21698.0	19585.2	14677.3	2632.4
48673.1	7341.7	105430.5	7384.6	7151.3	3983.6	5063.8	1847.8
472106.8	43933.2	1528815.1	103033.7	96039.0	72852.6	121066.0	6347.3
113385.2	13919.0	191687.4	29604.2	13817.1	13384.8	16796.0	2565.7
107689.1	4206.2	424008.5	17401.0	14501.0	9377.4	17776.7	2602.0
1570068.0	94529.9	2983159.5	333398.6	317103.2	315093.9	260265.1	8685.4
3278516.5	369037.4	10089121.8	529630.4	352014.9	238599.4	482630.9	49036.9
4172112.0	875366.3	8645511.3	500614.6	350975.9	323745.5	644679.4	41706.6
88318.7	17925.3	438506.1	20050.9	18635.7	17765.8	15791.1	4246.5
111587.9	23685.4	244307.0	14126.8	12781.8	10457.0	11971.1	540.9
56427.9	-1363.5	58688.8	14775.1	10359.6	9110.5	5646.8	1008.9
625040.1	76742.4	1712057.6	110535.9	91037.9	67463.5	74060.2	13028.9
380535.6	75867.9	723138.9	62322.6	56882.9	42978.4	46639.0	4885.3
71911.1	3570.7	202006.5	11679.6	10623.4	9170.6	7010.7	1723.6
75365.8	-8233.2	304162.4	23938.4	19092.9	15492.5	5716.6	3205.8
103468.3	26263.8	203619.7	14797.0	13140.7	8658.2	10850.4	2240.6
33185.3	1491.4	89780.7	4986.6	4081.3	3234.5	5316.1	1649.7
17854.0	11680.2	24140.9	2831.3	2805.9	1558.2	14203.1	31.9
164809.9	29310.5	499526.2	30347.1	27375.2	21072.6	31886.9	2058.3
158815.1	11302.0	227062.4	14589.3	11198.6	7919.0	9970.0	2752.7
23244.4	1629.9	124037.4	20148.3	19856.3	17008.6	2048.1	1325.9
121477.9	26939.9	248490.6	25308.7	23009.4	21966.9	34842.2	2659.0
119873.5	10994.1	155242.7	10668.2	8630.0	5286.6	5442.3	1440.1
38749.8	3198.1	65316.9	3608.6	3183.4	2680.6	2253.5	346.9
855.2	39.1	1013.2	97.6	97.1	78.0	30.7	0.2
9027.1	-1012.7	14757.5	1807.2	1665.7	1540.4	2060.0	20.7
61907.7	4128.5	77122.8	3984.6	3745.2	2421.9	4381.8	1461.9

C−53 假

地　区	单位数	年末职工人数	残疾职工	残疾职工女性	资产总额	固定资产原值	固定资产净值	负债总额
全　国	**40**	**2640**	**202**	**79**	**43701.8**	**20764.2**	**13565.2**	**15847.9**
北　京	1	118	11	2	2865.2	1236.5	687.5	594.3
天　津	1	82	2	1	726.6	143.0	79.8	530.6
河　北	1	27	5	3	79.0	56.0	56.0	8.0
山　西	1	94	5		1170.0	214.0	123.0	584.0
内蒙古	1	54	5	3	409.3	196.8	134.7	138.9
辽　宁	2	75	3	2	1600.9	1060.3	982.0	693.9
吉　林	2	102	1		1313.4	540.6	20.6	533.4
黑龙江	2	65	5	2	1727.4	810.3	715.3	265.6
上　海	1	167	8	1	3714.7	2223.8	1636.8	515.8
江　苏	1	98	1		1190.6	432.9		380.5
浙　江	1	75			704.0	454.0	376.0	318.0
安　徽	1	57	3	2	540.0	460.0	385.0	89.0
福　建	1	47			1016.4	767.2	570.7	127.2
江　西	1	74			652.0	400.0	329.0	291.0
山　东	2	262	26	10	3498.0	1883.0	605.0	1259.0
河　南	2	144	13	5	2431.0	1267.0	652.0	1200.0
湖　北	3	155	4	2	1659.2	996.0	669.2	740.0
湖　南	2	97	8	4	2016.7	562.2	498.8	1432.1
广　东	3	131	31	18	4356.3	1335.6	610.7	590.8
广　西	1	86	3	2	977.2	768.8	620.4	659.6
海　南								
重　庆	2	59	15	8	598.0	338.0	295.0	119.0
四　川	1	121	3	2	3256.9	976.3	719.7	1721.5
贵　州	1	95	3	1	1455.1	248.5	78.9	782.3
云　南	1	65	13	5	1389.9	901.2	831.9	85.8
西　藏								
陕　西	1	130	4	2	2823.0	1634.2	1285.2	1732.6
甘　肃	1	72	4	2	499.0	309.0	241.0	188.0
青　海	1	13			176.0	94.0	94.0	43.0
宁　夏	1	33	24					
新　疆	1	42	2	2	856.0	455.0	267.0	224.0

肢厂

单位：个、人、万元

所有者权益合计	末分配利润	销售（营业）收入	纳税情况				
			纳税总额	应退税金总额	实际退税金额	盈利总额	亏损总额
27853.9	**1101.5**	**14198.6**	**202.9**	**92.9**	**59.8**	**1042.0**	**253.8**
2270.9	1505.4	1331.4	18.5			73.6	
196.0	7.4	106.2					15.7
71.0		26.9					
586.0		627.0				216.0	
270.4	-102.3	194.9	0.5			0.7	
907.0	-125.9	118.9	0.5	0.5	0.5	1.0	131.9
780.0	33.9	551.4	1.2				26.7
1461.8	65.0	295.8				10.0	21.0
3198.9	21.2	2013.0	3.2			267.5	
810.1		397.3	3.3			1.3	
386.0		214.0				64.0	
451.0	-58.0	203.0	34.0	33.0			33.0
889.2	3.9	227.9	9.0				3.9
361.0	-39.0	138.0					39.0
2239.0	-50.0	1641.0	12.5	12.5	12.5		10.0
1231.0	22.0	900.0	7.0			49.0	
919.2	2.0	669.3				61.7	
584.6	-12.4	450.3	3.0				7.8
3765.5	-67.6	1397.4	28.6	4.2	4.1	142.5	26.6
317.6		228.4	59.1	42.7	42.7	1.8	
479.0		20.0				4.5	
1535.4		946.5	0.2			60.7	
672.8							
1304.1		425.7	4.6			51.7	
1090.4	-106.1	584.3					-61.8
311.0	2.0	187.0	0.7			12.0	
133.0		16.0					
632.0		287.0	17.0			24.0	

C−54 其他社会

地　区	单位数	年末职工人数	残疾职工	残疾职工女性	资产总额	固定资产原值	固定资产净值	负债总额
全　国	**4822**	**175547**	**82545**	**26506**	**3757706.3**	**1595255.1**	**1032011.9**	**2029643.3**
北　京	123	2645	1191	477	42617.4	16882.5	10601.0	22550.8
天　津	12	195	58	26	6425.7	3776.6	2585.4	2397.5
河　北	348	9992	4678	1631	165147.4	60709.0	48930.5	75253.8
山　西	247	9549	4291	492	135645.7	47582.4	27422.0	63244.3
内蒙古	224	8248	3739	1293	150457.1	43689.7	23480.6	76263.0
辽　宁	543	14796	6986	2599	258964.8	108193.2	68236.4	148096.2
吉　林	154	2407	1102	428	10086.2	6458.7	4012.6	5180.7
黑龙江	120	3324	1437	475	22643.6	10892.7	7681.4	10344.8
上　海	12	2150	1471	525	30533.1	1288.3	931.3	14462.0
江　苏	7	183	71	24	9720.4	1862.8	1263.3	5494.7
浙　江	320	27154	13103	4515	1124865.2	544800.9	311967.7	632280.8
安　徽	118	2360	1264	337	13162.7	7848.1	5680.5	3312.7
福　建	229	8851	4318	1220	143148.0	79154.8	49285.1	62798.3
江　西	10	387	202	70	2469.8	1711.4	687.1	1440.7
山　东	191	7827	3555	996	415538.8	109566.5	88678.5	311439.4
河　南	227	6074	2640	890	73326.3	34061.1	28323.7	41437.3
湖　北	290	8637	3794	1282	78827.5	35179.6	27172.1	40993.4
湖　南	203	6716	3221	1506	50851.1	26245.1	19010.7	28316.0
广　东	74	3204	1487	581	60700.9	22653.9	15427.8	23827.2
广　西	93	2648	1100	317	53357.2	16711.3	13153.2	35427.8
海　南	6	113	54	29	8922.5	2220.8	1957.9	2729.7
重　庆	204	6664	2988	1088	74463.4	29095.2	15207.7	38822.2
四　川	449	19443	9763	3303	266421.0	126904.2	87127.8	92111.4
贵　州	64	2956	1393	276	36169.0	13751.0	9845.5	21652.2
云　南	384	15103	6872	1626	460017.5	214576.5	141814.0	234700.7
西　藏	16	344	179	46	3304.8	2165.3	1162.0	1559.0
陕　西	51	736	280	60	3032.8	2149.8	1859.3	1148.5
甘　肃	30	748	273	75	8899.2	6219.8	5445.7	2497.0
青　海	5	95	57	18	378.1	224.1	118.1	231.0
宁　夏	20	554	292	66	16573.0	6347.2	5180.2	8062.0
新　疆	48	1444	686	235	31036.1	12332.6	7762.8	21568.2

福利企业

单位：个、人、万元

所有者权益合计	未分配利润	销售（营业）收入	纳税情况				
			纳税总额	应退税金总额	实际退税金额	盈利总额	亏损总额
1728063.0	**255378.9**	**3766585.1**	**322522.9**	**205632.3**	**170032.2**	**211448.7**	**30794.7**
20066.6	3063.5	22560.8	4136.5	1162.2	1032.9	1273.4	463.2
4028.2	-14.1	1135.2	62.0	61.0	49.0	9.0	37.6
89893.6	15987.4	208591.8	11316.6	10813.3	8721.5	13414.3	129.4
72401.4	21654.9	165978.2	16759.9	14986.9	11348.2	25689.7	581.9
74194.1	19653.2	92547.9	13082.2	7799.3	6103.6	13998.8	613.9
110868.6	16826.9	338509.4	22752.0	22048.7	17413.4	36371.7	362.6
4905.5	8.3	12287.7	1000.1	595.5	724.2	1108.1	133.8
12298.8	911.5	21119.7	2163.5	2061.5	1598.6	2191.5	14.0
16071.1	409.0	2678.7	126.2	63.5	81.5	95.4	2064.7
4225.7	-30.0	9489.4	117.6	117.1	97.5	471.4	167.8
492584.4	55690.7	1177310.1	57229.2	45058.3	34219.1	43260.6	6578.6
9850.0	221.6	21693.7	2123.9	485.4	415.9	638.6	2791.6
80349.7	8811.0	150940.6	9482.0	7105.8	5576.0	7959.6	821.2
1029.1	586.7	972.1	64.5	11.0	40.4	3.3	39.2
104099.4	9741.6	131247.5	14823.7	9341.8	8430.9	5856.8	313.0
31889.0	746.6	70187.1	3291.3	3105.8	2350.4	2674.5	739.7
37834.1	3936.5	73354.9	5534.7	5055.0	3814.3	7491.0	1009.4
22535.1	605.6	81215.3	5520.1	4979.0	4465.4	2044.1	208.9
36873.7	4889.8	49314.3	3693.2	2265.3	1798.4	5165.6	248.9
17929.4	-1837.3	26168.3	2156.1	1922.3	1672.8	682.6	479.6
6192.8	2859.2	3785.6	247.0	69.7		160.0	207.3
35641.2	2647.3	103198.3	6569.6	5977.2	3057.4	4113.0	717.8
174309.6	75807.1	517585.6	79607.8	13779.1	12499.4	13997.2	6627.3
14516.8	267.9	51696.2	8487.1	6359.7	6300.2	1073.8	273.8
225316.8	7221.3	385803.4	47415.0	36558.6	35561.7	14374.7	4135.4
1745.8	1.0	238.8	10.3	2.0	2.0	39.9	45.0
1884.3	-43.6	2390.5	265.4	214.3	128.5	101.7	106.8
6402.2	28.4	7868.6	162.8	15.1	15.1	472.2	167.5
147.1		295.0	20.7	5.0	5.0	3.0	
8511.0	3952.0	11771.8	1849.3	1736.0	1641.8	5859.0	58.6
9467.9	774.9	24648.6	2452.6	1876.9	867.1	854.2	656.2

C-55 救助类

地　区	单位数	年末职工人数	床位数	年末在站（场）人数	儿童	年末在站（场）人天数	儿童
全　国	**1026**	**17182**	**47086**	**48358**	**3577**	**5018069**	**1373263**
北　京	21	390	1555	256	57	135193	26423
天　津	8	186	3790	162	32	85895	18178
河　北	21	371	819	129	26	85438	10449
山　西	13	342	688	123	15	40548	1700
内蒙古	30	384	872	67	11	39003	4466
辽　宁	43	733	2144	316	53	189073	21275
吉　林	47	746	1782	3113	60	60595	4132
黑龙江	72	1524	1020	3978	526	81013	5596
上　海	21	387	1105	536	162	178320	7835
江　苏	39	691	1375	464	50	135946	15216
浙　江	44	615	2673	844	98	180690	80230
安　徽	39	529	1152	1853	234	194727	18532
福　建	17	351	782	354	92	84979	32072
江　西	22	268	1183	112	26	64824	4333
山　东	18	329	1285	143	12	117802	11590
河　南	31	784	1580	26916	704	286828	29049
湖　北	32	450	1187	258	42	134486	11795
湖　南	70	1003	3470	956	270	356547	64060
广　东	62	1934	6836	1755	271	981396	583790
广　西	19	579	1348	213	33	140520	4484
海　南	7	114	270	16	3	9877	1978
重　庆	34	314	696	94	25	172984	31353
四　川	82	1114	1865	1450	208	278658	40759
贵　州	21	856	1596	775	51	328954	20492
云　南	52	456	1583	1284	191	115564	22822
西　藏	3	22	330	3		4900	
陕　西	82	854	1629	1094	168	221590	65190
甘　肃	32	450	787	772	47	49798	10714
青　海	9	61	134	7		1075	186
宁　夏	10	89	207	31	7	7095	1056
新　疆	25	256	1343	284	103	253751	223508

单位

单位：个、人、张、人天、万元

资产合计	资产合计 / 固定资产原值	负债合计	净资产合计	净资产合计 / 事业基金	收入合计	收入合计 / 财政补助收入	收入合计 / 事业收入	支出合计
171614.1	**128265.1**	**17193.6**	**154813.9**	**23254.3**	**89448.4**	**76679.2**	**3700.5**	**89841.8**
2475.4	1186.7	800.9	1499.8	130.2	4980.3	4589.9	135.2	4805.6
1935.3	1764.4	24.3	1903.7	121.7	1170.2	969.0	81.7	1162.9
1707.2	1479.5	83.7	1607.5	98.5	1441.2	1391.6	26.7	1425.2
1657.3	1043.8	337.1	1144.0	55.4	1466.1	1290.5	82.5	1289.9
1675.7	1225.9	293.1	1278.3	75.4	1362.0	1319.4	22.7	1257.7
6566.2	5175.7	1350.7	5194.1	128.3	4046.5	3887.8	19.5	4025.1
2905.7	2623.1	131.4	2780.6	271.6	2717.0	2604.9	105.6	2723.3
6138.8	5478.6	492.7	5465.6	281.8	5812.6	4969.5	54.3	5632.1
10647.8	6609.0	276.4	10607.5	837.8	5859.1	2953.9	61.1	6095.2
7710.5	5929.6	936.4	6630.8	565.7	5125.8	4560.4	239.3	4982.5
11549.7	7234.5	1623.6	9999.0	736.4	5145.3	4584.0	89.7	5218.2
3044.5	2317.7	750.1	2252.3	118.7	1825.7	1409.4	250.9	1783.6
4514.0	3510.4	468.9	4262.9	335.8	2043.0	1910.8	9.6	2260.8
1492.9	1108.8	99.1	1448.6	304.5	1181.7	931.1	39.0	1236.5
2722.3	2080.2	367.0	2271.4	409.4	1780.3	1610.3	31.6	1696.4
5978.9	3140.8	1112.3	5294.4	1542.4	2497.2	2255.2	34.7	2925.0
2179.9	1637.7	311.0	1928.0	295.8	1580.6	1348.0	138.0	1639.7
7243.1	5812.3	719.4	6532.9	742.7	3335.3	2887.3	201.4	3344.5
44172.4	32989.5	927.7	44012.3	12809.2	17139.5	15240.9	392.1	17907.1
7110.6	3947.8	1621.6	5532.6	678.5	2824.2	1653.8	639.9	2867.8
10767.9	10281.8	85.0	10707.2	647.7	458.4	454.3	4.1	482.7
1584.0	1307.4	164.9	1379.4	110.5	1497.6	1424.5	66.5	1457.9
6259.3	4837.8	888.0	5109.1	557.4	4214.6	3949.5	156.2	3952.4
4780.2	3202.9	1858.5	2878.0	148.2	2799.0	2363.8	409.4	2755.3
4586.7	3769.9	317.4	4181.2	535.8	2005.2	1537.0	139.2	1917.1
897.4	892.0	5.4	892.0		7.0	7.0		7.0
2975.9	2182.9	545.1	2399.6	329.2	1715.8	1547.8	46.8	1684.6
2061.8	1752.9	266.0	1764.3	142.1	1332.8	1265.7	25.1	1301.3
390.1	289.1	62.5	327.6	41.9	321.6	245.4	76.2	321.6
696.7	643.8	51.9	644.8	69.3	325.7	313.0	12.6	325.7
3185.9	2808.6	221.5	2884.4	132.4	1437.1	1203.5	108.9	1357.1

C-56 救助管

地 区	单位数	年末职工人数	床位数	年末在站（场）人数
全 国	**977**	**13752**	**45380**	**21212**
北 京	21	390	1555	256
天 津	7	151	3790	162
河 北	19	321	814	127
山 西	12	320	688	107
内蒙古	30	384	872	67
辽 宁	43	733	2144	316
吉 林	46	697	1712	3044
黑龙江	71	774	1020	3751
上 海	21	387	1105	536
江 苏	38	502	1375	446
浙 江	41	444	2673	769
安 徽	34	363	1132	1843
福 建	13	251	682	53
江 西	22	268	1183	112
山 东	18	329	1285	143
河 南	28	680	1462	2047
湖 北	32	450	1187	258
湖 南	66	830	3295	840
广 东	60	1886	6836	1755
广 西	17	270	1288	107
海 南	6	85	270	16
重 庆	34	314	696	94
四 川	79	779	1615	1171
贵 州	15	219	857	97
云 南	50	372	1449	1052
西 藏	3	22	330	3
陕 西	79	807	1609	1043
甘 肃	30	348	787	697
青 海	8	49	134	
宁 夏	9	71	192	16
新 疆	25	256	1343	284

理站

单位：个、人、张、人天、人次

儿童	全年在站(场)人天数	儿童	本年救助人次数	从其他站转入的	儿童
3472	**4499968**	**1335560**	**820254**	**88765**	**104455**
57	135193	26423	9537	952	2035
32	85895	18178	5132		701
26	84708	10449	23568	512	847
15	40548	1700	7811	363	1568
11	39003	4466	10429	362	608
53	189073	21275	24203	2058	1308
60	60526	4132	38267	3489	3480
526	81013	5596	25703	2072	1861
162	178320	7835	35953	10618	3595
50	135946	15216	44558	5007	2127
98	153335	80230	27968	591	2613
234	190459	18476	17054	3007	2208
12	44148	3210	9449	1599	817
26	64824	4333	15376	588	1268
12	117802	11590	24860	1143	1727
704	267998	29049	100110	8061	7413
42	134486	11795	31433	3120	2607
269	322368	64035	70518	6517	8321
271	981396	583790	76477	836	4844
33	100735	4484	11158	1276	1111
3	9877	1978	2579	10	202
25	172984	31353	17142	2493	3001
208	223543	40759	58932	13354	13272
51	82814	20492	22725	5329	2535
167	69209	14062	28131	7333	2726
	4900		215		20
168	217146	65190	36903	4314	3340
47	49798	10714	9689	1370	1369
	1075	186	1615	311	72
7	7095	1056	1019	186	131
103	253751	223508	31740	1894	26728

C-56续表

地　区	资产合计	固定资产原值	负债合计	净资产合计
全　国	**148714.6**	**115569.0**	**10961.0**	**137549.9**
北　京	2475.4	1186.7	800.9	1499.8
天　津	1705.4	1680.2	16.6	1688.8
河　北	1601.3	1379.9	78.5	1507.5
山　西	1449.0	961.2	220.7	1050.9
内蒙古	1675.7	1225.9	293.1	1278.3
辽　宁	6566.2	5175.7	1350.7	5194.1
吉　林	2816.7	2554.9	117.6	2705.4
黑龙江	5236.8	4845.6	224.7	4832.6
上　海	10647.8	6609.0	276.4	10607.5
江　苏	5860.5	4253.6	886.4	4830.8
浙　江	8837.7	6413.5	944.6	7901.0
安　徽	2329.2	1873.4	613.7	1687.0
福　建	3309.8	2725.5	300.9	3195.5
江　西	1492.9	1108.8	99.1	1448.6
山　东	2722.3	2080.2	367.0	2271.4
河　南	3047.1	2358.8	372.7	2624.0
湖　北	2179.9	1637.7	311.0	1928.0
湖　南	5994.0	4661.0	593.6	5414.0
广　东	43925.9	32782.3	881.8	43797.2
广　西	3217.3	2225.8	222.8	2979.1
海　南	10623.9	10181.8	35.8	10607.2
重　庆	1584.0	1307.4	164.9	1379.4
四　川	5304.3	4211.0	730.8	4294.3
贵　州	1002.5	862.9	46.8	961.7
云　南	3635.9	3032.7	246.8	3301.0
西　藏	897.4	892.0	5.4	892.0
陕　西	2673.7	2050.5	339.1	2304.5
甘　肃	1836.3	1655.5	142.7	1658.5
青　海	183.1	183.1	2.5	180.6
宁　夏	696.7	643.8	51.9	644.8
新　疆	3185.9	2808.6	221.5	2884.4

单位：万元

事业基金	收入合计			支出合计
		财政补助收入	事业收入	
20974.0	**80626.3**	**70342.5**	**2277.0**	**80422.6**
130.2	4980.3	4589.9	135.2	4805.6
0.2	1019.7	906.8	81.7	1019.7
98.4	1328.8	1291.9	14.0	1313.5
46.1	1386.1	1243.9	49.1	1208.7
75.4	1362.0	1319.4	22.7	1257.7
128.3	4046.5	3887.8	19.5	4025.1
266.6	2564.3	2462.6	95.2	2570.6
280.8	4481.6	3639.5	53.3	4302.1
837.8	5859.1	2953.9	61.1	6095.2
515.7	4408.8	3945.4	137.3	4265.5
696.3	4650.3	4419.5	69.6	4658.2
90.9	1332.8	1105.7	147.1	1304.3
195.8	1645.7	1581.5	9.6	1832.3
304.5	1181.7	931.1	39.0	1236.5
409.4	1780.3	1610.3	31.6	1696.4
153.9	2362.7	2161.2	9.0	2312.3
295.8	1580.6	1348.0	138.0	1639.7
718.7	3200.8	2806.2	174.1	3214.4
12809.1	16921.5	15165.1	392.1	17674.6
428.0	1832.5	1367.4	5.6	1817.1
647.7	439.6	439.6		458.7
110.5	1497.6	1424.5	66.5	1457.9
548.4	3745.8	3489.7	147.2	3466.6
54.2	787.4	699.1	88.3	793.4
425.8	1544.8	1265.5	116.3	1456.7
	7.0	7.0		7.0
328.2	1583.9	1483.5	43.1	1553.8
133.7	1163.7	1113.6	8.1	1128.6
41.9	167.6	166.4	1.2	167.6
69.3	325.7	313.0	12.6	325.7
132.4	1437.1	1203.5	108.9	1357.1

C-57 安置

地　区	单位数	年末职工人数	床位数	年末在站（场）人数	儿童
全　国	**49**	**3430**	**1706**	**27146**	**105**
北　京					
天　津	1	35			
河　北	2	50	5	2	
山　西	1	22		16	
内蒙古					
辽　宁					
吉　林	1	49	70	69	
黑龙江	1	750		227	
上　海					
江　苏	1	189		18	
浙　江	3	171		75	
安　徽	5	166	20	10	
福　建	4	100	100	301	80
江　西					
山　东					
河　南	3	104	118	24869	
湖　北					
湖　南	4	173	175	116	1
广　东	2	48			
广　西	2	309	60	106	
海　南	1	29			
重　庆					
四　川	3	335	250	279	
贵　州	6	637	739	678	
云　南	2	84	134	232	24
西　藏					
陕　西	3	47	20	51	
甘　肃	2	102		75	
青　海	1	12		7	
宁　夏	1	18	15	15	
新　疆					

农场

单位：个、人、张、人天、万元

年末在站（场）人天数	儿童	实有土地面积	耕地面积	纳税总额	盈利总额	亏损总额
518101	**37703**	**15347**	**9973**	**140.1**	**82.5**	**874.8**
		220	100		7.3	
730		7				
69		105	78			
		2033	2033			
		70	43	3.0		3.0
27355		242	186	14.3	11.0	234.0
4268	56	487	305	2.0	1.8	-22.3
40831	28862	422	101	2.0	4.0	13.0
18830		421	249	68.0		478.3
34179	25	262	170	0.6	15.4	76.9
		151	11			
39785		5741	4686	15.0		47.0
		45				5.2
55115		1221	486			10.0
246140		2115	939	36.2	37.5	29.7
46355	8760	133	90			
4444		328	237	-1.0	5.5	
		827	139			
		385	55			
		132	65			

C-57续表

单位：万元

地　区	资产合计	固定资产原值	负债合计	净资产合计	事业基金	收入合计	财政补助收入	事业收入	支出合计
全　国	**22899.5**	**12696.1**	**6232.6**	**17264.0**	**2280.3**	**8822.1**	**6336.7**	**1423.5**	**9419.2**
北　京									
天　津	229.9	84.2	7.7	214.9	121.5	150.5	62.2		143.2
河　北	105.9	99.6	5.2	100.0	0.1	112.4	99.7	12.7	111.7
山　西	208.3	82.6	116.4	93.1	9.3	80.0	46.6	33.4	81.2
内蒙古									
辽　宁									
吉　林	89.0	68.2	13.8	75.2	5.0	152.7	142.3	10.4	152.7
黑龙江	902.0	633.0	268.0	633.0	1.0	1331.0	1330.0	1.0	1330.0
上　海									
江　苏	1850.0	1676.0	50.0	1800.0	50.0	717.0	615.0	102.0	717.0
浙　江	2712.0	821.0	679.0	2098.0	40.1	495.0	164.5	20.1	560.0
安　徽	715.3	444.3	136.4	565.3	27.8	492.9	303.7	103.8	479.3
福　建	1204.2	784.9	168.0	1067.4	140.0	397.3	329.3		428.5
江　西									
山　东									
河　南	2931.8	782.0	739.6	2670.4	1388.5	134.5	94.0	25.7	612.7
湖　北									
湖　南	1249.1	1151.3	125.8	1118.9	24.0	134.5	81.1	27.3	130.1
广　东	246.5	207.2	45.9	215.1	0.1	218.0	75.8		232.5
广　西	3893.3	1722.0	1398.8	2553.5	250.5	991.7	286.4	634.3	1050.7
海　南	144.0	100.0	49.2	100.0		18.8	14.7	4.1	24.0
重　庆									
四　川	955.0	626.8	157.2	814.8	9.0	468.8	459.8	9.0	485.8
贵　州	3777.7	2340.0	1811.7	1916.3	94.0	2011.6	1664.7	321.1	1961.9
云　南	950.8	737.2	70.6	880.2	110.0	460.4	271.5	22.9	460.4
西　藏									
陕　西	302.2	132.4	206.0	95.1	1.0	131.9	64.3	3.7	130.8
甘　肃	225.5	97.4	123.3	105.8	8.4	169.1	152.1	17.0	172.7
青　海	207.0	106.0	60.0	147.0		154.0	79.0	75.0	154.0
宁　夏									
新　疆									

C-58 殡葬类单位

单位：个、人、具

地　区	单位数	年末职工人数	火化炉数	全年处理遗体数	穴位数	本年销售穴位数	安葬数	本年安葬数
全　国	**3119**	**66287**	**4792**	**4368646**	**7648449**	**504757**	**4308703**	**430735**
北　京	38	1745	74	73437	364205	19345	273568	20457
天　津	25	967	55	58855	587164	12136	85139	17160
河　北	182	3136	335	347092	147723	5774	41584	7554
山　西	38	458	49	19943	7210	1032	3319	874
内蒙古	99	1463	119	55916	71876	6318	58036	6865
辽　宁	169	3932	238	254703	351246	23049	214350	28789
吉　林	71	1848	127	133863	32651	3098	20239	2922
黑龙江	130	2978	222	180061	122554	8910	80422	7787
上　海	75	3071	76	101680	1172548	116030	796433	65548
江　苏	219	3998	413	428604	796161	54159	650506	48390
浙　江	190	3048	259	279243	532894	33223	380241	28210
安　徽	129	2505	185	209428	116396	13019	105876	12033
福　建	114	2021	597	136582	78491	9448	57973	8367
江　西	98	1719	148	110556	52162	8942	42926	8447
山　东	158	3208	381	540915	131707	12183	73916	10271
河　南	208	4944	279	285390	109247	9719	62599	8894
湖　北	126	3185	225	207797	938481	37883	437308	26397
湖　南	84	1639	81	40981	92281	7035	32961	6686
广　东	197	5537	294	432634	632150	25509	258910	30345
广　西	52	1203	59	44650	102708	10934	78240	10382
海　南	13	307	4	1437	94261	1208	6083	934
重　庆	102	2237	91	93550	225055	18466	122221	15513
四　川	207	3489	207	196558	396000	25619	164996	21148
贵　州	67	3612	42	33527	67866	12238	38441	10540
云　南	81	1028	69	27798	158243	8046	68800	7170
西　藏	2	18	5	553				
陕　西	73	1347	72	37372	143680	10509	112037	11102
甘　肃	38	502	34	13227	85690	2795	12718	1539
青　海	18	89	33	6103	3623	311	2737	145
宁　夏	26	137	2	3025	21931	2863	17101	2689
新　疆	90	916	17	13166	12245	4956	9023	3577

C-58续表

地　区	资产合计	固定资产原值	负债合计	净资产合计	事业基金
全　国	**2051744.4**	**1140245.1**	**776617.3**	**1275127.1**	**175113.7**
北　京	127843.6	62356.7	48820.1	79023.5	15118.6
天　津	23906.4	15908.8	6312.5	17593.9	2714.5
河　北	43952.9	36358.1	5580.2	38372.7	10970.2
山　西	11827.6	8847.2	2229.4	9598.2	993.9
内蒙古	21063.1	14869.7	7322.1	13741.0	905.8
辽　宁	119223.9	67493.9	60040.9	59183.0	7910.3
吉　林	51020.8	35642.5	28873.7	22147.1	2446.1
黑龙江	81128.2	45483.2	35773.1	45355.1	4953.5
上　海	236873.0	98508.9	122690.4	114182.6	12159.5
江　苏	154560.0	93945.5	46871.5	107688.5	18666.9
浙　江	116769.5	67232.1	29582.5	87187.0	13764.2
安　徽	36688.1	25310.0	8203.5	28484.6	5514.4
福　建	66511.9	35116.3	25327.9	41184.0	5707.1
江　西	36630.2	25684.3	8721.3	27908.9	3669.9
山　东	79496.7	49391.4	20955.1	58541.6	10669.9
河　南	57832.0	48175.7	13478.4	44353.6	3982.0
湖　北	70846.7	43385.0	19611.7	51235.0	10295.8
湖　南	38420.6	24840.9	15055.3	23365.3	2780.8
广　东	302862.2	140370.1	126854.6	176007.6	21255.1
广　西	32984.0	18482.2	12865.8	20118.2	3662.6
海　南	12773.4	8249.2	940.3	11833.1	214.5
重　庆	77652.1	30981.2	30030.0	47622.1	3218.8
四　川	108635.3	69683.4	37326.8	71308.5	2693.8
贵　州	36967.3	18018.3	21900.1	15067.2	1084.5
云　南	47284.2	16206.4	24969.0	22315.2	2485.3
西　藏	1477.1	1150.7	13.3	1463.8	80.9
陕　西	19298.3	13032.5	6482.4	12815.9	4810.8
甘　肃	6823.4	4694.4	2127.6	4695.8	883.8
青　海	3484.0	3293.0	1467.0	2017.0	257.7
宁　夏	5313.1	2521.4	1069.0	4244.1	217.8
新　疆	21594.8	15012.1	5121.8	16473.0	1024.7

单位：万元

收入合计			支出合计	纳税总额	盈利总额	亏损总额
	财政补助收入	事业收入				
979816.3	**40305.1**	**752954.2**	**895420.7**	**7179.9**	**109847.5**	**19724.1**
52625.3	602.6	29828.5	50892.5	937.3	3072.1	423.5
17751.8	610.8	14601.8	16748.0	80.4	1742.3	350.2
20059.6	3035.6	16619.0	17606.0	61.8	2320.5	603.9
5636.0	613.2	4716.1	5454.5	2.2	173.2	278.7
8614.6	724.4	7018.2	8179.9	1.8	655.8	155.9
49080.3	1361.7	35481.6	45984.1	605.8	5572.0	695.0
14845.1	847.6	9263.7	13927.0	32.5	1392.3	897.1
165845.9	1708.7	163564.7	164326.8	366.7	1895.9	1698.9
114023.6	1009.1	72226.8	83700.6	528.2	29893.9	440.2
74431.1	958.7	67865.2	70566.3	127.1	13809.2	524.7
49869.6	4726.3	31447.4	43323.0	192.0	7215.0	497.3
20040.8	928.0	17875.6	18198.7	137.0	2164.2	437.4
21865.4	1092.4	11963.6	18135.1	389.2	3777.7	747.0
14667.7	669.3	12783.0	12295.7	113.4	1164.5	710.0
34218.0	694.4	31440.2	31329.9	37.7	2980.5	92.4
20100.1	2874.6	15196.8	19246.1	61.0	761.0	467.8
31770.6	1401.4	28977.0	31169.4	148.8	1494.0	506.3
17806.3	1633.7	11330.8	16666.1	133.0	1066.5	770.1
111594.6	7646.8	73282.7	98522.9	1616.2	16361.9	2559.1
15985.6	646.0	11172.9	14574.5	237.4	1483.7	253.3
3218.1	109.1	3058.8	3003.1	33.3	1028.9	63.8
20365.5	1072.7	18466.0	20272.0	27.7	1698.2	1807.0
34213.7	1796.0	24488.1	35180.6	168.7	2068.6	3526.6
16190.6	561.1	12741.9	15102.0	610.4	2208.3	189.4
14954.4	1171.1	7079.8	14250.4	311.5	1663.2	201.7
195.0	138.2	56.8	187.2		13.0	5.2
11754.7	514.9	9926.4	10011.8	150.3	1578.3	174.3
4155.5	443.8	3389.3	3978.4	4.6	98.7	170.4
708.0	67.2	604.8	761.5	26.3	68.4	61.1
2131.3	184.0	1679.1	2442.9	15.0	230.8	331.9
11097.5	461.7	4807.6	9383.7	22.6	194.9	83.9

C-59 殡

地　区	单位数	年末职工人数	火化炉数	全年处理遗体数	穴位数	本年销售穴位数
全　国	**1549**	**42876**	**4792.0**	**4368646.0**	**1178937.0**	**62146.0**
北　京	12	700	74.0	73437.0	17572.0	1892.0
天　津	11	608	55.0	58855.0	25509.0	908.0
河　北	155	2659	335.0	347092.0	33404.0	1815.0
山　西	22	365	49.0	19943.0	31.0	31.0
内蒙古	50	1029	119.0	55916.0	28300.0	2579.0
辽　宁	73	2674	238.0	254703.0	17300.0	1059.0
吉　林	38	1588	127.0	133863.0	21345.0	2231.0
黑龙江	93	2515	222.0	180061.0	61965.0	3994.0
上　海	15	1108	76.0	101680.0		
江　苏	98	2716	413.0	428604.0	68899.0	3185.0
浙　江	72	2101	259.0	279243.0	40013.0	2438.0
安　徽	68	1925	185.0	209428.0	11026.0	1124.0
福　建	49	1464	597.0	136582.0	36257.0	3252.0
江　西	78	1479	148.0	110556.0	47083.0	7859.0
山　东	127	2900	381.0	540915.0	29692.0	1830.0
河　南	110	3529	279.0	285390.0	22083.0	1537.0
湖　北	80	2551	225.0	207797.0	184176.0	6641.0
湖　南	41	1219	81.0	40981.0	44368.0	3789.0
广　东	88	3823	294.0	432634.0	319927.0	2698.0
广　西	25	675	59.0	44650.0	4502.0	143.0
海　南	2	65	4.0	1437.0		
重　庆	32	849	91.0	93550.0	37997.0	2457.0
四　川	75	1783	207.0	196558.0	35507.0	2385.0
贵　州	17	739	42.0	33527.0	7499.0	852.0
云　南	33	413	69.0	27798.0	45294.0	1157.0
西　藏	2	18	5.0	553.0		
陕　西	34	717	72.0	37372.0	30577.0	2478.0
甘　肃	17	314	34.0	13227.0	2510.0	608.0
青　海	10	65	33.0	6103.0	180.0	60.0
宁　夏	3	32	2.0	3025.0		
新　疆	19	253	17.0	13166.0	5921.0	3144.0

仪馆

单位：个、具、万元

安葬数	本年安葬数	资产合计	固定资产原值	负债合计	净资产合计	事业基金
538807.0	**73581.0**	**1145356.2**	**787792.8**	**316994.3**	**828361.9**	**112528.7**
16876.0	1818.0	39212.1	25165.9	7519.1	31693.0	3366.5
9429.0	831.0	10869.1	8559.0	1200.9	9668.2	510.3
15485.0	3844.0	33681.7	28832.8	4201.0	29480.7	5894.5
31.0	31.0	9896.0	7659.8	1405.6	8490.4	954.6
20608.0	2358.0	18186.3	13039.2	6257.2	11929.1	640.1
15737.0	5654.0	67863.8	46209.7	24661.8	43202.0	5242.0
13543.0	2254.0	46301.7	32308.3	27217.9	19083.8	2411.8
43091.0	4158.0	58271.2	39226.8	25352.6	32918.6	2223.9
		70455.4	49253.9	28069.8	42385.6	7128.6
77883.0	3503.0	104243.4	72948.2	24646.1	79597.3	15464.1
29657.0	2505.0	77208.7	56870.1	12271.9	64936.8	6857.6
6603.0	1083.0	26509.3	19568.6	5404.0	21105.3	4111.0
28788.0	3770.0	51758.8	29527.0	18778.3	32980.5	4976.8
41048.0	7725.0	31500.3	22771.0	7112.9	24387.4	3130.0
14202.0	1758.0	64535.0	43851.8	16817.9	47717.1	7680.2
10251.0	1419.0	49306.5	42637.6	10936.2	38370.3	3617.1
38804.0	11630.0	47989.5	32323.2	11211.0	36778.5	6732.9
19365.0	4071.0	29707.0	18994.0	11241.9	18465.1	1489.0
20688.0	3125.0	140666.3	91664.9	28028.8	112637.5	13963.5
1370.0	165.0	18369.1	12197.7	3874.6	14494.5	3056.7
		6242.2	3521.6	34.0	6208.2	18.0
26222.0	2162.0	34589.8	16726.2	13522.9	21066.9	1556.8
21426.0	2206.0	54936.0	36593.1	13781.6	41154.4	4908.5
5300.0	774.0	11116.1	7094.4	4426.0	6690.1	277.9
23458.0	1300.0	14395.2	9105.8	1362.8	13032.4	1420.4
		1477.1	1150.7	13.3	1463.8	80.9
33015.0	3556.0	10070.1	8393.5	1898.3	8171.8	4147.6
1963.0	186.0	3993.7	2710.8	1237.2	2756.5	259.7
176.0	43.0	3179.0	2997.0	1417.0	1762.0	147.7
		901.8	745.3	118.5	783.3	24.3
3788.0	1652.0	7924.0	5144.9	2973.2	4950.8	235.7

C-59续表

单位：万元

地区	收入合计	财政补助收入	事业收入	支出合计	纳税总额	盈利总额	亏损总额
全国	**472507.4**	**27936.7**	**357925.3**	**441255.6**	**2841.6**	**51654.9**	**10810.6**
北京	18620.1	352.0	9898.6	17807.4	824.6	781.6	13.1
天津	8524.3	150.6	7931.7	8659.1	70.4	110.3	296.0
河北	15609.0	2523.7	12805.9	14012.6	21.7	1319.6	593.7
山西	4308.4	376.1	3644.2	4215.3	2.1	45.1	127.8
内蒙古	6637.3	457.0	5857.0	6198.5	1.2	609.2	128.9
辽宁	27866.7	324.3	21841.1	26180.8	137.8	3916.3	249.2
吉林	12533.2	652.6	7497.3	11790.3	32.4	818.5	881.0
黑龙江	22418.6	1545.6	20391.5	21843.3	112.6	1063.3	1550.4
上海	35414.0	1.0	9934.0	27257.8	307.1	8218.6	30.5
江苏	40122.6	741.5	36469.1	48427.5	51.9	5844.8	254.0
浙江	30768.4	3453.8	19417.6	27589.3	49.8	3759.9	413.1
安徽	13206.8	818.9	11646.0	12425.1	111.6	966.3	318.9
福建	16249.4	739.6	9645.6	13639.2	311.2	2693.0	430.5
江西	13491.9	501.2	12090.2	11133.8	78.5	1032.9	561.2
山东	27583.8	674.9	25439.6	25100.0	34.8	2564.4	80.6
河南	14409.2	2041.3	11215.6	14021.0	22.2	545.6	320.5
湖北	20544.1	1324.9	17992.4	20389.4	50.5	665.0	443.1
湖南	13434.9	1215.2	7701.1	12672.0	53.0	824.0	628.3
广东	74174.6	4786.8	59151.5	65010.5	274.8	11278.3	1775.4
广西	6424.2	594.1	5606.4	5840.4	46.9	632.2	151.7
海南	695.9	77.4	597.2	695.9		15.4	
重庆	9120.7	869.0	7697.6	8918.8	27.0	729.2	513.5
四川	18776.3	1424.9	14988.0	17553.9	108.1	1507.0	532.5
贵州	4808.7	394.1	4293.5	4276.1	12.4	596.0	128.7
云南	5103.3	876.2	3989.7	4969.3	11.0	115.7	84.3
西藏	195.0	138.2	56.8	187.2		13.0	5.2
陕西	5171.0	395.7	4390.9	4337.7	79.7	765.3	100.1
甘肃	2603.5	299.0	2277.6	2557.0	2.8	10.1	80.9
青海	592.4	25.1	531.3	651.9	2.1	46.7	59.0
宁夏	314.3	25.8	286.7	322.8	2.0	19.5	8.5
新疆	2784.8	136.2	2639.6	2571.7	1.4	148.1	50.0

C-60 公墓

单位：个、人

地　区	单位数	年末职工人数	穴位数	本年销售穴位数	安葬数	本年安葬数
全　国	**937**	**17591**	**6469512**	**442611**	**3769896**	**357154**
北　京	20	820	346633	17453	256692	18639
天　津	6	149	561655	11228	75710	16329
河　北	12	305	114319	3959	26099	3710
山　西	5	23	7179	1001	3288	843
内蒙古	21	240	43576	3739	37428	4507
辽　宁	46	830	333946	21990	198613	23135
吉　林	8	63	11306	867	6696	668
黑龙江	28	311	60589	4916	37331	3629
上　海	49	1901	1172548	116030	796433	65548
江　苏	98	1056	727262	50974	572623	44887
浙　江	76	629	492881	30785	350584	25705
安　徽	50	531	105370	11895	99273	10950
福　建	23	222	42234	6196	29185	4597
江　西	9	100	5079	1083	1878	722
山　东	27	280	102015	10353	59714	8513
河　南	31	565	87164	8182	52348	7475
湖　北	34	476	754305	31242	398504	14767
湖　南	19	230	47913	3246	13596	2615
广　东	50	1051	312223	22811	238222	27220
广　西	16	430	98206	10791	76870	10217
海　南	7	210	94261	1208	6083	934
重　庆	51	1284	187058	16009	95999	13351
四　川	96	1483	360493	23234	143570	18942
贵　州	31	2696	60367	11386	33141	9766
云　南	30	526	112949	6889	45342	5870
西　藏						
陕　西	30	556	113103	8031	79022	7546
甘　肃	14	135	83180	2187	10755	1353
青　海	8	24	3443	251	2561	102
宁　夏	9	54	21931	2863	17101	2689
新　疆	33	411	6324	1812	5235	1925

C-60续表

地 区	资产合计	固定资产原值	负债合计	净资产合计	事业基金
全 国	**776305.5**	**285877.3**	**423164.8**	**353140.7**	**45999.6**
北 京	57393.3	17702.0	35575.8	21817.5	5364.4
天 津	9115.0	5657.6	4535.6	4579.4	1806.2
河 北	6015.4	4403.4	980.8	5034.6	2753.6
山 西	1571.6	853.4	808.4	763.2	29.1
内蒙古	2394.3	1455.9	1016.8	1377.5	197.8
辽 宁	43185.4	19075.5	31660.2	11525.2	2447.1
吉 林	2235.3	1380.0	654.7	1580.6	461.3
黑龙江	19531.8	5343.4	8782.8	10749.0	2560.9
上 海	152329.4	48557.5	84566.4	67763.0	2893.6
江 苏	35759.1	14796.9	17695.8	18063.3	3306.2
浙 江	32490.2	6930.8	16194.7	16295.5	5208.5
安 徽	10103.5	5701.9	2793.9	7309.6	1383.1
福 建	12553.6	4313.6	5681.5	6872.1	383.4
江 西	3364.8	1837.2	1112.8	2252.0	543.0
山 东	13962.2	5016.7	3706.7	10255.5	2956.7
河 南	7547.9	4649.8	2391.1	5156.8	352.5
湖 北	20813.9	9352.0	8183.7	12630.2	3542.9
湖 南	6606.2	3824.9	3195.9	3410.3	606.3
广 东	153527.2	44738.2	97516.8	56010.4	6369.7
广 西	13450.8	5481.7	8977.2	4473.6	605.1
海 南	6362.6	4563.3	903.5	5459.1	73.0
重 庆	41990.9	13542.7	16170.9	25820.0	1493.8
四 川	51724.5	31845.6	23062.5	28662.0	-2306.9
贵 州	23694.3	8905.1	16952.9	6741.4	629.0
云 南	32012.3	6894.1	23579.2	8433.1	607.3
西 藏					
陕 西	7925.3	3992.1	4390.8	3534.5	635.3
甘 肃	2488.3	1751.3	855.7	1632.6	578.2
青 海	305.0	296.0	50.0	255.0	110.0
宁 夏	4021.0	1421.7	911.0	3110.0	172.5
新 疆	1830.4	1593.0	256.7	1573.7	236.0

单位：万元

收入合计	财政补助收入	事业收入	支出合计	纳税总额	盈利总额	亏损总额
451803.6	**2614.9**	**365165.3**	**405624.4**	**4250.9**	**54264.9**	**7763.4**
27216.0	107.1	19922.9	26519.2	72.7	1934.9	238.2
7397.8	6.0	5431.1	5819.0	1.0	1632.0	54.2
2644.2	153.4	2415.2	2143.9	40.1	638.1	6.9
1071.8		1071.8	979.1		127.6	150.3
1428.6	13.9	891.9	1423.0	0.6	44.6	14.0
18583.8	23.0	12059.0	17609.3	468.0	1109.2	343.1
1167.9	1.0	1088.4	1087.9		479.4	12.2
142481.3	47.7	142344.6	141697.8	254.1	672.4	148.5
76067.0	769.3	60561.4	54486.5	221.1	21675.3	409.6
22894.8	39.0	20788.4	15205.9	73.9	6329.6	43.3
15736.8	27.1	10510.3	12573.5	142.2	3193.4	63.0
6672.7	44.0	6136.4	5622.6	25.4	1184.5	115.4
4230.5	27.1	1367.1	3139.2	77.9	1038.6	234.5
608.1	31.4	316.1	641.4	14.3	97.1	107.8
6319.4	0.5	5971.0	5915.1	2.9	416.1	11.8
4517.6	18.6	3715.3	4062.8	38.8	215.4	137.3
10559.3	53.2	10370.7	9611.2	97.3	794.6	51.2
3879.1	114.4	3482.5	3488.2	79.5	231.5	120.2
31686.1	625.0	11011.5	27812.1	1341.4	5052.4	577.3
8852.0	18.1	4891.4	8025.2	190.4	831.6	101.6
2458.7	5.4	2452.5	2253.8	33.3	1012.5	63.4
10449.9	9.1	10398.9	10578.7	0.7	940.4	1126.7
14442.0	44.6	8877.1	16636.2	55.6	557.8	2983.3
10968.1	39.6	8170.5	10424.8	593.3	1570.0	51.2
9355.6	85.5	2815.2	8987.1	300.5	1547.5	109.3
5891.5	27.8	4957.2	5232.6	70.6	581.1	74.2
1265.3	52.9	916.9	1126.1	1.8	88.6	80.5
115.6	42.1	73.5	109.6	24.2	21.7	2.1
1733.2	82.7	1385.4	2036.6	13.0	211.3	323.4
1108.9	105.4	771.1	376.0	16.3	35.7	8.9

C-61 殡葬管

地　区	单位数	年末职工人数	资产合计		负债合计	净资产合计	
				固定资产原值			事业基金
全　国	**633**	**5820**	**130082.7**	**66575.0**	**36458.2**	**93624.5**	**16585.4**
北　京	6	225	31238.2	19488.8	5725.2	25513.0	6387.7
天　津	8	210	3922.3	1692.2	576.0	3346.3	398.0
河　北	15	172	4255.8	3121.9	398.4	3857.4	2322.1
山　西	11	70	360.0	334.0	15.4	344.6	10.2
内蒙古	28	194	482.5	374.6	48.1	434.4	67.9
辽　宁	50	428	8174.7	2208.7	3718.9	4455.8	221.2
吉　林	25	197	2483.8	1954.2	1001.1	1482.7	-427.0
黑龙江	9	152	3325.2	913.0	1637.7	1687.5	168.7
上　海	11	62	14088.2	697.5	10054.2	4034.0	2137.3
江　苏	23	226	14557.5	6200.4	4529.6	10027.9	-103.4
浙　江	42	318	7070.6	3431.2	1115.9	5954.7	1698.1
安　徽	11	49	75.3	39.5	5.6	69.7	20.3
福　建	42	335	2199.5	1275.7	868.1	1331.4	346.9
江　西	11	140	1765.1	1076.1	495.6	1269.5	-3.1
山　东	4	28	999.5	522.9	430.5	569.0	33.0
河　南	67	850	977.6	888.3	151.1	826.5	12.4
湖　北	12	158	2043.3	1709.8	217.0	1826.3	20.0
湖　南	24	190	2107.4	2022.0	617.5	1489.9	685.5
广　东	59	663	8668.7	3967.0	1309.0	7359.7	921.9
广　西	11	98	1164.1	802.8	14.0	1150.1	0.8
海　南	4	32	168.6	164.3	2.8	165.8	123.5
重　庆	19	104	1071.4	712.3	336.2	735.2	168.2
四　川	36	223	1974.8	1244.7	482.7	1492.1	92.2
贵　州	19	177	2156.9	2018.8	521.2	1635.7	177.6
云　南	18	89	876.7	206.5	27.0	849.7	457.6
西　藏							
陕　西	9	74	1302.9	646.9	193.3	1109.6	27.9
甘　肃	7	53	341.4	232.3	34.7	306.7	45.9
青　海							
宁　夏	14	51	390.3	354.4	39.5	350.8	21.0
新　疆	38	252	11840.4	8274.2	1891.9	9948.5	553.0

理单位

单位：个、人、万元

收入合计			支出合计	纳税总额	盈利总额	亏损总额
	财政补助收入	事业收入				
55505.3	**9753.5**	**29863.6**	**48540.7**	**87.4**	**3927.7**	**1150.1**
6789.2	143.5	7.0	6565.9	40.0	355.6	172.2
1829.7	454.2	1239.0	2269.9	9.0		
1806.4	358.5	1397.9	1449.5		362.8	3.3
255.8	237.1	0.1	260.1	0.1	0.5	0.6
548.7	253.5	269.3	558.4		2.0	13.0
2629.8	1014.4	1581.5	2194.0		546.5	102.7
1144.0	194.0	678.0	1048.8	0.1	94.4	3.9
946.0	115.4	828.6	785.7		160.2	
2542.6	238.8	1731.4	1956.3			0.1
11413.7	178.2	10607.7	6932.9	1.3	1634.8	227.4
3364.4	1245.4	1519.5	3160.2		261.7	21.2
161.3	65.1	93.2	151.0		13.4	3.1
1385.5	325.7	950.9	1356.7	0.1	46.1	82.0
567.7	136.7	376.7	520.5	20.6	34.5	41.0
314.8	19.0	29.6	314.8			
1173.3	814.7	265.9	1162.3			10.0
667.2	23.3	613.9	1168.8	1.0	34.4	12.0
492.3	304.1	147.2	505.9	0.5	11.0	21.6
5733.9	2235.0	3119.7	5700.3		31.2	206.4
709.4	33.8	675.1	708.9	0.1	19.9	
63.5	26.3	9.1	53.4		1.0	0.4
794.9	194.6	369.5	774.5		28.6	166.8
995.4	326.5	623.0	990.5	5.0	3.8	10.8
413.8	127.4	277.9	401.1	4.7	42.3	9.5
495.5	209.4	274.9	294.0			8.1
692.2	91.4	578.3	441.5		231.9	
286.7	91.9	194.8	295.3			9.0
83.8	75.5	7.0	83.5			
7203.8	220.1	1396.9	6436.0	4.9	11.1	25.0

C−62 福利彩票

地　区	单位数	年末职工人数	资产合计	
				固定资产原值
全　国	**1128**	**5864**	**838525.5**	**258543.0**
中央级	1	104	126664.8	45503.5
北　京	19	113	41823.1	20695.0
天　津	5	41	4051.3	3417.5
河　北	20	121	18311.8	2699.5
山　西	36	196	9436.4	5111.3
内蒙古	19	117	12685.2	4530.7
辽　宁	31	264	25650.9	8179.8
吉　林	60	258	13706.4	6119.1
黑龙江	23	131	6540.8	3196.9
上　海	19	65	53433.2	17844.3
江　苏	79	415	37275.3	11272.9
浙　江	91	178	33503.5	6201.0
安　徽	46	171	13776.3	3409.8
福　建	24	128	14582.5	7692.1
江　西	54	170	9751.4	5948.2
山　东	25	398	87971.4	13229.5
河　南	78	558	24060.2	3626.0
湖　北	63	248	15545.0	7419.0
湖　南	93	400	29977.9	10084.7
广　东	83	499	113317.1	23481.5
广　西	95	440	41311.3	13385.1
海　南	1	23	1797.7	127.5
重　庆	1	95	14468.9	7619.2
四　川	15	55	10100.0	6823.0
贵　州	5	78	11758.6	3799.0
云　南	35	80	16015.4	2462.5
西　藏	1	15	799.0	456.0
陕　西	50	182	10621.0	6313.9
甘　肃	15	116	10452.5	4401.3
青　海	2	14	2554.4	547.5
宁　夏	1	12	2518.5	991.2
新　疆	38	179	24063.7	1954.5

发行单位

单位：个、人、万元

负债合计	净资产合计	收入合计	支出合计		本年资助福利项目
				发行费支出	
561203.0	**267012.2**	**295035.3**	**284678.9**	**261423.1**	**5699**
42718.0	83946.9	13405.3	13359.3	10466.9	
37484.1	1838.2	21153.6	18652.8	18592.3	21
2690.5	2441.1	2110.6	3190.9	3175.4	
11039.5	3637.5	14047.4	10412.6	9778.5	16
6303.8	3194.1	5774.9	5836.4	4574.5	107
10411.3	2815.7	2666.6	3208.4	3130.5	120
21572.6	2847.5	21914.3	20683.5	19187.1	210
10644.7	3202.9	7513.3	7654.5	6371.4	60
5108.2	1404.8	2322.0	2294.2	1483.4	40
49559.8	3805.7	15588.3	15520.6	15337.0	84
27618.9	9764.3	5689.4	5797.3	4766.5	397
18035.7	14183.2	13423.2	12138.6	10195.9	529
10475.6	3232.4	5178.5	5110.2	4937.6	711
10717.4	4584.0	3358.0	4076.9	3841.1	41
6338.8	3152.6	8354.4	8094.4	4564.5	24
65955.6	21905.5	38335.5	38225.2	36800.2	509
18024.2	6165.5	5022.2	5151.7	4647.9	124
12605.7	2965.6	7846.0	7872.3	5006.0	630
23740.4	5976.1	7745.2	7483.8	5563.5	609
59616.8	51894.3	32077.6	30271.6	22233.2	830
34183.7	7294.3	15281.1	15447.8	14922.2	117
1796.4		1054.9	1053.6	1015.3	
10282.5	3749.1	6011.6	5574.3	5574.3	248
10296.0	149.0	6114.3	6459.3	6068.6	9
7082.3	4149.5	3494.5	2967.7	2830.5	7
12182.3	3101.3	7404.9	6673.1	16458.9	21
404.0	395.0	456.0	456.0	167.0	
5949.9	4558.3	5597.5	5484.7	5258.5	101
6816.3	3299.5	3605.6	3268.9	3258.5	37
2208.4	346.0	1324.0	1324.0	1324.0	
1581.2	937.3	1407.4	1407.4	1407.4	
17758.4	6075.0	9757.2	9526.9	8484.5	97

C−63 慈善

地　区	单位数	年末职工人数	资产合计		负债合计	净资产合计
				固定资产原值		
全　国	**395**	**1344**	**287031.7**	**9437.8**	**22541.2**	**130151.6**
中央级	1	41	9518.0	278.0	36.5	6003.6
北　京	7	21	1612.1	65.1	4.1	546.7
天　津	3	15	2090.6	33.5	504.7	1431.7
河　北	1	2	33.9	0.6		33.9
山　西	5	14	1978.4	142.4	46.3	1896.4
内蒙古	1	3	14.0	3.0	6.0	14.0
辽　宁	12	39	2192.2	201.5	403.6	557.7
吉　林	43	108	4333.6	535.0	405.1	3487.0
黑龙江	3	2	398.0	33.0		483.0
上　海	13	39	89064.0	3739.8	4703.5	3865.3
江　苏	37	96	17586.9	103.8	430.2	15655.1
浙　江	75	235	102264.7	1309.3	11458.1	61529.5
安　徽	16	27	445.2	5.2	38.2	363.1
福　建	7	27	3664.8	12.3	10.0	2100.4
江　西	28	70	2404.0	192.8	125.7	2280.3
山　东	21	111	12971.2	664.2	1644.1	3735.5
河　南	21	81	862.0	25.6	7.3	559.1
湖　北	13	38	2442.6	150.9	0.5	1532.0
湖　南	27	80	4665.2	101.9	13.0	3649.7
广　东	19	128	24077.5	1329.3	1415.2	18364.0
广　西	7	25	231.3	83.6		142.7
海　南						
重　庆	2	10	247.5	95.2	10.9	216.6
四　川	1	2	8.7		61.7	8.7
贵　州	3	7	832.5	2.4	44.0	502.4
云　南	2	10	1014.6	42.3	984.0	0.3
西　藏						
陕　西	7	26	577.3	4.1		507.3
甘　肃	11	59	726.5	159.8	51.1	423.1
青　海	1	3	44.6	10.8	1.0	43.6
宁　夏	1	2	15.0	2.0		15.0
新　疆	7	23	714.8	110.4	136.4	203.9

团体

单位：个、人、万元

收入合计	支出合计		本年资助福利项目	上年募捐结余	本年募捐收入	本年募捐支出	年末募捐资金结余
		发行费支出					
228807.0	**97680.7**		**1545.0**	**179809.7**	**168970.0**	**101724.5**	**247055**
638.7	373.4		64.0	2386.6	7315.5	6224.2	3478
2223.3	1162.0		5.0	621.7	2260.5	1237.8	1644
709.3	555.1		56.0	967.2	1001.1	614.4	1354
			1.0		37.3	4.0	33
384.2	348.5		18.0	15.0	476.7	297.0	195
	6.0			32.0		6.0	26
1657.2	426.3		18.0	359.3	2054.2	782.9	1631
3582.9	3141.4		74.0	2729.0	5563.9	5633.2	2660
471.0	556.0		15.0	412.9	1252.0	543.9	1121
136960.5	56465.3		15.0	36197.1	34807.0	12199.9	58804
5183.4	3681.8		40.0	21092.5	12229.4	7159.1	26163
44904.9	15627.8		275.0	70856.1	60371.8	22799.4	108429
540.4	496.5		4.0	698.9	505.3	548.0	656
2559.9	1005.5		17.0	13000.6	5836.2	3937.6	14899
547.4	549.4		11.0	3140.4	1093.8	1296.0	2938
11599.0	4007.4		395.0	3049.8	10117.1	4306.6	8860
1096.8	801.2		7.0	520.5	844.8	614.1	751
1736.0	825.9		46.0	557.6	485.9	462.6	581
2060.0	1057.5		2.0	3767.5	1416.3	3173.5	2010
9067.4	4769.1		80.0	15942.7	17865.0	24014.4	9793
160.8	72.2			47.5	306.2	136.7	217
50.6	30.6		10.0	412.1	210.2	291.9	330
585.7	647.4		220.0	19.7	585.7	631.6	-26
291.7	5.6		6.0		89.5		90
240.5	210.2		5.0	32.6	223.1	411.5	-156
183.0	113.0		12.0	38.6	190.4	156.4	73
776.0	523.7		141.0	121.0	718.5	506.5	333
17.8	17.8			73.0	136.0	158.0	51
29.0	29.0						
549.6	175.1		8.0	2717.8	976.6	3577.3	117

C-64 老龄事

地区	老龄工作机构（机关）					老龄直属机构	
	机构数	人员数	经费	1.财政补助收入	2.其他收入	机构数	人员数
全国	**7655**	**23613**	**112230.2**	**65617.7**	**79202.0**	**10671**	**210499**
北京	329	928	2829.3	2213.1	539.0	5	14
天津	19	94	286.6	229.3	8.5	89	234
河北	144	356	244.5	341.5	7.0	164	429
山西	154	739	429.6	306.9	9.8	785	4330
内蒙古	39	134	256.4	293.1	5.0	3	23
辽宁	66	222	439.9	361.7	71.4	430	2186
吉林	95	417	502.0	444.1	10.8	77	319
黑龙江	126	481	541.5	558.5	15.8	267	871
上海	1428	2385	1199.0	1469.0	7121.0	85	151
江苏	293	1180	4017.4	2882.8	302.8	408	754
浙江	252	802	58573.3	23339.8	35147.2	474	1102
安徽	144	278	639.2	631.2	5.1	138	358
福建	125	343	752.7	438.0	158.2	175	463
江西	98	306	294.5	262.3	11.4	1551	7992
山东	2108	5205	3449.6	2388.4	223.1	498	42185
河南	181	423	381.5	360.9	16.9	382	5357
湖北	82	288	751.2	647.4	47.0	100	180
湖南	153	582	1325.4	20865.8	8233.5	704	1477
广东	119	1865	1621.5	1345.9	115.8	393	123418
广西	122	315	1114.0	898.5	76.4	8	20
海南	23	35	56.8	25.7	2.5		
重庆	42	140	627.6	579.0	46.8	14	38
四川	499	2376	1624.8	1492.8	141.6	2358	8687
贵州	238	1345	405.1	369.5	4.9	600	7180
云南	239	577	27481.9	755.9	26788.6	373	614
西藏							
陕西	96	492	916.3	880.5	34.7	254	1104
甘肃	100	394	359.8	357.5	6.8	81	211
青海	44	70	44.5	44.3	0.2	1	4
宁夏	24	93	60.7	57.2	5.6	102	342
新疆	273	748	1003.6	777.1	44.6	152	456

业情况

单位：个、万元、件、人

老年法律援助/救助案件数				老龄系统接待来信来访次数	老年服务设施		老年医疗保健机构/设施
	由律师事务所提供案件数	由公证机关提供案件数	由法院提供案件数		活动站/中心/室数	家庭病床数	
121512	**38944**	**30328**	**37057**	**424708**	**671464**	**316484**	**22404**
2174	1263	240	322	31587	6412	13112	230
1330	371	166	637	3385	2522	2210	787
4050	2045	682	1265	5159	5366	12447	1095
2573	886	749	838	11920	14036	28492	2019
2658	243	141	2262	3561	687	1986	204
3775	1932	332	1311	17231	4597	5698	934
3960	904	1819	1165	2654	5340	8238	885
7496	988	4294	1806	8688	5948	20281	628
11973	2150	4772	2710	63203	18241	15056	1127
7463	3009	1532	2255	16364	26774	18924	2075
2446	718	440	1028	16899	19352	3759	119
3238	822	798	657	4469	3440	5795	1081
5035	907	591	838	8059	9544	4202	177
1973	523	201	994	4742	407976	1472	447
10597	3947	2042	4164	12821	41333	32084	1854
3713	1624	513	1460	21929	10374	29784	1079
3315	988	912	977	9115	11486	4383	868
4732	1539	1000	1524	31292	14585	41328	1189
7572	3632	3054	244	16570	10365	7034	986
2269	839	642	738	11675	7379	32407	144
255	81	60	114	493	141		10
5434	1702	859	2074	15428	4926	9285	413
9071	2855	1922	3228	32972	17774	9657	2155
2175	831	204	595	8652	2843	996	122
4909	1553	875	1459	14305	6439	1170	257
					1		
1927	491	480	816	6377	4809	1692	434
1159	375	148	256	6363	2663	1162	708
111	31	38	33	3000	601	54	67
763	267	297	183	13425	866	904	9
3366	1428	525	1104	22370	4644	2872	301

C－64续表

地　区	老年医疗保健机构／设施				老年社		
	老年门诊数	老年医院数	老年康复医院数	老年临终关怀医院数	老年学术组织数	老年文教体组织数	老年人协会数
全　国	**475715**	**2687**	**1672**	**2681**	**5832**	**75205**	**320307**
北　京	184	17	33	6	45	4920	5260
天　津	205	108	21	48	18	1429	3710
河　北	846	125	27	349	139	2105	6494
山　西	36897	246	153	109	176	1987	10280
内蒙古	544	148	128	27	56	189	179
辽　宁	1050	31	33	52	56	2988	5712
吉　林	768	156	58	59	198	2026	7259
黑龙江	593	74	85	41	514	1835	6196
上　海	893	151	56	9	120	13166	3737
江　苏	2157	129	153	91	350	3742	16313
浙　江	2777	8	22	6	91	3639	27556
安　徽	26573	52	22	476	83	641	8969
福　建	277	31	4	27	156	2162	11574
江　西	277	21	22	29	146	2047	11560
山　东	4349	433	114	46	744	6922	61364
河　南	1163	128	62	423	259	4379	16073
湖　北	3990	89	85	124	156	937	6281
湖　南	1137	85	75	138	336	3818	21176
广　东	92095	101	206	134	149	783	13170
广　西	98	3	9	10	49	2260	9707
海　南	18				5	219	291
重　庆	38979	93	118	84	330	2658	9105
四　川	9467	173	92	141	595	3934	8336
贵　州	188	34	19	3	109	1166	10870
云　南	241031	23	5	5	622	1653	13456
西　藏							
陕　西	7112	63	31	210	102	499	12777
甘　肃	217	59	12	6	18	1972	7286
青　海	49				1	7	1155
宁　夏	75	7	5	12	11	141	1330
新　疆	1706	99	22	16	198	981	3131

单位：个、万元、人

会组织					老年教育			
老年基金会	基金会个数	事业投入经费	资金结余	其他	老年大学	在校人数	老年学校	在校人数
5768	**4984**	**347542.1**	**1104394.9**	**3106**	**8521**	**1244719**	**35460**	**3137503**
				2	49	17275	2844	228965
6	11	42.5	632.6	1	45	28607	600	78391
2	3	38.1		2	264	53633	1003	84476
208	363	1011.8	481.6	10	454	142419	864	48829
5	1	7.3	5.8		39	5539	53	5232
290	294	15.0	100.0	1	92	7896	999	40036
18	2	32.0	341.0	172	418	21895	1574	103713
15	7	1391.5	335.0		93	28381	567	17331
2	2	582.6	586.3	1	3989	240396	308	216966
58	9	726.5	337.5	18	209	86508	3867	344662
916	157	545.0	3021.8	5	180	95186	1717	137309
193	1	277.0	3.7	6	332	26856	1768	64223
1077	1444	213350.2	497344.9	86	242	31264	4144	315896
455	404	190.2	149.8	1	64	11690	841	45637
92	92	646.2	459.2	4	363	83077	2800	173296
24	1	2.5		3	84	26050	2744	239825
7	10	188.7	193.9	28	390	36823	361	91294
251	255	2620.4	1512.8	2255	203	27196	1770	157096
1366	1344	5975.5	595493.3	104	45	54636	1063	232027
8	8	19.5	396.2		66	20764	996	66894
4					1	140	2	35
3	11	241.9	178.0	398	55	27539	929	137957
228	42	17.0	410.0		429	60553	1669	121826
1		52.9	10.0	1	100	13976	292	33078
227	47	119144.7	1188.4		48	29755	645	78761
225	24	369.0	761.3	4	112	29271	368	27726
81	450	25.9	1.0	1	32	5659	46	1616
					7	302		
1	1	1.5	0.8	1	22	1760	147	8722
5	1	26.7	450.0	2	94	29673	479	35684

C-65 民政其他事业

地区	单位数	编制人数	其他编制人数	年末职工实有人数	按行	
					中央级	省级
全国	**4572**	**41156**	**3440**	**39949**	**817**	**4227**
中央级	29	1392		817	817	
北京	113	2378	10	2003		1107
天津	28	328	6	281		99
河北	35	234		217		
山西	255	2899	56	2714		184
内蒙古	72	807	13	795		251
辽宁	199	1921	159	1886		212
吉林	303	3000	1493	3115		46
黑龙江	154	1704	45	1676		220
上海	62	1207		975		650
江苏						
浙江	258	1123	28	1017		98
安徽	134	699	50	677		34
福建	101	440	38	425		51
江西	228	1897	434	2155		144
山东	484	2565	169	2636		110
河南	178	2838	222	2903		401
湖北	242	2610	152	2715		152
湖南	114	930	19	982		47
广东	292	3235	120	3180		131
广西	63	346	13	338		92
海南	17	99		95		14
重庆	68	412	78	397		8
四川	363	2048	61	2098		30
贵州	68	679	38	621		49
云南	239	2386	138	2139		35
西藏	24	207		200		
陕西	249	1762	5	1811		5
甘肃	48	278	61	309		
青海	4	18		15		15
宁夏	53	209	29	198		31
新疆	95	505	3	559		11

单位人员情况

单位：个、人

政机构分			按年龄划分			
地级	县级	乡、镇、街道	35岁及以下	36岁至45岁	46岁至55岁	56岁及以上
8584	**23979**	**2342**	**16148**	**14539**	**7964**	**1298**
			277	282	215	43
	896		731	648	526	98
97	85		108	83	79	11
37	180		99	69	38	11
731	1799		1039	1043	558	74
287	257		289	294	192	20
239	1286	149	651	766	427	42
1204	1860	5	1140	1163	716	96
301	1023	132	783	598	259	36
311	14		390	278	260	47
147	747	25	366	361	257	33
98	514	31	303	236	126	12
60	310	4	220	137	63	5
255	1474	282	854	827	411	63
238	1678	610	1088	1060	444	44
690	1641	171	1345	944	499	115
492	2027	44	1083	978	490	164
197	639	99	450	362	137	33
926	2050	73	1321	1032	709	118
112	134		134	120	78	6
	47	34	32	18	9	36
34	330	25	174	143	73	7
464	1432	172	898	733	415	52
114	400	58	243	269	95	14
994	985	125	809	892	376	62
55	89	56	104	80	16	
259	1367	180	778	659	340	34
44	218	47	127	122	47	13
			9	5	1	
45	122		86	77	30	5
153	375	20	217	260	78	4

C-65续表

地区	按文化程度分		按性别分		财务	
	大学本科及以上	大学专科	男性	女性	资产合计	固定资产原值
全国	**5694**	**13157**	**22965**	**16984**	**1372741.0**	**744639.0**
中央级	491	242	462	355	206412.0	89641.0
北京	351	522	1115	888	118838.5	64074.7
天津	91	108	162	119	5306.2	3309.9
河北	24	58	108	109	278.8	143.6
山西	266	861	1482	1232	26798.7	17882.1
内蒙古	71	253	401	394	4852.0	3012.3
辽宁	420	952	1060	826	16341.3	9420.3
吉林	431	1059	1850	1265	31624.3	18045.9
黑龙江	256	811	938	738	17001.4	13542.3
上海	173	291	478	497	131126.2	49712.3
江苏						
浙江	194	387	600	417	31544.0	12080.4
安徽	138	288	423	254	4254.7	1923.5
福建	66	139	267	158	5599.8	3709.7
江西	147	676	1202	953	14381.2	11223.7
山东	415	912	1719	917	15212.5	9484.8
河南	336	891	1612	1291	17329.8	13782.8
湖北	344	921	1511	1204	14326.8	9629.8
湖南	115	353	543	439	10745.4	4492.3
广东	280	681	1938	1242	635270.2	370879.8
广西	62	140	188	150	9242.4	2553.9
海南	13	37	58	37	54.5	29.9
重庆	61	191	236	161	4077.5	1670.7
四川	355	564	1255	843	15520.9	9571.2
贵州	52	224	380	241	5178.4	3929.2
云南	160	431	1226	913	13038.7	8566.4
西藏	4	20	121	79	3340.5	2275.4
陕西	203	697	1046	765	2974.9	1600.9
甘肃	21	85	195	114	1269.6	806.1
青海	6	6	10	5	110.0	53.0
宁夏	41	87	124	74	2220.5	2120.5
新疆	107	270	255	304	8469.3	5470.6

单位：人、万元

状况

负债合计	净资产合计	事业基金	收入合计	财政补助收入	事业收入	支出合计
321087.1	**1032066.9**	**159511.9**	**500192.2**	**270506.3**	**120898.8**	**480605.2**
61619.0	143779.0	99715.0	24958.0	5470.0	14545.0	23944.0
33893.9	82325.2	17766.6	67832.3	5982.4	43211.0	65212.9
885.8	4395.9	419.2	1955.3	879.9	782.1	1930.8
123.0	152.1	12.2	308.6	243.2	25.4	304.9
4220.1	21282.0	1931.9	22615.2	15344.8	3417.6	21318.6
926.6	3917.2	730.3	2560.7	1273.3	662.6	2552.5
4267.0	12138.5	858.1	10155.1	4249.6	2637.3	10219.3
4442.7	25188.1	6801.3	25405.8	14770.8	5882.0	23412.3
7887.2	9437.6	1065.2	12300.7	5463.5	4165.7	12624.1
26796.3	102673.8	5544.9	39380.0	14614.4	7208.3	37723.9
9906.1	21272.1	3383.7	15197.5	9953.4	2663.3	14831.7
1357.3	2568.9	717.1	1806.7	1172.7	272.4	1478.2
1072.0	4292.8	550.0	3959.6	2665.9	671.0	3724.6
2052.3	12093.4	1624.9	75245.9	70421.3	1372.0	75010.4
4340.5	10411.5	531.7	10822.3	5857.2	3581.6	10361.8
3246.0	14073.1	1107.2	10509.3	7144.1	2109.4	10498.6
4845.1	9731.1	266.4	8178.4	1037.9	5070.7	8427.8
4369.1	5415.7	1281.8	12222.6	9229.4	2242.5	11262.0
129452.7	500581.1	10711.2	108349.1	67512.7	13948.0	103112.7
3391.3	4921.3	380.5	3357.6	1325.3	398.4	2427.8
3.1	45.1	4.6	192.6	43.2		186.3
1734.4	2133.7	336.0	2242.8	816.2	449.9	2033.4
5405.2	9844.7	1748.7	15054.1	11339.8	2958.1	14783.1
822.0	4369.0	34.4	1193.3	618.2	350.1	1205.9
1382.7	10717.9	423.9	8465.6	5603.6	1649.2	7527.5
934.5	2406.0		2896.8	2862.0	34.8	2896.8
475.2	2488.0	772.7	2423.3	2085.0	128.8	2411.6
102.3	1016.0	220.0	1017.2	975.7	41.5	865.9
43.0	67.0		88.0	88.0		88.0
15.0	1936.3		422.4	146.4	8.0	153.2
1075.7	6392.8	572.4	9075.4	1316.4	412.1	8074.6

C-66 民政行政

地区	单位数	编制人数	其他编制人数	年末职工实有人数	按行	
					中央级	省级
全国	**4117**	**96132**	**13626**	**112648**	**251**	**3128**
中央级	1	264		251	251	
北京	19	1842	152	1920		103
天津	20	654	55	1152		123
河北	194	4762	458	7191		99
山西	185	2156	333	2576		82
内蒙古	118	2271	360	3704		73
辽宁	117	3517	515	3593		76
吉林	76	1828	154	1839		83
黑龙江	148	2597	296	2711		96
上海	21	1446	40	1532		177
江苏	133	4211	458	4479		115
浙江	103	3778	700	4228		88
安徽	127	3040	380	3435		97
福建	96	2176	381	2544		83
江西	117	2341	275	2876		72
山东	509	6443	764	6822		121
河南	181	7578	1597	9131		134
湖北	127	3696	391	4196		86
湖南	142	7788	2814	8118		162
广东	144	3381	333	5125		99
广西	124	2174	98	4372		79
海南	23	624	82	706		55
重庆	43	2728	242	2956		115
四川	302	4851	638	5318		110
贵州	98	5357	459	5525		96
云南	231	4318	341	4603		104
西藏	83	719	116	808		67
陕西	118	3527	449	3872		132
甘肃	102	2287	274	2405		116
青海	55	720	67	763		97
宁夏	29	491	73	1269		59
新疆	331	2567	331	2628		129

机关人员情况

单位：个、人

政机构分			按年龄划分			
地级	县级	乡、镇、街道	35岁及以下	36岁至45岁	46岁至55岁	56岁及以上
13924	**58983**	**36362**	**31995**	**44272**	**30895**	**5486**
			77	78	77	19
	732	1085	466	834	572	48
427	118	484	264	460	361	67
581	4544	1967	2079	3066	1797	249
269	1967	258	743	979	756	98
427	1637	1567	660	1677	1024	343
623	1730	1164	728	1373	1301	191
219	978	559	301	788	688	62
793	1444	378	741	1147	748	75
646	29	680	320	445	676	91
586	2311	1467	639	1674	1728	438
396	1789	1955	768	1585	1509	366
536	1973	829	844	1235	1077	279
284	1240	937	426	982	930	206
481	2109	214	610	1059	954	253
840	4001	1860	2165	2571	1781	305
742	5626	2629	3261	3474	2036	360
653	2877	580	906	1709	1310	271
649	4150	3157	2854	2908	1902	454
837	2574	1615	1424	1550	1788	363
401	1543	2349	1220	2044	1074	34
51	415	185	181	283	183	59
168	887	1786	1015	1153	688	100
738	3328	1142	1533	2168	1467	150
288	1696	3445	1948	2326	1134	117
537	2702	1260	1470	2164	892	77
270	464	7	496	250	54	8
447	1968	1325	1149	1575	950	198
355	1555	379	862	905	549	89
142	502	22	212	360	168	23
81	362	767	731	331	182	25
457	1732	310	902	1119	539	68

C-66续表

地区	按文化程度分		按性别分		财务	
	大学本科及以上	大学专科	男性	女性	资产合计	固定资产原值
全　国	**22150**	**48590**	**77974**	**34674**	**1346824.0**	**627965.3**
中央级	208	43	187	64	53162.0	28659.0
北　京	754	923	839	1081	65614.1	13557.8
天　津	351	481	725	427	8879.7	4322.4
河　北	826	2931	4414	2777	43923.9	24719.2
山　西	410	1285	1752	824	13644.6	6929.8
内蒙古	1769	1486	2664	1040	17135.2	9950.7
辽　宁	1080	1968	2492	1101	40010.5	18721.8
吉　林	482	644	1377	462	16163.4	7677.6
黑龙江	951	1414	1759	952	21217.9	12247.2
上　海	471	646	889	643	29165.1	10436.3
江　苏	989	1810	3520	959	88922.8	29905.2
浙　江	771	1846	3279	949	75968.0	27349.4
安　徽	818	1693	2595	840	31769.2	17196.8
福　建	320	835	2014	530	39197.1	13833.5
江　西	393	1307	2132	744	24126.5	9480.9
山　东	1582	2991	5099	1723	106864.5	57490.9
河　南	970	3756	6217	2914	39625.4	22133.6
湖　北	937	2113	2998	1198	56294.6	32620.1
湖　南	1228	3280	5469	2649	95513.3	41569.0
广　东	981	2036	3498	1627	126699.3	72269.1
广　西	636	2107	2944	1428	35967.0	13057.4
海　南	119	308	531	175	11763.7	5302.5
重　庆	725	1593	1956	1000	34802.3	13056.7
四　川	1032	1892	3605	1713	63180.9	32283.1
贵　州	535	2164	3682	1843	56340.4	19731.8
云　南	658	1898	3209	1394	59263.4	32225.0
西　藏	42	241	477	331	1475.9	1273.0
陕　西	702	1697	3014	858	27255.4	12566.8
甘　肃	413	1026	1816	589	12589.7	9864.8
青　海	181	323	520	243	8178.3	7077.6
宁　夏	219	388	672	597	4661.9	2171.5
新　疆	597	1465	1629	999	37448.0	18284.8

单位：人、万元

状况

负债合计	净资产合计	事业基金	收入合计	财政补助收入	事业收入	支出合计
355544.4	**922487.6**	**83487.8**	**2178891.5**	**1714892.7**	**94127.8**	**2110099.5**
3164.0	22655.0		92954.0	58715.0	34205.0	65611.0
25910.7	32734.5	8222.5	143517.7	89521.8	855.6	136548.8
3092.5	5787.2	496.9	14570.6	12280.0	1037.1	14570.6
11609.4	32039.1	2055.3	85746.8	76852.2	978.0	85471.4
2017.4	10041.0	1074.0	69255.3	59481.9	2173.0	67669.1
3220.5	13924.9	705.9	23033.8	19225.9	387.2	23044.0
16361.3	23259.3	513.2	56807.0	45357.2	4400.8	56417.1
1821.4	12156.8	1928.5	54720.0	46868.2	362.3	52534.8
3683.4	17786.9	3126.9	62669.8	47741.0	1449.1	62922.2
8380.5	16982.1	709.3	82691.4	39281.4	689.8	78888.9
35705.3	53155.7	3059.3	116861.4	100413.9	6634.9	116799.6
15969.7	53698.8	6717.4	133876.4	102925.1	4716.4	127576.9
6319.3	24545.1	3500.0	35228.1	21610.4	175.0	34323.3
10313.6	27592.4	5990.3	74604.9	58447.5	1172.7	73313.8
5528.6	19082.3	1768.3	50103.0	45786.0	655.9	50587.4
33743.8	73089.2	4417.6	121261.6	104765.2	2257.1	121230.1
6603.8	30163.8	3231.9	85720.9	76033.2	511.9	82863.1
19979.6	35786.3	2401.1	75946.5	61488.2	1193.2	75417.8
28215.2	62908.0	13296.7	118390.6	97926.2	3783.2	114000.5
22409.7	108861.4	8034.7	162818.6	127087.1	9707.5	167390.4
5585.1	27138.7		55885.0	39145.7		52641.8
1701.1	9011.7	1523.3	19980.7	18809.7	384.2	18929.8
15886.0	18170.4	1043.3	70835.7	64312.0	756.4	70089.8
20956.4	42351.3	1426.8	89318.8	70067.5	2162.0	89445.6
12336.4	37356.8	2646.7	71076.5	60940.8	976.5	64429.3
10466.8	46480.9	2306.8	56361.7	47065.2	2079.1	54046.0
60.9	1415.0		1851.5	1851.5		1851.5
7174.2	17894.0	940.4	27658.8	21113.7	1230.4	25471.6
2126.7	10383.3	118.7	58023.8	52130.0	2254.3	57944.1
1301.0	6877.3		1387.0	1381.3		1387.0
916.7	3175.7	100.1	11145.4	7103.4	1012.4	10575.9
12983.4	25982.7	2131.9	54588.2	39164.5	5926.8	56106.3

CASY

6. 分省基本建设统计资料

D-1 民政事业基

地　区	计划总投资	本年计划投资	自开始建设至本年底累计完成投资	本年完成投资	国家投资
全　国	**928742.0**	**319093.6**	**580464.7**	**292253.7**	**89987.6**
中央级	31863.0	11836.0	19543.0	763.0	763.0
北　京	95014.9	23417.1	29393.8	11614.7	4538.4
天　津	6024.0	4470.2	4550.0	3722.7	2600.0
河　北	20509.3	5678.2	13132.1	4293.8	1006.3
山　西	11089.1	1752.0	8741.1	6253.1	3217.0
内蒙古	2309.2	1950.6	1732.1	1624.9	265.0
辽　宁	25596.6	10310.5	17390.7	12294.4	1521.3
吉　林	5398.4	1618.4	4155.4	2867.4	765.0
黑龙江	5669.5	2835.5	5639.0	3830.5	660.0
上　海	16810.9	1954.9	20772.8	2743.4	2523.6
江　苏	42137.7	15526.2	30488.5	14384.0	4012.7
浙　江	104521.5	35920.8	55862.3	27837.0	10410.0
安　徽	12873.6	2556.0	5937.4	4086.1	690.3
福　建	22772.4	7643.7	14023.8	8887.7	1832.6
江　西	13401.0	5910.5	9537.4	5845.7	1667.9
山　东	68209.9	21846.1	40434.7	19483.3	1591.0
河　南	40202.7	13168.7	30004.3	15991.3	3894.9
湖　北	38963.5	12184.3	23077.1	12718.9	2656.3
湖　南	59243.0	19982.1	33459.1	16304.7	2631.0
广　东	118513.2	25193.8	78502.1	23511.5	8577.9
广　西	50048.0	28972.1	36711.0	29440.1	4015.1
海　南	320.5	316.5	1125.3	586.5	400.3
重　庆	26406.5	12234.8	17479.0	8809.7	2901.6
四　川	13871.2	3864.0	10201.8	3778.6	1340.3
贵　州	26633.7	9458.3	19565.4	9093.4	4154.1
云　南	12543.6	4453.7	5958.5	4171.0	1814.0
西　藏	13971.2	10608.9	10664.0	10664.0	10664.0
陕　西	16656.0	9846.5	15436.8	10072.5	2000.3
甘　肃	3140.5	1122.3	2350.3	2069.2	445.0
青　海	6922.2	5620.8	6158.6	7110.1	3720.8
宁　夏	5782.1	1101.0	2499.5	1965.0	342.0
新　疆	11323.1	5739.1	5937.8	5435.5	2365.9

本建设投资情况

单位：万元、个、平方米

国内贷款	自筹	福利彩票公益金	其他	本年施工项目个数	本年施工房屋建筑面积	本年新增固定资产
23753.2	**143730.4**	**46764.9**	**34782.5**	**8985**	**4213572**	**174617.4**
				3	800	144.0
775.2	6130.1	454.0	171.0	71	153006	2520.9
	949.0		173.7	9	10957	42.2
	2962.5	93.7	325.0	58	77779	3725.9
	2387.1	1334.0	649.0	18	56638	1749.1
	649.9	85.0	710.0	31	30281	797.1
	8959.1	262.0	1814.0	67	47399	6873.7
	1950.0	375.0	152.4	38	30576	1759.4
900.0	1890.0	590.0	380.5	16	33787	4418.8
	219.8	219.8		4	27524	4584.0
890.0	6052.5	428.5	3428.8	78	107464	13143.2
1536.4	12352.1	3341.6	3538.5	132	280055	12622.2
1055.3	1671.1	451.0	669.4	30	14978	555.5
2100.0	3652.5	150.0	1302.6	35	40958	4647.0
1190.0	2574.8	289.0	413.0	62	78770	3030.3
200.0	13769.1	4184.8	3923.2	102	241449	13215.4
236.0	11107.8	8049.8	752.6	70	113915	9664.9
475.0	7549.3	1783.6	2038.3	105	166733	9066.1
3005.0	9255.7	650.4	1413.0	142	129146	7911.1
678.0	11224.3	3039.3	3031.3	282	1064091	6415.9
2095.5	21035.3	15730.9	2294.2	2806	702037	18220.2
	146.2		40.0	18	6299	477.6
670.0	2950.8	615.0	2287.3	166	138499	3689.5
	1573.3	106.8	865.0	22	37940	3584.4
929.6	3116.1	646.6	893.6	111	193610	13931.7
882.2	720.1	152.4	754.7	36	27800	1419.0
				28	34420	10664.0
4633.0	2650.1	1416.7	789.1	4121	56208	7956.0
	1370.9	371.9	253.3	50	24006	1026.0
1502.0	1512.3	418.2	375.0	98	83957	3057.1
	653.0	8.0	970.0	8	11273	423.3
	2695.6	1516.9	374.0	168	191217	3281.9

D-2 优抚安置单位

地　区	计划总投资	本年计划投资	自开始建设至本年底累计完成投资	本年完成投资	国家投资
全　国	**89775.5**	**29661.0**	**61380.4**	**31126.8**	**11132.0**
北　京					
天　津	2214.0	1220.2	1525.8	1332.0	1313.0
河　北	8706.7	1731.8	4473.5	600.4	268.3
山　西	1626.0	462.0	1262.0	976.0	400.0
内蒙古	100.0	100.0	58.3	40.0	
辽　宁	2333.0	1672.0	2065.6	1177.6	895.6
吉　林	4010.0	420.0	2447.0	1259.0	200.0
黑龙江	160.0	160.0	160.0	160.0	160.0
上　海					
江　苏	7897.0	3283.0	4946.0	3283.0	1199.0
浙　江	3960.6	380.6	2711.2	442.3	416.3
安　徽	4373.1	810.0	812.0	707.0	335.0
福　建	678.0	245.0	600.0	241.0	16.0
江　西					
山　东	6950.0	3452.0	4980.0	2515.0	400.0
河　南	6656.6	1737.5	3259.7	2100.3	1533.3
湖　北	3259.2	1129.5	3119.5	1343.1	262.8
湖　南	7329.0	1020.0	2470.0	1041.0	651.0
广　东	11106.8	1908.0	10387.0	2287.8	165.0
广　西	3672.5	1401.2	3219.1	1763.1	528.5
海　南	50.0	20.0	50.0	20.0	20.0
重　庆	1577.0	1070.6	882.0	821.6	263.6
四　川	1135.0	735.0	586.0	526.0	80.0
贵　州	2122.0	422.0	640.0	642.0	612.0
云　南	364.0	82.6	362.6	362.6	347.6
西　藏					
陕　西	8760.0	5843.0	9898.1	7041.0	968.0
甘　肃	310.0	230.0	230.0	230.0	67.0
青　海	255.0	105.0	55.0	75.0	10.0
宁　夏					
新　疆	170.0	20.0	180.0	140.0	20.0

基本建设投资情况

单位：万元、个、平方米

国内贷款	自筹	福利彩票公益金	其他	本年施工项目个数	本年施工房屋建筑面积	本年新增固定资产
5195.0	**10781.4**	**1895.2**	**4018.4**	**184**	**331942**	**16011.9**
	19.0			5	1247	42.2
	332.1			8	35228	1610.0
	127.0	20.0	449.0	2	18580	90.0
			40.0		1000	58.3
	282.0	82.0		3	7025	132.0
	1001.0	300.0	58.0	3	14900	941.0
				2		160.0
90.0	577.0	100.0	1417.0	11	16390	297.0
12.0	14.0			5	2870	
	232.0	68.0	140.0	6	784	280.0
	135.0	110.0	90.0	5	2449	216.0
200.0	1865.0	261.3	50.0	20	35763	1471.0
	387.7	61.7	179.3	12	7815	160.0
	881.0	161.0	199.3	11	10170	439.5
	382.0	39.0	8.0	15	12910	61.0
	1703.0		419.8	4	88561	293.0
	1183.6	493.2	51.0	37	23206	2027.9
				1	300	20.0
260.0	234.0	104.0	64.0	6	3772	476.0
	431.0		15.0	3	9200	35.0
			30.0	3	6938	85.0
	15.0	15.0		3	980	355.0
4633.0	752.0	50.0	688.0	5	26971	6550.0
	43.0	10.0	120.0	9	850	187.0
	65.0			3	3442	5.0
	120.0	20.0		2	591	20.0

D-3 社区服务单位

地　区	计划总投资	本年计划投资	自开始建设至本年底累计完成投资	本年完成投资	国家投资
全　国	**119924.9**	**48408.3**	**90145.3**	**56649.0**	**22876.5**
北　京	14273.0	2815.0	18762.4	2463.9	932.9
天　津					
河　北	1668.0	784.0	1396.5	569.0	275.0
山　西	517.0	110.0	307.0	117.0	
内蒙古	120.0	20.0	121.0	20.0	
辽　宁	12638.0	5872.2	6992.0	5925.0	304.0
吉　林	510.0	470.0	490.0	530.0	305.0
黑龙江	380.0	200.0	360.0	200.0	
上　海					
江　苏	3029.0	929.0	2327.6	864.3	100.0
浙　江	1206.0	585.0	515.2	465.2	400.2
安　徽	2691.5	828.0	1347.0	794.7	265.3
福　建	1652.0	471.0	551.0	431.0	70.0
江　西	2210.0	422.0	1935.0	457.0	387.0
山　东	9537.0	2209.0	3288.4	1340.5	20.0
河　南	6169.6	1151.8	6771.1	4484.7	1025.7
湖　北	2890.0	676.0	1670.0	696.0	
湖　南	5382.0	2944.0	4159.0	3231.0	265.0
广　东	10412.3	2411.0	4327.5	6722.0	3012.0
广　西	3770.1	1911.5	2557.9	2525.6	711.5
海　南	90.0	90.0	245.0	245.0	161.9
重　庆	5280.2	2346.2	5338.3	2316.3	681.0
四　川	300.0	300.0	300.0	300.0	
贵　州	7487.3	3701.2	6765.5	3400.6	1684.0
云　南	114.5	30.0	107.5	56.0	24.0
西　藏	10492.9	8077.9	8060.9	8060.9	8060.9
陕　西	4944.0	2719.5	3604.0	1907.4	510.3
甘　肃	2045.5	758.4	1719.2	1438.1	338.0
青　海	4082.2	3239.8	4041.6	4461.1	2117.8
宁　夏					
新　疆	6032.8	2335.8	2084.7	2626.7	1225.0

基本建设投资情况

单位：万元、个、平方米

国内贷款	自筹	福利彩票公益金	其他	本年施工项目个数	本年施工房屋建筑面积	本年新增固定资产
3036.9	**26399.9**	**10796.0**	**4335.7**	**4953**	**489749**	**39629.4**
	1418.0	450.0	113.0	37	31160	375.0
	219.0		75.0	30	9700	18.0
	117.0	60.0		4	3403	10.0
	20.0			5	1325	121.0
	4621.0		1000.0	47	20900	4871.0
	185.0	60.0	40.0	13	3870	330.0
	200.0	30.0		3	1600	140.0
	163.5	8.5	600.8	12	7080	2027.6
	65.0			3	4760	65.0
255.3	114.1	48.0	160.0	8	3150	62.5
	361.0	5.0		5	9850	30.0
50.0	20.0	12.0		20	1390	
	1150.5	607.5	170.0	11	23346	988.0
	3459.0	3175.5		8	18272	4703.6
	476.0	90.0	220.0	5	13824	400.0
611.0	2066.0	292.0	289.0	63	27995	2392.0
480.0	2636.0	2069.0	594.0	146	16352	1500.0
	1427.9	905.0	386.2	101	35948	950.4
	43.1		40.0	4	2320	185.0
60.0	1078.0	72.0	497.3	71	32344	1322.5
	300.0	30.0		1	4800	
534.6	1105.0	80.0	77.0	25	56401	5797.9
	32.0	21.0		2	1125	79.5
				25	34420	8060.9
	1396.1	1253.7	1.0	4074	17465	738.0
	1027.7	351.9	72.4	36	18663	758.4
1046.0	1297.3	418.2		77	53492	2187.1
	1401.7	756.7		117	34794	1516.0

D-4 收养性单位

地 区	计划总投资	本年计划投资	自开始建设至本年底累计完成投资	本年完成投资	国家投资
全 国	**232974.9**	**88403.2**	**149241.7**	**90771.2**	**25319.1**
北 京	5801.0	1990.0	2869.6	2371.6	965.2
天 津	2310.0	1300.0	490.0	1033.0	803.0
河 北	3361.9	1185.4	1738.4	1166.4	103.0
山 西	2060.0	1010.0	1880.0	1683.0	730.0
内蒙古	1281.2	1076.6	1002.5	980.5	105.0
辽 宁	5667.0	736.0	4918.0	2108.0	220.0
吉 林	400.0	390.0	740.0	740.0	60.0
黑龙江	4009.0	1300.0	3029.0	1410.0	
上 海	4989.9	989.9	4584.0	1506.9	1506.9
江 苏	16833.7	3238.7	13472.0	2790.9	1348.0
浙 江	65683.8	20492.4	35229.9	21748.4	7413.3
安 徽	1825.0	405.0	630.0	405.0	20.0
福 建	4223.0	779.0	1042.5	1509.5	229.5
江 西	7466.0	3743.0	3553.0	2968.8	979.4
山 东	27836.9	10366.1	16896.1	9922.1	925.0
河 南	6106.0	1487.0	4132.5	1467.0	315.0
湖 北	6329.0	4100.6	5945.9	4134.6	1221.5
湖 南	6448.0	2633.8	4043.3	2281.2	1237.0
广 东	8034.1	1649.0	3986.6	2200.4	522.6
广 西	27940.0	19448.5	20896.5	19447.2	2378.3
海 南	180.5	206.5	830.3	321.5	218.4
重 庆	6655.3	3250.0	3491.7	2072.8	1387.0
四 川	3334.7	541.5	2849.1	531.9	447.9
贵 州	9825.6	3277.5	7747.3	3742.6	1419.1
云 南	1251.9	644.3	1176.5	518.9	231.0
西 藏					
陕 西	890.0	470.0	608.0	440.0	250.0
甘 肃	35.0	35.0	38.0	38.0	10.0
青 海	675.0	600.0	600.0	600.0	75.0
宁 夏	41.0	11.0	43.3	43.3	
新 疆	1480.4	1046.4	777.7	587.7	198.0

基本建设投资情况

单位：万元、个、平方米

国内贷款	自筹	福利彩票公益金	其他	本年施工项目个数	本年施工房屋建筑面积	本年新增固定资产
1846.7	**52440.9**	**24296.5**	**11164.5**	**3036**	**1453629**	**66506.4**
775.2	573.2	4.0	58.0	15	5510	291.0
	230.0			2	4710	
	813.4	60.7	250.0	8	12200	662.9
	953.0	830.0		4	10821	1453.0
	241.5	70.0	634.0	16	22358	381.5
	1882.0	180.0	6.0	6	4100	1788.0
	664.0	15.0	16.0	5	4206	10.0
	1060.0	560.0	350.0	5	22665	3028.8
				2	22315	4584.0
	1270.9	163.0	172.0	15	32295	6579.7
300.0	10497.6	3239.4	3537.5	100	217275	9224.9
	385.0	335.0		7	400	20.0
	1280.0			3	12065	
290.0	1629.4	151.0	70.0	29	47780	1525.4
	6527.4	2604.4	2469.7	47	126120	5765.9
11.0	1141.0	720.0		13	10812	1008.0
	2394.1	684.6	519.0	61	88773	2631.9
	899.1	289.4	145.1	35	34267	1039.7
	973.3	473.3	704.5	30	29589	214.0
95.5	15881.0	12892.5	1092.4	2463	557095	13421.5
	103.1			13	3679	272.6
	631.8	156.0	54.0	69	45865	1767.0
	83.0	4.8	1.0	4	4780	2469.9
375.0	1424.5	486.0	524.0	51	107787	6703.2
	173.6	76.4	114.3	9	6738	472.2
	140.0	90.0	50.0	4	6018	231.0
	6.0		22.0	2	630	38.0
	150.0		375.0	5	2950	525.0
	43.3	8.0		2	1255	43.3
	389.7	203.0		11	8571	354.0

D-5 殡仪服务单位

地　区	计划总投资	本年计划投资	自开始建设至本年底累计完成投资	本年完成投资	国家投资
全　国	**279411.6**	**78825.7**	**151172.0**	**60880.2**	**11449.5**
北　京	53800.0	12493.0	3452.7	3430.1	1527.1
天　津		1600.0	1000.0	1000.0	300.0
河　北	5122.0	1276.0	3897.0	1257.0	360.0
山　西	66.1		66.1	66.1	
内蒙古	268.0	268.0	233.9	268.0	50.0
辽　宁	4848.6	1920.3	3415.1	2973.8	101.7
吉　林	300.0	300.0	300.0	300.0	200.0
黑龙江	1090.0	1145.0	2090.0	2030.0	500.0
上　海	10426.0		14904.0		
江　苏	8561.5	4160.5	5370.7	3686.6	50.0
浙　江	17140.1	3397.8	13917.4	3507.7	1920.8
安　徽	2342.0	60.0	2155.4	1726.4	20.0
福　建	16119.4	6048.7	11692.7	6653.2	1517.1
江　西	3210.0	1025.0	3144.4	1689.4	160.0
山　东	5933.0	1140.0	3794.7	1113.0	
河　南	13995.0	4152.4	10557.1	3530.4	842.0
湖　北	22707.3	4836.2	8849.7	4983.2	932.0
湖　南	27048.0	8728.9	16587.4	7477.3	120.0
广　东	45332.0	14571.8	25018.9	6323.8	1715.0
广　西	10328.0	4304.0	6496.0	3643.8	189.8
海　南					
重　庆	6176.0	3150.0	2884.8	963.8	
四　川	6039.7	1309.0	4452.9	1301.5	10.0
贵　州	6016.0	1608.8	3447.8	853.8	392.0
云　南	7259.8	791.4	1519.0	741.5	430.0
西　藏					
陕　西	800.0	500.0	391.0	391.0	52.0
甘　肃	615.0	38.9	303.1	303.1	
青　海					
宁　夏	3772.1		1134.2	599.7	
新　疆	96.0		96.0	66.0	60.0

基本建设投资情况

单位：万元、个、平方米

国内贷款	自筹	福利彩票公益金	其他	本年施工项目个数	本年施工房屋建筑面积	本年新增固定资产
12286.4	**30238.2**	**1597.0**	**6906.1**	**319**	**393972**	**31887.7**
	1903.0			15	5643	1849.0
	700.0			1	5000	
	897.0	33.0		10	16451	955.0
	66.1			4	434	66.1
	218.0			5	1697	175.9
	2064.1		808.0	10	13174	82.7
	100.0			2	3100	300.0
900.0	630.0			4	9522	1090.0
800.0	2069.6	127.0	767.0	25	24585	2319.4
1184.4	402.0		0.5	13	32340	1196.8
800.0	537.0		369.4	4	3200	80.0
2100.0	1831.5	35.0	1204.6	20	16194	4303.4
850.0	679.4			5	4800	774.4
	1013.0	160.0	100.0	10	31367	1851.0
225.0	1898.4	43.0	565.0	23	46389	3674.4
445.0	2946.2	444.0	660.0	19	46416	4826.7
2394.0	4215.4		747.9	15	34700	2259.4
198.0	4205.8		205.0	81	21852	3135.8
2000.0	1254.0	750.0	200.0	8	37382	694.0
350.0	613.8			5	12693	34.0
	582.5		709.0	8	6300	1013.5
20.0	411.0	5.0	30.8	16	7385	653.8
20.0	291.5			9	3442	104.8
	339.0			1	2044	339.0
	264.2		38.9	2	2296	42.6
	99.7		500.0	1	4746	
	6.0			3	820	66.0

D–6 其他基本

地　区	计划总投资	本年计划投资	自开始建设至本年底累计完成投资	本年完成投资	国家投资
全　国	**206655.1**	**73795.4**	**128525.3**	**52826.5**	**19210.5**
中央级	31863.0	11836.0	19543.0	763.0	763.0
北　京	21140.9	6119.1	4309.1	3349.1	1113.2
天　津	1500.0	350.0	1534.2	357.7	184.0
河　北	1650.7	701.0	1626.7	701.0	
山　西	6820.0	170.0	5226.0	3411.0	2087.0
内蒙古	540.0	486.0	316.4	316.4	110.0
辽　宁	110.0	110.0		110.0	
吉　林	178.4	38.4	178.4	38.4	
黑龙江	30.5	30.5		30.5	
上　海	1395.0	965.0	1284.8	1236.5	1016.7
江　苏	5816.5	3915.0	4372.2	3759.2	1315.7
浙　江	16531.0	11065.0	3488.6	1673.4	259.4
安　徽	1642.0	453.0	993.0	453.0	50.0
福　建	100.0	100.0	137.6	53.0	
江　西	515.0	720.5	905.0	730.5	141.5
山　东	17953.0	4679.0	11475.5	4592.7	246.0
河　南	7275.5	4640.0	5283.9	4408.9	178.9
湖　北	3778.0	1442.0	3492.0	1562.0	240.0
湖　南	13036.0	4655.4	6199.4	2274.2	358.0
广　东	43628.0	4654.0	34782.1	5977.5	3163.3
广　西	4337.4	1906.9	3541.5	2060.4	207.0
海　南					
重　庆	6718.0	2418.0	4882.2	2635.2	570.0
四　川	3061.8	978.5	2013.8	1119.2	802.4
贵　州	1182.8	448.8	964.8	454.4	47.0
云　南	3553.4	2905.4	2792.9	2492.0	781.4
西　藏	3478.3	2531.0	2603.1	2603.1	2603.1
陕　西	1262.0	314.0	935.7	293.1	220.0
甘　肃	135.0	60.0	60.0	60.0	30.0
青　海	1910.0	1676.0	1462.0	1974.0	1518.0
宁　夏	1969.0	1090.0	1322.0	1322.0	342.0
新　疆	3543.9	2336.9	2799.4	2015.1	862.9

建设投资情况

单位：万元、个、平方米

国内贷款	自筹		其他	本年施工项目个数	本年施工房屋建筑面积	本年新增固定资产
		福利彩票公益金				
1388.2	**23870.0**	**8180.2**	**8357.8**	**493**	**1544280**	**20582.0**
				3	800	144.0
	2235.9			4	110693	5.9
			173.7	1		
	701.0			2	4200	480.0
	1124.0	424.0	200.0	4	23400	130.0
	170.4	15.0	36.0	5	3901	60.4
	110.0			1	2200	
			38.4	15	4500	178.4
			30.5	2		
	219.8	219.8		2	5209	
	1971.5	30.0	472.0	15	27114	1919.5
40.0	1373.5	102.2	0.5	11	22810	2135.5
	403.0			5	7444	113.0
	45.0		8.0	2	400	97.6
	246.0	126.0	343.0	8	24800	730.5
	3213.2	551.6	1133.5	14	24853	3139.5
	4221.7	4049.6	8.3	14	30627	118.9
30.0	852.0	404.0	440.0	9	7550	768.0
	1693.2	30.0	223.0	14	19274	2159.0
	1706.2	497.0	1108.0	21	907737	1273.1
	1288.8	690.2	564.6	197	48406	1126.4
	393.2	283.0	1672.0	15	43825	90.0
	176.8	72.0	140.0	6	12860	66.0
	175.6	75.6	231.8	16	15099	691.8
862.2	208.0	40.0	640.4	13	15515	407.5
				3		2603.1
	23.0	23.0	50.1	37	3710	98.0
	30.0	10.0		1	1567	
456.0				13	24073	340.0
	510.0		470.0	5	5272	380.0
	778.2	537.2	374.0	35	146441	1325.9

CASY

7. 财务统计资料

E-1 历年民政事业费支出情况

单位：亿元

年　份	民政事业费支出	占财政支出%
1950	1.32	1.94
1951	1.37	1.12
1952	2.83	1.61
1953	3.55	1.61
1954	6.04	2.15
1955	4.98	1.05
1956	5.69	1.06
1957	5.31	1.75
1958	3.27	0.80
1959	4.48	0.81
1960	7.24	1.11
1961	9.89	2.69
1962	7.45	2.44
1963	8.75	2.58
1964	16.15	4.05
1965	10.79	2.31
1966	8.81	1.63
1967	8.21	1.86
1968	5.61	1.56
1969	6.67	1.27
1970	6.53	1.01
1971	6.83	0.93
1972	8.15	1.06
1973	9.97	1.23
1974	9.04	1.14
1975	12.71	1.55
1976	16.17	2.01
1977	18.53	2.20
1978	13.71	1.25
1979	18.33	1.48
1980	17.48	1.44
1981	19.23	1.72
1982	19.19	1.70
1983	21.61	1.69
1984	24.24	1.59
1985	29.58	1.64
1986	34.41	1.51
1987	35.93	1.49
1988	39.56	1.50
1989	46.65	1.57
1990	51.94	1.54
1991	62.54	1.67
1992	63.71	1.42
1993	69.87	1.40
1994	87.02	1.50
1995	103.45	1.52
1996	121.15	1.53
1997	133.52	1.44
1998	161.84	1.50
1999	194.70	1.49
2000	229.69	1.50
2001	284.75	1.53
2002	392.27	1.78
2003	498.92	2.03
2004	577.39	2.04
累计	3 569.02	1.90
三年恢复时期支出	5.52	1.51
“一五”时期支出	25.57	1.90
“二五”时期支出	32.33	1.41
1963–1965支出	35.69	2.96
“三五”时期支出	35.83	1.42
“四五”时期支出	46.70	1.19
“五五”时期支出	84.22	1.62
“六五”时期支出	113.85	1.65
“七五”时期支出	208.49	1.52
“八五”时期支出	386.59	1.50
“九五”时期支出	840.90	1.52
“十五”时期支出	1753.33	1.87
1950年–2004年	平均年增长	11.90

E-2 历年各省、自治区、直辖市民政事业费支出情况

单位：万元

地　区	1952年	1953年	1954年	1955年	1956年	1957年	1958年	1959年	1960年
全　国	**28265**	**35484**	**60390**	**49842**	**56906**	**53119**	**32693**	**44786**	**72444**
中央级	6	443	20619	8736	270	85	82	192	262
北　京	198	237	276	247	584	302	376	751	824
天　津	208	315	131	157	217	240	194		
河　北	2849	4558	4764	4526	9681	6640	2494	4148	5070
山　西	1253	1398	1531	1373	2096	1953	2279	1656	2659
内蒙古	912	370	306	364	625	417	505	873	525
辽　宁	611	1434	1392	1298	1638	1339	1098	1249	4475
吉　林	346	595	880	856	1331	1610	1126	764	1055
黑龙江	640	831	912	952	1442	1336	948	782	991
上　海	550	306	411	729	1121	1073	464	475	471
江　苏	1980	1993	2051	3003	4052	5051	2617	2956	4843
浙　江	398	426	505	757	1430	988	672	874	857
安　徽	2051	4061	3382	3453	4748	4306	1642	3169	3161
福　建	828	732	789	933	1473	866	823	4141	2823
江　西	1519	1040	1368	2253	1889	1802	1717	1691	2179
山　东	2624	3993	5082	3975	3664	5261	3795	4494	8141
河　南	1440	2745	2307	2494	4360	5539	2990	2672	10271
湖　北	2719	1058	2765	2664	1306	1505	1210	2466	4428
湖　南	1255	1089	3381	2205	2259	2177	1344	967	1690
广　东	1762	1454	1270	1407	2725	2729	1223	2982	4608
广　西	516	645	735	700	1414	1589	582	903	997
海　南									
四　川	1583	2035	2052	2646	3570	2606	1982	2583	6315
贵　州	368	686	633	567	618	494	331	613	750
云　南	630	695	875	740	908	599	514	675	880
西　藏			43	207	91		2	1	25
陕　西	519	1023	984	1135	1794	1250	588	1109	1113
甘　肃	390	1074	675	1171	1083	871	539	681	1778
青　海	52	134	140	154	281	237	164	447	576
宁　夏							92	239	428
新　疆	58	114	131	140	236	254	300	233	249

注：实际支出数。

E-2续表1

单位：万元

地　区	1961年	1962年	1963年	1964年	1965年	1966年	1967年	1968年	1969年	1970年
全　国	**98912**	**74475**	**87533**	**161510**	**107869**	**88112**	**81887**	**56154**	**66683**	**65349**
中央级	39			31	2325	454	534	308	11	
北　京	658	542	638	816	1047	914	939	868	820	895
天　津							473	439	572	405
河　北	10807	5780	15681	31433	18545	12395	6983	4443	5333	2054
山　西	2896	2556	2640	2361	2899	4447	2692	2478	2579	4777
内蒙古	785	1468	1124	1360	1440	2182	2401	1194	842	891
辽　宁	4392	3933	3467	3382	2942	2572	2781	2473	3542	2867
吉　林	1271	1660	2138	2235	1798	1704	1745	1579	1890	1837
黑龙江	1485	2151	2362	2796	2611	2548	2169	1775	2355	2247
上　海	422	539	874	1074	1220	1472	1654	1410	1359	1442
江　苏	4107	4873	7282	11070	5506	7298	5400	3756	3839	4191
浙　江	1414	1597	1166	1152	1351	1142	1366	1486	1481	1496
安　徽	4704	3530	5431	10567	3347	4119	6861	4025	4246	5547
福　建	2798	1493	1687	1394	1463	1673	1738	1727	1922	1463
江　西	3224	3168	2273	3081	1989	2145	2318	1637	1924	2047
山　东	11332	6963	7201	11079	15807	9458	9844	5878	7622	6442
河　南	11417	8107	10099	48554	17841	9303	8611	4105	6983	4947
湖　北	4569	3767	3468	3319	2790	2579	3177	2651	3509	4197
湖　南	4299	2697	2834	4522	2482	2141	2562	1848	2019	1668
广　东	3475	2830	3146	3056	2664	2454	2644	2046	2639	2734
广　西	2687	1505	2125	4006	1983	1997	2541	1641	1607	1555
海　南										
四　川	9758	5918	4227	4495	5179	4774	4067	3374	3439	3678
贵　州	2390	1429	1792	1808	1726	1730	1926	1224	1314	1646
云　南	1692	773	1250	1494	1596	1772	1412	807	1018	2460
西　藏	48	117		133	192	374			96	100
陕　西	1530	1422	1640	1918	3137	3623	1874	1477	1733	1778
甘　肃	4522	2464	2988	2310	1611	1161	1963	671	989	952
青　海	1028	1005		465	695	409	185	190	246	207
宁　夏	303	365		378	284	272	287	200	238	242
新　疆	860	1823		1212	1399	1000	740	444	516	584

E-2续表2

单位：万元

地　区	1971年	1972年	1973年	1974年	1975年	1976年	1977年	1978年
全　国	**68269**	**81549**	**99675**	**90406**	**127082**	**161690**	**185288**	**137135**
中央级		8	10					11
北　京	974	1192	1506	1284	1461	1742	3068	1990
天　津	407	546	762	937	881	933	13670	1061
河　北	3591	5482	8727	5925	5960	7041	36568	11605
山　西	4563	4025	4696	3587	3420	4111	4813	5437
内蒙古	649	1020	1914	1575	1559	2502	1873	2040
辽　宁	3922	4574	5590	3902	18731	14705	7427	6103
吉　林	1968	1753	2174	2500	2448	2834	3677	3869
黑龙江	2317	2768	3701	3884	3701	4176	5463	5545
上　海	1554	1676	1885	2088	2263	2469	2581	2777
江　苏	4969	7368	6988	7258	8001	7719	8031	9208
浙　江	1517	2399	2103	1973	1984	2424	2641	2853
安　徽	3365	4639	4625	3981	5828	15690	6300	6756
福　建	1481	1721	2142	2150	1991	2432	2826	2730
江　西	2357	2357	4039	3220	2964	3606	3981	3953
山　东	9034	8801	8110	8601	10417	9746	10599	12292
河　南	4699	4799	5474	4190	24152	40056	21437	14140
湖　北	3116	3462	4747	3487	4471	5463	5160	6149
湖　南	1602	2272	3321	2580	2942	3442	3550	4380
广　东	2410	2800	4041	5051	3836	4884	5546	5435
广　西	1827	1713	1597	1669	1653	1963	2355	2073
海　南								
四　川	4518	5615	6780	5936	6061	9037	12602	8511
贵　州	1535	2116	3574	1955	2352	2748	3296	2740
云　南	1454	1746	1509	2245	2242	3428	3783	2948
西　藏	104	173	228	195	206	289	270	379
陕　西	2099	2415	3435	2986	2579	3174	4575	4834
甘　肃	968	2206	3421	4183	2603	2240	5485	4030
青　海	291	366	311	342	521	407	514	696
宁　夏	354	810	1369	1813	600	1150	1780	1090
新　疆	651	727	896	909	1255	1279	1417	1500

E–2续表3

单位：万元

地 区	1979年	1980年	1981年	1982年	1983年	1984年	1985年	1986年	1987年
全 国	**183279**	**174769**	**192267**	**191874**	**216116**	**242371**	**295841**	**344064**	**359278**
中央级	44	103	138	78	163	286	443	2526	2742
北 京	2238	2802	3167	3416	4063	4904	5719	7287	8906
天 津	1482	1474	1670	1669	2194	3101	3583	4113	4531
河 北	9140	11165	13597	10179	9692	12427	16654	16581	20578
山 西	8154	6749	7893	7854	7015	7924	10683	10193	11833
内蒙古	5922	5714	6218	5135	7379	7909	9030	11684	10867
辽 宁	5607	6671	8073	10591	11727	11741	18341	22112	18104
吉 林	3477	4482	4970	4951	6300	5952	8391	13570	14016
黑龙江	5149	5370	6562	8005	9546	8782	10119	13791	13686
上 海	3290	3375	3381	3215	3170	3540	4467	5503	5603
江 苏	10019	11269	12914	11991	14750	16403	16254	20586	21208
浙 江	3475	3703	3897	4070	4808	6480	8174	10211	12353
安 徽	13263	9385	9550	7521	12093	14059	14340	13524	12942
福 建	3272	3625	4268	4773	5506	5601	8298	7657	9238
江 西	8610	6289	5309	6183	7093	8360	8364	9768	11546
山 东	15169	16327	14126	18998	17811	17413	22757	22496	29017
河 南	19495	12007	10921	12862	15216	13710	18456	20939	2260
湖 北	9597	9265	12458	7956	10798	10760	11860	14581	14846
湖 南	6747	7026	8924	7546	10428	10373	12357	15013	15167
广 东	8146	8337	7767	9550	9035	12337	14516	15526	17076
广 西	4019	3213	3674	3897	4779	6382	9438	9634	9054
海 南									
四 川	12722	12063	15429	14542	13943	17823	20667	24973	25524
贵 州	4767	4123	4718	4354	5211	5833	9182	8657	9092
云 南	3478	4172	4599	4231	5251	7025	10137	13752	12712
西 藏	1366	1704	1208	1151	1357	1821	1391	1789	1828
陕 西	5780	5390	8198	6271	5820	6313	7545	8586	9299
甘 肃	5204	4801	4338	5778	4902	8983	6541	7655	7238
青 海	853	862	915	1068	1270	1674	1918	2134	1837
宁 夏	1040	1385	1118	1819	2329	1497	1826	1990	1780
新 疆	1754	1918	2267	2220	2467	2958	4395	4768	4896

E-2续表4

单位：万元

地 区	1988年	1989年	1990年	1991年	1992年	1993年	1994年	1995年
全 国	**395646**	**466492**	**519383**	**625359**	**637097**	**698708**	**870194**	**1034502**
中央级	1297	1185	1517	1792	3217	3108	4077	3703
北 京	11355	12805	14738	16249	19073	26105	36146	44073
天 津	5209	5861	6585	7176	8173	9218	11970	15023
河 北	24272	26484	32162	30785	33344	38161	48303	58804
山 西	13977	15845	15976	17378	19264	19515	22995	31008
内蒙古	11254	10975	13510	13449	14250	15314	18378	20470
辽 宁	19595	22233	26318	26380	29561	32903	44239	60067
吉 林	10692	11439	14155	14619	16553	18461	24648	30876
黑龙江	14205	15127	15982	18411	19734	19377	26195	28798
上 海	3965	4741	5364	6270	7742	10368	15557	19773
江 苏	23816	27647	33150	50604	48290	47590	59349	69907
浙 江	16113	18710	21111	22094	22124	26924	40044	43610
安 徽	14854	16444	19755	80611	39002	26982	26883	37348
福 建	10332	11213	13935	15070	18423	20141	25502	31904
江 西	13240	15076	15791	16915	21249	21410	23815	30354
山 东	31890	39382	44965	46744	52525	62616	71995	76826
河 南	21784	26566	24275	27675	31304	34498	44163	52458
湖 北	17804	20704	21092	23318	23677	28918	39148	40291
湖 南	19110	22384	24981	23436	24712	29096	35093	42680
广 东	16675	20206	21863	25022	29602	43983	53653	64806
广 西	9757	11955	11313	12728	14317	16760	30480	28730
海 南	2338	3659	3366	3843	4270	4630	6163	7210
重 庆								
四 川	28123	32186	36228	39004	42563	49037	59629	70257
贵 州	9408	11568	12079	11043	11761	15154	15641	20528
云 南	14934	31640	33901	38725	41026	30502	31529	36916
西 藏	1795	2116	2909	3499	2647	2598	5304	4466
陕 西	10602	12277	13688	13412	16805	20107	20404	26336
甘 肃	8346	7681	8813	9124	11256	12186	13897	17748
青 海	1750	1802	2086	2036	2387	2965	3454	4342
宁 夏	2609	1805	2000	2206	2456	2464	3244	3458
新 疆	4549	4776	5775	5741	5790	7617	8297	11732

E–2 续表 5

单位：万元

地　区	1996年	1997年	1998年	1999年	2000年	2001年	2002年	2003年	2004年
全　国	**1211500**	**1335202**	**1618445**	**1946843**	**2296954**	**2847548**	**3922695**	**4989172**	**5773907**
中央级	6371	5954	50783	11856	29338	13965	18467	18027	39290
北　京	54012	61184	74406	97748	150746	196540	233429	303795	327957
天　津	17254	19738	20952	20611	30547	41580	58202	62682	71091
河　北	74364	71151	79064	88202	113381	125698	153525	185641	216770
山　西	37882	37150	39519	45466	56815	71776	105897	124003	147570
内蒙古	26012	26773	35484	35659	44674	55328	70606	99368	126237
辽　宁	59580	65370	74946	85394	131675	180547	227704	279737	304551
吉　林	31416	33928	52337	53311	51153	76026	118392	166702	182133
黑龙江	30459	33020	55977	60566	61753	80658	177852	167487	193823
上　海	23984	30860	37336	54151	87021	121538	167719	222540	228764
江　苏	80163	93383	108862	121349	159691	170800	205763	256063	309196
浙　江	50852	60657	65733	88269	97755	124023	159432	189645	294720
安　徽	43979	50559	56473	72895	72568	89476	138918	208606	195412
福　建	34498	46134	49421	50996	67797	68897	85353	94061	139539
江　西	33883	35962	47177	45334	49521	57966	92013	149217	176372
山　东	88009	101613	112960	131746	159315	180470	233918	283989	311522
河　南	59353	64155	68311	80338	102698	117574	159157	221713	251439
湖　北	50385	58511	85285	75622	113381	122382	167653	229234	270653
湖　南	53778	48234	54533	73272	80343	104818	158443	210815	252892
广　东	75354	88748	96993	112133	144461	198362	278022	341821	386221
广　西	36280	28944	30995	31950	35135	49819	82929	109901	113723
海　南	8828	8274	9472	10818	13568	15372	18032	24304	27950
重　庆		25048	35054	51123	55934	70571	117114	125112	145713
四　川	77059	63016	72283	89492	105249	139493	194774	244374	302566
贵　州	26419	27866	27126	30834	36085	51264	67973	82094	102697
云　南	46048	52043	53384	63169	78944	98782	115945	150814	183855
西　藏	5228	6987	11749	6824	9920	14979	15358	17913	23200
陕　西	32108	31702	25791	43230	54365	72136	103474	147039	149120
甘　肃	21484	20366	20554	26371	35251	42851	58315	75346	91876
青　海	6473	8088	8669	23784	16159	19790	24812	36616	39139
宁　夏	4279	4397	5442	8651	13775	21289	28724	30448	34071
新　疆	15706	25387	22690	55676	56940	52768	104762	130065	133844

E-3 民政事业费按用向性质分类情况

单位：万元

项　目	2003年	2004年	占全部%	比上年增长额	比上年增长%
总　计	**4 989 172**	**5 773 907**	**100.00**	**784735**	**15.73**
一、优抚支出	962 061	1 187 248	20.56	225187	23.41
（一）抚恤支出	276 682	444 578	7.70	167896	60.68
1.一次抚恤费	18 867	19 592	0.34	726	3.85
2.定期抚恤费	107 247	114 924	1.99	7677	7.16
3.伤残抚恤费	150 568	158 372	2.74	7804	5.18
4.义务兵优待金		151 690	2.63		
（二）优抚对象补助支出	550 079	593 820	10.28	43741	7.95
1.复员退伍军人补助费	467 313	447 432	7.75	-19881	-4.25
2.退伍军人安置费	82 766	146 388	2.54	63622	76.87
（三）优抚事业单位经费	95 267	102 629	1.78	7362	7.73
1.民政部门主办	93 117	101 706	1.76	8589	9.22
2.集体举办经费补助	2 150	923	0.02	-1227	-57.07
（四）烈士纪念建筑物管理、维修费	40 033	46 221	0.80	6188	15.46
二、离休、退休、退职费	507 596	594 917	10.30	87321	17.20
三、社会救济支出	2 455 855	2 777 102	48.10	321247	13.08
（一）生活救济支出	2 257 201	2 524 925	43.73	267724	11.86
1.农村救济支出	221 402	355 537	6.16	134135	60.58
2.城镇救济支出	38 638	43 800	0.76	5162	13.36
3.最低生活保障支出	1 531 260	1 727 392	29.92	196132	12.81
4.精减退职老职工救济支出	37 722	39 553	0.69	1831	4.85
5.其他人员救济支出	29 829	37 742	0.65	7913	26.53
6.灾民生活救济支出	398 350	320 901	5.56	-77449	-19.44
（二）流浪乞讨人员救助支出	67 638	62 012	1.07	-5 626	-8.32
（三）紧急抢救转移安置灾民	110 125	151 571	2.63	41 446	37.64
（四）救灾储备	20 891	38 594	0.67	17 703	84.74
四、福利事业支出	308 736	364 349	6.31	55 613	18.01
其中：（一）福利事业单位经费	302 491	358 455	6.21	55 964	18.50
1.民政部门举办	186 053	215 196	3.73	29 143	15.66
2.集体举办经费补助	121 220	143 259	2.48	22 039	18.18
（二）假肢事业支出	6 245	5 894	0.10	-351	-5.62
五、殡葬事业支出	84 636	94 273	1.63	9 637	11.39
六、其他民政事业支出	462 777	486 566	8.43	23 789	5.14
其中：民政机关事业编制人员、车辆经费	62 475	73 785	1.28	11 310	18.10
七、地方离退休经费	131 024	139 027	2.41	8 003	6.11
八、其他款项用于民政支出	76 486	130 425	2.26	53 939	70.52
其中：军供站支出	13 260	16 196	0.28	2 936	22.15

E-4 民政事业费按支出形式分类支出情况

单位：万元

项　目	2003年	2004年	占全部%	比上年增长额	比上年增长%
总　计	**4 989 172**	**5 773 907**	**100.00**	**784 735**	**15.73**
一、直接发放	3 575 243	4 161 982	72.08	586 739	16.41
（一）按标准发放和报销	2 958 959	3 420 763	59.25	461 804	15.61
1.发放数	2 854 146	3 296 976	57.10	442 830	15.52
（1）定期发放	2 829 447	3 270 965	56.65	441 518	15.60
其中：a 军队干部离休金	99 736	110 493	1.91	10 757	10.79
b 军队干部退休金	153 475	186 895	3.24	33 420	21.78
c 军队无军籍退休金	74 056	87 176	1.51	13 120	17.72
d 地方干部、人员退休金、退职金	127 815	127 789	2.21	-26	-0.02
离休、退休、退职金小计	455 082	512 353	8.87	57 271	12.58
e 烈属和牺牲病故定期抚恤金	107 247	114 924	1.99	7 677	7.16
f 伤残抚恤金	131 003	138 608	2.40	7 605	5.81
其中：在职	25 023	26 119	0.45	1 096	4.38
在乡	105 980	112 489	1.95	6 509	6.14
g 在乡退伍红军老战士生活费	18 988	19 176	0.33	188	0.99
h 复员退伍军人定期定量补助费	372 004	382 676	6.63	10 672	2.87
抚恤、补助费小计	629 242	655 384	11.35	26 142	4.15
i 军队离休干部遗属、退休人员遗属定期定量补助费	2 989	3 162	0.05	173	5.80
j 农村五保户贫困户定期定量救济费	45 137	93 568	1.62	48 431	107.30
k 农村最低生活保障救济费	93 198	162 318	2.81	69 120	74.16
l 城镇孤老残幼贫定期定量救济费	6 475	5 811	0.10	-664	-10.26
n 城镇最低生活保障救济费	1 531 260	1 727 392	29.92	196 132	12.81
m 精减退职老弱病残职工原工资40%救济费	18 157	18 774	0.33	617	3.40
o 精减退职老职工定期定量救济费	17 852	18 651	0.32	799	4.48
p 其他由民政部门发放生活费	13 010	56 443	0.98	43 433	333.85
定期定量救济费小计	1 728 076	2 086 119	36.13	358 043	20.72
q 在乡特、一等伤残军人护理费	5 317	5 472	0.09	155	2.91
r 军队离休、退休人员护理费	11 730	11 637	0.20	-93	-0.79

E-4续表1

单位：万元

项　目	2003年	2004年	占全部%	比上年增长额	比上年增长%
（2）非定期发放	24 699	26 011	0.45	1 312	5.31
其中：a烈士和牺牲病故人员	18 867	19 592	0.34	726	3.85
b企事业退休人员一次性抚恤金	3 209	3 235	0.06	26	0.82
c离休、退休干部死亡丧葬补助费	2 624	3 184	0.06	560	21.34
2.报销数	104 813	123 787	2.14	18 974	18.10
（1）伤残补助费	14 248	14 293	0.25	45	0.32
（2）离休、退休干部其他费用	90 565	109 494	1.90	18 929	20.90
（二）临时性发放	616 284	741 222	12.84	124 938	20.27
（1）烈军属复员退伍军人临时补助费	79 235	144 219	2.50	64 984	82.02
（2）退伍军人建房补助费	4 936	3 344	0.06	-1 592	-32.25
（3）义务兵优待金		151 690	2.63		
优抚对象临时补助费小计	84 170	299 253	5.18	215 083	255.53
（3）农村五保户贫困户临时救济费	51 390	48 001	0.83	-3 389	-6.59
（4）农村其他人员临时救济费	48 497	23 267	0.40	-25 230	-52.02
（5）城镇孤老残幼贫临时救济费	5 471	14 476	0.25	9 005	164.59
（6）其他人员临时救济费	26 692	33 197	0.57	6 505	24.37
（7）精减退职老职工临时救济费	1 713	2 127	0.04	414	24.13
临时社会救济费小计	133 764	121 068	2.10	-12 696	-9.49
（8）灾民生活救济费	398 350	320 901	5.56	-77 449	-19.44
二、单位拨款	785 662	923 256	7.00	137 594	17.51
（一）民政部门举办事业单位经费	514 830	569 813	9.87	54 983	10.68
1.优抚事业单位	114 750	123 251	2.13	8 501	7.41
（1）伤残军人修养院	19 679	20 587	0.36	908	4.62
（2）复员军人慢性病疗养院	14 578	15 279	0.26	701	4.81
（3）复员退伍军人精神病院	23 412	26 134	0.45	2 722	11.62
（4）光荣院	29 180	30 913	0.54	1 733	5.94
（5）烈士纪念建筑物管理机构	27 901	30 338	0.53	2 437	8.73

E-4续表2

单位：万元

项　目	2003年	2004年	占全部%	比上年增长额	比上年增长%
2.社会福利事业单位	244 126	270 587	4.69	26 461	10.84
（1）社会福利院	108 117	124 584	2.16	16 467	15.23
（2）儿童福利院	28 048	32 814	0.57	4 766	16.99
（3）精神病人福利院	45 105	51 177	0.89	6 072	13.46
（4）流浪乞讨人员救助站	62 856	62 012	1.07	-844	-1.34
3.军队离退休干部管理机构	71 318	81 702	1.42	10 385	14.56
4.殡葬事业单位	84 636	94 273	1.63	9 637	11.39
（1）火葬场	41 245	40 184	0.70	-1 061	-2.57
（2）其他殡葬事业单位	43 391	54 089	0.94	10 698	24.66
（二）集体办事业单位补贴	129 638	152 976	2.65	23 338	18.00
1.优抚事业单位	8 419	9 717	0.17	1 298	15.42
2.社会福利事业单位	121 220	143 259	2.48	22 039	18.18
（三）生产单位拨款	10 178	10 302	0.18	124	1.22
1.假肢厂、站	5 396	3 681	0.06	-1 715	-31.78
2.安置农场	4 783	6 621	0.11	1 838	38.44
（四）灾民紧急抢救、转移、安置费	110 125	151 571	2.63	41 446	37.64
（五）救灾储备	20 891	38 594	0.67	17 703	84.74
三、民政机关事业支出	628 267	688 669	11.93	60 402	9.61
1.退伍军人安置接待支出	13 260	16 196	0.28	2 936	22.15
2.无管理机构的烈士纪念建筑物	12 132	15 884	0.28	3 752	30.93
3.假肢事业支出	849	2 213	0.04	1 364	160.67
4.职工训练费	4 619	5 448	0.09	829	17.95
5.业务费	200 101	219 294	3.80	19 193	9.59
6.老龄委经费	15 101	23 141	0.40	8 040	53.25
7.事业编制民政干部、车辆经费	62 475	73 785	1.28	11 310	18.10
8.其他支出	319 731	332 708	5.76	12 977	4.06

E-5 民政事业费支出效果

单位：人、户、个

项　目	2003年	2004年	比上年增长额	比上年增长%
一、固定对象人数	35 958 603	39 237 572	3 278 969	9.12
（一）供养人数	35 521 710	38 811 052	3 289 342	9.26
1.离退休人员	251 648	250 052	-1 596	-0.63
其中：a 军队离休干部	33 655	32 717	-938	-2.79
b 军队退休干部、职工	64 808	69 142	4 334	6.69
c 军队无军籍职工	60 267	61 262	995	1.65
d 地方离休人员	5 721	5 155	-566	-9.89
f 地方退休、退职人员	87 197	81 776	-5 421	-6.22
2.在乡伤残人员	463 092	465 518	2 426	0.52
3.在乡退伍红军老战士	4 703	4 075	-628	-13.35
4.定期抚恤烈属牺牲病故人员家属	471 503	474 649	3 146	0.67
5.定期定量补助人数	3 114 084	3 096 921	-17 163	-0.55
6.定期定量救济人数	31 216 680	34 519 837	3 303 157	10.58
其中：a 农村五保户、贫困户	4 304 968	6 366 624	2 061 656	47.89
b 农村最低生活保障	3 433 929	4 548 738	1 114 809	32.46
c 城镇孤老残幼贫	129 701	149 526	19 825	15.29
d 城镇最大生活保障	21 981 408	21 909 380	-72 028	-0.33
e 享受原工资40%救济精减老弱残	207 363	199 782	-7 581	-3.66
f 精减退职老职工	241 385	228 126	-13 259	-5.49
g 其他发生活救济费人员	917 926	1 117 661	199 735	21.76
（二）非供养人员	436 893	426 520	-10 373	-2.37
1.在职革命伤残人员	394 304	384 673	-9 631	-2.44

E–5续表

单位：人、户、个

项　目	2003年	2004年	比上年增长额	比上年增长%
2.发护理费人员	42 589	41 847	-742	-1.74
其中：a 特一等伤残人员	15 208	14 891	-317	-2.08
b 离休、退休人员护理	27 381	26 956	-425	-1.55
二、非固定对象	62 427 207	49 406 719	-13 020 488	-20.86
（一）退伍军人建房补助人数	10 291	8 998	-1 293	-12.56
（二）义务兵优待金		849 133		
（三）灾民救济人数	62 416 916	48 548 588	-13 868 328	-22.22
三、民政部门办事业单位收养人数	169 191	189 408	20 217	11.95
（一）优抚事业单位	41 345	44 268	2 923	7.07
1.伤残军人休养院	2 074	2 265	191	9.21
2.复员军人慢性病疗养院	4 976	4 801	-175	-3.52
3.复退军人精神病院	8 696	10 108	1 412	16.24
4.光荣院	25 599	27 094	1 495	5.84
（二）社会福利事业单位	127 846	145 140	17 294	13.53
1.社会福利院	87 704	107 527	19 823	22.60
2.儿童福利院	24 374	24 680	306	1.26
3.精神病人福利院	15 768	12 933	-2 835	-17.98
四、其他				
1.离退休干部管理机构数	1 802	1 906	104	5.77
住所离退休干部人数	64 039	68 858	4 819	7.53
2.补贴假肢厂、站数	35	38	3	8.57
3.补贴火葬场火化尸体数	2 296 888	2 095 546	-201 342	-8.77
4.发丧葬补助数	1 718	1 786	68	3.96
5.转移灾民人数	10 015 318	4 920 426	-5 094 892	-50.87

E-6 民政事业费预算指标地方安排情况

单位：万元

地 区	预算指标			地方预算安排预算指标			地方安排抚恤和社会救济预算			备 注
	2003年	2004年	增长%	2003年	2004年	增长%	2003年	2004年	增长%	
合 计	**5 014 650**	**5826765**	**16.19**	**2 621 585**	**3225705**	**23.04**	**2 500 332**	**3068655**	**22.73**	
中央级	17 934	63207	252.44							
北 京	253 599	264184	4.17	201 356	211402	4.99	200 343	210467	5.05	
天 津	65 133	73353	12.62	38 675	44522	15.12	38 362	44218	15.27	
河 北	193 545	225892	16.71	84 479	106506	26.07	81 800	102037	24.74	
山 西	137 240	163473	19.12	56 966	76576	34.42	54 105	74666	38.00	
内蒙古	114 843	131997	14.94	45 258	51880	14.63	38 377	44420	15.75	
辽 宁	290 601	312755	7.62	151 906	150208	-1.12	150 378	148844	-1.02	
吉 林	167 458	199843	19.34	74 310	89389	20.29	73 770	79785	8.15	
黑龙江	169 055	212925	25.95	68 566	94609	37.98	68 391	93018	36.01	
上 海	158 461	175452	10.72	143 314	159283	11.14	143 314	159283	11.14	
江 苏	263 397	309102	17.35	193 546	242405	25.24	183 518	235136	28.13	
浙 江	194 808	304163	56.13	168 564	265925	57.76	166 245	256298	54.17	
安 徽	227 810	221033	-2.97	93 617	107201	14.51	85 065	102828	20.88	
福 建	103 917	149400	43.77	66 162	106928	61.62	63 944	104564	63.52	
江 西	154 813	180733	16.74	66 158	83419	26.09	64 390	79536	23.52	
山 东	292 172	317425	8.64	168 640	190936	13.22	162 351	186164	14.67	
河 南	234 124	257889	10.15	96 529	116275	20.46	85 544	101652	18.83	
湖 北	222 531	259153	16.46	78 966	109769	39.01	75 499	105538	39.79	
湖 南	209 344	249587	19.22	85 967	117079	36.19	83 569	114805	37.38	
广 东	285 393	320888	12.44	232 080	271219	16.86	225 026	265555	18.01	
广 西	122 344	137657	12.52	48 622	59956	23.31	45 738	56388	23.29	
海 南	31 831	35679	12.09	11 074	14990	35.36	11 074	14585	31.70	
重 庆	131 125	154425	17.77	66 674	76091	14.12	66 021	75331	14.10	
四 川	252 386	309593	22.67	109 465	145460	32.88	105 714	135950	28.60	
贵 州	94 091	113854	21.00	44 715	54428	21.72	37 184	47904	28.83	
云 南	174 102	198722	14.14	81 567	92504	13.41	60 875	66733	9.62	
西 藏	17 913	23200	29.52	8 878	11643	31.15	7 164	7623	6.40	
陕 西	150 824	162798	7.94	44 978	65070	44.67	41 739	60046	43.86	
甘 肃	89 370	99828	11.70	22 032	28810	30.77	19 006	23942	25.97	
青 海	38 017	41520	9.21	12 464	14580	16.97	11 710	13962	19.24	
宁 夏	31 654	37040	17.01	9 208	15473	68.03	9 130	12720	39.33	
新 疆	124 816	119999	-3.86	46 852	51171	9.22	40 989	44661	8.96	

注：中央含救灾帐篷和救灾车辆3.84亿元。

E-7 中央专项

省份 \ 文号	财社59号	财社125号	财社136号	财社45号	财社46号	财社113号
合　计	**392968**	**4260**	**9880**	**430961**	**36514**	**3296**
北　京	1916	70	80	53589	6916	16
天　津	1520	30	90	9810	733	11
河　北	31660	270	610	20723	1394	299
山　西	14998	200	340	9730	701	135
内蒙古	5414	120	220	6360	555	63
辽　宁	11023	140	280	43718	3337	63
吉　林	11141	190	270	9824	643	114
黑龙江	9685	120	290	8649	666	162
上　海	1045		50	13107	1534	8
江　苏	21881	140	440	20485	1967	82
浙　江	5862	70	210	10687	1071	28
安　徽	15310	130	380	6571	457	176
福　建	7195	90	210	8767	1024	12
江　西	18443	300	380	5059	379	123
山　东	53408	490	920	41811	3532	352
河　南	28388	270	620	15822	1333	410
湖　北	26808	270	550	21522	1390	192
湖　南	23762	180	570	10596	467	210
广　东	10025	210	240	18563	1433	15
广　西	8193	80	290	5522	497	54
海　南	2723	60	160	2749	153	12
重　庆	8474	80	270	6792	462	97
四　川	34876	190	750	19995	1768	244
贵　州	7541	80	290	3908	338	60
云　南	7614	100	240	17853	1163	71
西　藏	951		150	2675	12	6
陕　西	14840	180	360	17764	1483	108
甘　肃	4756	60	210	6717	514	86
青　海	1006	30	140	2048	76	16
宁　夏	823	30	120	1024	90	16
新　疆	1687	80	150	8521	426	55

拨款对账单

单位：万元

财社123号	财社109号	救灾款	低保款	医疗救助	其他	合计
3000	**500**	**319940**	**1006100**	**30000**	**998**	**2238417**
103	73	800			798	64361
70	68	1107	13800			27239
186		8800	40100	1557		105599
110		9500	36500	1273		73487
67		12900	36700	1380		63779
376	20	6798	85700			151455
117		10600	62600	1183		96682
46		10831	76200	1239		107888
91	167					16002
160		7900				53055
71	62	11100				29161
68		10262	50500	1506		85360
73		10400	2000			29771
56		12500	46700	1467		85407
330	41	13400	5000			119284
188		15682	67900	1667		132280
41		15881	79800	1508		147962
118		18340	68900	1891		125034
66	69	5500				36121
74		12717	32500	1499	100	61526
17		3800	6700	499		16873
60		15400	39700	1319		72654
145		21805	70300	2058		152131
30		10900	26200	1695		51042
83		21300	31400	2026	100	81950
		5100	2100	563		11557
138		11917	38000	1574		86364
51		11600	33100	1274		58368
13		8400	13300	993		26022
9		6400	10000	777		19289
43		8300	30400	1052		50714

E-8 民政事业费

地　区	本年预算指标合计	上年结转预算指标	本级财政安排预算指标	本年上级下达预算指标
全　国	**5826764.7**	**299903.9**	**3288184.9**	**6821134.4**
中央级	63206.6	727.0	62479.6	
北　京	264184.0	587.8	211402.4	138408.0
天　津	73353.0	1592.2	44521.8	52984.2
河　北	225892.0	14042.2	106505.8	330893.5
山　西	163473.3	13410.3	76576.0	264920.7
内蒙古	131996.8	16337.6	51880.2	211644.0
辽　宁	312754.5	10719.7	150207.9	481758.5
吉　林	199842.5	13864.8	89388.7	314594.5
黑龙江	212924.8	8936.0	94608.9	313597.9
上　海	175451.6		159282.6	16169.0
江　苏	309102.1	13647.1	242404.7	185019.0
浙　江	304162.6	9076.9	265924.7	82058.4
安　徽	221033.2	28472.3	107200.9	195023.8
福　建	149400.0	12700.8	106928.2	147366.1
江　西	180733.0	11906.6	83419.4	296115.8
山　东	317425.2	7205.5	190935.7	364987.1
河　南	257889.3	9334.8	116274.5	420028.3
湖　北	259153.2	1422.5	109768.7	310555.0
湖　南	249586.6	7485.7	117079.4	399558.8
广　东	320887.6	13547.5	271219.1	202074.1
广　西	137656.5	16174.8	59955.7	193812.8
海　南	35678.5	4122.2	14990.2	34013.3
重　庆	154425.3	5679.9	76091.4	151159.0
四　川	309592.9	12001.7	145460.2	501161.1
贵　州	113853.7	8383.7	54428.0	183456.8
云　南	198721.8	23267.7	92504.1	352430.0
西　藏	23199.7		11642.7	11557.0
陕　西	162797.9	11364.3	65069.6	267310.1
甘　肃	99828.3	14525.8	28810.1	129779.4
青　海	41519.5	918.0	14579.5	74279.1
宁　夏	37039.6	5465.5	15473.1	37599.0
新　疆	119999.1	2983.0	51171.1	156820.1

单位：万元

本年下达所属地方预算指标	本年抚恤、离退休、福利救济费指标	上年结转预算指标	本级财政安排预算指标	本年上级下达预算指标	本年下达所属地方预算指标
4582458.5	**5208407.8**	**196634.0**	**3092732.7**	**5805693.4**	**3886652.3**
	24805.0	727.0	24078.0		
86214.2	262288.5	427.8	210466.9	136108.0	84714.2
25745.2	71467.1	1117.2	44217.9	50877.2	24745.2
225549.5	209241.0	10660.4	102036.6	299264.5	202720.5
191433.7	146419.5	7766.7	74665.8	234118.7	170131.7
147865.0	100853.3	5803.7	44419.6	163634.0	113004.0
329931.6	302204.5	8061.7	148843.9	461882.5	316583.6
218005.5	177010.1	9004.4	79784.7	268155.5	179934.5
204218.0	198583.6	6985.5	93018.2	279157.5	180577.6
	175284.6		159282.6	16002.0	
131968.7	290915.8	10470.3	235135.7	155744.0	110434.2
52897.4	280723.5	6364.6	256297.9	56337.4	38276.4
109663.8	198528.6	20647.4	102828.2	171293.9	96240.9
117595.1	132826.4	8891.0	104564.4	119378.9	100007.9
210708.8	160390.6	7947.4	79536.2	259835.3	186928.3
245703.1	295440.4	3392.9	186163.5	322011.9	216127.9
287748.3	226106.1	7856.2	101651.9	356783.0	240185.0
162593.0	236734.8	1210.5	105537.6	276029.7	146043.0
274537.3	226945.0	4560.8	114804.7	345346.3	237766.8
165953.1	308099.0	11923.2	265554.8	181528.1	150907.1
132286.8	114714.4	9517.6	56387.8	154334.2	105525.2
17447.2	29811.2	2459.9	14585.2	26013.3	13247.2
78505.0	137028.3	4443.7	75330.6	121889.0	64635.0
349030.1	276721.7	10446.1	135949.6	421308.3	290982.3
132414.8	95456.9	7411.2	47903.7	146241.5	106099.5
269480.0	141433.9	14051.0	66732.9	241961.7	181311.7
	14079.5		7622.5	6457.0	
180946.1	141648.8	7155.7	60046.1	224375.5	149928.5
73287.0	72156.1	3321.8	23941.9	96914.4	52022.0
48257.1	32051.9	468.0	13961.9	57422.0	39800.0
21498.0	25815.1	1423.8	12720.3	24969.0	13298.0
90975.1	102622.6	2116.5	44661.1	130319.1	74474.1

E-8续表

地　区	本年自然灾害生活救助预算指标	上年结转预算指标	本级财政安排预算指标	本年上级下达预算指标	本年下达所属地方预算指标
全　国	**618356.9**	**103269.9**	**195452.2**	**1015441.0**	**695806.2**
中央级	38401.6		38401.6		
北　京	1895.5	160.0	935.5	2300.0	1500.0
天　津	1885.9	475.0	303.9	2107.0	1000.0
河　北	16651.0	3381.8	4469.2	31629.0	22829.0
山　西	17053.8	5643.6	1910.2	30802.0	21302.0
内蒙古	31143.5	10533.9	7460.6	48010.0	34861.0
辽　宁	10550.0	2658.0	1364.0	19876.0	13348.0
吉　林	22832.4	4860.4	9604.0	46439.0	38071.0
黑龙江	14341.2	1950.5	1590.7	34440.4	23640.4
上　海	167.0			167.0	
江　苏	18186.3	3176.8	7269.0	29275.0	21534.5
浙　江	23439.1	2712.3	9626.8	25721.0	14621.0
安　徽	22504.6	7824.9	4372.7	23729.9	13422.9
福　建	16573.6	3809.8	2363.8	27987.2	17587.2
江　西	20342.4	3959.2	3883.2	36280.5	23780.5
山　东	21984.8	3812.6	4772.2	42975.2	29575.2
河　南	31783.2	1478.6	14622.6	63245.3	47563.3
湖　北	22418.4	212.0	4231.1	34525.3	16550.0
湖　南	22641.6	2924.9	2274.7	54212.5	36770.5
广　东	12788.6	1624.3	5664.3	20546.0	15046.0
广　西	22942.1	6657.2	3567.9	39478.6	26761.6
海　南	5867.3	1662.3	405.0	8000.0	4200.0
重　庆	17397.0	1236.2	760.8	29270.0	13870.0
四　川	32871.2	1555.6	9510.6	79852.8	58047.8
贵　州	18396.8	972.5	6524.3	37215.3	26315.3
云　南	57287.9	9216.7	25771.2	110468.3	88168.3
西　藏	9120.2		4020.2	5100.0	
陕　西	21149.1	4208.6	5023.5	42934.6	31017.6
甘　肃	27672.2	11204.0	4868.2	32865.0	21265.0
青　海	9467.6	450.0	617.6	16857.1	8457.1
宁　夏	11224.5	4041.7	2752.8	12630.0	8200.0
新　疆	17376.5	866.5	6510.0	26501.0	16501.0

单位：万元

年末结余预算指标	抚恤、离退休、福利救济费	自然灾害生活救助	本年财政拨款	抚恤、离退休、福利救济费	自然灾害生活救助
348927.0	**242131.1**	**106795.9**	**5477837.7**	**4966276.7**	**511561.0**
23916.9	11862.9	12054.0	39289.7	12942.1	26347.6
533.9	168.9	365.0	263650.1	262119.6	1530.5
3056.6	2682.6	374.0	70296.4	68784.5	1511.9
15383.1	12666.2	2716.9	210508.9	196574.8	13934.1
14417.9	8981.8	5436.1	149055.4	137437.7	11617.7
7106.3	3769.1	3337.2	124890.5	97084.2	27806.3
12014.6	9052.6	2962.0	300739.9	293151.9	7588.0
13476.1	7420.2	6055.9	186366.4	169589.9	16776.5
15696.3	15001.3	695.0	197228.5	183582.3	13646.2
			175451.6	175284.6	167.0
13264.7	9312.0	3952.7	295837.4	281603.8	14233.6
12281.9	9016.4	3265.5	291880.7	271707.1	20173.6
30916.2	26278.9	4637.3	190117.0	172249.7	17867.3
13515.6	7841.2	5674.4	135884.4	124985.2	10899.2
15640.5	8592.4	7048.1	165092.5	151798.2	13294.3
7339.6	3215.0	4124.6	310085.6	292225.4	17860.2
10231.6	8442.8	1788.8	247657.7	217663.3	29994.4
2911.6	2248.4	663.2	256241.6	234486.4	21755.2
10720.1	8166.4	2553.7	238866.5	218778.6	20087.9
13599.6	10587.7	3011.9	307288.0	297511.3	9776.7
23712.8	14629.9	9082.9	113943.7	100084.5	13859.2
6636.2	4836.9	1799.3	29042.3	24974.3	4068.0
8214.7	5438.9	2775.8	146210.6	131589.4	14621.2
12278.8	10284.6	1994.2	297314.1	266437.1	30877.0
4185.1	3526.2	658.9	109668.6	91930.7	17737.9
22342.3	15255.0	7087.3	176379.5	126178.9	50200.6
			23199.7	14079.5	9120.2
16505.7	13257.4	3248.3	146292.2	128391.4	17900.8
8848.7	3509.5	5339.2	90979.6	68646.6	22333.0
1884.7	1799.8	84.9	39634.8	30252.1	9382.7
5218.8	2229.8	2989.0	31820.8	23585.3	8235.5
3076.1	2056.3	1019.8	116923.0	100566.3	16356.7

E-9 民政事业费当年

地　区	全国预算安排合计	中央安排合计	全省安排合计	省级	市级	县级
全　国	**5486869.7**	**2240075.0**	**3246794.7**	**656693.3**	**602590.8**	**1795463.8**
北　京	275763.4	64361.0	211402.4	65592.1		126249.8
天　津	71770.8	27239.0	44531.8		17263.2	26795.9
河　北	212104.8	105599.0	106505.8	16940.0	26227.7	63338.1
山　西	150063.0	73487.0	76576.0	27802.1	16313.6	32460.3
内蒙古	115669.2	63779.0	51890.2	10886.9	15459.3	25544.0
辽　宁	303828.5	151455.0	152373.5	30911.4	43286.0	75951.6
吉　林	202363.0	96682.0	105681.0	37887.4	18751.4	49038.8
黑龙江	202496.9	107888.0	94608.9	23347.0	12614.2	58639.6
上　海	175451.6	16002.0	159449.6	27958.6		125344.4
江　苏	295992.7	53055.0	242937.7	19670.0	49298.9	137492.5
浙　江	295085.7	29161.0	265924.7	21476.1	34062.9	164195.6
安　徽	192560.9	85360.0	107200.9	13376.2	19436.7	71258.0
福　建	136699.2	29771.0	106928.2	36607.9	16097.1	53693.3
江　西	168826.1	85407.0	83419.1	25326.5	11128.4	46661.8
山　东	310219.7	119284.0	190935.7	20716.2	44370.6	103826.8
河　南	248554.5	132280.0	116274.5	24265.4	26878.9	59917.7
湖　北	257730.7	147962.0	109768.7	16803.4	17380.0	74721.3
湖　南	242104.9	125034.0	117070.9	19353.4	28388.9	69011.8
广　东	307390.1	36121.0	271269.1	56522.0	69418.3	127514.4
广　西	121481.7	61526.0	59955.7	10892.2	16371.7	32691.8
海　南	31863.2	16873.0	14990.2	3237.7	8152.9	3599.6
重　庆	148745.4	72654.0	76091.4	12213.2		39086.7
四　川	297591.2	152131.0	145460.2	28339.7	26085.5	86219.4
贵　州	105470.0	51042.0	54428.0	9980.7	15906.4	28500.1
云　南	175454.1	82950.0	92504.1	43697.9	21093.8	27712.4
西　藏	23358.7	11716.0	11642.7	8802.9	1200.8	1639.0
陕　西	151433.6	86364.0	65069.6	12153.2	23540.9	28465.8
甘　肃	87178.1	58368.0	28810.1	9747.6	7668.2	11179.4
青　海	40601.5	26022.0	14579.5	6672.9	1963.8	5942.8
宁　夏	34740.1	19289.0	15451.1	6238.0	1479.3	7733.8
新　疆	104276.4	51213.0	53063.4	9274.7	12751.4	31037.3

预算安排情况表

单位：万元

镇级	抚恤	中央安排合计	全省安排合计	省级	市级	县级	镇级
192046.8	**1035547.4**	**407308.0**	**628239.4**	**92431.3**	**65704.5**	**406161.2**	**63942.4**
19560.5	22572.3	2066.0	20506.3	867.0		18882.7	756.6
472.7	9533.0	1640.0	7893.0		1185.6	6321.5	385.9
	72077.1	32540.0	39537.1	7567.0	5207.5	26762.6	
	34099.7	15538.0	18561.7	4589.9	3246.9	10724.9	
	12963.3	5754.0	7209.3	661.0	1007.2	5541.1	
2224.5	39665.2	11443.0	28222.2	5026.7	4061.0	18500.8	633.7
3.4	23668.6	11601.0	12067.6	1618.0	1616.7	8832.9	
8.1	24408.1	10095.0	14313.1	625.0	899.8	12783.2	5.1
6146.6	13788.7	1095.0	12693.7	3936.8		7291.8	1465.1
36476.3	74335.3	22461.0	51874.3	6623.0	3425.1	27769.3	14056.9
46190.1	59375.6	6142.0	53233.6	4244.6	1889.7	38443.0	8656.3
3130.0	41975.8	15820.0	26155.8	2334.0	1844.6	20604.5	1372.7
529.9	28929.0	7495.0	21434.0	5481.0	4026.6	11926.4	
302.4	32153.0	19123.0	13030.0	1976.3	1242.4	9645.8	165.5
22022.1	122527.8	54818.0	67709.8	6112.2	10559.9	36721.4	14316.3
5212.5	64651.5	29278.0	35373.5	4085.0	3120.5	23866.6	4301.4
864.0	44785.2	27628.0	17157.2	2118.3	1770.8	12543.1	725.0
316.8	45852.9	24512.0	21340.9	3721.2	2755.1	14750.8	113.8
17814.4	65750.1	10475.0	55275.1	15380.3	8851.4	27717.4	3326.0
	22656.2	8663.0	13993.2	2938.5	569.7	10485.0	
	6451.2	2943.0	3508.2	496.4	1680.7	1331.1	
24791.5	24139.5	8824.0	15315.5	360.2		4298.5	10656.8
4815.6	63024.3	35816.0	27208.3	3345.3	1711.4	20054.0	2097.6
40.8	17850.0	7911.0	9939.0	1619.4	824.8	7483.3	11.5
	17425.4	8054.0	9371.4	2062.0	878.4	6431.0	
	1499.9	1101.0	398.9	205.5	48.0	145.4	
909.7	29743.9	15380.0	14363.9	3021.8	1978.8	8646.9	716.4
214.9	10747.2	5026.0	5721.2	653.6	678.6	4209.2	179.8
	1451.2	1176.0	275.2	4.0	36.2	235.0	
	2024.2	973.0	1051.2	28.0	211.9	811.3	
	5422.2	1917.0	3505.2	729.3	375.2	2400.7	

E-9续表1

地区	安置	中央安排合计	全省安排合计	省级	市级	县级
全国	**742471.6**	**473771.0**	**268700.6**	**46315.9**	**62264.9**	**152481.9**
北京	112809.4	60624.0	52185.4	35809.9		16018.1
天津	16291.2	10624.0	5667.2		2078.0	3589.2
河北	36180.2	22602.0	13578.2		7712.0	5866.2
山西	12701.0	10676.0	2025.0	608.9	292.6	1123.5
内蒙古	8526.4	7045.0	1481.4	211.0	541.8	728.6
辽宁	55745.0	47494.0	8251.0	76.1	2061.5	5945.9
吉林	12287.2	10698.0	1589.2	173.2	572.7	843.3
黑龙江	10023.9	9523.0	500.9		45.6	455.3
上海	20664.6	14740.0	5924.6	433.3		5285.5
江苏	57634.1	22694.0	34940.1	217.5	9601.6	22029.2
浙江	34724.0	11857.0	22867.0		3077.0	18129.1
安徽	17731.7	7272.0	10459.7	1241.5	3328.0	5834.3
福建	15434.2	9876.0	5558.2	150.0	992.5	4415.7
江西	8321.4	5617.0	2704.4	327.6	508.2	1868.6
山东	57333.3	46025.0	11308.3	105.0	3104.4	8075.1
河南	23825.7	17753.0	6072.7	100.0	3954.3	2018.4
湖北	32305.6	23145.0	9160.6	150.5	3729.3	5276.2
湖南	21130.1	11391.0	9739.1	529.8	3690.1	5484.2
广东	42704.5	20077.0	22627.5	3790.0	6015.6	11538.1
广西	10685.5	6147.0	4538.5	58.1	2268.2	2212.2
海南	5175.5	2931.0	2244.5	367.9	1250.3	626.3
重庆	14047.0	7411.0	6636.0	44.1		5941.0
四川	38427.5	22152.0	16275.5	87.0	3778.4	12314.6
贵州	7011.4	4336.0	2675.4	190.0	541.1	1940.3
云南	25018.7	19170.0	5848.7	169.5	2122.9	3556.3
西藏	2838.0	2693.0	145.0	145.0		
陕西	21260.8	19493.0	1767.8	918.8	230.5	618.5
甘肃	8241.4	7368.0	873.4	134.0	490.0	248.4
青海	2354.5	2153.0	201.5	121.7	7.2	72.6
宁夏	1438.2	1139.0	299.2	125.0	121.7	52.5
新疆	9599.6	9045.0	554.6	30.5	149.4	374.7

单位：万元

镇级	城市居民最低生活保障	中央安排合计	全省安排合计	省级	市级	县级	镇级
7637.9	**1805767.2**	**1006100.0**	**799667.2**	**211348.9**	**123786.6**	**444823.9**	**19707.8**
357.4	43948.7		43948.7			34834.9	9113.8
	24196.6	13800.0	10396.6		4542.0	5854.6	
	56198.2	40100.0	16098.2	6000.0	3856.0	6242.2	
	66826.4	36500.0	30326.4	19062.0	5354.4	5910.0	
	54467.9	36700.0	17767.9	6350.0	3512.7	7905.2	
167.5	132105.2	85700.0	46405.2	15816.4	14849.7	15711.1	28.0
	116953.3	62600.0	54353.3	19043.8	5541.6	29764.5	3.4
	121044.1	76200.0	44844.1	10000.0	6655.3	28188.8	
205.8	72278.7		72278.7			71050.0	1228.7
3091.8	35315.1		35315.1	5875.4	4989.6	23109.0	1341.1
1660.9	22538.2		22538.2	6500.0	2139.3	12684.5	1214.4
55.9	70849.5	50500.0	20349.5	5011.0	3792.3	11444.2	102.0
	13588.6	2000.0	11588.6	4000.0	970.6	6520.4	97.6
	71413.3	46700.0	24713.3	6500.0	2829.8	15378.3	5.2
23.8	45750.2	5000.0	40750.2	7500.0	10588.7	22588.5	73.0
	89874.7	67900.0	21974.7	9000.0	4118.0	8728.7	128.0
4.6	116235.0	79800.0	36435.0	4541.0	2958.8	28935.2	
35.0	99548.2	68900.0	30648.2	8000.0	7785.4	14847.8	15.0
1283.8	50304.9		50304.9	22989.0	5678.4	19534.2	2103.3
	42576.8	32500.0	10076.8	3330.0	1629.6	5117.2	
	8462.8	6700.0	1762.8	939.6	573.7	249.5	
650.9	64800.4	39700.0	25100.4	4000.0		17225.2	3875.2
95.5	100882.9	70300.0	30582.9	10000.0	5192.5	15021.3	369.1
4.0	36029.2	26200.0	9829.2	4000.0	2673.5	3145.7	10.0
	56009.6	31400.0	24609.6	14800.0	5907.4	3902.2	
	4472.2	2100.0	2372.2	1395.9	655.4	320.9	
	61230.3	38000.0	23230.3	3471.5	11628.9	8129.9	
1.0	41405.1	33100.0	8305.1	3500.0	1570.3	3234.8	
	22754.7	13300.0	9454.7	5418.2	671.1	3365.4	
	14628.0	10000.0	4628.0		241.0	4387.0	
	49078.4	30400.0	18678.4	4305.1	2880.6	11492.7	

E−9 续表 2

地　区	农村及其他社会救济	中央安排合计	全省安排合计	省级	市级	县级
全　国	**437272.3**	**97.0**	**437175.3**	**65256.0**	**38311.6**	**279977.0**
北　京	12725.2		12725.2	2190.6		9555.5
天　津	9472.8		9472.8		7114.7	2271.3
河　北	7255.1		7255.1	55.0	1097.4	6102.7
山　西	7682.7		7682.7	50.0	1009.9	6622.8
内蒙古	4988.9		4988.9	12.0	183.6	4793.3
辽　宁	24919.2		24919.2	5735.8	3299.0	15186.6
吉　林	4161.8		4161.8	1744.0	43.0	2374.8
黑龙江	4776.0		4776.0		496.5	4279.5
上　海	19977.4		19977.4	1557.6		16047.9
江　苏	43519.7		43519.7	1810.0	1716.1	27110.3
浙　江	52665.1		52665.1	1640.6	1689.4	34263.6
安　徽	18600.6		18600.6	350.0	531.0	16556.9
福　建	34801.0		34801.0	21476.0	1132.9	11759.8
江　西	24673.3		24673.3	15000.0	994.8	8556.8
山　东	17619.3		17619.3		2969.6	11059.9
河　南	11454.0		11454.0	748.9	1865.1	8251.3
湖　北	13757.2		13757.2	3000.0	710.3	10039.5
湖　南	19799.4		19799.4	528.0	793.0	18328.4
广　东	38652.2		38652.2	3135.5	4971.2	23912.4
广　西	8373.5		8373.5	110.0	548.6	7714.9
海　南	2692.8		2692.8	408.0	1724.0	560.8
重　庆	9839.5		9839.5			3009.7
四　川	20547.5		20547.5	944.8	2107.6	15677.9
贵　州	6818.8		6818.8	1455.0	1088.3	4266.2
云　南	7113.0		7113.0	2395.0	891.8	3826.2
西　藏	1414.2		1414.2	665.0	49.8	699.4
陕　西	4239.8		4239.8	92.0	783.4	3171.1
甘　肃	1069.9		1069.9		79.3	985.6
青　海	664.9		664.9	45.2	11.2	608.5
宁　夏	948.4		948.4		210.8	737.6
新　疆	2049.1	97.0	1952.1	107.0	199.3	1645.8

单位：万元

镇级	社会福利	中央安排合计	全省安排合计	省级	市级	县级	镇级
53630.7	**335262.8**	**402.0**	**334860.8**	**69695.3**	**143778.2**	**103025.2**	**18362.1**
979.1	19508.4		19508.4	13485.2		6023.2	
86.8	830.7		830.7			830.7	
	8469.4		8469.4	274.0	4226.2	3969.2	
	5004.6		5004.6	165.9	3659.2	1179.5	
	5603.0		5603.0	140.0	4041.7	1421.3	
697.8	13437.9		13437.9	1699.0	8721.6	2834.3	183.0
	4797.1		4797.1	81.0	3686.0	1030.1	
	13391.2		13391.2	10383.0	2153.7	854.5	
2371.9	23828.7		23828.7	15856.2		7911.0	61.5
12883.3	27925.8		27925.8	900.0	19288.5	6912.4	824.9
15071.5	48372.1		48372.1	4098.8	10248.6	20400.4	13624.3
1162.7	6423.4		6423.4	311.5	2887.3	3150.6	74.0
432.3	9699.8		9699.8	750.0	5318.8	3631.0	
121.7	4814.7		4814.7	128.6	1990.1	2686.0	10.0
3589.8	10565.2		10565.2	540.0	7182.8	2375.2	467.2
588.7	9497.8		9497.8	275.8	6052.8	3142.0	27.2
7.4	8800.2		8800.2	1274.8	3553.1	3892.3	80.0
150.0	9250.4		9250.4	1291.0	4797.0	3159.4	3.0
6633.1	39880.8		39880.8	2653.9	22694.9	12511.1	2020.9
	8221.2		8221.2	762.1	6258.1	1201.0	
	1364.3		1364.3	252.0	1040.2	72.1	
6829.8	9244.6		9244.6	6109.0		2195.3	940.3
1817.2	16100.4		16100.4	3549.0	7652.5	4867.9	31.0
9.3	6133.5		6133.5	243.4	4291.0	1599.1	
	5366.9		5366.9	921.8	3133.3	1311.8	
	502.9		502.9	403.2	62.0	37.7	
193.3	5294.8		5294.8	620.3	3122.0	1552.5	
5.0	3924.1		3924.1	262.2	3217.7	429.4	14.8
	480.8		480.8	215.1	3.7	262.0	
	1373.8		1373.8	1091.5	200.5	81.8	
	7154.3	402.0	6752.3	957.0	4294.9	1500.4	

E−9续表3

地 区	其他民政	中央安排合计	全省安排合计	省级	市级	县级
全 国	**386664.2**		**386664.2**	**60839.6**	**94781.7**	**219486.4**
北 京	25037.2		25037.2	8474.8		13720.4
天 津	6159.4		6159.4		2250.9	3908.5
河 北	11313.5		11313.5	1002.0	2275.6	8035.9
山 西	7568.2		7568.2	1924.9	2038.3	3605.0
内蒙古	4557.1		4557.1	585.0	1494.2	2477.9
辽 宁	16022.8		16022.8	856.0	6403.6	8437.3
吉 林	14529.0		14529.0	4918.8	5787.0	3823.2
黑龙江	13195.7		13195.7		1844.3	11351.4
上 海	16276.8		16276.8	5599.5		9974.1
江 苏	23414.8		23414.8	1144.1	5346.4	15608.9
浙 江	34678.8		34678.8	2776.6	8263.2	21317.7
安 徽	13254.4		13254.4	1787.7	4547.9	6832.4
福 建	9671.5		9671.5	3167.3	1659.2	4845.0
江 西	5233.7		5233.7	754.0	849.7	3630.0
山 东	27884.5		27884.5	2639.0	7657.7	16219.1
河 南	12956.8		12956.8	1555.7	3082.4	8249.7
湖 北	13261.7		13261.7	3599.1	3505.8	6156.8
湖 南	13500.8		13500.8	1548.3	5331.4	6621.1
广 东	37501.7		37501.7	2688.0	12535.2	20911.6
广 西	7543.3		7543.3	1119.6	2296.5	4127.2
海 南	1948.7		1948.7	221.1	1004.8	722.8
重 庆	7226.8		7226.8	1278.1		4952.3
四 川	16289.0		16289.0	1330.4	2776.8	12020.5
贵 州	10226.8		10226.8	683.9	4131.2	5411.7
云 南	9133.0		9133.0	1851.0	2617.6	4664.4
西 藏	2789.3		2789.3	2011.4	342.3	435.6
陕 西	8148.1		8148.1	962.8	3355.2	3830.1
甘 肃	1676.2		1676.2	747.0	433.1	496.1
青 海	1546.0		1546.0	751.0	131.1	663.9
宁 夏	3923.4		3923.4	2939.5	300.1	683.8
新 疆	10195.2		10195.2	1923.0	2520.2	5752.0

单位：万元

镇级	自然灾害生活救助	中央安排合计	全省安排合计	省级	市级	县级	镇级
11556.5	**480147.1**	**321099.0**	**159048.1**	**82892.6**	**29883.0**	**43899.5**	**2373.0**
2842.0	1735.5	800.0	935.5	700.0		235.5	
	1410.9	1107.0	303.9		20.0	283.9	
	13269.2	8800.0	4469.2	2042.0	1225.6	1201.6	
	11410.2	9500.0	1910.2	1070.0	350.0	490.2	
	20360.6	12900.0	7460.6	2000.0	4372.5	1088.1	
325.9	8083.1	6798.0	1285.1	165.0	612.9	507.2	
	21353.8	10600.0	10753.8	10190.6	204.4	358.8	
	12421.7	10831.0	1590.7	1126.0	73.0	388.7	3.0
703.2							
1315.4	15389.6	7900.0	7489.6	3100.0	716.9	3108.9	563.8
2321.3	20726.8	11100.0	9626.8	1351.0	1608.0	5894.3	773.5
86.4	14690.9	10262.0	4428.9	2300.0	304.2	1812.2	12.5
	12763.8	10400.0	2363.8	1000.0	575.7	788.1	
	16383.2	12500.0	3883.2	640.0	2006.0	1237.2	
1368.7	18172.2	13400.0	4772.2	900.0	1381.2	2036.8	454.2
69.0	30304.6	15682.0	14622.6	8500.0	3386.7	2704.2	31.7
	20168.0	15881.0	4287.0	1199.0	497.0	2572.0	19.0
	20789.4	18340.0	2449.4	1200.0	50.0	1199.4	
1366.9	11168.3	5500.0	5668.3	3000.0	802.0	1668.4	197.9
	16284.9	12717.0	3567.9	1515.0	789.2	1263.7	
	4205.0	3800.0	405.0	400.0		5.0	
996.4	16163.5	15400.0	763.5	170.0		412.1	181.4
161.3	31315.6	21805.0	9510.6	7000.0	799.6	1593.3	117.7
	17424.3	10900.0	6524.3	1709.0	1750.4	3058.9	6.0
	48071.2	22300.0	25771.2	19848.7	4502.2	1420.3	
	9279.2	5259.0	4020.2	3976.9	43.3		
	16940.5	11917.0	5023.5	2403.5	1848.0	772.0	
	16503.5	11600.0	4903.5	3105.9	878.3	907.0	12.3
	9017.6	8400.0	617.6	60.0	84.1	473.5	
	9171.9	6400.0	2771.9	2054.0	153.9	564.0	
	15168.1	8300.0	6868.1	166.0	847.9	5854.2	

E-9续表4

地　区	地方离退休人员经费	中央安排合计	全省安排合计	省级	市级	县级
全　国	**131475.1**	**798.0**	**130677.1**	**2810.4**	**13538.4**	**103896.3**
北　京	29303.5	798.0	28505.5	392.9		22607.4
天　津	3736.2		3736.2			3736.2
河　北	4870.7		4870.7		75.5	4795.2
山　西	2436.9		2436.9		116.5	2320.4
内蒙古	1562.1		1562.1		55.6	1506.5
辽　宁	6351.9		6351.9		723.1	5440.2
吉　林	1008.1		1008.1		100.0	908.1
黑龙江	165.2		165.2		36.7	128.5
上　海	1105.8		1105.8			1077.0
江　苏	13815.2		13815.2		1740.9	10067.4
浙　江	8116.6		8116.6		849.1	5695.4
安　徽	5161.3		5161.3		1552.8	3608.5
福　建	9633.8		9633.8	583.6	284.3	8765.9
江　西	3210.3		3210.3		253.0	2957.3
山　东	4298.7		4298.7		50.9	3905.6
河　南	3079.9		3079.9		368.4	2645.0
湖　北	5141.7		5141.7		483.2	4658.5
湖　南	4879.2		4879.2	1219.0	534.2	3126.0
广　东	8895.8		8895.8		3569.0	5284.0
广　西	964.7		964.7		750.8	213.9
海　南	178.0		178.0		163.0	15.0
重　庆	1433.7		1433.7			883.0
四　川	4168.2		4168.2		854.9	3187.1
贵　州	917.6		917.6			917.6
云　南	2236.4		2236.4		126.2	2110.2
西　藏						
陕　西	1469.8		1469.8			1469.8
甘　肃	1018.5		1018.5	223.1	156.1	637.3
青　海	179.4		179.4			179.4
宁　夏	108.0		108.0			108.0
新　疆	2027.9		2027.9	391.8	694.2	941.9

单位：万元

镇级	其他款项用于民政支出	中央安排合计	全省安排合计	省级	市级	县级	镇级
10432.0	**132262.0**	**30500.0**	**101762.0**	**25103.3**	**30541.9**	**41712.4**	**4404.4**
5505.2	8123.2	73.0	8050.2	3671.7		4372.1	6.4
	140.0	68.0	72.0		72.0		
	2471.4	1557.0	914.4		551.9	362.5	
	2333.3	1273.0	1060.3	330.5	245.8	484.0	
	2639.9	1380.0	1259.9	927.9	250.0	82.0	
188.6	7498.2	20.0	7478.2	1536.4	2553.6	3388.2	
	3604.1	1183.0	2421.1	118.0	1200.0	1103.1	
	3071.0	1239.0	1832.0	1213.0	409.3	209.7	
28.8	7530.9	167.0	7363.9	575.2		6707.1	81.6
2006.9	4643.1		4643.1		2473.8	1777.1	392.2
1572.1	13888.5	62.0	13826.5	864.5	4298.6	7367.6	1295.8
	3873.3	1506.0	2367.3	40.5	648.6	1414.4	263.8
	2177.5		2177.5		1136.5	1041.0	
	2623.2	1467.0	1156.2		454.4	701.8	
342.2	6068.5	41.0	6027.5	2920.0	875.4	845.2	1386.9
66.5	2909.5	1667.0	1242.5		930.7	311.8	
	3276.1	1508.0	1768.1	920.7	171.7	647.7	28.0
	7354.5	1891.0	5463.5	1316.1	2652.7	1494.7	
42.8	12531.8	69.0	12462.8	2885.3	4300.6	4437.2	839.7
	4175.6	1499.0	2676.6	1058.9	1261.0	356.7	
	1384.9	499.0	885.9	152.7	716.2	17.0	
550.7	1850.4	1319.0	531.4	251.8		169.6	110.0
126.2	6835.8	2058.0	4777.8	2083.2	1211.8	1482.8	
	3058.4	1695.0	1363.4	80.0	606.1	677.3	
	5079.9	2026.0	3053.9	1649.9	914.0	490.0	
	563.0	563.0					
	3105.6	1574.0	1531.6	662.5	594.1	275.0	
2.0	2592.2	1274.0	1318.2	1121.8	164.8	31.6	
	2152.4	993.0	1159.4	57.7	1019.2	82.5	
	1124.2	777.0	347.2		39.4	307.8	
	3581.6	1052.0	2529.6	665.0	789.7	1074.9	

E-10 民政事业资

地　区	收入合计	上年结余	经营结余	专项资金结余	抚恤、离退休、福利救济费
全　国	**6596927.4**	**296378.0**	**-2795.2**	**299173.2**	**238112.4**
中央级	82803.0	3940.8		3940.8	3940.3
北　京	387802.2	39020.0	-1239.6	40259.6	29910.3
天　津	87644.5	2005.2		2005.2	1731.2
河　北	222277.7	2281.0		2281.0	1986.9
山　西	162122.4	5329.5		5329.5	3562.4
内蒙古	135299.7	5117.5	-31.6	5149.1	4198.1
辽　宁	336835.1	4248.9	194.6	4054.3	2456.6
吉　林	205497.0	6457.6		6457.6	4369.1
黑龙江	206198.7	3315.5		3315.5	3017.5
上　海	272712.9	29359.9	-2115.1	31475.0	30320.5
江　苏	357661.1	8956.2	-82.6	9038.8	6357.5
浙　江	375967.6	12181.8		12181.8	10828.9
安　徽	205932.9	2070.2		2070.2	1570.3
福　建	150590.9	5336.5		5336.5	4119.2
江　西	183474.3	5155.2	-75.5	5230.7	4293.5
山　东	387493.8	9050.3		9050.3	5245.5
河　南	265588.0	4736.9		4736.9	4205.4
湖　北	287529.1	2137.8		2137.8	2093.6
湖　南	282653.3	13318.1	-222.7	13540.8	12973.0
广　东	462797.3	52125.5	1020.0	51105.5	45031.9
广　西	179636.6	21071.7	0.7	21071.0	12302.0
海　南	37372.8	7999.5		7999.5	5994.1
重　庆	158838.2	575.5		575.5	416.7
四　川	328330.6	5371.6		5371.6	4780.7
贵　州	129136.5	12929.9		12929.9	7844.3
云　南	204919.9	14805.8	-32.6	14838.4	10237.3
西　藏	23199.7				
陕　西	155222.5	571.4	-205.0	776.4	561.1
甘　肃	99017.2	4795.4	-5.8	4801.2	3210.5
青　海	41083.6	1356.4		1356.4	1292.9
宁　夏	36936.0	1774.0		1774.0	1210.8
新　疆	144352.3	8982.4		8982.4	8050.3

金支出情况

单位：万元

自然灾害生活救助	本年收入合计	财政拨款	上级补助收入	事业收入	预算外资金收入
25950.6	**6300549.4**	**5477837.7**	**79576.6**	**508603.6**	**285138.3**
0.5	78862.2	39289.7	10.0	35621.3	34205.0
44.0	348782.2	263650.1	562.9	57227.1	48483.6
187.0	85639.3	70296.4	1862.4	11663.2	5127.0
293.7	219996.7	210508.9	1243.4	6958.4	4133.2
1430.8	156792.9	149055.4	340.6	6073.0	5391.9
613.9	130182.2	124890.5	512.3	3239.1	2313.9
12.9	332586.2	300739.9	744.1	23691.1	17512.9
1066.6	199039.4	186366.4	1265.5	6948.2	2825.0
298.0	202883.2	197228.5	1236.9	2345.6	1838.5
	243353.0	175451.6	175.2	22708.9	4998.0
129.5	348704.9	295837.4	3900.6	35873.2	20982.5
877.5	363785.8	291880.7	8444.9	34630.4	22443.0
475.1	203862.7	190117.0	1803.3	3743.0	2163.9
724.2	145254.4	135884.4	1579.9	5822.9	2869.8
936.8	178319.1	165092.5	3307.0	6126.3	2326.0
205.9	378443.5	310085.6	2059.8	46846.4	22930.1
238.5	260851.1	247657.7	7479.7	4674.9	3596.8
31.0	285391.3	256241.6	1139.6	22272.3	15538.2
398.8	269335.2	238866.5	7597.8	9688.1	1610.8
970.7	410671.8	307288.0	8199.9	74000.1	21863.1
5214.9	158564.9	113943.7	5968.8	34534.0	13123.5
1939.0	29373.3	29042.3	77.9	104.1	73.1
43.0	158262.7	146210.6	185.8	9303.2	2582.5
326.7	322959.0	297314.1	4136.8	16725.7	8665.8
3577.3	116206.6	109668.6	203.4	5797.0	1475.9
4203.1	190114.1	176379.5	10407.9	915.6	300.0
	23199.7	23199.7			
195.0	154651.1	146292.2	1065.1	4031.1	605.2
847.2	94221.8	90979.6	819.5	2294.8	2018.0
63.5	39727.2	39634.8	13.0	67.4	64.4
251.2	35162.0	31820.8	1059.3	1795.3	1250.0
354.3	135369.9	116923.0	2173.3	12881.9	11826.7

E-10续表1

地　区	附属单位缴款	经营收入	其他收入	本年实际支出	事业支出
全　国	**5884.5**	**64005.8**	**164641.2**	**6216028.0**	**6063138.2**
中央级	2547.5	674.5	719.2	74027.7	71223.1
北　京		14582.5	12759.6	354630.6	334933.7
天　津		814.5	1002.8	83292.6	82805.4
河　北	44.0	221.6	1020.4	219337.5	218613.7
山　西	25.0	0.3	1298.6	153065.3	152426.7
内蒙古	31.6	458.7	1050.0	129549.8	127523.4
辽　宁	53.0	6994.8	363.3	332789.1	321982.7
吉　林		3518.5	940.8	186207.8	182652.4
黑龙江		1925.9	146.3	197865.8	195932.7
上　海	490.3	3237.9	41289.1	238609.9	230466.2
江　苏	572.2	2836.6	9684.9	346332.8	333787.8
浙　江	313.7	4586.8	23929.3	353247.5	342071.4
安　徽	25.0	3629.1	4545.3	201357.1	196780.8
福　建	43.9	44.0	1879.3	143624.4	142514.0
江　西	357.6	303.0	3132.7	178676.4	177942.9
山　东	19.5	2324.9	17107.3	375302.2	354614.8
河　南	78.5	356.2	604.1	258626.6	255075.2
湖　北	658.3	1661.0	3418.5	285151.3	282196.2
湖　南		1452.9	11729.9	265708.5	256227.1
广　东	451.6	8241.6	12490.6	414282.6	395445.4
广　西		1286.0	2832.4	147325.7	145135.7
海　南			149.0	27949.8	27949.8
重　庆	44.6	1251.0	1267.5	157240.7	155403.7
四　川		1757.4	3025.0	319887.0	315692.0
贵　州			537.6	108264.8	107940.2
云　南		822.0	1589.1	184873.3	183854.7
西　藏				23199.7	23199.7
陕　西	127.2	248.1	2887.4	153783.5	149815.9
甘　肃		76.1	51.8	93836.3	91876.1
青　海			12.0	39145.3	39139.1
宁　夏		11.2	475.4	34408.1	34071.3
新　疆	1.0	688.7	2702.0	134428.3	133844.4

单位：万元

抚恤、离退休、福利救济费	自然灾害生活救助	上缴上级支出	对附属单位补助支出	经营支出	结转自筹基建	其他
5262361.5	**511844.9**	**7118.5**	**7192.0**	**59435.8**	**27830.6**	**51312.9**
12942.1	26347.6	2088.4	30.0	470.0	216.2	
326436.3	1520.7			14634.7	4000.0	1062.2
69370.8	1720.6			435.8		51.4
203047.7	13721.9		199.0	202.6	202.2	120.0
135694.3	11875.3	70.9	30.0	0.3	12.5	524.9
98863.5	27373.2	1.0	82.8	423.0	0.5	1519.1
297183.7	7367.5			6494.5	280.0	4031.9
167258.6	14874.8	104.7		1749.5	625.0	1076.2
180713.7	13109.6			1919.9		13.2
228597.3	167.0	604.4	330.2	3076.1		4133.0
295242.2	13953.8	472.9	864.7	1979.8	2555.9	6671.7
273583.4	21137.0	308.2	5.6	4663.0	2353.6	3845.7
177093.1	18318.8		902.5	2928.1	40.0	705.7
128831.5	10707.8	86.8	10.0	44.0	350.0	619.6
162142.9	14528.6			284.5	370.9	78.1
293563.8	17958.5	26.0	501.7	2160.4	10903.5	7095.8
221226.6	30212.3		107.6	356.2	37.0	3050.6
248733.3	21920.1	48.9	32.0	1491.1	10.0	1373.1
232734.9	20156.6	2685.5	2436.2	1455.7	2414.1	489.9
376111.3	10110.1	92.4	555.2	9090.4	2440.7	6658.5
99483.8	14238.7	65.0	98.7	1193.8		832.5
24489.5	3460.3					
131174.9	14538.1	454.0		1072.2	265.0	45.8
272294.6	30271.7	9.0	917.0	1631.2	385.4	1252.4
85553.4	17143.2		8.0			316.6
133044.8	50809.9			775.0		243.6
14079.5	9120.2					
131060.3	18059.8		47.9	218.6	90.0	3611.1
68843.4	23032.7	0.4		90.3		1869.5
30017.0	9122.1					6.2
25705.8	8365.5		32.9	11.2	278.1	14.6
117243.5	16600.9			583.9		

E-10续表2

地 区	收支结余	事业结余	抚恤、离退休、福利救济费	自然灾害生活救助	经营结余	用事业基金弥补收支差额
全 国	**380899.4**	**379124.6**	**278552.8**	**38536.4**	**1774.8**	**20321.1**
中央级	8775.3	8570.8			204.5	322.8
北 京	33171.6	34463.4	34048.9	53.8	-1291.8	4778.1
天 津	4351.9	3973.2	3962.5	-14.0	378.7	200.8
河 北	2940.2	2921.2	1553.0	705.1	19.0	1135.7
山 西	9057.1	9057.1	6176.2	1165.1		74.7
内蒙古	5749.9	5745.8	4256.1	1300.1	4.1	295.5
辽 宁	4046.0	3351.1	1213.0	137.0	694.9	412.1
吉 林	19289.2	17520.2	14682.8	2327.5	1769.0	848.5
黑龙江	8332.9	8326.9	7344.6	982.3	6.0	
上 海	34103.0	36056.3	29574.0	5780.2	-1953.3	708.6
江 苏	11328.3	10554.1	6667.1	217.9	774.2	529.5
浙 江	22720.1	22796.3	18036.0	1677.7	-76.2	304.1
安 徽	4575.8	3874.8	3200.4	386.4	701.0	1517.8
福 建	6966.5	6966.5	5681.2	811.4		852.9
江 西	4797.9	4854.9	4096.4	434.8	-57.0	173.3
山 东	12191.6	12027.1	3907.1	107.6	164.5	1918.7
河 南	6961.4	6961.4	4407.8	431.4		617.5
湖 北	2377.8	2207.9	1239.7	96.4	169.9	41.1
湖 南	16944.8	17170.3	16242.3	395.5	-225.5	510.0
广 东	48514.7	48343.5	31754.8	1399.9	171.2	2241.7
广 西	32310.9	32218.0	17666.1	5478.1	92.9	813.4
海 南	9423.0	9423.0	7003.2	2419.8		
重 庆	1597.5	1418.7	847.7	85.8	178.8	25.8
四 川	8443.6	8317.4	6866.3	965.6	126.2	855.4
贵 州	20871.7	20871.7	16062.7	4172.0		49.9
云 南	20046.6	20032.2	14160.8	4775.2	14.4	301.3
西 藏						
陕 西	1439.0	1614.5	1038.2	125.9	-175.5	786.0
甘 肃	5180.9	5200.9	4017.7	1179.1	-20.0	
青 海	1938.3	1938.3	1244.2	543.4		
宁 夏	2527.9	2527.9	2229.5	207.9		
新 疆	9924.0	9819.2	9372.5	187.5	104.8	5.9

单位：万元

结余分配	转入事业基金	抚恤、离退休、福利救济费	自然灾害生活救助	其他	年末净结余	经营亏损	专项资金结余	抚恤、离退休、福利救济费	自然灾害生活救助
80388.1	**70282.2**	**47804.9**	**2677.5**	**10105.9**	**320832.4**	**-4417.0**	**325249.4**	**237191.5**	**37958.7**
320.4				320.4	8777.7		8777.7		
7643.6	7634.5	6905.6		9.1	30306.1	-1601.6	31907.7	31424.2	53.8
1304.5	1267.3	1200.2		37.2	3248.2		3248.2	3192.1	12.9
1049.3	955.5	687.0	198.5	93.8	3026.6		3026.6	1902.7	599.1
1312.4	1312.4	870.9	27.2		7819.4		7819.4	4961.9	1137.9
309.8	209.3	78.3		100.5	5735.6	4.1	5731.5	4234.4	1330.0
1008.6	976.1	614.8		32.5	3449.5	-107.7	3557.2	1203.4	137.0
12654.5	12251.0	11057.1	1163.9	403.5	7483.2	-180.6	7663.8	5559.2	1446.8
5087.8	5081.8	4679.5	90.0	6.0	3245.1		3245.1	2347.2	897.9
2707.7	2495.5	2205.1		212.2	32103.9	-1988.4	34092.3	27883.2	5780.2
3379.6	2878.6	1132.7	2.8	501.0	8478.2		8478.2	6497.5	279.9
7050.3	5138.7	3743.0	352.2	1911.6	15973.9	-595.4	16569.3	13192.5	1325.5
3683.3	3061.3	2284.9	173.6	622.0	2410.3		2410.3	1972.0	261.0
1161.5	1161.5	1054.0			6657.9		6657.9	5508.7	792.2
1711.4	1711.4	1349.2	56.1		3259.8	-57.0	3316.8	1186.0	1784.2
6333.9	5861.5	554.5		472.4	7776.4	-17.3	7793.7	5883.4	107.6
1815.4	1815.4	1794.1	-23.1		5763.5		5763.5	5224.2	495.1
1229.3	1195.3			34.0	1189.6		1189.6	1091.8	96.4
2225.4	1247.8	1231.8		977.6	15229.4	-225.5	15454.9	14480.4	395.4
11318.2	8428.7	2820.8	238.3	2889.5	39438.2	610.7	38827.5	22614.7	953.2
1623.4	1547.5	1514.2	-36.8	75.9	31500.9		31500.9	16973.7	5635.4
					9423.0		9423.0	7003.2	2419.8
825.8	678.1	192.8	31.5	147.7	797.5		797.5	692.8	65.6
1208.6	942.0	593.4		266.6	8090.4		8090.4	6840.4	965.6
704.8	704.8	149.1			20216.8		20216.8	13943.9	4172.0
1165.7	1142.3	550.4	403.3	23.4	19182.2	-26.3	19208.5	13566.4	4548.1
1441.7	502.0	459.6		939.7	783.3	-175.3	958.6	776.9	125.9
74.5	53.3	53.3		21.2	5106.4	-56.7	5163.1	3935.7	1183.1
					1938.3		1938.3	1394.9	543.4
					2527.9		2527.9	2199.2	207.9
36.7	28.6	28.6		8.1	9893.2		9893.2	9504.9	205.8

E-11 民政事业费支

地　区	民政事业费实际支出	抚恤事业费	牺牲病故抚恤费		
				一次性抚恤金	定期定量抚恤费
全　国	**5773906.50**	**1040860.70**	**134515.40**	**19591.50**	**114923.90**
中央级	39289.80				
北　京	327957.00	23005.30	3966.00	2549.30	1416.70
天　津	71091.40	9068.30	934.10	293.40	640.70
河　北	216769.60	73350.10	10865.50	1103.90	9761.60
山　西	147569.60	34115.50	4040.40	369.90	3670.50
内蒙古	126236.70	12814.70	1096.70	222.40	874.30
辽　宁	304551.20	39816.40	3565.00	1213.10	2351.90
吉　林	182133.40	21502.20	2744.10	228.30	2515.80
黑龙江	193823.30	24091.40	2629.00	293.70	2335.30
上　海	228764.30	26988.40	1768.50	455.30	1313.20
江　苏	309196.00	72157.60	10822.80	1241.40	9581.40
浙　江	294720.40	59505.50	3147.50	674.80	2472.70
安　徽	195411.90	41925.50	4049.90	515.00	3534.90
福　建	139539.30	26541.50	4816.20	249.90	4566.30
江　西	176371.50	30677.50	5097.30	433.20	4664.10
山　东	311522.30	123792.20	17678.40	1249.40	16429.00
河　南	251438.90	60552.30	8242.60	1098.90	7143.70
湖　北	270653.40	45985.50	9668.00	613.70	9054.30
湖　南	252891.50	44463.10	5824.50	761.20	5063.30
广　东	386221.40	70240.20	6077.50	1088.50	4989.00
广　西	113722.50	20738.30	2353.70	722.80	1630.90
海　南	27949.80	5388.50	1828.30	142.20	1686.10
重　庆	145713.00	24038.10	2725.40	484.40	2241.00
四　川	302566.30	63971.10	8492.00	814.50	7677.50
贵　州	102696.60	16992.20	1530.70	259.00	1271.70
云　南	183854.70	17804.10	2956.00	695.80	2260.20
西　藏	23199.70	1349.90	901.00	446.80	454.20
陕　西	149120.10	29563.00	4010.00	458.10	3551.90
甘　肃	91876.10	10163.40	1190.30	313.70	876.60
青　海	39139.10	1816.50	510.50	209.80	300.70
宁　夏	34071.30	1760.90	393.20	149.00	244.20
新　疆	133844.40	6681.50	590.30	240.10	350.20

出明细和基本数字

单位：万元

伤残抚恤费	伤残抚恤金	在乡伤残抚恤金	在职保健金	伤残补助费	回乡安置特一等护理费
158372.40	**138607.90**	**112488.70**	**26119.20**	**19764.50**	**5472.10**
1801.10	1185.80	713.60	472.20	615.30	46.90
1290.10	1110.60	816.60	294.00	179.50	85.50
13153.50	12293.50	10782.70	1510.80	860.00	316.00
6851.00	6058.60	5185.50	873.10	792.40	170.50
2073.70	1810.30	1144.10	666.20	263.40	42.80
5646.80	4494.50	2919.00	1575.50	1152.30	117.90
4912.00	4347.50	3129.80	1217.70	564.50	148.10
3520.00	3291.30	2500.30	791.00	228.70	65.30
1668.20	1420.60	318.70	1101.90	247.60	42.30
14877.20	12900.50	11576.40	1324.10	1976.70	683.80
4332.00	3588.60	2756.30	832.30	743.40	201.90
6384.10	5789.30	4338.60	1450.70	594.80	251.70
1783.90	1702.10	1354.30	347.80	81.80	44.10
3453.60	3192.20	2511.30	680.90	261.40	105.80
26859.10	22160.80	20172.50	1988.30	4698.30	987.60
10846.60	9987.80	8181.40	1806.40	858.80	359.70
5894.60	5437.00	4444.60	992.40	457.60	251.90
7832.70	6946.80	6019.50	927.30	885.90	256.60
6363.90	5226.30	3863.90	1362.40	1137.60	181.10
1409.10	1269.90	920.60	349.30	139.20	47.80
383.20	334.80	220.60	114.20	48.40	5.90
4447.60	4069.30	3518.70	550.60	378.30	168.10
10845.20	9612.70	7967.30	1645.40	1232.50	486.50
2193.20	1925.20	1421.70	503.50	268.00	63.70
3108.40	2518.50	1776.50	742.00	589.90	114.00
158.80	158.80	67.40	91.40		
3337.10	3069.90	2192.80	877.10	267.20	143.20
1530.10	1442.40	988.20	454.20	87.70	44.40
355.60	331.10	191.40	139.70	24.50	4.50
321.60	304.40	166.10	138.30	17.20	11.00
738.40	626.80	328.30	298.50	111.60	23.50

E-11续表1

地　区	烈军属、复员退伍军人生活补助	在乡复退军人定期定量补助费	在乡红军老战士定期定量补助费	红军失散人员定期定量补助费	义务兵优待金	优抚事业单位
全　国	**447431.60**	**382675.90**	**3800.40**	**15376.00**	**151690.30**	**148851.00**
北　京	10562.50	6314.30	6.10		3867.40	2808.30
天　津	3498.30	3031.20	2.90		516.00	2829.80
河　北	25526.00	23992.90	26.50		9190.50	14614.60
山　西	11276.20	10471.50	130.60	3.90	2805.60	9142.30
内蒙古	5980.20	5533.50	26.30	3.40	679.50	2984.60
辽　宁	19829.90	12327.20	3.50	2.00	3276.30	7498.40
吉　林	9375.80	8736.50	6.90	18.10	480.20	3990.10
黑龙江	14340.00	13858.70	51.30	13.40	1159.00	2443.40
上　海	4559.30	3644.90			13676.30	5316.10
江　苏	28764.50	25327.00	20.70	0.90	8538.20	9154.90
浙　江	23599.20	19402.20		170.40	24323.80	4103.00
安　徽	20607.30	17964.10	31.10	1164.70	6322.70	4561.50
福　建	12190.70	9455.10	18.30	1424.10	5422.80	2327.90
江　西	13864.20	8966.90	190.10	3722.50	4122.50	4139.90
山　东	47882.00	42538.70	44.90	45.20	15781.90	15590.80
河　南	27560.60	25233.40	84.40	1142.80	6070.50	7832.00
湖　北	18224.70	15622.10	50.10	1855.10	4349.80	7848.40
湖　南	21009.10	18768.50	32.30	1277.40	3254.10	6542.70
广　东	27494.00	23106.90		809.90	14479.90	15824.90
广　西	10572.50	9621.90	0.80	240.40	4091.90	2311.10
海　南	2671.00	2394.80		114.50	229.00	277.00
重　庆	13305.30	12650.30	16.90	18.10	2424.30	1135.50
四　川	33182.20	27938.40	870.60	2454.60	5856.80	5594.90
贵　州	9641.30	9164.90	3.40	50.40	2552.50	1074.50
云　南	8609.30	7351.90		13.60	1531.30	1599.10
西　藏	84.60	84.00	0.60		72.50	133.00
陕　西	14921.20	11919.60	1765.30	747.00	3428.70	3866.00
甘　肃	4152.80	3644.70	338.20	75.40	2257.30	1032.90
青　海	649.00	504.60	50.90	1.20	190.80	110.60
宁　夏	791.00	711.00	17.90	5.00	186.90	68.20
新　疆	2706.90	2394.20	9.80	2.00	551.30	2094.60

单位：万元

烈士纪念建筑物管理维修经费	烈士纪念建筑物管理单位经费	伤残军人休养院经费	复员退伍军人慢性病疗养院经费	复员退伍军人精神病院经费	光荣院经费	其他优抚事业单位经费	集体办优抚事业单位补助费
46221.80	**30338.30**	**20586.60**	**15278.50**	**26134.10**	**30912.80**	**8793.80**	**923.40**
698.20	97.20				1736.00	374.10	
784.10	654.10			419.40	1023.20	603.10	
2538.60	2448.80	835.00	3506.40	2074.00	5632.60		28.00
1426.80	1061.70	1200.50	291.00	3123.60	2580.80	500.60	19.00
528.20	329.20	254.80	64.70	423.20	1335.50	378.20	
3675.20	923.70	674.10		939.80	2085.80	123.50	
1405.40	691.60	1025.00	818.00	14.70	715.00	12.00	
1295.60	500.80		506.00	271.00	345.20	15.00	10.60
3874.60	3844.60	477.50				964.00	
5298.60	3871.00	799.00	406.60	1392.30	345.80	853.00	59.60
1801.50	1474.10	766.60		282.50	991.20	261.20	
1637.90	1033.40	720.80	8.00	1114.40	898.70	35.00	146.70
878.10	549.90	338.30		8.80	1081.20	20.00	1.50
945.30	540.90	29.70		1573.50	882.80	312.20	396.40
3106.90	2068.60	4056.00	3674.30	4305.70	245.90	202.00	
2847.80	2014.60	339.70	1972.80	1227.50	1109.80	146.10	188.30
1162.30	748.70	2.00		2879.20	2144.80	1656.40	3.70
1282.30	370.20	316.20	167.00	905.00	2803.40	1022.10	46.70
4179.30	3158.70	3387.00	3100.40	2500.90	1753.10	904.20	
865.70	285.90	315.10		515.60	607.10	7.60	
111.70	29.50				165.30		
324.50	137.60	401.20			409.80		
1250.90	706.50	2279.90	22.00	988.20	963.60	90.30	
561.00	351.20	462.20			47.30	4.00	
760.40	288.50	568.00	4.50	131.90	42.30	69.10	22.90
133.00	58.00						
1074.20	723.00	906.00	736.80	784.40	268.30	96.30	
449.30	376.60			198.50	367.70	17.40	
110.60	12.00						
34.90	25.90				23.90	9.40	
1178.90	961.80	432.00		60.00	306.70	117.00	

E-11续表2

地　区	安置事业费	退伍军人安置	一次性建房补助费	退役士兵自谋职业金	军队移交地方安置的离退休人员经费	军队离休干部离休金	军队退休干部退休金
全　国	**741305.30**	**146387.70**	**3344.20**	**126007.00**	**513215.70**	**110492.90**	**186894.70**
北　京	102794.40	4498.10	9.20	3228.30	90647.50	9127.10	29485.50
天　津	14984.90	2792.80	1.10	531.70	10812.30	1985.70	4220.50
河　北	36740.90	4984.00	28.90	3996.30	27019.10	8141.40	10915.20
山　西	11924.20	580.90	55.30	403.30	9662.30	3054.50	2980.90
内蒙古	8457.80	1003.20	85.80	725.60	5772.80	2258.00	1892.10
辽　宁	57167.30	2890.40	15.00	2564.00	46182.40	12302.70	19195.30
吉　林	11418.80	764.90	9.00	703.30	8130.00	2731.30	2678.70
黑龙江	10760.40	373.90	14.40	241.00	8645.40	2274.40	3176.80
上　海	22953.00	1424.70	56.60	1320.20	16100.70	1922.30	5205.30
江　苏	59419.20	22409.50	339.00	21423.10	31190.40	6973.40	10236.50
浙　江	33570.30	18594.20	103.80	17048.20	12069.00	2811.10	3163.30
安　徽	19161.30	7122.10	84.40	6240.70	9839.00	2742.90	2651.40
福　建	15808.90	5217.90	44.00	4966.30	9020.20	2747.30	4770.00
江　西	8867.90	2562.00	236.60	1881.80	5749.70	1878.50	1831.00
山　东	56926.90	7599.60	131.30	6333.60	44262.10	15560.90	13619.20
河　南	22562.80	3782.30	161.90	3064.90	16239.20	4900.60	6163.70
湖　北	34950.60	7545.50	144.90	6764.20	21962.40	4963.90	9042.60
湖　南	22962.50	4175.10	185.80	2823.50	14519.00	2590.60	6385.50
广　东	44421.40	17321.50	757.00	14232.50	23932.40	3514.00	10347.40
广　西	10419.70	2844.30	108.10	2500.20	5896.80	1033.70	2659.70
海　南	4790.40	1583.70	57.70	1387.20	2914.90	402.10	905.00
重　庆	14280.10	5640.30	17.50	5387.90	7453.00	827.30	3271.90
四　川	37023.60	13281.60	404.20	12351.50	21317.00	3194.30	10115.70
贵　州	6963.90	1876.50	137.70	1442.90	4586.50	935.00	1755.80
云　南	26307.20	4335.10	64.30	3666.00	19574.30	4228.80	8432.00
西　藏	2838.00	66.00	6.00	60.00	2740.00		70.90
陕　西	21007.80	221.80	21.90	73.20	17691.60	3596.40	6526.70
甘　肃	8373.60	156.70	25.80	98.10	7526.90	1749.50	1482.20
青　海	2287.20	192.10	14.20	175.30	1985.30	333.70	575.10
宁　夏	1336.40	250.50	7.00	237.30	899.90	414.50	309.80
新　疆	9823.90	296.50	15.80	134.90	8873.60	1297.00	2829.00

单位：万元

军队无军籍职工退休金	军队离退休人员其他费用						离退休干部管理机构经费
		死亡丧葬费	护理费	遗属生活困难补助费		其他费用	
					定期定量补助费		
87176.20	**128651.90**	**3183.90**	**11637.40**	**4336.80**	**3162.10**	**109493.80**	**81701.90**
15670.70	36364.20	406.80	1510.40	204.00	152.00	34243.00	7648.80
1224.50	3381.60	96.90	218.50	53.20	49.50	3013.00	1379.80
3654.80	4307.70	156.20	978.30	416.30	343.70	2756.90	4737.80
1854.30	1772.60	116.80	354.60	172.60	156.30	1128.60	1681.00
862.40	760.30	20.90	114.10	81.90	34.10	543.40	1681.80
5707.80	8976.60	287.10	1115.70	400.50	284.40	7173.30	8094.50
1851.60	868.40	72.90	10.90	64.70	34.80	719.90	2523.90
1975.60	1218.60	17.20	58.40	60.20	49.60	1082.80	1741.10
2586.30	6386.80	104.40	371.30	76.90	71.90	5834.20	5427.60
4845.20	9135.30	292.80	802.60	273.00	185.10	7766.90	5819.30
2149.30	3945.30	69.90	424.80	99.30	57.00	3351.30	2907.10
1414.40	3030.30	72.20	113.60	157.60	96.20	2686.90	2200.20
639.70	863.20	57.70	96.40	112.50	90.70	596.60	1570.80
1279.80	760.40	27.40	77.80	60.40	35.40	594.80	556.20
4468.60	10613.40	176.10	2316.70	665.30	492.90	7455.30	5065.20
2505.90	2669.00	173.20	442.30	271.60	239.70	1781.90	2541.30
3434.50	4521.40	189.00	535.30	144.90	81.80	3652.20	5442.70
3036.80	2506.10	99.40	213.00	191.10	112.80	2002.60	4268.40
4290.40	5780.60	109.90	290.50	67.60	31.90	5312.60	3167.50
1092.10	1111.30	63.80	116.30	27.70	24.10	903.50	1678.60
923.50	684.30	22.40	23.60	13.80	8.80	624.50	291.80
1175.90	2177.90	14.10	68.80	84.60	68.30	2010.40	1186.80
3139.20	4867.80	197.90	330.70	150.40	117.20	4188.80	2425.00
737.50	1158.20	57.80	91.40	38.10	31.60	970.90	500.90
4292.80	2620.70	130.60	156.30	81.10	50.90	2252.70	2397.80
2462.30	206.80					206.80	32.00
2809.30	4759.20	33.60	505.00	163.30	122.50	4057.30	3094.40
2548.10	1747.10	31.30	153.10	91.50	79.20	1471.20	690.00
1002.00	74.50		0.40	8.00	8.00	66.10	109.80
140.90	34.70	6.00	7.40	6.30	2.10	15.00	186.00
3400.00	1347.60	79.60	139.20	98.40	49.60	1030.40	653.80

E-11续表3

地　区	城镇居民最低生活保障	农村及其他社会救济	农村社会救济	农村定期定量救济费
全　国	**1727392.10**	**476631.50**	**378803.30**	**145217.50**
北　京	43757.60	10605.10	5826.60	
天　津	24743.00	2518.10	1309.50	76.40
河　北	54798.60	7952.50	6094.40	2037.60
山　西	63638.90	8515.20	7199.70	3955.90
内蒙古	57585.70	5434.60	3337.40	1276.70
辽　宁	126596.70	24744.50	16662.10	1450.50
吉　林	100239.70	6936.90	5523.40	1650.10
黑龙江	112075.40	6366.20	4606.60	2014.70
上　海	70998.80	20925.10	11167.90	934.40
江　苏	34435.90	49368.40	34652.10	9771.50
浙　江	13476.50	55925.00	47322.20	1810.80
安　徽	64867.60	22721.10	17711.10	13306.30
福　建	13821.10	37305.50	35212.10	1183.60
江　西	72579.00	25490.30	22782.90	20915.60
山　东	44843.70	17959.50	14665.60	3513.20
河　南	91046.90	14409.00	12491.50	9892.10
湖　北	115979.20	14464.30	9982.50	7338.30
湖　南	94469.50	22352.20	19235.00	16086.50
广　东	33363.90	54140.70	48358.70	12263.10
广　西	34178.30	8148.00	7306.50	5309.50
海　南	7676.50	2807.30	2266.50	651.50
重　庆	64871.30	10129.50	7969.80	7125.00
四　川	102144.60	20884.70	16781.10	11541.30
贵　州	34595.60	6299.80	5450.60	3972.70
云　南	53902.30	7697.90	5542.10	2108.70
西　藏	4472.20	1414.20	709.20	657.10
陕　西	54945.80	4706.60	4302.30	1668.70
甘　肃	40352.60	1269.50	932.60	530.30
青　海	20647.40	1029.50	876.80	678.10
宁　夏	13197.70	1686.20	1364.60	1044.00
新　疆	63090.10	2424.10	1159.90	453.30

单位：万元

	临时救济费	农村最低生活保障线救济费		农村其他人员救济费
五保户			五保户	
93568.30	**48001.10**	**162318.20**	**17963.50**	**23266.50**
	1021.00	4587.20	370.30	218.40
67.80	233.10	924.50	48.90	75.50
452.90	1033.80	2800.90	206.40	222.10
3201.40	624.30	2201.80	322.70	417.70
350.70	297.70	453.30	118.70	1309.70
447.70	8809.60	5938.40	169.30	463.60
667.40	934.50	1949.70	33.80	989.10
297.30	493.90	1503.90	52.90	594.10
450.20	2057.80	6766.20		1409.50
6062.40	5960.20	15390.00	910.00	3530.40
747.60	9309.10	33415.10	4268.90	2787.20
11236.50	878.80	2743.90	614.90	782.10
304.50	755.00	32890.40	6392.70	383.10
11381.60	932.50			934.80
1032.00	2007.30	8713.60	924.40	431.50
1673.60	1428.30	935.10	157.50	236.00
3461.40	890.90	1020.20	119.40	733.10
13102.20	1056.40	983.80	318.50	1108.30
11510.00	3814.90	30358.10	1083.80	1922.60
4835.00	609.20	988.20	446.90	399.60
534.80	247.50	1024.50	478.90	343.00
5215.70	507.80	107.80	20.80	229.20
10198.00	1400.60	2767.60	378.80	1071.60
2379.10	437.20	879.20	189.30	161.50
970.20	1016.80	609.90	21.70	1806.70
655.40	12.70	39.40	30.00	
1159.30	311.50	2044.90	243.30	277.20
413.20	94.30	209.80	39.30	98.20
295.60	184.30	12.70	0.20	1.70
194.30	149.40			171.20
270.50	490.70	58.10	1.20	157.80

E-11续表4

地 区	精简退职老弱残职工救济	享受原工资40%救济费	其他精简退职老职工救济费	定期定量救济费
全 国	**39552.50**	**18774.20**	**20778.30**	**18651.30**
北 京	1172.70	601.40	571.30	505.70
天 津	505.20	289.20	216.00	172.00
河 北	1166.60	1041.30	125.30	89.70
山 西	1089.60	1037.90	51.70	45.20
内蒙古	453.70	263.80	189.90	177.40
辽 宁	882.00	557.40	324.60	245.00
吉 林	498.90	305.00	193.90	126.00
黑龙江	710.80	540.00	170.80	138.20
上 海	590.60	92.70	497.90	467.20
江 苏	7791.20	2292.30	5498.90	4917.00
浙 江	4936.30	1286.50	3649.80	3474.60
安 徽	2900.30	1305.80	1594.50	1513.10
福 建	1011.20	863.90	147.30	142.20
江 西	1394.10	365.90	1028.20	976.10
山 东	1721.50	1592.20	129.30	2.30
河 南	1320.50	888.30	432.20	398.50
湖 北	1816.10	1260.80	555.30	468.30
湖 南	1480.30	579.40	900.90	825.50
广 东	701.90	390.50	311.40	252.90
广 西	289.70	214.10	75.60	62.50
海 南	82.90	40.60	42.30	39.00
重 庆	1252.80	526.80	726.00	652.00
四 川	2551.40	974.30	1577.10	1450.80
贵 州	562.40	258.50	303.90	272.40
云 南	1551.50	345.30	1206.20	1052.20
西 藏				
陕 西	133.20	111.50	21.70	17.70
甘 肃	224.80	153.50	71.30	67.40
青 海	144.80	105.50	39.30	29.30
宁 夏	56.20	26.80	29.40	22.10
新 疆	559.30	463.00	96.30	49.00

单位：万元

其他社会救济费	城镇定期定量救济费	孤老残幼	城镇临时救济费	城镇其他人员救济费
58275.70	**10603.60**	**5810.90**	**33196.50**	**14475.60**
3605.80	125.90	68.50	2724.30	755.60
703.40	134.50	51.80	517.40	51.50
691.50	17.90	12.60	400.80	272.80
225.90	63.60	35.60	131.20	31.10
1643.50	239.10	112.50	638.10	766.30
7200.40	114.80	82.50	5962.50	1123.10
914.60	219.20	117.90	333.20	362.20
1048.80	56.80	21.30	854.30	137.70
9166.60	934.00	552.40	5416.00	2816.60
6925.10	1265.70	432.00	4711.50	947.90
3666.50	296.20	236.50	2119.00	1251.30
2109.70	1451.50	821.80	382.40	275.80
1082.20	270.90	121.50	439.80	371.50
1313.30	443.40	289.30	420.30	449.60
1572.40			1219.20	353.20
597.00	99.50	66.50	396.70	100.80
2665.70	1461.40	1124.90	674.70	529.60
1636.90	439.40	391.80	812.10	385.40
5080.10	1564.60	456.60	1855.70	1659.80
551.80	49.10	8.70	368.40	134.30
457.90	101.20	23.80	99.70	257.00
906.90	342.20	264.70	402.40	162.30
1552.20	473.30	289.00	661.70	417.20
286.80	113.10	104.20	151.40	22.30
604.30	183.50	51.60	189.80	231.00
705.00			695.00	10.00
271.10	41.30	11.00	134.10	95.70
112.10	46.80	40.30	35.10	30.20
7.90	2.20	0.40	4.70	1.00
265.40	7.10	5.60	30.60	227.70
704.90	45.40	15.60	414.40	245.10

E-11续表5

地区	社会福利	殡葬	补贴火化场经费	补贴其他殡葬事业单位经费	假肢	假肢厂(站)专项拨款	其他经费
全　国	**520632.40**	**94272.80**	**40184.30**	**54088.50**	**5893.60**	**3680.50**	**2213.10**
北　京	74162.80	21014.90	1203.20	19811.70	15.00	15.00	
天　津	7658.60	904.70	444.30	460.40			
河　北	9834.70	3178.20	2990.60	187.60	238.00	238.00	
山　西	5556.40	868.60	610.20	258.40	165.90	165.90	
内蒙古	6681.60	1029.50	701.80	327.70	40.00	40.00	
辽　宁	14151.60	1283.30	329.80	953.50	103.20	72.00	31.20
吉　林	12240.00	1055.40	808.30	247.10	301.00	300.00	1.00
黑龙江	14765.60	669.70	542.90	126.80	318.80	83.80	235.00
上　海	29409.30	651.70		651.70			
江　苏	34131.50	3135.00	2701.20	433.80	153.40	142.40	11.00
浙　江	52863.60	11377.60	6955.20	4422.40	220.00	220.00	
安　徽	7336.70	1073.60	920.20	153.40	74.20	60.00	14.20
福　建	10847.60	1603.70	841.40	762.30	124.50	124.50	
江　西	6688.30	1178.70	288.30	890.40	29.00	24.00	5.00
山　东	11004.60	694.40	674.90	19.50	280.00		280.00
河　南	10485.60	2874.60	2041.30	833.30	503.10	472.10	31.00
湖　北	17748.30	1802.80	1125.30	677.50	245.00	244.80	0.20
湖　南	21725.90	8245.20	1211.00	7034.20	1.20	1.20	
广　东	87466.60	15635.80	8642.00	6993.80	173.00	170.00	3.00
广　西	12723.00	2246.20	1936.00	310.20	214.30	60.00	154.30
海　南	1190.60	63.30		63.30			
重　庆	7986.60	1051.00	764.50	286.50	162.30	148.20	14.10
四　川	20619.40	3154.50	1883.30	1271.20	1478.10	518.00	960.10
贵　州	7702.20	850.30	415.10	435.20	205.60	203.60	2.00
云　南	6218.60	1128.90	843.80	285.10	525.80	94.80	431.00
西　藏	552.90	97.20	97.20				
陕　西	6511.80	703.10	479.70	223.40	112.00	112.00	
甘　肃	4325.00	769.00	613.40	155.60	112.20	112.20	
青　海	507.80	132.40	108.30	24.10	26.00	26.00	
宁　夏	1408.80	104.70	11.10	93.60			
新　疆	16126.40	5694.80		5694.80	72.00	32.00	40.00

单位：万元

社会福利事业单位	社会福利院经费	儿童福利院经费	精神病人福利院经费	补贴安置农场经费	其他	流浪乞讨人员救助
358454.50	**124583.60**	**32813.70**	**51177.10**	**6621.30**	**143258.80**	**62011.50**
50293.20	9065.30	3772.00	2928.10		34527.80	2839.70
6528.60	821.70	658.80	1044.90	59.10	3944.10	225.30
5144.30	2824.40			111.70	2208.20	1274.20
3417.70	1845.60	4.00	288.20	47.80	1232.10	1104.20
4353.40	2142.00	355.60	722.20		1133.60	1258.70
9919.80	5948.60	818.40	271.40		2881.40	2845.30
8815.60	3095.10	742.20	3493.70	152.70	1331.90	2068.00
11545.20	3658.10	2026.90	4250.00	1330.00	280.20	2231.90
22886.50	11053.00	3918.30	5259.70		2655.50	5871.10
26975.00	9529.70	4269.20	9906.80	615.00	2654.30	3868.10
36742.70	8223.20	2218.10	898.30	178.00	25225.10	4523.30
4935.50	1970.00	2439.80		186.40	339.30	1253.40
7498.40	2886.50	536.40	3289.50	372.80	413.20	1621.00
5003.80	2963.30	15.10	325.70	249.00	1450.70	476.80
8386.20	4335.20	513.30	1642.80		1894.90	1644.00
4946.70	2248.70	238.70	471.20	94.00	1894.10	2161.20
14237.10	5357.40	1013.80	4.00		7861.90	1463.40
11530.60	8072.60	618.40	509.10	259.60	2070.90	1948.90
59986.70	19700.60	2140.60	4023.60	55.00	34066.90	11671.10
9005.20	3538.10	854.30	1877.80	241.40	2493.60	1257.30
800.30	559.40	41.70		14.70	184.50	327.00
5436.30	1732.40	421.60	913.50		2368.80	1337.00
12638.20	3992.20	737.80	3836.90	512.60	3558.70	3348.60
6025.20	1123.90	472.20	1346.80	1664.70	1417.60	621.10
3229.90	835.30	594.80	835.90	274.60	689.30	1334.00
455.70	105.70	289.00			61.00	
4610.40	2515.70	792.10	525.30	27.10	750.20	1086.30
2469.70	1072.20	407.80	324.70	76.50	588.50	974.10
331.00	85.50				245.50	18.40
1174.10	775.70	357.30			41.10	130.00
9131.50	2506.50	1545.50	2187.00	98.60	2793.90	1228.10

E-11续表6

地　区	其他民政	干部训练	老龄机构	拥军优属慰问
全　国	**486566.20**	**5447.50**	**23141.10**	**58907.20**
中央级	6904.10	1126.00	527.40	150.00
北　京	32264.60	56.20	1628.50	2246.00
天　津	6372.10	33.90	163.30	307.10
河　北	12920.20	181.30	401.00	1519.00
山　西	7968.50	119.80	145.30	815.70
内蒙古	5534.30	75.60	418.00	674.80
辽　宁	20447.40	185.80	373.00	1988.80
吉　林	9396.50	54.70	338.10	771.20
黑龙江	9463.20	315.00	249.40	742.50
上　海	46706.80	165.00	2689.80	2234.80
江　苏	29042.10	276.30	2324.40	3992.40
浙　江	35921.10	136.00	2475.20	5236.40
安　徽	14985.00	202.40	509.10	1643.40
福　建	12449.30	108.20	627.20	2588.90
江　西	12760.90	116.70	177.00	952.30
山　东	28927.00	199.50	797.80	3530.90
河　南	16683.60	254.30	401.50	2925.00
湖　北	11527.00	181.00	503.00	1236.10
湖　南	16878.50	279.40	748.60	1160.10
广　东	54290.10	385.10	2078.90	13247.40
广　西	9594.10	244.00	290.20	2116.60
海　南	2267.20	38.00	36.10	623.90
重　庆	7330.20	85.80	318.10	985.90
四　川	17793.60	182.00	1450.80	2097.40
贵　州	9623.40	63.00	585.40	984.70
云　南	10430.40	95.50	884.50	1625.80
西　藏	2889.30	10.00	52.00	199.10
陕　西	10201.00	103.30	913.80	658.70
甘　肃	1988.40	53.40	221.70	224.60
青　海	2554.50	14.50	27.70	114.60
宁　夏	5581.80	15.40	72.00	227.40
新　疆	14870.00	90.40	712.30	1085.70

单位：万元

民间组织管理	行政区划和地名管理	其他民政事业	专项业务费	民政机关事业编制经费（含车辆）	其他支出
7411.10	**18362.70**	**373296.60**	**134612.80**	**73784.50**	**164899.30**
329.30	168.60	4602.80	4602.80		
1342.10	516.00	26475.80	3853.00	7637.20	14985.60
311.20	28.60	5528.00	2852.40	269.60	2406.00
134.10	575.20	10109.60	3721.90	4119.00	2268.70
46.30	342.50	6498.90	3090.10	1093.50	2315.30
81.60	399.00	3885.30	1157.80	1198.20	1529.30
130.80	1352.30	16416.70	6233.50	2628.10	7555.10
50.80	517.90	7663.80	1157.20	986.60	5520.00
99.80	326.80	7729.70	948.60	1165.10	5616.00
192.70	214.20	41210.30	18650.00	1666.70	20893.60
299.70	1529.10	20620.20	6746.80	4737.10	9136.30
525.20	2491.10	25057.20	12868.70	5550.70	6637.80
144.80	594.40	11890.90	4056.80	3889.20	3944.90
165.00	464.30	8495.70	4599.40	1764.10	2132.20
331.20	293.20	10890.50	6777.70	1443.70	2669.10
434.90	654.70	23309.20	9070.30	5221.80	9017.10
354.40	923.20	11825.20	4393.40	3645.30	3786.50
157.40	472.50	8977.00	3243.50	2629.80	3103.70
296.70	595.20	13798.50	3565.90	4627.60	5605.00
1027.50	1788.40	35762.80	11054.30	5007.30	19701.20
89.40	665.10	6188.80	2671.40	965.80	2551.60
20.60	288.30	1260.30	403.10	312.70	544.50
88.10	334.10	5518.20	1892.00	1113.30	2512.90
244.80	1124.50	12694.10	4532.90	3402.90	4758.30
59.90	141.30	7789.10	2687.30	2541.50	2560.30
83.80	434.70	7306.10	2471.10	1768.60	3066.40
28.00	34.80	2565.40			2565.40
119.20	424.00	7982.00	1854.70	1542.10	4585.20
66.50	58.60	1363.60	368.20	118.60	876.80
23.40	142.20	2232.10	445.10	304.00	1483.00
27.00	53.10	5186.90	2756.20	263.70	2167.00
104.90	414.80	12461.90	1886.70	2170.70	8404.50

E-11续表7

地　区	自然灾害生活救助	生活救济费	紧急抢救、安置、转移灾民支出	救灾储备	灾民倒房重建	地方离退休人员经费	离休人员离休金
全　国	**511065.90**	**320901.30**	**35301.30**	**38594.30**	**116269.00**	**139027.30**	**11017.90**
中央级	26347.60			26347.60			
北　京	1520.70	1519.50		1.20		30515.20	780.20
天　津	1720.60	1354.00		346.60	20.00	3756.70	108.80
河　北	13721.90	12516.70	405.30	584.60	215.30	5254.10	509.30
山　西	11875.30	10144.40	427.70	138.70	1164.50	2510.50	319.10
内蒙古	27373.20	11777.00	1060.90	1151.30	13384.00	1679.90	218.10
辽　宁	7367.50	6490.50	27.00	281.40	568.60	6734.20	717.90
吉　林	14669.10	13554.70	320.10	95.90	698.40	1528.70	180.90
黑龙江	13109.60	12114.10	203.90	98.00	693.60	294.80	41.10
上　海	167.00			167.00		984.90	
江　苏	13953.80	11347.00	247.10	35.00	2324.70	13911.40	2042.80
浙　江	21137.00	15702.10	2548.90	131.90	2754.10	8068.20	177.20
安　徽	17828.70	15345.70	640.50	54.90	1787.60	4316.40	1370.90
福　建	10707.80	8281.10	892.40	334.30	1200.00	10822.80	139.10
江　西	14511.60	12073.40	624.40	507.40	1306.40	3487.50	252.50
山　东	17958.50	15106.00	341.10	9.00	2502.40	4389.50	145.90
河　南	30212.30	15426.10	1380.90	726.40	12678.90	3128.10	590.00
湖　北	21814.40	16742.50	1932.30	922.30	2217.30	5140.20	461.60
湖　南	20212.30	15336.20	1075.80	1189.00	2611.30	4341.80	279.90
广　东	10110.10	8081.70	680.10	563.40	784.90	13216.70	1151.40
广　西	14238.70	9548.60	1514.80	337.80	2837.50	951.50	26.20
海　南	3460.20	2812.20	261.40	27.00	359.60	178.10	6.80
重　庆	14538.10	7781.90	1074.00	351.70	5330.50	1174.60	54.60
四　川	30271.70	14452.70	3079.20	158.00	12581.80	4110.10	292.40
贵　州	17143.20	13734.30	1163.20	89.90	2155.80	787.40	35.80
云　南	50809.90	16584.70	7744.80	1185.50	25294.90	2427.60	166.90
西　藏	9120.20	8368.60	201.60	210.50	339.50		
陕　西	18056.70	11288.20	977.40	384.90	5406.20	1755.20	444.50
甘　肃	23032.70	10177.20	1468.70	20.40	11366.40	1006.00	179.00
青　海	9122.10	3736.50	3869.30	75.40	1440.90	244.70	57.80
宁　夏	8365.50	7689.30	56.90	183.60	435.70	148.70	33.50
新　疆	16587.90	11814.40	1081.60	1883.70	1808.20	2161.80	233.70

单位：万元

退休人员退休金	退职人员退职金	离退休人员其他费用		其他款项用于民政支出	军队供应站经费	农村医疗救助		
			一次性抚恤金				资助参加合作医疗	大病医疗救助
103384.20	**1282.20**	**23343.00**	**3235.30**	**130425.10**	**16196.20**	**31853.40**	**4650.80**	**20473.40**
				6038.10				
21285.70	194.00	8255.30	712.40	9331.30	511.20	779.20	736.70	42.50
2478.40	47.60	1121.90	105.10	269.10	72.00			
4135.30	70.60	538.90	97.00	2196.60	780.40	1319.60	76.00	892.70
1837.90	3.70	349.80	53.70	1465.10	345.60	711.30	156.90	580.90
1331.70	6.50	123.60	27.60	674.90	252.30	160.30	28.50	142.50
5038.90	147.10	830.30	209.70	7525.60	784.70	14.00		69.30
1331.10	3.10	13.60	3.20	4201.50	623.20	206.60	9.00	370.60
197.60	2.70	53.40		2896.70	888.20	1884.00	105.80	1761.20
719.70		265.20	19.50	9631.00	589.50	8322.00		6488.40
9287.50	120.20	2460.90	316.30	2776.10	465.60	107.60	95.00	116.40
5996.70	70.70	1823.60	164.30	14253.20	564.50	702.10	256.50	408.80
2392.90	10.60	542.00	81.60	2269.60	357.80	546.40	86.30	277.40
9787.40	187.70	708.60	321.60	1234.80	290.00	94.00	27.80	9.30
2954.20	108.80	172.00	32.40	1308.50	450.80	427.80	48.10	257.00
2520.90	20.70	1702.00	143.80	5720.40	956.30	947.00	763.40	182.60
1959.50	28.40	550.20	86.80	2358.30	874.30	318.50	253.90	97.00
4012.60	28.40	637.60	191.80	3043.90	700.40	1527.30	221.70	1094.00
3642.60	50.70	368.60	111.10	5485.70	873.40	1211.10	36.90	1383.30
10430.30	11.70	1623.30	210.40	18971.70	1842.10	940.10	166.50	213.10
855.50	33.20	36.60	21.00	2730.90	711.60	296.10	80.70	157.90
166.90		4.40	3.40	191.00	152.70	2.50	2.50	
932.70	5.40	181.90	36.10	1364.50	318.70	833.80	256.40	593.40
3322.50	43.60	451.60	105.50	5747.50	651.70	3944.20	359.50	1441.10
684.30	9.20	58.10	15.90	2588.90	449.90	1459.80	86.50	1373.30
2111.50	6.70	142.50	41.60	8256.70	401.10	1955.80	387.70	525.30
				563.00				
1066.70	27.10	216.90	58.20	2372.20	300.70	884.00	142.40	515.20
765.80	19.50	41.70	29.80	1364.90	246.80	271.00	51.00	110.00
181.50		5.40	2.90	929.40	61.70	803.60	48.30	712.30
103.20	3.40	8.60	6.10	585.30	39.40	541.40	17.00	237.00
1852.70	20.90	54.50	26.50	2078.70	639.60	642.30	149.80	420.90

E-11续表8

地　区	发放一次性抚恤金累计人数	发放定期定量抚恤金平均人数	发在乡伤残抚恤金平均人数	发在职伤残保健金平均人数	发回乡特一等伤残军人护理费人数
全　国	**13685**	**474649**	**465518**	**384673**	**14891**
北　京	1060	2139	2017	8500	70
天　津	150	1239	1995	4956	120
河　北	918	41860	49516	26539	930
山　西	298	16239	22261	15578	641
内蒙古	155	3749	4954	10179	119
辽　宁	687	8967	10452	27386	397
吉　林	163	12293	12831	13924	488
黑龙江	277	8855	13709	12689	238
上　海	240	1421	465	6477	60
江　苏	871	28053	38309	20081	1592
浙　江	359	6003	6498	14941	257
安　徽	391	15578	18012	20494	755
福　建	142	13585	4525	5198	107
江　西	404	29066	12167	7302	221
山　东	799	65004	91543	33880	3081
河　南	987	31947	36114	27109	1264
湖　北	510	42470	19848	16499	644
湖　南	577	24625	27851	11667	770
广　东	995	15142	10121	13468	311
广　西	156	7291	4491	5888	167
海　南	123	6517	964	1640	19
重　庆	395	7393	12063	9117	363
四　川	604	35458	35004	22632	1067
贵　州	227	5480	6196	8745	255
云　南	597	10723	6492	11052	411
西　藏	325	3112	222	483	
陕　西	479	20911	9590	13244	305
甘　肃	261	4702	3892	6528	142
青　海	283	1198	832	2323	17
宁　夏	112	1262	893	1274	23
新　疆	140	2367	1691	4880	57

单位：人

发在乡复退军人定期定量补助费平均人数	发在乡红军老战士定期定量补助费平均人数	发红军失散人员补助费平均人数	发义务兵优待金平均人数	烈士纪念建筑物管理单位数	住休养院伤残军人平均人数	住疗养院复退军人平均人数
3096921	**4075**	**82592**	**849133**	**1001**	**2265**	**4801**
11318	3		4914	6		
12019	2		3823	10		
180522	20		72503	90	129	1029
87331	96	13	19554	41	333	80
48956	23	8	3960	8	47	30
71910	1	9	14889	22	90	
62172	21	76	3144	28	294	345
84799	61	34	6178	14		44
5488			8648	14	12	
154304	14	3	45186	80	58	266
75307		580	59671	27	27	
217975	38	6550	47195	39	60	26
45095	11	3941	23769	42	44	
81432	119	24760	38884	35	74	
302108	45	242	89403	56	322	631
212127	88	6442	51165	88	43	353
215814	58	9544	39931	49	1	
275306	26	6996	33512	25	33	1503
107065		3428	41059	72	35	154
68933	1	1382	32458	16	22	
17230		464	2541	20		
107989	15	69	41379	17	50	
322275	1154	13544	73828	76	387	30
84737	4	274	22331	20	50	
81284		64	15063	27	53	35
512	2		534	3		
98146	1679	3829	31752	31	80	275
36509	447	326	15758	20		
5853	110	4	1551	7		
6078	23	7	1298	5		
16327	14	3	3252	13	21	

E-11续表9

地　区	住精神病院复退军人平均人数	住光荣院优抚对象平均人数	住院平均人数	得补助院数	得补助院平均收养人数
全　国	**10108**	**27094**	**15776**	**300**	**13936**
北　京		392	35		
天　津	141	401	188		
河　北	699	4842		11	990
山　西	615	1397	481	1	5000
内蒙古	87	1005	461		
辽　宁	223	1217	21		
吉　林	11	324	113		
黑龙江	100	344	115	2	42
上　海			330		
江　苏	447	304	605	10	383
浙　江	36	345	872		
安　徽	400	999	347	37	1608
福　建	40	887	35	2	15
江　西	400	2032	3084	158	4700
山　东	1511	183	65		
河　南	514	1402	237	47	871
湖　北	1503	3552	618	15	5
湖　南	488	4749	2195	16	162
广　东	1155	984	4790		
广　西	573	378	38		
海　南		118			
重　庆		200			
四　川	569	540	195		
贵　州		40	20		
云　南	62	6	101	1	160
西　藏					
陕　西	445	198	205		
甘　肃	57	31	342		
青　海					
宁　夏		8	150		
新　疆	32	216	133		

单位：人

发退转军人建房费累计人数	发退役士兵自谋职业金累计人数	发军队离休干部离休金平均人数	发军队退休干部退休金平均人数	发军队无军籍职工退休金平均人数	发丧葬费累计人数	发护理费平均人数
8998	**76398**	**32717**	**69142**	**61262**	**1786**	**26956**
17	1395	2820	10053	10368	210	3843
8	605	638	1473	894	42	485
24	2052	2370	4106	2884	81	2113
111	702	821	1040	1282	49	740
570	847	567	641	591	10	215
18	2297	3641	6538	4688	191	2548
11	1278	703	1223	1730	29	21
19	195	696	1346	1642	14	111
129	350	870	2374	1849	68	834
1096	8423	2104	4287	2972	107	1913
280	7765	1007	1491	1425	47	891
300	3537	835	1117	946	36	291
141	3655	688	1571	380	30	320
361	2187	431	755	913	11	167
301	3607	4616	5078	3015	72	4895
332	2581	1440	2234	1965	108	1357
607	3813	1541	3290	2397	123	1208
829	1597	829	3247	2103	45	566
465	8984	922	3332	2586	82	661
84	1762	298	997	732	32	252
153	1211	87	253	647	12	56
71	4224	284	1513	1295	6	221
1829	9713	985	3811	2753	83	846
571	848	258	609	548	26	191
387	1679	1153	2833	2917	115	326
24	188		18	869		
111	186	1216	2631	2283	84	1321
97	93	470	503	1588	34	307
25	122	76	79	621		2
2	123	104	88	121	7	13
25	379	247	611	2258	32	242

E-11续表10

地　区	得补助平均人数	机构数	住干休所平均人数	得最低保障费平均人数	发定期定量救济平均人数
全　国	**8723**	**1906**	**68858**	**21909380**	**6366624**
中央级		1			
北　京	322	57	13899	157132	
天　津	119	20	32	236663	510
河　北	876	142	5225	807562	101322
山　西	340	80	1199	840530	159908
内蒙古	63	20	1008	720431	28843
辽　宁	890	102	6416	1367793	47186
吉　林	95	38	339	1355714	208931
黑龙江	249	49	1262	1570046	326411
上　海	214	35		284211	5073
江　苏	497	126	4656	377440	95086
浙　江	138	72	1586	86654	12380
安　徽	266	55	1021	969169	403698
福　建	256	81	1327	203718	15004
江　西	100	47	430	1006475	1187402
山　东	868	157	9821	642354	197856
河　南	678	111	3229	1348266	953239
湖　北	266	102	3503	1591406	372443
湖　南	427	99	2903	1354812	721357
广　东	98	57	2382	389011	165905
广　西	107	32	884	526716	145553
海　南	17	8	112	129944	11700
重　庆	374	43	1543	705426	284959
四　川	402	117	1608	1487972	188830
贵　州	91	13	628	449198	172350
云　南	221	132	442	737527	96772
西　藏		1		43430	7783
陕　西	356	61	2631	779238	56378
甘　肃	247	18	717	609346	66540
青　海	42	5		199181	118338
宁　夏	3	9	25	199684	206660
新　疆	101	16	30	732331	8207

单位：人

发五保户救济平均人数	得最低保障费平均人数	发五保户救济平均人数	得救济平均人数	平均救济人数	平均救济人数
1772914	**4548738**	**304882**	**1117661**	**199782**	**228126**
	69528	2410	2709	2353	3466
271	25949	1045	3852	2280	2749
14846	138937	6474	7286	15365	2553
75437	127607	8880	40133	7859	794
12346	17803	1685	25289	5551	6728
10745	202429	4776	8883	6400	3831
5351	99182	2014	60951	4702	2529
31764	79396	1324	71746	8827	2920
2681	84658		16667	203	1316
54440	386461	24270	109310	9327	21648
4155	518211	29868	22771	2619	10527
226782	173578	11133	71290	15196	20743
6310	747243	76797	17148	6609	1099
210494			117581	4039	20589
26831	271276	14434	20062	12588	60
83173	99978	10997	15336	15674	12663
43302	81402	16143	44603	15543	7824
290918	63519	12242	37791	15399	29496
127081	782871	21348	83610	3908	4796
130796	44429	10485	13760	2925	1435
8247	27765	13193	8180	843	949
81415	4970	204	1910	5705	12465
156074	180595	13775	46960	13204	25702
54578	42615	6251	12210	6819	11732
38828	25218	412	180985	7550	16051
7783	1651	1550			
31472	227191	11651	42280	3040	522
17378	21932	1208	14585	2803	1838
6816	1541	121	40	651	731
10519			14648	63	82
2081	803	192	5085	1737	288

E-11续表11

地　区	发定期定量救济平均人数	发孤、老、残、幼救济平均人数	得救济平均人数	补贴火化尸体累计数	补贴其他殡葬单位数
全　国	**149526**	**62473**	**327113**	**2095546**	**994**
北　京	321	166	2133	26676	25
天　津	655	316	711	7998	28
河　北	298	142	3525	249112	8
山　西	444	227	2717	18058	15
内蒙古	4410	2276	18876	22203	26
辽　宁	1110	575	28842	60059	47
吉　林	4285	1434	6011	76291	14
黑龙江	2746	454	8268	128190	6
上　海	2659	1415	6997		15
江　苏	11887	3211	22525	179485	35
浙　江	1711	1309	13564	195280	128
安　徽	17821	8398	12329	98055	18
福　建	2337	1193	26440	34167	37
江　西	15352	11389	56610	26198	50
山　东			9595	160541	3
河　南	1020	728	1432	191087	62
湖　北	13566	9935	9309	130668	32
湖　南	5635	5507	15127	21930	31
广　东	8924	2401	30735	224278	140
广　西	355	225	1463	30620	17
海　南	2811	609	784		2
重　庆	3250	2464	1342	50668	21
四　川	5543	3041	11631	111465	100
贵　州	3039	2905	655	17073	49
云　南	2628	884	5744	10665	25
西　藏			40	511	
陕　西	35115	254	4005	9848	17
甘　肃	736	668	551	11514	8
青　海	35	4	25	2857	3
宁　夏	274	174	17301	49	7
新　疆	559	169	7826		25

单位：人

得补贴假肢厂(站)数	住院“三无”对象平均人数	住院“三无”对象平均人数	住院“三无”对象平均人数	补贴农场数	救助人员平均人数
38	**107527**	**24680**	**12933**	**46**	**594884**
1	1428	1492	298		6566
	297	525	282	1	2703
2	1610			2	376
1	2148	16	50	1	4256
1	1821	335	300		105
1	3981	701	221		1538
3	2908	530	1812	1	26472
3	2798	1285	1975	1	45404
	702	1621	332		1965
3	5177	1651	1182	1	33587
1	3750	900	106	3	20151
1	3142	2040		3	1030
1	2444	383	1372	4	15530
1	10598	133	196	1	29355
	2163	402	277		848
2	2786	654	47	3	9654
3	12507	1223	65		33196
2	5648	1334	691	6	41946
1	11481	1311	572	1	76843
1	4677	380	233	2	10045
	647	71		1	31
2	9942	513	363		776
1	3683	1026	763	3	64776
1	1078	526	447	6	71619
1	1571	785	287	2	54633
	1352	439			
2	3637	957	331	1	21508
1	1818	266	93	2	9087
1	378				385
	196	350			4637
1	1159	2831	638	1	5862

E-11续表12

地　区	机构数	发救济费累计人数	紧急抢救灾民累计人数	救灾物资储备中心数	建房累计数	发离休金平均人数
全　国	**2311**	**48548588**	**4920426**	**495**	**1258631**	**5155**
中央级	1			1		
北　京	25	115674		1		192
天　津	15	164861		2	40	35
河　北	105	2641099	32468	12	10539	273
山　西	35	1550001	37101	11	25290	182
内蒙古	29	1542777	115115	14	86591	114
辽　宁	59	566768	798	10	3120	552
吉　林	41	1124317	8773	4	4996	95
黑龙江	50	1601321	12340	8	4416	26
上　海	24			1		
江　苏	130	1204764	5833	2	13401	807
浙　江	90	713371	238139	9	14337	65
安　徽	82	3248099	34275	4	18019	587
福　建	59	583519	64023	20	27143	58
江　西	59	1744669	23290	21	13771	147
山　东	254	2069913	18337	2	33185	138
河　南	126	3753501	202536	9	94779	386
湖　北	67	2555529	261700	51	51841	250
湖　南	125	1701300	196514	56	38546	142
广　东	162	1220689	84203	26	3592	318
广　西	41	2760529	455191	9	43005	9
海　南	10	382641	28989	1	7767	3
重　庆	44	967703	233461	10	136052	26
四　川	184	2330245	389851	17	148111	154
贵　州	74	3118407	92238	6	33592	15
云　南	81	3572529	1010863	41	182752	111
西　藏	5	210509	1005	1	970	
陕　西	96	2014617	111377	23	136722	262
甘　肃	53	2497066	92069	6	92399	76
青　海	6	355171	1023754	7	15032	25
宁　夏	17	655549	17860	13	9960	18
新　疆	162	1581450	128323	97	8663	89

单位：人

发退休金平均人数	发退职金平均人数	发一次性抚恤金人数	机构数	发医疗救助平均人数	资助参加合作医疗人数	大病医疗救助人数
79831	**1945**	**3240**	**232**	**3737424**	**2409963**	**638361**
13606	195	609	1	186445	185067	1396
2169	54	141	1			
4037	100	120	8	64079	39808	15897
1677	6	54	6	254841	19251	13428
1058	10	25	4	26529	10900	3734
5139	161	214	10	86		532
1462	6	2	8	7792	8630	3378
152	3		8	17434	2048	15386
566		21	1	10459		44489
6204	104	244	11	31926	24289	2718
3565	36	138	6	65056	67806	2502
1923	15	76	12	178494	127405	21459
7243	255	234	10	18593	18533	63
3236	132	39	14	79857	9826	44796
2861	38	159	18	645236	643143	2576
1985	29	112	21	123462	152447	782
4343	44	280	7	90645	75124	11703
4062	78	104	11	69804	32936	10890
5302	16	200	13	206700	156186	2349
551	341	18	9	155008	94886	6721
152		2	1	2500	2500	
860	9	44	4	190080	158545	35928
3288	61	95	11	475999	138159	29658
557	11	23	9	107085	86500	20585
1214	7	46	11	366504	193744	166773
984	117	165	5	85355	44734	22986
541	22	35	7	29185	20501	18375
104		2	2	110626	468	110169
84	5	9	1	23976	16989	5506
906	90	29	2	113668	79538	23582

E-12 民政事业费

地 区	牺牲病故军人一次性抚恤金	牺牲病故军人定期定量抚恤金	在乡伤残抚恤金	在职保健金	回乡安置特一等护理费	在乡复退军人定期定量补助费	在乡红军老战士定期定量补助费	红军失散人员定期定量补助费
全 国	**14316.04**	**2421.24**	**2416.42**	**679.00**	**3674.77**	**1235.67**	**9326.13**	**1861.68**
北 京	24050.00	6623.19	3537.93	555.53	6700.00	5578.99	20333.33	
天 津	19560.00	5171.11	4093.23	593.22	7125.00	2522.01	14500.00	
河 北	12025.05	2331.96	2177.62	569.28	3397.85	1329.08	13250.00	
山 西	12412.75	2260.30	2329.41	560.47	2659.91	1199.06	13604.17	3000.00
内蒙古	14348.39	2332.09	2309.45	654.48	3596.64	1130.30	11434.78	4250.00
辽 宁	17657.93	2622.84	2792.77	575.29	2969.77	1714.25	35000.00	2222.22
吉 林	14006.13	2046.53	2439.25	874.53	3034.84	1405.21	3285.71	2381.58
黑龙江	10602.89	2637.27	1823.84	623.37	2743.70	1634.30	8409.84	3941.18
上 海	18970.83	9241.38	6853.76	1701.25	7050.00	6641.58		
江 苏	14252.58	3415.46	3021.85	659.38	4295.23	1641.37	14785.71	3000.00
浙 江	18796.66	4119.11	4241.77	557.06	7856.03	2576.41		2937.93
安 徽	13171.36	2269.16	2408.73	707.87	3333.77	824.14	8184.21	1778.17
福 建	17598.59	3361.28	2992.93	669.10	4121.50	2096.71	16636.36	3613.55
江 西	10722.77	1604.66	2064.03	932.48	4787.33	1101.15	15974.79	1503.43
山 东	15637.05	2527.38	2203.61	586.87	3205.45	1408.06	9977.78	1867.77
河 南	11133.74	2236.11	2265.44	666.35	2845.73	1189.54	9590.91	1773.98
湖 北	12033.33	2131.93	2239.32	601.49	3911.49	723.87	8637.93	1943.73
湖 南	13192.37	2056.16	2161.32	794.81	3332.47	681.73	12423.08	1825.90
广 东	10939.70	3294.81	3817.71	1011.58	5823.15	2158.21		2362.60
广 西	46333.33	2236.87	2049.88	593.24	2862.28	1395.83	8000.00	1739.51
海 南	11560.98	2587.23	2288.38	696.34	3105.26	1389.90		2467.67
重 庆	12263.29	3031.25	2916.94	603.93	4630.85	1171.44	11266.67	2623.19
四 川	13485.10	2165.24	2276.11	727.02	4559.51	866.91	7544.19	1812.32
贵 州	11409.69	2320.62	2294.54	575.76	2498.04	1081.57	8500.00	1839.42
云 南	11654.94	2107.81	2736.44	671.37	2773.72	904.47		2125.00
西 藏	13747.69	1459.51	3036.04	1892.34		1640.63	3000.00	
陕 西	9563.67	1698.58	2286.55	662.26	4695.08	1214.48	10514.00	1950.90
甘 肃	12019.16	1864.31	2539.05	695.77	3126.76	998.30	7566.00	2312.88
青 海	7413.43	2510.02	2300.48	601.38	2647.06	862.12	4627.27	3000.00
宁 夏	13303.57	1935.02	1860.02	1085.56	4782.61	1169.79	7782.61	7142.86
新 疆	17150.00	1479.51	1941.45	611.68	4122.81	1466.41	7000.00	6666.67

平均支出水平

单位：元

义务兵优待金	烈士纪念建筑物管理单位经费	(优抚单位经费:按人数)休养院	(优抚单位经费：按人数）慢性病疗养院	(优抚单位经费:按人数)精神病院	(优抚单位经费:按人数)光荣院	(优抚单位经费:按人数)其他优抚事业单位	集体办优抚事业单位（按院数）	集体办优抚事业单位（按人数）
1786.41	**303079.92**	**90890.07**	**31823.58**	**25854.87**	**11409.46**	**5574.16**	**30780.00**	**662.60**
7870.17	162000.00				44285.71	106885.71		
1349.73	654100.00			29744.68	25516.21	32079.79		
1267.60	272088.89	64728.68	34075.80	29670.96	11632.80		25454.55	282.83
1434.80	258951.22	36051.05	36375.00	50790.24	18473.87	10407.48	190000.00	38.00
1715.91	411500.00	54212.77	21566.67	48643.68	13288.56	8203.90		
2200.48	419863.64	74900.00		42143.50	17138.87	58809.52		
1527.35	247000.00	34863.95	23710.14	13363.64	22067.90	1061.95		
1876.01	357714.29		115000.00	27100.00	10034.88	1304.35	53000.00	2523.81
15814.41	2746142.86	397916.67				29212.12		
1889.57	483875.00	137758.62	15285.71	31147.65	11375.00	14099.17	59600.00	1556.14
4076.32	545962.96	283925.93		78472.22	28730.43	2995.41		
1339.70	264974.36	120133.33	3076.92	27860.00	8996.00	1008.65	39648.65	912.31
2281.46	130928.57	76886.36		2200.00	12189.40	5714.29	7500.00	1000.00
1060.20	154542.86	4013.51		39337.50	4344.49	1012.32	25088.61	843.40
1765.25	369392.86	125962.73	58229.79	28495.70	13437.16	31076.92		
1186.46	228931.82	79000.00	55886.69	23881.32	7915.83	6164.56	40063.83	2161.88
1089.33	152795.92	20000.00		19156.35	6038.29	26802.59	2466.67	7400.00
971.03	148080.00	95818.18	1111.11	18545.08	5903.14	4656.49	29187.50	2882.72
3526.61	438708.33	967714.29	201324.68	21652.81	17816.06	1887.68		
1260.68	178687.50	143227.27		8998.25	16060.85	2000.00		
901.22	14750.00				14008.47			
585.88	80941.18	80240.00			20490.00			
793.30	92960.53	58912.14	7333.33	17367.31	17844.44	4630.77		
1143.03	175600.00	92440.00			11825.00	2000.00		
1016.60	106851.85	107169.81	1285.71	21274.19	70500.00	6841.58	229000.00	1431.25
1357.68	193333.33							
1079.84	233225.81	113250.00	26792.73	17626.97	13550.51	4697.56		
1432.48	188300.00			34824.56	118612.90	508.77		
1230.17	17142.86							
1439.91	51800.00				29875.00	626.67		
1695.26	739846.15	205714.29		18750.00	14199.07	8796.99		

E-12续表1

地区	军人安置建房补助	退役士兵自谋职业金	军队离休干部离休金	军队退休干部退休金	军队无军籍职工退休金	军队干部丧葬费	军队干部护理费	军队干部遗属定补
全国	**3716.60**	**16493.49**	**33772.32**	**27030.56**	**14230.06**	**17826.99**	**4317.18**	**3625.01**
北京	5411.76	23141.94	32365.60	29330.05	15114.49	19371.43	3930.26	4720.50
天津	1375.00	8788.43	31123.82	28652.41	13696.87	23071.43	4505.15	4159.66
河北	12041.67	19475.15	34351.90	26583.54	12672.68	19283.95	4629.91	3923.52
山西	4981.98	5745.01	37204.63	28662.50	14464.12	23836.73	4791.89	4597.06
内蒙古	1505.26	8566.71	39823.63	29517.94	14592.22	20900.00	5306.98	5412.70
辽宁	8333.33	11162.39	33789.34	29359.59	12175.34	15031.41	4378.73	3195.51
吉林	8181.82	5503.13	38852.06	21902.70	10702.89	25137.93	5190.48	3663.16
黑龙江	7578.95	12358.97	32678.16	23601.78	12031.67	12285.71	5261.26	1991.97
上海	4387.60	37720.00	22095.40	21926.28	13987.56	15352.94	4452.04	3359.81
江苏	3093.07	25434.05	33143.54	23878.00	16302.83	27364.49	4195.50	3724.35
浙江	3707.14	21955.18	27915.59	21215.96	15082.81	14872.34	4767.68	4130.43
安徽	2813.33	17644.05	32849.10	23736.79	14951.37	20055.56	3903.78	3616.54
福建	3120.57	13587.69	39931.69	30362.83	16834.21	19233.33	3012.50	3542.97
江西	6554.02	8604.48	43584.69	24251.66	14017.52	24909.09	4658.68	3540.00
山东	4362.13	17559.19	33710.79	26820.01	14821.23	24458.33	4732.79	5678.57
河南	4876.51	11874.85	34031.94	27590.42	12752.67	16037.04	3259.40	3535.40
湖北	2387.15	17739.84	32212.20	27485.11	14328.33	15365.85	4431.29	3075.19
湖南	2241.25	17680.03	31249.70	19665.85	14440.32	22088.89	3763.25	2641.69
广东	16279.57	15842.05	38112.80	31054.62	16590.87	13402.44	4394.86	3255.10
广西	12869.05	14189.56	34687.92	26677.03	14919.40	19937.50	4615.08	2252.34
海南	3771.24	11455.00	46218.39	35770.75	14273.57	18666.67	4214.29	5176.47
重庆	2464.79	12755.45	29130.28	21625.25	9080.31	23500.00	3113.12	1826.20
四川	2209.95	12716.46	32429.44	26543.43	11402.83	23843.37	3908.98	2915.42
贵州	2411.56	17015.33	36240.31	28830.87	13458.03	22230.77	4785.34	3472.53
云南	1661.50	21834.43	36676.50	29763.50	14716.49	11356.52	4794.48	2303.17
西藏	2500.00	3191.49		39388.89	28334.87			
陕西	1972.97	3935.48	29575.66	24806.92	12305.30	4000.00	3822.86	3441.01
甘肃	2659.79	10548.39	37223.40	29467.20	16045.97	9205.88	4986.97	3206.48
青海	5680.00	14368.85	43907.89	72797.47	16135.27		2000.00	1904.76
宁夏	35000.00	19292.68	39855.77	35204.55	11644.63	8571.43	5692.31	7000.00
新疆	6320.00	3559.37	52510.12	46301.15	15057.57	24875.00	5752.07	4910.89

单位：元

离退休干部管理机构经费（按机构）	离退休干部管理机构经费（按人数）	城市居民最低生活保障	农村定期定量救济费	农村五保户定补	农村最低生活保障线救济费	农村五保户低保	农村其他人员救济费
428656.35	**11865.27**	**788.43**	**228.09**	**527.77**	**356.84**	**589.20**	**208.17**
1341894.74	5503.13	2784.77			659.76	1536.51	806.20
689900.00	431187.50	1045.50	1498.04	2501.85	356.28	467.94	196.00
333647.89	9067.56	678.57	201.10	305.07	201.59	318.81	304.83
210125.00	14020.02	757.13	247.39	424.38	172.55	363.40	104.08
840900.00	16684.52	799.32	442.64	284.06	254.62	704.45	517.89
793578.43	12616.12	925.55	307.40	416.66	293.36	354.48	521.90
664184.21	74451.33	739.39	78.98	1247.24	196.58	167.83	162.28
355326.53	13796.35	713.84	61.72	93.60	189.42	399.55	82.81
1550742.86		2498.10	1841.91	1679.22	799.24		845.68
461849.21	12498.50	912.35	1027.65	1113.59	398.23	374.95	322.97
403763.89	18329.76	1555.21	1462.68	1799.28	644.82	1429.26	1224.01
400036.36	21549.46	669.31	329.61	495.48	158.08	552.32	109.71
193925.93	11837.23	678.44	788.86	482.57	440.16	832.42	223.41
118340.43	12934.88	721.12	176.15	540.71			79.50
322624.20	5157.52	698.12	177.56	384.63	321.21	640.43	215.08
228945.95	7870.24	675.29	103.77	201.22	93.53	143.22	153.89
533598.04	15537.25	728.78	197.03	799.36	125.33	73.96	164.36
431151.52	14703.41	697.29	223.00	450.37	154.88	260.17	293.27
555701.75	13297.65	857.66	739.16	905.72	387.78	507.68	229.95
524562.50	18988.69	648.89	364.78	369.66	222.42	426.23	290.41
364750.00	26053.57	590.75	556.84	648.48	368.99	363.00	419.32
276000.00	7691.51	919.60	250.04	640.63	216.90	1019.61	1200.00
207264.96	15080.85	686.47	611.20	653.41	153.25	274.99	228.19
385307.69	7976.11	770.16	230.50	435.91	206.31	302.83	132.27
181651.52	54248.87	730.85	217.90	249.87	241.85	526.70	99.83
320000.00		1029.75	844.28	842.09	238.64	193.55	
507278.69	11761.31	705.12	295.98	368.36	90.01	208.82	65.56
383333.33	9623.43	662.23	79.70	237.77	95.66	325.33	67.33
219600.00		1036.61	57.30	433.69	82.41	16.53	425.00
206666.67	74400.00	660.93	50.52	184.71			116.88
408625.00	217933.33	861.50	552.33	1299.86	723.54	62.50	310.32

E-12续表2

地　区	40%救济费	退职职工定期定量救济费	城镇定期定量救济费	城镇孤老残幼定补	城镇其他人员救济费	补贴火化尸体费	补贴其他殡葬单位费（按单位）
全　国	**939.73**	**817.59**	**709.15**	**930.15**	**442.53**	**191.76**	**544149.90**
中央级							
北　京	2555.89	1459.03	3922.12	4126.51	3542.43	451.04	7924680.00
天　津	1268.42	625.68	2053.44	1639.24	724.33	555.51	164428.57
河　北	677.71	351.35	600.67	887.32	773.90	120.05	234500.00
山　西	1320.65	569.27	1432.43	1568.28	114.46	337.91	172266.67
内蒙古	475.23	263.67	542.18	494.29	405.97	316.08	126038.46
辽　宁	870.94	639.52	1034.23	1434.78	389.40	54.91	202872.34
吉　林	648.66	498.22	511.55	822.18	602.56	105.95	176500.00
黑龙江	611.76	473.29	206.85	469.16	166.55	42.35	211333.33
上　海	4566.50	3550.15	3512.60	3903.89	4025.44		434466.67
江　苏	2457.70	2271.34	1064.78	1345.38	420.82	150.50	123942.86
浙　江	4912.18	3300.66	1731.15	1806.72	922.52	356.17	345500.00
安　徽	859.31	729.45	814.49	978.57	223.70	93.85	85222.22
福　建	1307.16	1293.90	1159.18	1018.44	140.51	246.26	206027.03
江　西	905.92	474.09	288.82	254.02	79.42	110.05	178080.00
山　东	1264.86	383.33			368.11	42.04	65000.00
河　南	566.73	314.70	975.49	913.46	703.91	106.83	134403.23
湖　北	811.17	598.54	1077.25	1132.26	568.91	86.12	211718.75
湖　南	376.26	279.87	779.77	711.46	254.78	552.21	2269096.77
广　东	999.23	527.31	1753.25	1901.71	540.04	385.33	499557.14
广　西	731.97	435.54	1383.10	386.67	917.98	632.27	182470.59
海　南	481.61	410.96	360.01	390.80	3278.06		316500.00
重　庆	923.40	523.06	1052.92	1074.27	1209.39	150.88	136428.57
四　川	737.88	564.47	853.87	950.35	358.70	168.96	127120.00
贵　州	379.09	232.19	372.16	358.69	340.46	243.13	88816.33
云　南	457.35	655.54	698.25	583.71	402.16	791.19	114040.00
西　藏					2500.00	1902.15	
陕　西	366.78	339.08	11.76	433.07	238.95	487.10	131411.76
甘　肃	547.63	366.70	635.87	603.29	548.09	532.74	194500.00
青　海	1620.58	400.82	628.57	1000.00	400.00	379.07	80333.33
宁　夏	4253.97	2695.12	259.12	321.84	131.61	2265.31	133714.29
新　疆	2665.52	1701.39	812.16	923.08	313.19		2277920.00

单位：元

假肢厂补贴	（福利单位经费）社会福利院	（福利单位经费）儿童福利院	（福利单位经费）精神病院	安置农场（按单位）	流浪乞讨人员救助	老龄经费（按机构数）	（救灾支出）生活救济	（救灾支出）紧急抢救、安置、转移灾民
968552.63	**11586.26**	**13295.66**	**39570.94**	**1439413.04**	**1042.41**	**100134.57**	**66.10**	**71.74**
						5274000.00		
150000.00	63482.49	25281.50	98258.39		4324.86	651400.00	131.36	
	27666.67	12548.57	37053.19	591000.00	833.52	108866.67	82.13	
1190000.00	17542.86			558500.00	33888.30	38190.48	47.39	124.83
1659000.00	8592.18	2500.00	57640.00	478000.00	2594.45	41514.29	65.45	115.28
400000.00	11762.77	10614.93	24073.33		119876.19	144137.93	76.34	92.16
720000.00	14942.48	11674.75	12280.54		18500.00	63220.34	114.52	338.35
1000000.00	10643.40	14003.77	19280.91	1527000.00	781.20	82463.41	120.56	364.87
279333.33	13073.98	15773.54	21518.99	13300000.00	491.56	49880.00	75.65	165.24
	157450.14	24172.12	158424.70		29878.37	1120750.00		
474666.67	18407.77	25858.27	83813.87	6150000.00	1151.67	178800.00	94.18	423.62
2200000.00	21928.53	24645.56	84745.28	593333.33	2244.70	275022.22	220.11	107.03
600000.00	6269.89	11959.80		621333.33	12168.93	62085.37	47.25	186.87
1245000.00	11810.56	14005.22	23975.95	932000.00	1043.79	106305.08	141.92	139.39
240000.00	2796.09	1135.34	16617.35	2490000.00	162.43	30000.00	69.20	268.10
	20042.53	12768.66	59306.86		19386.79	31409.45	72.98	186.02
2360500.00	8071.43	3649.85	100255.32	313333.33	2238.66	31865.08	41.10	68.18
816000.00	4283.52	8289.45	615.38		440.84	75074.63	65.51	73.84
6000.00	14292.85	4635.68	7367.58	432666.67	464.62	59888.00	90.14	54.74
1700000.00	17159.31	16327.99	70342.66	550000.00	1518.82	128327.16	66.21	80.77
600000.00	7564.89	22481.58	80592.27	1207000.00	1251.67	70780.49	34.59	33.28
	8646.06	5873.24		147000.00	105483.87	36100.00	73.49	90.17
741000.00	1742.51	8218.32	25165.29		17229.38	72295.45	80.42	46.00
5180000.00	10839.53	7191.03	50287.02	1708666.67	516.95	78847.83	62.02	78.98
2036000.00	10425.79	8977.19	30129.75	2774500.00	86.72	79108.11	44.04	126.11
948000.00	5317.00	7577.07	29125.44	1373000.00	244.17	109197.53	46.42	76.62
	781.80	6583.14				104000.00	397.54	2005.97
560000.00	6916.96	8276.91	15870.09	271000.00	505.07	95187.50	56.03	87.76
1122000.00	5897.69	15330.83	34913.98	382500.00	1071.97	41830.19	40.76	159.52
260000.00	2261.90				477.92	46166.67	105.20	37.80
	39576.53	10208.57			280.35	42352.94	117.30	31.86
320000.00	21626.40	5459.20	34279.00	986000.00	2095.02	43969.14	74.71	84.29

E-12续表3

地　区	（救灾储备）按物资储备中心数	（灾民倒房重建）按建筑数	（地方）离休干部	（地方）退休干部
全　国	**779682.83**	**923.77**	**21373.23**	**12950.38**
中央级	263476000.00			
北　京	12000.00		40635.42	15644.35
天　津	1733000.00	5000.00	31085.71	11426.46
河　北	487166.67	204.29	18655.68	10243.50
山　西	126090.91	460.46	17532.97	10959.45
内蒙古	822357.14	1545.66	19131.58	12586.96
辽　宁	281400.00	1822.44	13005.43	9805.22
吉　林	239750.00	1397.92	19042.11	9104.65
黑龙江	122500.00	1570.65	15807.69	13000.00
上　海	1670000.00			12715.55
江　苏	175000.00	1734.72	25313.51	14970.18
浙　江	146555.56	1920.97	27261.54	16821.04
安　徽	137250.00	992.06	23354.34	12443.58
福　建	167150.00	442.10	23982.76	13512.91
江　西	241619.05	948.66	17176.87	9129.17
山　东	45000.00	754.08	10572.46	8811.25
河　南	807111.11	1337.73	15284.97	9871.54
湖　北	180843.14	427.71	18464.00	9239.24
湖　南	212321.43	677.45	19711.27	8967.50
广　东	216692.31	2185.13	36207.55	19672.39
广　西	375333.33	659.81	29111.11	15526.32
海　南	270000.00	462.98	22666.67	10980.26
重　庆	351700.00	391.80	21000.00	10845.35
四　川	92941.18	849.48	18987.01	10104.93
贵　州	149833.33	641.76	23866.67	12285.46
云　南	289146.34	1384.11	15036.04	17392.92
西　藏	2105000.00	3500.00		
陕　西	167347.83	395.42	16965.65	10840.45
甘　肃	34000.00	1230.14	23552.63	14155.27
青　海	107714.29	958.56	23120.00	17451.92
宁　夏	141230.77	437.45	18611.11	12285.71
新　疆	194195.88	2087.27	26258.43	20449.23

单位：元

（地方）退职人员	离退休人员一次性抚恤金	军供站经费（按机构）	农村医疗救助（按人数）	资助参加合作医疗（按人数）	大病医疗救助（按人数）
6592.29	**9985.49**	**698112.07**	**85.23**	**19.30**	**320.72**
9948.72	11697.87	5112000.00	41.79	39.81	304.44
8814.81	7453.90	720000.00			
7060.00	8083.33	975500.00	205.93	19.09	561.55
6166.67	9944.44	576000.00	27.91	81.50	432.60
6500.00	11040.00	630750.00	60.42	26.15	381.63
9136.65	9799.07	784700.00	1627.91		1302.63
5166.67	16000.00	779000.00	265.14	10.43	1097.10
9000.00		1110250.00	1080.65	516.60	1144.68
	9285.71	5895000.00	7956.78		1458.43
11557.69	12963.11	423272.73	33.70	39.11	428.26
19638.89	11905.80	940833.33	107.92	37.83	1633.89
7066.67	10736.84	298166.67	30.61	6.77	129.27
7360.78	13743.59	290000.00	50.56	15.00	1476.19
8242.42	8307.69	322000.00	53.57	48.95	57.37
5447.37	9044.03	531277.78	14.68	11.87	708.85
9793.10	7750.00	416333.33	25.80	16.65	1240.41
6454.55	6850.00	1000571.43	168.49	29.51	934.80
6500.00	10682.69	794000.00	173.50	11.20	1270.25
7312.50	10520.00	1417000.00	45.48	10.66	907.19
973.61	11666.67	790666.67	19.10	8.50	234.94
	17000.00	1527000.00	10.00	10.00	
6000.00	8204.55	796750.00	43.87	16.17	165.16
7147.54	11105.26	592454.55	82.86	26.02	485.91
8363.64	6913.04	499888.89	136.32	10.00	667.14
9571.43	9043.48	364636.36	53.36	20.01	31.50
2316.24	3527.27	601400.00	103.57	31.83	224.14
8863.64	8514.29	352571.43	92.86	24.88	59.86
	14500.00	308500.00	72.64	1032.05	64.66
6800.00	6777.78	394000.00	225.81	10.01	430.44
2322.22	9137.93	3198000.00	56.51	18.83	178.48

E-13 民政部门其他

地　区	公益金情况			
	上年结余	本年本级提取公益金	上级下拨公益金	本年支出公益金
全　国	**255940.7**	**419517.6**	**102408.5**	**413582.9**
中央级		34094.2		
北　京	16007.7	55309.3	2021.3	12882.7
天　津	4183.6	3009.6	337.9	1271.4
河　北	1815.4	30466.7	4152.9	34304.4
山　西	7461.2	3977.9	1421.4	7463.7
内蒙古	4331.8	3560.9	940.6	1783.1
辽　宁	23893.9	16563.6	6671.0	21524.8
吉　林	4182.5	6515.7	774.4	6168.2
黑龙江	8928.8	18441.7	713.3	25091.9
上　海	10968.1	15227.0	471.1	16617.3
江　苏	22883.2	8445.3	1109.5	7102.0
浙　江	12142.7	12054.0	3229.0	17429.7
安　徽	6909.8	6354.2	948.7	6442.5
福　建	7986.6	2007.2	931.6	3801.5
江　西	1340.5	10695.3	1218.1	10440.5
山　东	25370.4	42316.0	4592.8	36177.6
河　南	2184.3	3030.1	7675.3	7206.1
湖　北	13311.0	10084.6	3471.8	23112.2
湖　南	4162.9	5996.4	7344.4	10384.4
广　东	30915.6	34700.2	13280.6	38799.9
广　西	13245.6	38977.7	24509.7	59936.2
海　南	309.3	1230.8	14.2	850.4
重　庆	5490.0	5622.9	1662.4	8334.8
四　川	4315.2	5290.8	2248.3	5651.9
贵　州	3792.8	3949.3	1983.9	4297.7
云　南	4871.2	8343.6	4035.8	8042.1
西　藏	330.8	139.6		100.0
陕　西	6747.5	2844.7	1099.0	3992.7
甘　肃	4633.5	3446.3	824.2	4037.9
青　海	88.6	3089.0		1586.6
宁　夏	392.6	1656.9	2048.5	2935.8
新　疆	2743.6	22076.1	2676.8	25812.9

资金收支情况

单位：万元

		发行费情况			
下拨上级公益金	年末结余	上年结余	本年本级提取	本年本级支出发行费	年末结余
75259.0	**364283.9**	**14150.1**	**270355.8**	**249720.1**	**34785.8**
	34094.2	-228.8	13405.3	13359.3	-182.8
2021.3	60455.6	207.4	21953.3	18557.4	3603.3
337.9	6259.7	-772.2	2079.1	3102.7	-1795.8
3531.1	2130.6	-322.3	13686.3	10007.0	3357.0
615.2	5396.8	106.3	4609.9	4575.8	140.4
759.4	7050.2	171.6	925.0	854.7	241.9
3331.9	25603.7	2928.5	19728.6	18597.0	4060.1
610.4	5304.4	-66.8	6702.4	6320.8	314.8
18572.7	2991.9	237.7	3872.2	3509.8	600.1
	10048.9	214.0	15650.8	15447.9	416.9
354.4	25336.0	2961.7	5360.1	4226.0	4095.8
1436.7	9996.0	250.3	11972.9	12008.7	214.5
415.4	7770.2	-48.1	5347.9	4959.6	340.2
367.3	7123.9	95.3	3121.3	3890.2	-673.6
1075.2	2813.4	-31.1	4268.4	4280.5	-43.2
2861.1	36101.6	4465.0	39195.9	36803.6	6857.3
2216.3	5683.6	35.8	5510.6	4647.9	898.5
1006.7	3755.2	713.5	17459.0	14808.7	3363.8
3406.3	7119.3	21.6	5742.5	5432.6	331.5
7378.9	40096.5	3758.2	20763.6	17344.1	7177.7
11707.2	16796.8	-710.0	15715.5	15071.2	-65.7
	703.9	73.6	283.8	343.1	14.3
	4440.5	903.1	5242.4	5574.2	571.3
3446.0	6202.4	-1581.3	6193.3	6067.6	-1455.6
1794.4	5428.3	874.5	3354.6	2837.3	1391.8
3311.2	9208.5	1.8	7359.8	6605.3	756.3
	370.4	22.5	167.0		189.5
93.7	6698.5	-210.1	5454.4	5382.6	-138.3
789.8	4866.1	17.1	1480.0	1500.3	-3.2
1500.0	1591.0		1324.0	1324.0	
1383.2	1162.2		1432.4	1351.1	81.3
935.3	1683.6	61.3	993.5	929.1	125.7

E-13续表

地　区	本年销售奖券数	电脑彩票	国内外 上年结余	本年本级接受	本年本级支出
全　国	**2273455.1**	**2163784.2**	**99037.4**	**127471.4**	**112159.3**
中央级			516.7	757.3	1125.9
北　京	157995.6	155054.0	8725.6	2954.4	2750.6
天　津	19589.6	18164.8	497.6	457.4	139.0
河　北	79983.1	79183.8	1305.3	1596.8	1741.6
山　西	37432.0	27589.7	2471.6	820.5	1712.1
内蒙古	23363.9	22027.0	1593.2	1553.7	2220.8
辽　宁	152611.3	142077.7	2238.7	5728.8	4843.4
吉　林	49318.5	47609.0	2821.4	6447.5	6657.5
黑龙江	95629.0	94915.0	1678.8	2624.0	967.1
上　海	100273.3	96539.5	5344.7	656.4	1580.0
江　苏	75014.8	66565.7	14981.0	15600.0	11297.6
浙　江	82221.1	77644.1	13263.8	21813.5	17364.9
安　徽	42308.5	41198.0	2141.4	761.0	1506.0
福　建	24859.9	21336.5	5032.0	613.5	762.5
江　西	30613.0	30342.7	2904.3	1552.1	1590.1
山　东	284915.6	268636.9	9096.1	25298.8	15158.4
河　南	91656.1	89654.6	1014.3	1826.3	2325.9
湖　北	123910.2	123910.2	2608.2	3429.0	2061.1
湖　南	60040.8	57910.7	2801.0	3593.8	4901.6
广　东	306224.0	284356.1	2916.1	5604.0	4137.6
广　西	113102.9	108950.3	1375.4	1635.9	1482.4
海　南	12865.5	12845.5	405.3	280.5	672.8
重　庆	37457.3	37371.1	1009.3	6821.3	7134.6
四　川	47567.1	44706.8	343.0	2727.1	2369.4
贵　州	23978.4	23482.2	1720.4	1222.3	1254.5
云　南	55148.7	51868.2	1458.0	6295.6	7243.2
西　藏	423.5		173.6	268.5	83.6
陕　西	35969.8	35439.5	6541.2	2020.9	2917.2
甘　肃	22782.7	22203.7	1141.7	823.6	1788.7
青　海	8858.0	8705.0	2.3	212.1	176.6
宁　夏	11004.8	9600.8	115.1	527.5	473.8
新　疆	66336.1	63895.1	800.3	947.3	1718.8

单位：万元

捐赠情况	行政事业性收费情况					
年末结余		社会团体登记收费	婚姻登记收费	收养登记收费	殡葬收费	民办非企业登记收费
114349.5	**242960.3**	**512.5**	**9878.8**	**1779.5**	**230561.2**	**228.3**
148.1	13.4	13.3				0.1
8929.4	23574.4		174.3	34.1	23366.0	
816.0	4949.2	0.7	64.6	5.3	4878.6	
1160.5	7373.5	9.1	463.4	29.4	6866.4	5.2
1580.0	1786.5	9.1	235.1	8.9	1529.0	4.4
926.1	3778.8	7.3	131.6	7.2	3629.5	3.2
3124.1	20896.3	15.0	489.3	45.6	20338.5	7.9
2611.4	6663.1	7.0	148.0	2.8	6502.8	2.5
3335.7	15647.5	7.6	210.8	13.2	15411.1	4.8
4421.1	1879.3	10.7	130.3	24.3	1708.9	5.1
19283.4	22789.1	58.7	640.7	421.8	21642.4	25.5
17712.4	15687.9	36.0	572.6	141.5	14919.0	18.8
1396.4	9710.3	13.4	627.1	54.8	9008.7	6.3
4883.0	5392.1	12.4	273.6	66.0	5037.0	3.1
2866.3	3506.9	13.0	398.1	67.6	3013.1	15.1
19236.5	18341.3	38.3	720.5	102.5	17446.4	33.6
514.7	6575.7	26.6	521.8	35.4	5982.0	9.9
3976.1	16039.0	25.8	342.7	51.7	15606.0	12.8
1493.2	3954.4	60.2	828.0	130.6	2921.6	14.0
4382.5	24040.2	27.1	555.7	134.5	23306.2	16.7
1528.9	3724.3	14.9	252.2	64.0	3387.6	5.6
13.0	454.9	1.3	26.8	1.1	422.5	3.2
696.0	3434.7	14.0	318.7	69.5	3028.1	4.4
700.7	9327.2	15.4	465.5	163.7	8675.1	7.5
1688.2	1173.8	11.7	267.2	18.3	874.9	1.7
510.4	788.8	17.6	292.8	39.6	434.3	4.5
358.5	44.9	2.1	5.5		37.3	
5644.9	1073.4	13.6	141.5	9.7	906.2	2.4
176.6	2333.7	4.1	114.7	18.6	2194.8	1.5
37.8	42.0	4.9	28.0	0.8	7.8	0.5
168.8	70.7	2.0	43.6	1.5	23.5	0.1
28.8	7893.0	19.6	394.1	15.5	7455.9	7.9

财务统计资料简要说明及主要指标解释

简要说明

财务统计报表系根据各级民政部门报送同级民政事业费决算逐级汇总而成，是2004年民政部门使用的民政事业预算执行情况及其使用效果。不包括例入抚恤和社会福利救济类预算科目支出其他部门使用的各项事业费，故与财政部门汇总的同类预算科目的数字有差异。其中民政事业费支出明细系根据《民政事业费使用管理办法》的使用范围分类设计的，以区分属于社会保障和其他性质的支出。

2004年预算指标合计582.7亿元，比上年增长16.2%，实际支出数577.4亿元，比上年增长15.7%。

指标解释

地方安排　根据现行财政体制，属于地方包干支出范围的“抚恤和社会福利救济费”列入地方预算的支出专项控制数。

中央下达　指中央预算拨款的民政事业费。包括1985年至2003年的拨款在2004年重拨的中央专项拨款。

抚恤和社会福利救济费　指预算支出科目中的抚恤事业费、退休费、退休退职费、社会福利救济事业费和其他民政事业费。

定补　指定期定量补助费。

定救　指定期定量救济费。

生活救济费　指发给灾民的吃、穿、住、治救济费。

事业编制　指各级民政机关中由民政事业费列支的工作人员经费和车辆(包括购置油料、维修等)费用。

民政事业费支出基本数字表　住院平均人数仅指由国家集中供养的优抚、救济对象。

离退休管理机构经费　其他民政事业费中离退休管理机构经费系指军队离退休干部管理机构的开办费、车辆购置和工作人员经费等。

平均支出水平　指按人或单位平均的民政事业费各项经费支出数。

CASY

8. 附录

2004年县级及以上行政区划变更情况

辽宁省

一、营口市将县级盖州市的熊岳镇、芦屯镇、红旗镇划归营口市鲅鱼圈区管辖。

（国函[2004]2号批复）

二、将长海县的石城乡和王家镇划归庄河市管辖。

（国函[2004]72号批复）

黑龙江省

一、撤销哈尔滨市太平区，将其行政区域划归哈尔滨市道外区管辖。道外区人民政府驻北十四道街。

二、哈尔滨市设立松北区，辖原属道外区的松北、松浦、万宝3个镇，太阳岛、三电2个街道，以及原属呼兰县的乐业、对青山2个镇。松北区人民政府驻松北镇松北一路。

三、撤销呼兰县，设立哈尔滨市呼兰区，以原呼兰县的行政区域（不含乐业、对青山2个镇）为呼兰区的行政区域。区人民政府驻呼兰镇南京路。

（国函[2004]10号批复）

四、哈尔滨市人民政府驻地由道里区石头道街迁至松北区世纪大道。

（国函[2004]80号批复）

江苏省

一、撤销宿豫县，设立宿迁市宿豫区。宿豫区辖原宿豫县的顺河、皂河、大兴、来龙、蔡集、王官集、黄墩、晓店、陆集、仰化、丁咀、关庙、新庄、侍岭14个镇和曹集、保安2个乡以及宿城区的井头乡。区人民政府驻顺河镇。

二、将原宿豫县的耿车镇、埠子镇、洋北镇、龙河镇、罗圩乡、南蔡乡、三棵树乡和泗阳县的洋河镇、郑楼镇、中扬镇、仓集镇、屠园乡以及泗洪县的陈集镇划归宿城区管辖。调整后，宿城区辖幸福、项里、河滨、古城4个街道和双庄、耿车、埠子、洋北、龙河、洋河、郑楼、中扬、仓集、陈集10个镇以及罗圩、南蔡、三棵树、屠园4个乡。区人民政府驻中山路。

（国函[2004]6号批复）

安徽省

一、蚌埠市东市区更名为龙子湖区，中市区更名为蚌山区，西市区更名为禹会区，郊区更名为淮上区；调整蚌埠市龙子湖区、蚌山区、禹会区、淮上区的行政区划。市人民政府驻蚌山区东海大道。

二、龙子湖区辖原东市区的东风、治淮、东升、解放和曹山5个街道；原中市区的延安街道；原郊区的李楼乡、长淮卫镇，雪华乡的曹彭、仇岗、孙郢、山南4个村。区人民政府驻解放路。

三、蚌山区辖原中市区的天桥、青年、纬二路、胜利和黄庄5个街道；原东市区的宏业村、龙湖新村2个街道及烟墩村；原西市区朝阳街道的新建、东方红2个居委会，钓鱼台街道的友谊、雅郢2个居委会和施徐村；原郊区的燕山乡，雪华乡的邱桥、纪郢、沈圩3个村，长青乡的陶店、金圩2个村，秦集镇的仲集村。区人民政府驻南山路。

四、禹会区辖原西市区的大庆、张公山、纬四3个街道，朝阳街道的红旗里、平安里、新风、创新、新村5个居委会，钓鱼台街道的继红、钓鱼台、安平、燕山路、迎河桥5个居委会；原郊区长青乡的许庄、九龙、山香、黄山、王岗、石巷6个村，秦集镇的秦集、九塘、河北、东周、姜顾、花郢、西朱、禹会、大徐、高埂、前郢、冯东、冯西、宗洼、草寺、大孔、老贯徐、三尖塘、彭巷、仁和、枣林、周蔡、杭刘、广德24个村。区人民政府驻红旗一路。

五、淮上区辖原郊区的小蚌埠镇、吴小街镇；原中市区的淮滨街道；原属怀远县的梅桥乡；原属固镇县的曹老集镇。区人民政府驻小蚌埠镇。

（国函[2004]4号批复）

六、将长丰县的孔店乡划归淮南市大通区管辖，史院乡、三和乡、曹庵镇划归淮南市田家庵区管辖，孙庙乡、孤堆回族乡、杨公镇划归淮南市谢家集区管辖。

（国函[2004]39号批复）

江西省

一、将西湖区朝阳洲街道的西船居委会，青山湖区塘山镇的永和、公园、贤湖、永溪、长巷、七里6个村划归东湖区管辖。

二、将青山湖区的桃花镇和湖坊镇的同盟村划归西湖区管辖。

三、将西湖区十字街街道的谷市街、洪城路、南关口、九四、新丰5个居委会，上海路街道的草珊瑚集团、南昌肠衣厂、电子计算机厂、江西涤纶厂、江地基础公司、曙光、商标彩印厂、南昌市染整厂、江南蓄电池厂、四机床厂、二进、国乐新村12个居委会，南站街道的解放西路东居委会，青山湖区湖坊镇的楞上、太和、热心3个村划归青云谱区管辖。

四、将东湖区彭家桥街道的187、高新、南大北院、青山湖、谢家村、星光、上坊路、江大南路、南大南院、南昌水专、北京东路11个居委会，青山路街道的潘坊、电化、塘山北、塘山南、纺园一、纺园二、纺园三7个居委会，西湖区上海路街道的轻化所、洪钢、省人民检察院、电信城东分局、安康、省机械施工公司、省水利设计院、省安装公司、南方电动工具厂、江西橡胶厂、上海路北、南昌电池厂、东华计量所、南昌搪瓷厂、上海路新村、华安针织总厂、江西五金厂、三波电机厂、水文地质大队、二六〇厂、省卫生学校、新世纪、上海路住宅区北、塔子桥北、南航、上海路住宅区南、沿河、南昌阀门厂28个居委会，西湖区丁公路街道的新魏路、半边街、师大南路、顺化门、岔道口东路、师大、广电厅、手表厂、鸿顺9个居委会，南站街道的工人新村北、工人新村南、商苑、洪都中大道、铁路第三、铁路第四、铁路第六7个居委会划归青山湖区管辖。调整后，东湖区辖董家窑、大院、公园、百花洲、墩子塘、豫章、八一桥、滕王阁、沙井、青山路、彭家桥11个街道，区人民政府驻叠山路；西湖区辖绳金塔、桃源、朝阳洲、广润门、南浦、西湖、系马桩、十字街、丁公路、南站10个街道和桃花镇，区人民政府驻孺子路；青云谱区辖三家店、洪都、京山、徐家坊、岱山5个街道和青云谱镇，区人民政府驻井冈山大道；青山湖区辖湖坊、京东、罗家、塘山、蛟桥5个镇和上海路街道、扬子洲乡，区人民政府驻南京东路。

（国函[2004]70号批复）

山东省

设立日照市岚山区。将日照市东港区的岚山头、安东卫2个街道和虎山、碑廓、黄墩、后村、高兴、巨峰6个镇划归岚山区管辖。岚山区人民政府驻岚山路。

（国函[2004]71号批复）

河南省

一、撤销郾城县，设立漯河市郾城区、召陵区。

二、将原郾城县的城关镇、孟庙镇、商桥镇、裴城镇、新店镇、龙城镇、黑龙潭乡、李集乡和源汇区的孙庄乡划归郾城区管辖，郾城区人民政府驻海河路。

三、将原郾城县的老窝镇、召陵镇、万金镇、邓襄镇、姬石乡、青年村乡和源汇区的天桥街街道、翟庄乡、后谢乡划归召陵区管辖，召陵区人民政府驻人民东路。

四、将原郾城县的大刘镇、阴阳赵乡、问十乡、空冢郭乡划归源汇区管辖，源汇区人民政府驻老街。

（国函[2004]69号批复）

湖南省

一、衡南县人民政府驻地由衡阳市石鼓区中山北路迁至衡南县云集镇。

（民函[2004]11号批复）

二、湖南省人民政府驻地由长沙市芙蓉区五一中路迁移至长沙市天心区湘府路。

（国函[2004]63号批复）

广东省

一、撤销韶关市北江区、曲江县，设立韶关市曲江区，调整韶关市浈江区、武江区和仁化县的行政区划。

二、将原北江区的行政区域和原曲江县的花坪镇、犁市镇划归浈江区管辖。

三、将原曲江县的重阳镇、龙归镇、江湾镇划归武江区管辖。

四、将原曲江县的黄坑镇、周田镇、大桥镇划归仁化县管辖。

五、曲江区辖原曲江县的马坝镇、罗坑镇、樟市镇、大坑口镇、乌石镇、沙溪镇、大塘镇、小坑镇、枫湾镇、白土镇，区人民政府驻马坝镇。

（国函[2004]40号批复）

广西壮族自治区

一、撤销南宁市城北区、永新区和邕宁县，设立南宁市西乡塘区、良庆区、邕宁区。

二、将原邕宁县的四塘、五塘、昆仑3个镇划归兴宁区管辖，兴宁区人民政府驻厢竹大道。

三、新城区更名为青秀区，将原邕宁县的长塘、伶俐、刘圩、南阳4个镇和蒲庙镇的莫村划归青秀区管辖，青秀区人民政府驻仙葫大道。

四、将原邕宁县的吴圩、苏圩、延安3个镇和原永新区江西镇的同新、同华、锦江、安平、同良、同宁、同江、那廊、智信、扬美10个村划归江南区管辖，江南区人民政府驻壮锦大道。

五、将原永新区和城北区（不含原永新区江西镇的同新等10个村）划归西乡塘区管辖，西乡塘区人民政府驻大学路。

六、将原邕宁县的良庆、那马、那陈、大塘、南晓5个镇划归良庆区管辖，良庆区人民政府驻良庆镇。

七、将原邕宁县的蒲庙（不含莫村）、新江、那楼、镇龙、百济、中和6个乡镇划归邕宁区管辖，邕宁区人民政府驻蒲庙镇。

（国函[2004]79号批复）

云南省

一、云南省泸水县人民政府驻地由鲁掌镇迁至六库镇。

（民函[2004]1号批复）

二、调整昆明市五华区、盘龙区、官渡区、西山区的行政区划。

三、五华区辖北门、虹山、西站、华山、武成、西坝、大观、崇仁、莲华、新村、长春、小南、南强、黑林铺14个街道和厂口乡、沙朗白族乡。

四、盘龙区辖环城、珠玑、东华、董家湾、拓东、联盟、茨坝、龙泉8个街道和小河、双龙、双哨3个乡。

五、官渡区辖关上、金马、东站、太和4个街道，大板桥、小板桥、官渡3个镇，小哨、矣六、六甲3个乡和阿拉彝族乡。

六、西山区辖棕树营、马街、金碧、土桥、永昌、福海、前卫7个街道，碧鸡、海口2个镇，团结彝族白族乡、谷律彝族白族乡。

（国函[2004]42号批复）

甘肃省

一、撤销陇南地区和武都县，设立地级陇南市。市人民政府驻新设立的武都区城关镇。

二、陇南市设立武都区，以原武都县的行政区域为武都区的行政区域。区人民政府驻城关镇。

三、陇南市辖原陇南地区的成县、文县、宕昌县、康县、西和县、礼县、徽县、两当县和新设立的武都区。

（国函[2004]1号批复）

四、将天水市秦城区更名为秦州区、北道区更名为麦积区。

（民函[2004]244号批复）

2004年县级以下行政区划变更情况

北京市

一、西城区

1.撤消二龙路街道办事处和丰盛街道办事处合并设立金融街街道办事处。

2.撤消阜外街道办事处并入展览路街道办事处。

3.对新街口、厂桥、福绥境3个街道办事处进行撤并和辖区范围调整。以新街口北大街为界，将以东的新街口街道办事处辖区与厂桥街道办事处合并设立什刹海街道办事处；以新街口北大街为界，将以西的新街口街道办事处辖区与福绥境街道办事处合并，新设街道办事处仍保留新街口街道办事处名称。

4.将德外街道办事处更名为德胜街道办事处。

二、朝阳区

1.撤销楼梓庄乡，并入金盏乡，同时设立金盏地区办事处。

2.撤销黄港乡，并入孙河乡，同时设立孙河地区办事处。

3.撤销南皋乡，并入崔各庄乡，同时设立崔各庄地区办事处。

4.撤销管庄街道办事处，将所辖区域分别划归管庄地区办事处、三间房地区办事处、黑庄户乡。

5.在东坝乡设立东坝地区办事处。

6.在调整后的黑庄户乡设立黑庄户地区办事处。

7.在豆各庄乡设立豆各庄地区办事处。

8.在王四营乡设立王四营地区办事处。

9.将亚运村街道办事处和大屯地区办事处部分辖区划归洼里地区办事处，并将调整后的洼里地区办事处更名为奥运村地区办事处。

三、石景山区

将北辛安街道办事处并入古城街道办事处。

四、海淀区

1.将清河街道办事处和西北旺镇部分辖区划归上地街道办事处；将西北旺镇部分辖区划归清河街道办事处。

2.在四季青镇东部地区新设曙光街道办事处。

五、昌平区

将东小口镇部分辖区划归回龙观镇；将北七家镇部分辖区划归东小口镇，同时设立回龙观地区办事处和东小口地区办事处。

河北省

一、石家庄市

撤销裕华区留村乡设立长江街道办事处。

二、唐山市

1.撤销丰南区胥各庄镇、银丰镇设立丰南镇。

2.撤销迁安市迁安镇、杨店子镇设立永顺、兴安、杨店子、滨河街道办事处。

三、邢台市

1.撤销宁晋县换马店乡设立换马店镇。

2.撤销内丘县官庄乡设立官庄镇。

四、承德市

1.撤销平泉县许杖子江族乡划归杨树岭镇管辖。

2.撤销平泉县沙坨子乡设立卧龙镇。

五、廊坊市

将霸州市信安镇的中口、西东家堡、西陈家堡、纪家堡、尚家堡、田家堡、楼庄、大桃园8个行政村划归胜芳镇管辖。

山西省

吕梁市

离石区由原来的5镇3乡2个街道办事处调整为2镇3乡7个街道办事处。

1.撤销田家会镇，设立田家会街道办事处。2.撤销交口镇，设立交口街道办事处。3.撤销西属巴镇，设立西属巴街道办事处。4.撤销城区街道办事处，新设莲花池、滨河、凤山3个街道办事处，扩展城北街道办事处。

内蒙古自治区

一、呼和浩特市

呼市土左旗台阁牧乡设置台阁牧镇。

二、包头市

包头九原区哈业脑包设置哈业脑包镇。

三、巴彦淖尔市

撤销乌拉特前旗黑柳子乡设置黑柳子镇。

四、兴安盟

1.撤销科尔沁右翼中旗好腰苏木苏木设立好腰苏木镇。

2.撤销科尔沁右翼中旗杜尔基苏木设立杜尔基镇。

五、锡林郭勒盟

撤销东乌珠穆沁旗呼布钦高毕苏木新建嘎达布其镇。

辽宁省

一、沈阳市

1.将东陵区长白街道办事处划归和平区。

2.撤销新民市城郊乡，将其所辖的原北山、巨流河、北张3个村划入东城街道办事处；将其所辖的原民屯、后营子、前营子3个村划入新柳街道办事处；将其所辖的原范屯、柴屯、梁家烧锅3个村划入西城街道办事处；将其所辖的原新建、瓦房、东岗3个村划入辽滨街道办事处；将其所辖的原苏家岗、茶棚庵、顿家窝堡、邢家甸、门家网、前长新、魏林子、李子沟、后长沟沿、前长沟沿10个村组建新城街道办事处，新城街道办事处办公地址为新民市中央大道8号。

二、大连市

将长海县的石城乡和王家镇划归庄河市管辖。

三、鞍山市

将千山区宋三台子镇更名为达道湾镇，镇政府驻地由宋三村迁移至达道湾。

四、抚顺市

将抚顺县章党镇原所辖的辽电河东、辽电河西、火电、天湖、抚东一、抚东二、粮库、线桥、水泥厂、水库街等10个社区居委会和章汉、章鲜2个村划归东洲区，设立章党街道办事处。

五、营口市

将盖州市的熊岳镇、芦屯镇、红旗镇划归营口市鲅鱼圈区管辖。

六、辽阳市

将太子河区新华街道办事处八棵树社区居委会划归宏伟区光华街道办事处。

七、朝阳市

撤销建平县叶柏寿镇，将其原所辖的镜湖、永和、长春、育才4个社区居委会和万寿镇的万寿东村、万寿西村2个村，合并设立叶柏寿街道办事处，街道办事处驻地京沈路；将原叶柏寿镇所辖的红山、爱华、利民、永康、水源5个社区居委会和蒙西营子、西街、勿素台沟3个村，设立红山街道办事处，区域面积17.5平方公里，街道办事处驻地兴工街；将原叶柏寿镇所辖的铁南、铁西、铁北3个社区居委会和顺治沟、南汤土沟2个村，设立铁南街道办事处，街道办事处驻地站前街。

吉林省

一、长春市

1.双阳区

(1)销新安镇，将其所辖行政区域划归奢岭街道办事处管辖。

(2)撤销石溪乡，将其所辖行政区域划归鹿乡镇管辖。鹿乡镇政府驻地不变。

(3)土顶镇，将其所辖行政区域划归太平镇管辖，太平镇政府驻地不变。

(4)撤销佟家乡，将其所辖行政区域划归山河街道办事处管辖。

(5)撤销长岭乡，将其所辖行政区域划归齐家镇管辖，齐家镇政府驻地不变。

2.二道区

将英俊乡和三道镇合并，合并后更名为英俊镇。镇政府驻原三道镇政府。

二、吉林市

1.丰满区成立泰山街道办事处。

2.龙潭区成立东城街道办事处。

黑龙江

一、哈尔滨市

1.成立松北区，原道外区南市街道办事处并入太古街道办事处，三电街道办事处，太阳岛街道办事处，松浦镇，万宝镇，松北镇划入松北区，原呼兰县对青山镇、乐业镇划入松北区。

2.撤销太平区，将原太平区民强街道办事处、大有坊街道办事处、南直路街道办事处、化工街道办事处、火车头街道办事处、新一街道办事处、三棵树大街办事处、水泥路街道办事处、太平大街办事处、黎华街道办事处、新乐街道办事处、团结镇、民主乡、青年农场划入道外区。

3.变呼兰县为呼兰区。原呼兰镇撤消，成立了呼兰街道办事处、兰河街道办事处、腰堡街道办事处、利民街道办事处，对青山镇、乐业镇划入松北区，原呼兰县所属其它镇归属呼兰区。

二、佳木斯市

1.原永红区建设街道办事处、长安街道办事处调出，划入向阳区。

2.前进区新增田园街道办事处。

3.原郊区松江乡、建国乡调出，划入东风区。

4.东风区新增松江街道办事处。

5.永红区建立长青街道办事处。

6.郊区新增四丰街道办事处。

上海市

青浦区

1.撤销金泽镇、商塌镇、西芩镇，建立金泽镇。

2.撤销青浦镇，建立夏阳街道、盈浦街道。

3.撤销赵屯镇，合并到白鹤镇；建立香花桥街道。

江苏省

一、南京市

江宁区撤销淳化镇，以其原辖区域设立淳化街道办事处；撤销东善桥镇，以其原辖区域设立东善桥街道办事处；撤销秣陵镇，以其原辖区域设立秣陵街道办事处；撤销上坊镇，以其原辖区域设立上坊街道办事处。

二、无锡市

1.惠山区洛社镇、石塘湾镇、杨市镇三镇合并设立洛社镇，镇政府驻洛社；钱桥镇与藕塘镇合并设立钱桥镇，镇政府驻钱桥；阳山镇与陆区镇合并设立阳山镇，镇政府驻陆区。

2.锡山区甘露镇与荡口镇合并设立鹅湖镇，镇政府驻荡口；安镇镇与查桥镇合并设立安镇镇，镇政府驻安镇；东湖塘镇与港下镇合并设立东港镇，镇政府驻港下；八士镇与张泾镇合并设立锡北镇，镇政府驻张泾。

3.滨湖区大浮镇与南泉镇合并设立滨湖镇，镇政府驻南泉；撤销河埒镇，以其原辖区域并入荣巷街道办事处；撤销蠡园镇，以其原辖区域设立蠡湖街道办事处；撤销旺庄镇，以其原辖区域设立旺庄街道办事处；撤销南站镇，以其原辖区域设立南站街道办事处。

4.北塘区撤销黄巷镇，以其原辖区域设立黄巷街道办事处。

5.南长区撤销扬名镇，以其原辖区域设立扬名街道办事处。

6.崇安区撤销广益镇，以其原辖区域设立广益街道办事处。

7.宜兴市官林镇与丰义镇合并设立官林镇，镇政府驻官林；张渚镇与茗岭镇合并设立张渚镇，镇政府驻张渚；和桥镇与闸口镇合并设立和桥镇，镇政府驻和桥；丁蜀镇与洑东镇合并设立丁蜀镇，镇政府驻丁蜀；周铁镇与洋溪镇合并设立周铁镇，镇政府驻周铁；杨巷镇与新芳镇合并设立杨巷镇，镇政府驻杨巷；高塍镇与范道镇合并设立高塍镇，镇政府驻高塍。

三、徐州市

泉山区潘塘街道办事处划归云龙区管辖。

四、常州市

溧阳市天目湖镇与平桥镇合并设立天目湖镇，镇政府驻东陵。

五、苏州市

1.吴中区撤销甪直镇、车坊镇，以原甪直镇行政区域和原车坊镇的车坊居委会及江湾、朝前、鄂田、旺浜、华云、前港、三姑、马塔、湖浜、澄湖、长土巨、瑶盛、李家、金园、大仓、横港、车渔17个村委会区域合并设立甪直镇，镇政府驻甪直；撤销胥口镇、藏书镇，以原藏书镇的行政区域和原胥口镇的胥口居委会及臬峰、新河、上供、清明、新麓、许家桥、香泾、胥湖、花墩、外塘、水桥、胥渔12个村委会区域合并设立胥口镇，镇政府驻胥口；撤销浦庄镇、渡村镇建制，以原两镇行政区域合并设立临湖镇，镇政府驻渡村；撤销郭巷镇，以原郭巷镇行政区域和原车坊镇的马巷、官浦、通桥3个村委会区域合并设立郭巷街道办事处；撤销横泾镇，以原横泾镇的上塘、下塘、西环3个居委会和新路、新齐、新安、新光、镇南、新众、上泽、尧南、新思、三星、上庄、后巷、马家、新湖14个村委会区域设立横泾街道办事处；撤销长桥镇，以原长桥镇的越溪居委会及龙翔、田上、前珠、后珠、杨庄、张宅、张桥、官渡、徐舍、吴山、莫舍、明溪12个村委会区域和原横泾镇的木里、南章、前庄、旺山4个村委会区域合并设立越溪街道办事处；以原长桥镇的新苑、西塘、苑联、苏苑、苑北、苏苑北区、苑南、月浜一村、月浜二村、月亮湾、东吴村、西塘北巷、西塘南巷、苏苑东区、苏苑苑东、苏苑苑南、东苑、龙港一村、龙港二村、胜利桥、文卫村、花卉小区、宝带一村、文曲、龙桥街、新塘、龙西、长桥、长渔、城南、龙桥、蠡墅、月浜村、碧波、龙南、新江、宝南、宝尹、桂苑39个居委会和邵昂、彭泾、蠡墅、新南、新北、南厍、庄桥、先锋、翻身、新家、红庄、东路、尹西、双桥14个村委会区域设立长桥街道办事处；以原胥口镇的蒋墩、墅里、长沙、叶山4个居委会和梅舍、姚舍、香山、小横山4个村委会区域设立香山街道办事处。

2. 常熟市虞山镇与大义镇合并设立虞山镇，镇政府驻虞山。

3. 吴中区甪直镇的车坊居委会和朝前、横港、李家、大仓、金园、鄂田、旺浜、华云、车渔9个村划归苏州市娄葑镇管辖。

六、南通市

1. 海安县隆政镇与海安镇合并设立海安镇，镇政府驻海安；洋蛮河镇与城东镇合并设立城东镇，镇政府驻泰宁；章郭乡、双楼镇与曲塘镇合并设立曲塘镇，镇政府驻曲塘；仇湖镇、吉庆镇与墩头镇合并设立墩头镇，镇政府驻墩头；古贲乡与大公镇合并设立大公镇，镇政府驻贲巷；仁桥镇与营溪乡合并设立孙庄镇，镇政府驻孙庄。

2. 海门市天补镇宝兴村划归三星镇管辖。

七、宿迁市

1. 撤销宿豫县，设立宿迁市宿豫区。宿豫区辖原宿豫县的顺河、皂河、大兴、来龙、蔡集、王官集、黄墩、晓店、陆集、仰化、丁咀、关庙、新庄、侍岭14个镇和曹集、保安2个乡以及宿城区的井头乡。区人民政府驻顺河镇。

2. 原宿豫县的耿车镇、埠子镇、洋北镇、龙河镇、罗圩乡、南蔡乡、三棵树乡和泗阳县的洋河镇、郑楼镇、中扬镇、仓集镇、屠园乡以及泗洪县的陈集镇划归宿城区管辖。调整后，宿城区辖幸福、项里、河滨、古城4个街道和双庄、耿车、埠子、洋北、龙河、洋河、郑楼、中扬、仓集、陈集10个镇以及罗圩、南蔡、三棵树、屠园4个乡。区人民政府驻中山路。

浙江省

一、杭州市

1. 下城区

（1）撤销杭州市下城区石桥镇建制，其行政区域改由下城区政府直辖，并由杭州市在此区域内调整、设立若干街道办事处。在原石桥镇行政区域设立石桥（驻北景园小区）、东新（驻东新路435号）、文晖（驻流水东苑3幢2楼）3个街道办事处。

（2）撤销艮山街道办事处，与潮鸣街道办事处（驻潮鸣苑16幢西侧）合并。调整后，下城区辖8个街道办事处。

2. 江干区

撤销杭州市江干区下沙镇建制，其行政区域改由江干区政府直辖，并由杭州市在此区域内设立街道办事处。

3. 桐庐县

（1）撤销深澳镇、石阜镇、窄溪镇建制，合并设立江南镇。江南镇辖48个行政村、1个居民区，镇政府驻地定址前村村。

（2）撤销印渚镇、恰合乡建制，与分水镇合并。调整后的分水镇辖61个行政村、1个居民区，镇政府驻地不变（玉华路199号）。

（3）撤销毕浦乡、高翔乡建制，并入瑶琳镇。调整后的瑶琳镇辖43个行政村，镇政府驻地定址皇甫村。撤销芦茨乡建制，并入富春江镇。调整后的富春江镇辖28个行政村、9个居民区，镇政府驻地不变（七里泷街139号）。

（4）撤销东辉乡建制，并入百江镇。调整后的百江镇辖24个行政村，镇政府驻地不变（新桥头11号）。撤销歌舞乡建制，与钟山乡合并。调整后的钟山乡辖23个行政村，乡政府驻地不变（钟政路32号）。

（5）撤销岭源乡建制，与合村乡合并。调整后的合村乡辖19个行政村，乡政府驻地不变（合村村）。

（6）撤销桐庐镇、旧县镇建制，其行政区域改由桐庐县政府直辖。在此范围内调整设立若干街道办事处等事宜，由杭州市参照有关法律、法规规定办理，并报省民政厅备案。此次行政区划调整后，桐庐县辖富春江、横村、分水、江南、瑶琳、凤川、百江7个镇，钟山、合村、新合3个乡和莪山畲族乡，城区设若干街道办事处。在原桐庐镇、旧县镇设立桐君街道办事处、旧县街道办事处，其驻地、所辖范围与原镇相同。

二、宁波市

1.江北区

撤销宁波市江北区甬江镇、庄桥镇、洪塘镇建制，其行政区域改由江北区政府直辖。组建甬江街道，管理原甬江镇4社区、10村，驻环城北路东段335号。调整孔浦街道，划入3村，划出2社区，管理6社区、3村，驻文汇路118号。调整文教街道，划入1村，管理6社区、1村，驻文教路150号。调整白沙街道，划入1村，管理5社区、1村，驻福兴巷9号。组建庄桥街道，管理9社区、26村，驻庄桥李家西路。组建洪塘街道，管理4社区、28村，驻洪塘中路228号。

2.宁海县

（1）撤销双峰乡建制，并入黄坛镇。调整后的黄坛镇辖66个行政村，镇政府驻地不变（黄坛东路20号）。

（2）撤销明港镇建制，其部分行政区域（青珠、茅洋塘、上公和、下公和、团结、永宁、文围、南关、新明、五岔、山头、翁家、洋加田、上塊、下塊、大青、双岔、主山、丹屿背、合成、三村、大渔冯22个行政村）并入长街镇。调整后的长街镇辖76个行政村、1个社区，镇政府驻地不变（长岳中路49号）。原明港镇其余行政区域（坭山平、跳头、洞门、港下杨、外山、石礦、竹山、小青、上山、下山、峧下、塘厂、小潭塘、平岩、平岩头15个行政村和滨海社区）并入力洋镇。调整后的力洋镇辖53个行政村、2个社区，镇政府驻地不变（力兴路128号）。

三、嘉兴市

平湖市

（1）撤销钟埭镇、当湖镇、曹桥乡建制，并在此范围内调整设立钟埭、当湖、曹桥3个街道办事处作为平湖市政府的派出机构。

（2）钟埭街道办事处：管理范围为原钟埭镇的部分行政区域(定云、八寺桥、永兴、钟东、新塘、联丰、五一、永丰、钟南、沈家弄、曙光、渔业等12个行政村；钟埭社区居委会)和原当湖镇的部分行政区域(白马、陆家桥、新群、红建、邵家、花园、福臻、大力、扶行、双桥、白马渔业等11个行政村；兴业新村、白马堰、城西新村、金平等4个社区居委会)，共23个行政村、5个社区居委会，办事处定址城西路298号。

（3）当湖街道办事处：管理范围为原当湖镇的部分行政区域(大桥、三北、三港、东升、塘桥、大南门、钱家、大胜、曹杨、曹兑、水产等11个行政村；水洞埭、吉方桥、万安桥、梅园、南河头、建国门、宝塔桥、朝阳路、百花新村、南市东村、百步桥、园乐新村、滨湖新村、如意新村、梅兰苑、松枫、城北路、凤凰等18个社区居委会)、原曹桥乡的部分行政区域(金家、通界、黄家浜等3个行政村)和林埭镇的虹霓行政村，共15个行政村、18个社区居委会，办事处定址南市路79号（原当湖镇政府驻地）。

（4）曹桥街道办事处：管理范围为原曹桥乡的其余行政区域(曹桥、孔家堰、野马、严家门、章桥、石龙、勤安、愚桥、马厩、百寿、水产等11个行政村；曹桥、前进2个社区居委会)，共11个行政村、2个社区居委会，办事处定址曹桥社区居委会(原曹桥乡政府驻地)。

（5）林埭镇经调整后辖11个行政村、2个社区居委会，镇政府驻地不变（林兴路118号）。此次行政区划调整后，平湖市辖乍浦、新埭、新仓、黄姑、全塘、广陈和林埭7个镇，城区设钟埭、当湖、曹桥3个街道办事处。

四、湖州市

德清县

（1）撤销士林镇建制，与新市镇合并。调整后，新市镇辖24个行政村、7个社区、1个居民区，镇政府驻地不变（府前路3号）。

（2）撤销干山镇建制，与钟管镇合并。调整后，钟管镇辖19个行政村、5个居民区，镇政府驻地不变（寺前路258号）。

（3）撤销南路乡建制，并入莫干山镇。调整后，莫干山镇辖14个行政村、2个居民区，镇政府驻地不变（育才路10号）。

（4）撤销勾里镇、下舍镇建制，合并设立新安镇。新安镇辖16个行政村、2个居民区，镇政府暂驻邮电巷1号（原勾里镇政府驻地）。

（5）撤销徐家庄镇、高桥镇建制，合并设立禹越镇。禹越镇辖14个行政村，镇政府驻振兴路（原徐家庄镇政府驻地）。

（6）城关镇更名为乾元镇，其行政区域范围不变。此次行政区划调整后，德清县辖9个镇、2个乡。

五、金华市

兰溪市

（1）撤销芝堰乡、朱家乡建制，并入黄店镇。调整后，黄店镇辖46个行政村，镇政府驻地不变（黄店村）。

（2）撤销石渠乡、横木乡建制，并入马涧镇。调整后，马涧镇辖66个行政村、1个居民区，镇政府驻地不变（马二村）。

（3）撤销下陈乡建制，与柏社乡合并。调整后，柏社乡辖38个行政村，乡政府驻地不变（柏树下村）。

（4）撤销横溪镇、墩头镇、白沙乡建制，合并设立梅江镇。梅江镇辖78个行政村，镇政府驻地定址宋宅村。

（5）撤销官塘乡建制，与香溪镇部分行政区域（香一、香二、香三、香四、香五、杨公、洲上、里山坞、西仓、董宅、缪源、密山、东仓、董宅桥、松树塘、保卫、上莲塘、黄沙圩、姚郎、大路、龙潭等21个行政村）合并设立新的香溪镇。新的香溪镇辖43个行政村，镇政府驻香四村（香溪镇原镇政府驻地）。

（6）撤销马达镇、永昌镇、女埠镇、孟湖乡、赤溪乡建制，其行政区域与原香溪镇其余行政区域改由兰溪市政府直辖。撤销城南街道建制，与上述区域调整设立上华、永昌、赤溪、女埠等4个街道办事处，作为兰溪市政府的派出机构，并调整云山街道办事处管理范围。

（7）云山街道办事处：扩大管理范围至原香溪镇黄泥岭、陈店、吴村、盛道院、后畈、长塘后、朱山、里徐、陈家井、大屋基等10个行政村，共管理10个社区、25个行政村，办事处驻地不变（人民北路52号）。

（8）上华街道办事处：管理范围为原城南街道、马达镇行政（管理）区域，共1个社区、33个行政村，办事处定址上华村。

（9）永昌街道办事处：管理范围为原永昌镇、孟湖乡行政区域，共1个居民区、64个行政村，办事处驻永昌村（原永昌镇政府驻地）。

（10）赤溪街道办事处：管理范围为原赤溪乡行政区域，共23个行政村，办事处驻姓潘村（原赤溪乡政府驻地）。

（11）女埠街道办事处：管理范围为原女埠镇行政区域，共1个居民区、36个行政村，办事处驻上街村（原女埠镇政府驻地）。此次行政区划调整后，兰溪市辖游埠、诸葛、黄店、香溪、马涧、梅江6个镇，灵洞、柏社2个乡和水亭畲族乡，城区设兰江、云山、上华、永昌、赤溪、女埠6个街道办事处。

六、衢州市

江山市

（1）撤销定村乡建制，与双溪口乡合并。调整后的双溪口乡辖8个行政村，乡政府驻地不变（引坂村）。

（2）撤销周村乡建制，与廿八都镇合并。调整后的廿八都镇辖17个行政村，镇政府驻地不变（浔里村）。

七、台州市

1.临海市

撤销临海市邵家渡镇建制，其行政区域由临海市政府直辖，并在此范围内设立邵家渡街道办事处作为临海市政府的派出机构。邵家渡街道办事处管理原邵家渡镇的44个行政村，办事处驻邵家渡村（原邵家渡镇政府驻地）。

2.三门县

珠岙镇北山、前郭、后郭、梅村、南岙、下谢等6个行政村划归海游镇管辖。调整后，海游镇辖63个行政村、6个社区，镇政府驻地不变（石羊溪路5号）；珠岙镇辖38个行政村，镇政府驻地不变（珠岙村）。

八、丽水市

青田县

（1）调整北山镇行政区划。行政区域不变，所辖行政村由30个减为21个，镇政府驻地由北山村迁至泉山村。

（2）调整岭根乡行政区划。行政区域不变，所辖行政村由12个减为5个，乡政府驻地由岭根村迁至黄驮山村井坪。

安徽省

一、合肥市

1.长丰县乡镇由23个调整为20个，肥西县乡镇由31个调整为29个。

2.河区撤销骆岗镇设立骆岗街道办事处，瑶海区撤销城东乡设立城东街道办事处，庐阳区撤销杏花村镇设立杏花村街道办事处。

二、淮北市

相山区乡镇由2个调整为1个，杜集区乡镇由5个调整为4个，濉溪县乡镇由24个调整为21个。

三、宿州市

1.桥区乡镇由29个调整为24个，灵璧县乡镇由21个调整为19个，砀山县乡镇由19个调整为18个，泗县乡镇由18个调整为15个。

2.宿州市埇桥区撤销三八乡、城东乡、汴河镇分别设立三八、城东、汴河街道办事处。

四、蚌埠市

怀远县乡镇由28个调整为19个，固镇县乡镇由17个调整为11个。

五、淮南市

潘集区乡镇由11个调整为10个。

六、六安市

1.金安区乡镇由19个调整为17个，舒城县乡镇由30个调整为28个，寿县乡镇由32个调整为25个，金寨县乡镇由28个调整为26个，霍邱县乡镇由36个调整为35个。

2.六安市金安区撤销望城乡、九沟乡分别设立望城、清水河街道办事处；巢湖市居巢区撤销半汤镇设立半汤街道街道办事处。

七、马鞍山市

当涂县乡镇由25个调整为15个，雨山区乡镇由3个调整为2个，花山区乡镇由2个调整为1个。

八、巢湖市

居巢区乡镇由24个调整为17个，庐江县乡镇由32个调整为28个，无为县乡镇由35个调整为31个，含山县乡镇由14个调整为10个，和县乡镇由21个调整为15个。

九、铜陵市

铜陵县乡镇由17个调整为9个。

十、安庆市

太湖县乡镇由26个调整为15个，怀宁县乡镇由26个调整为24个，潜山县乡镇由30个调整为16个，望江县乡镇由21个调整为10个。

十一、黄山市

歙县乡镇由41个调整为28个，黟县乡镇由12个调整为8个，祁门县乡镇由25个调整为18个，休宁县乡镇由32个调整为21个。

十二、芜湖市

鸠江区撤销清水镇分设清水、荆山、大闸、张镇4个街道办事处。

福建省

一、福州市

1.晋安区撤销岭头乡，将其行政区域并入寿山乡；撤销鼓岭乡，将其行政区域并入宦溪乡。

2.闽清县撤销后佳乡、佳头乡，将其行政区域并入上莲乡。

3.永泰县樟洋乡更名为大洋乡。

二、厦门市

1.湖里区撤销禾山镇，设立江头、禾山和金山3个街道办事处。江头街道办事处辖园山、江头、江村、吕厝、吕岭、后埔、金尚、蔡塘8个社区居委会，街道办事处驻吕厝。禾山街道办事处辖枋湖、坂尚、岭下、围里、钟宅5个社区居委会，街道办事处驻坂尚。金山街道办事处辖金山、后坑、高林、五通4个社区居委会，街道办事处驻高林。

2.集美区撤销杏林镇，设立杏滨街道办事处，街道办事处驻杏林南路12号(原杏林镇政府驻地)。

三、宁德市

古田县撤销，新城镇、松吉乡、湖滨乡，设立城东、城西2个街道办事处。城东街道办事处辖原新城镇的胜利、文安、文兴街3个社区居委会和原湖滨乡的新丰、西山、前山、赖厝、湖滨、极乐、常坝、利洋、廷元里、永洋、廷垱、旺村洋、上乾及凤都镇的桃溪、仕坂、坑里、罗坑、双山18个村委会。城东街道办事处驻614东路原湖滨乡政府驻地。城西街道办事处辖原新城镇的文河、青云、新秀3个社区居委会和原松吉乡的罗华、前坂、松台、莲桥、局下、官江、苏洋厝、浣中、浣下、吉兆、沽洋里、罗峰、枣坪、下洋、连墩、巴斗、安洋、曹洋、宝溪、龙亭、华山、宝峰、樟上、长岭24个村委会。城西街道办事处驻解放西路罗华村。

江西省

上饶市

余干县将石口镇的乌泥、港背、铜鼓包村民委员会以及常山村民委员会的赵家析出，设立乌泥镇。镇政府驻乌泥村。调整后，乌泥镇设置迎康居民委员会和乌泥一、乌泥二、乌泥三村民委员会以及港背、铜鼓包5个村民委员会。石口镇辖永安居民委员会和石口、常山、渔池、五菱、刘埠、吴家、詹家7个村民委员会。

山东省

一、青岛市

市南区浮山街道办事处更名为香港中路街道办事处。

二、枣庄市

山亭区设立凫城乡，将西集镇的田庄、张庄、文王峪、马头官庄、西凫山、东凫山6个行政村和北庄镇的崔庄、白庄、横岭、付庄4个行政村划归凫城乡管辖，凫城乡人民政府驻西凫山村。

三、烟台市

招远市设立温泉街道办事处。将梦芝街道办事处的金盛社区居委会和后柳行、前柳行、朱家咀、冷家庄子、汤东沟、王家大沟等6个行政村，泉山街道办事处的孙家大沟、杨家大沟等2个行政村，大秦家镇的横掌滕家、埠后、街柳、单家、北岔河、西岔河、北五里、中五里、南五里等9个行政村，玲珑镇的张格庄、芮里、薛家、横掌崔家、横掌温家、横掌徐家、横掌刘家、前郝家、后郝家、温家庄、横掌秦家、横掌周家、横掌史家、横掌曹家、横掌吕家、横掌赵家、郑家、姚格庄等18个行政村，共36个村（居），划归温泉街道办事处管辖，办事处机关驻天府路378号。

四、潍坊市

1.临朐县

(1)撤销临朐镇，以原临朐镇的行政区域设立城关街道办事处，办事处机关驻原临朐镇人民政府驻地。

(2)设立东城街道办事处，将营子镇的曾家洼、大张家庄、咸富楼、郝家庄、夏石庙、曾家小王、吴家庙、泥沟子、陶家庄、西齐家庄、赵家庄、尹家沟子、窦家洼、窦家庄、郎家洼、陈家上庄、安家林、榆林店、杨家庄、南孙家庄、大周家庄、黄家洼、颜家洼、袁家庄子、北赵家河、南赵家河、辛庄子等27个村和七贤镇的杨家场、吕家庙、卜家小河、弥南等4个村，共31个村，划归东城街道办事处管辖，办事处机关驻兴隆东路68号。

2.将青州市五里镇的王家庄、靳家庄、十字村、寨子村、赵家小河、傅家庄、朱家庄、李宝峪等8个行政村划归云峡河回族乡管辖。

3.奎文区设立钢城街道办事处，将清池街道办事处的蔡家楼、孙家庄子、上埠、向阳、于家庄子、东黄门庄、西黄门庄、三岔河、东曹庄、虾蟆屯、后车留庄、渭阳等12个村划归钢城街道办事处管辖，办事处机关驻张蛤路中段路东。

五、济宁市

1.泗水县撤销泗水镇，以原泗水镇的行政区域设立泗河街道办事处和济河街道办事处。将原泗水镇的鲍东庄、鲍王庄、徐家楼、大鲍村、小鲍村、杨家庄、穆家庄、东立石、西立石、东曲泗、西曲泗、中曲泗、东洼、西洼、榆树园街、考棚街、仲子街、清真寺街、东关街、南关街、玉皇庙街、火神庙街、西关街、石桥街、幸福村、东涧沟、西涧沟、房家楼、东音义、西音义、南临泗、乔家村、水泉、玉前村、玉后村等35个村（居）划归泗河街道办事处管辖，办事处机关驻原泗水镇人民政府驻地；将原泗水镇的孙家庄、高家庄、华兴街、韩家庄、何家庄、礼泉、五里庙、尖山、小山前、半截楼、沙胡同、夹山头、卧牛庄、白仲泉、北孙徐、龙湾套、石佛庄、南澎、北澎、大沟崖、樊家庄、凤凰岭、长山庄、潘家庄、于庄、东高、西高、南尚舒、北尚舒、鲁舒、党家庙、罗家湾、任家庄、涝家庄、汤家庄、张家寨、东王庄、西王庄、丁家寨、马家坡、南玉沟、代家庄、新兴社区等43个村（居）划归济河街道办事处管辖，办事处机关驻泗城光明路南首左侧。

2.微山县撤销夏镇，以原夏镇的行政区域设立夏镇街道办事处和昭阳街道办事处。将原夏镇的奎文、戚城、城后、磨担街、谢桥、盐当、文昌、箭道、顺河、月河、青年、南门口、泰山、李楼、殷庄、李堂、付楼、马楼、周岭、朱庄、大刘庄、黄桥、曹庄、沙河崖、青山、部城东、古楼、南门外、部城西、沙谷堆、西刘、辛庄、大官口、童庄、黄庄、后村、前村、朱道沟、东翁楼、小官口、石坝、西寨、李谷堆、鹿湾、薛庄、杨闸、周庄、陆庄、亓楼、白庄、建新、西八里屯、吕庄、马庄、后鲍楼、后八里屯、严庄、前鲍楼、王庄、前八里屯、三里庄、贾庄、洛房、薛河头等64个行政村划归夏镇街道办事处管辖，办事处机关驻原夏镇人民政府驻地；将原夏镇的三孔桥、十村、三孔桥东、老坝、寨子、南庄东、南庄西、西楼、微滨、新建、爱湖、大捐、薛河、十字河、网厂、西万一、西万二、西万三、西万四、西万五、西万六、蒋庄、刘昌庄、渐口东、渐口西、四新、种口二、种口三、种口四、三官庙、后学北、后学南、南坝、黄埠庄、蒋集河南、蒋集河北、恩庄、运河、猛进等39个行政村划归昭阳街道办事处管辖，办事处机关驻三孔桥村。

六、泰安市

将岱岳区满庄镇的泉河、东湖家峪、东河北、兴隆庄等4个行政村划归北集坡镇管辖。

七、日照市

东港区设立北京路街道办事处，将日照街道办事处的前崮子、后崮子、大李家村、小李家村、别家村、大韩家村、大石场、小石场等8个村和石臼街道办事处的北京路百发居、碧海社区居、北京路北李居、东海峪、蔡家滩、小董家村、车家村、刘家村、八里庄子、小陈村、季家村、山后一村、山后二村、汪家台、金家沟、路家沟、南张家村、裴家村、东山前、西山前、臧家荒、焦柯庄、刘家台、东李家庄子、南岭、相家台、宋家湖村、韩家村、大董家村、东南李村、管家村、王母宫村、成家村、焦家庄子等34个村（居），划归北京路街道办事处管辖，办事处机关驻北京路。

八、临沂市

1.将费县探沂镇的和乐庄、任和庄、肖山后、肖山东、北季家疃、南季家疃、杏山岭、将家村、富贵庄、泉子山、高家城、桑家庄、岩坡庄、岩坡山、岩坡山后等15个行政村划归费城镇管辖。

2.河东区撤销九曲镇，以原九曲镇的行政区域设立九曲街道办事处，办事处机关驻原九曲镇人民政府驻地；撤销太平镇，以原太平镇的行政区域设立太平街道办事处，办事处机关驻原太平镇人民政府驻地；撤销汤头镇，以原汤头镇的行政区域设立汤头街道办事处，办事处机关驻原汤头镇人民政府驻地；撤销梅埠镇，以原梅埠镇的行政区域设立梅埠街道办事处，办事处机关驻原梅埠镇人民政府驻地；撤销相公镇，以原相公镇的行政区域设立相公街道办事处，办事处机关驻原相公镇人民政府驻地；撤销芝麻墩镇，以原芝麻墩镇的行政区域设立芝麻墩街道办事处，办事处机关驻原芝麻墩镇人民政府驻地；撤销凤凰岭乡，以原凤凰岭乡的行政区域设立凤凰岭街道办事处，办事处机关驻原凤凰岭乡人民政府驻地。

九、德州市

武城县设立广运街道办事处、武城镇政府驻地迁移：设立广运街道办事处，将武城镇的振华、兴武、兴隆、振东、漳南、贝州等6个居委会和棘围、果里、沙西、沙中、沙东、姜官屯、黄花园、曲庄、梁庄、钱庄、林尔庄、祝庄、张庄、西刘庄、北关、东关、西关、南关、东赵庄、高庄、东刘庄、前王立屯、后王立屯、东林庄等24个村，划归广运街道办事处管辖，办事处机关驻振华街。武城镇人民政府机关驻地迁至县城东北六六河与德商路交叉处桥头西南侧。

十、聊城市

1.阳谷县撤销阳谷镇，以原阳谷镇育英街以东、书院街以北的行政区域设立侨润街道办事处，同时将大布乡的亓庄、王楼、王胡同、张胡同、郭海、赵堂、大迷阵、小迷阵、杨庄、张海、李庄、杜庄、秦海、孙庄、付唐、门庄、东唐等17个行政村划归侨润街道办事处管辖，侨润街道办事处机关驻汇源路48号；以原阳谷镇育英街、紫荆街以西的行政区域设立狮子楼街道办事处，同时将西湖乡的八里桥、贾庄、石皋窑、刘华、秦庄、陈石、苏庄、陈段俞、国门、邵楼、东老董庄、西老董庄、城角王庄、赵庄、崔王庄、大门、钟海、张楼等18个行政村划归狮子楼街道办事处管辖，狮子楼街道办事处机关驻棋盘街89号；以原阳谷镇紫荆街以东、书院街以南的行政区域设立博济桥街道办事处，博济桥街道办事处机关驻南环路68号。

2.撤销茌平县茌平镇，以原茌平镇的行政区域和温陈乡、胡屯乡、冯官屯镇的部分行政区域设立华信、振兴两个街道办事处。将原茌平镇的雷庄、郭高、魏庄、葛庄、北十里、豆张、路庄、李相武、付庄、北八里等10个行政村，温陈乡的碱陈、齐刘、大张、刁宋、张东全、华寺杨、徐王、北付楼、高户、周庄、史胡等11个行政村，胡屯乡的杜庄、明官屯、南薛、金庄、王久、苗屯等6个行政村，冯官屯镇的张楼、大周、堤子李、孙庄、康庄、林辛、义户庄、徐吉庄、刘寨、安庙、刘壕等11个行政村，划归信发街道办事处管辖，办事处机关驻顺河街260号；将原茌平镇的马沙、杜陈、邓庄、刁洼、后吴、前吴、翟庄、吴小、于庄、赵西、赵东、南十里、泥匠王、花牛陈、谢庄、牛庄、左庄、肖刘、洼李、小井李、尹庄、李寺、姜刘、贾庄、李堂、任匠、大崔、庞李、张刷子、陈庄、薛庄、宋庄、五里、南八里、范庄、赵王、三官庙、后屯、围子里、家庙、前屯、东一甲、李德运、米庄、焦庄、齐韩、北关、丁庄、田庄、西关、红庙、尚庄、南关、王庄、韩庄、小李、大李、王桥、何潘、阁三里、周家楼、后曹、前曹、林庄、马家坊、石刘、闫庄、李孝堂、郝张、朱王、大柳、赵槲子、后张、前张等74个行政村划归振兴街道办事处管辖，办事处机关驻原茌平镇人民政府驻地。

3.撤销莘县莘城镇、莘亭镇，以原莘城镇、莘亭镇的行政区域和十八里铺镇的部分行政区域，设立振兴、莘亭、东鲁、雁塔四个街道办事处。将原莘城镇的郝庄、大刘庄、小刘庄、王化、盛屯、武庄、胡楼、老宅、惠庄等9个行政村，原莘亭镇的曹屯、四女树、孙庄、柴庙、徐庙、白东、白西、马庄、岳庄、后姜庄、姜庄、曹楼、臧屯、前大里庄、后大里庄、前高庙、后高庙、蒋庄等18个行政村，共27个行政村划归振兴街道办事处管辖，办事处机关驻振兴街112号（原莘城镇人民政府驻地）；将原莘城镇的寇楼、后邹梨园、前邹梨园、北街、尹昌楼、乔庙、土楼、孙屯、寇庄、郑庄、套庙王庄、田庄等12个行政村，原莘亭镇的申苇园、杜家、小杨家、武庄、冯东、冯西、前关庄、后关庄、徐丁黄、辛林庄、刘庄、边孙家、前十里岔、后十里岔、丁庄、小邹家、前邹家、邹东、邹西、单庙、张吕家、大里王、碱场里、八里铺、王庄、潘庄、李风桃、于庙等28个行政村，共40个行政村划归莘亭街道办事处管辖，办事处机关驻莘亭路208号（原莘亭镇人民政府驻地）；将原莘城镇的南街、东街、刘马庄、东彭庄、前孙庄、后孙庄、郭王庄、刘河、蔡庄、大赵庄、朱庄、东王庄、相庄、左庄、汤庄、虞路口、黄河、江鞠庄、王升公庄、四合村、徐庄、后李庄、前李庄、牛庄、东虞庄、王炉、李名杨、林庄、刁庄、盛河、曹庄、温庄等32个行政村，十八里铺镇的双庙、范庄、后十里坞、前十里坞、破楼、吴宋庄、刘庄、康夏庄、位庄、尹营、蒋庄、前柳屯、后柳屯、于屯、小营、张洼、西段屯、东段屯等18个行政村，共50个行政村划归东鲁街道办事处管辖，办事处机关驻东环路48号；将原莘城镇的西街、安庄、后杨庄、堤子王庄、尧舜、礼院、张屯、谷庄、刘二庄、赵王庄、谢庄、段庄、后王楼、前杨庄、肖屯、西毛坊、东毛坊、孙炉、焦庄、前王楼、刘花园、袁花园、李花园、岳花园、田花园、焦花园、十里槽、魏马厂、杨马厂、安马厂、西彭庄等31个行政村，划归雁塔街道办事处管辖，办事处机关驻西环路39号。

十一、滨州市

1.博兴县闫坊镇更名为吕艺镇，更名后其行政区域和人民政府驻地不变。

2.将无棣县马山子镇石桥村划归西小王乡管辖。

十二、菏泽市

菏泽市牡丹区撤销杜庄乡，以原杜庄乡的行政区域设立万福街道办事处，办事处机关驻原杜庄乡人民政府驻地；撤销何楼镇，以原何楼镇的行政区域设立何楼街道办事处，办事处机关驻原何楼镇人民政府驻地。

河南省

一、郑州市

1.巩义市

(1)孝义镇：更名为孝义街道办事处，下辖原孝义镇的孝南、孝北、南地、小沟、桥上、西沟、二十里铺、石灰务、烈姜沟、龙尾10个村委会和光明路、嵩洛路、火车站、城西、部队5个居委会。

(2)杜甫路办事处：原孝义镇的和义里沟、和义外沟、东黑石关3个村委会划归杜甫路办事处。

(3)孝义办事处：将原新华路办事处的光明路、嵩洛路、火车站、城西4个社区划归孝义办事处。

2.管城区

(1)紫荆山南路办事处：新增社区2个，由原十八里河镇南五里堡村、十里铺村经调整后划归入，并将两个村改名为南五里堡社区居民委员会和十里铺社区居民委员会。

(2)航海东路办事处：新增2个社区，港湾社区和新航社区。

(3)二里岗街道办事处：新增1个社区，紫云社区。

二、漯河市

1.原临颍县、舞阳县保留。撤消郾城县，设立漯河市郾城区、召陵区。

2.将原郾城县的城关镇、孟庙镇、商桥镇、裴城镇、新店镇、龙城镇、黑龙潭乡、李集乡和源汇区的孙庄乡划归郾城区管辖。

3.将原郾城县的老窝镇、召陵镇、万金镇、邓襄镇、新店镇、姬石乡、青年村乡和源汇区的天桥街街道、翟庄乡、后谢乡、划归召陵区管辖。

湖北省

一、武汉市

1.撤消武汉市蔡甸区军山镇。

2.增设武汉市蔡甸区军山街道办事处。

二、鄂州市

增设长港镇、当阳市草埠湖镇。

三、黄冈市

武穴市万丈湖街道办事处。

四、咸宁市

增设赤壁市余家桥乡，撤消石首市焦山河乡。

湖南省

一、长沙市

1.长沙县干杉乡人民政府驻地由高岭寺迁至大岭。

2.望城县丁字镇人民政府驻地由丁字湾迁至洞冲。

3.宁乡县将菁华铺乡1个建制村、城郊乡1个建制村、历经铺乡1个建制村的一部分、白马桥乡1个社区居委会的一部分划归玉潭镇管辖。

二、邵阳市

邵东县杨桥镇人民政府驻地由枫树坪迁至东风。

三、岳阳市

临湘市从忠防镇析置桃矿街道。

四、常德市

汉寿县西竺山乡、围堤湖乡与城关镇合并设立龙阳镇；蒋家嘴镇与阳南塘乡合并设立蒋家嘴镇。

五、怀化市

沅陵县军大坪、筒车坪、枫香坪3个乡合并设立借母溪乡；沙金滩乡、太常乡合并设立太常乡；落鹤坪乡、乌宿乡合并设立二酉乡；柳林汊乡、五强溪镇合并设立五强溪镇；蚕忙乡、楠木乡、七甲坪镇合并设立七甲坪镇；苦藤铺乡、沅陵镇合并设立沅陵镇；撤销郑家村乡，将其6个建制村划入沅陵镇，其余5个建制村划入凉水井镇；白田乡的1个建制村划入沅陵镇。

广东省

一、广州市

1.白云区撤销神山镇，将其行政区域并入江高镇；撤销龙归镇，将其行政区域并入太和镇；撤销九佛镇、竹料镇、良田镇，将其行政区域并入钟落潭镇。

2.番禺区设立小谷围街道办事处。

3.从化市撤销街口镇，设置街口街道办事处，将神岗镇大坳、赤草2个村委会划归街口街办事处；撤销江埔镇，设置江埔街道办事处；撤销城郊镇，设置城郊街道办事处；撤销神岗镇，将其行政区域并入太平镇；撤销桃园镇、灌村镇，将其行政区域并入温泉镇；撤销东明镇，将其行政区域分别并入良口镇和吕田镇；撤销龙潭、棋杆、民乐3镇，将其行政区域并入鳌头镇。

4.增城市撤销荔城镇、朱村镇，设置荔城、增江、朱村3个街道办事处；撤销镇龙、福和2镇，将其行政区域并入中新镇；撤销三江镇、沙庄街道办事处，将其行政区域并入石滩镇；撤销永和、仙村、沙埔、宁西4镇，将其行政区域并入新塘镇。

二、深圳市

宝安区撤销西乡镇、福永镇、沙井镇、松岗镇、公明镇、石岩镇、观澜镇，分别设立西乡、福永、沙井、松岗、公明、石岩、观澜街道办事处。龙岗区撤销平湖镇、布吉镇、横岗镇、坪地镇、坪山镇、坑梓镇、葵涌镇、大鹏镇、南澳镇，分别设立平湖、布吉、横岗、坪地、坪山、坑梓、葵涌、大鹏、南澳街道办事处。

三、潮州市

饶平县撤销上善镇，将其行政区域并入上饶镇；撤销九村镇，将其行政区域并入新丰镇。

四、汕尾市

陆丰市撤销东海镇,设立东海街道办事处;撤销城东镇,设立城东街道办事处;撤销河西镇,设立河西街道办事处。

五、湛江市

1.霞山区撤销海头镇,设置海头街道办事处。

2.雷州市撤销雷城镇,设立雷城街道办事处;撤销流沙镇,将其行政区域并入覃斗镇。

六、肇庆市

1.端州区撤销黄岗、睦岗两镇改为黄岗、睦岗街道办事处。

2.高要市撤销南岸镇,设立南岸街道办事处;撤销笋围镇,并其行政区域并入小湘镇。

七、茂名市

电白县撤销龙山镇,将其行政区域并入博贺镇。

八、江门市

1.蓬江区杜阮镇将贯溪村委会的金都花园、幸福新村、杏苑新村、凤溪新村等住宅区域划归沙仔街道办事处管辖。撤销环市镇,设立环市街道办事处。

2.江海区撤销外海镇,设立外海街道办事处;撤销礼乐镇,设立礼乐街道办事处。

3.恩平市撤销江南街道办事处,将其行政区域划归恩城街道办事处管辖。

九、云浮市

新兴县集成镇改名为六祖镇。

十、阳江市

阳春市撤销春城镇,设立春城街道办事处。

十一、清远市

1.佛冈县撤销烟岭镇,将其行政区域并入迳头镇;撤销民安镇,将其行政区域并入龙山镇;撤销四九镇,将其行政区域并入汤塘镇;撤销三八、龙南二镇,将其行政区域合并入石角镇。

2.阳山县撤销新圩镇,将行政区域并入七拱镇;撤销凤埠镇,将其行政区域并入黎埠镇;撤销犁头镇,将行政区域并入岭背镇;撤销水口镇,将其行政区域并入阳城镇。

3.连南瑶族自治县撤销南岗镇,并其行政区域并入三排镇;撤销金坑镇,将其行政区域并入三江镇;撤销寨南镇,将其行政区域并入寨岗镇。

4.清新县撤销江口镇、升平镇、高田镇,合并设立飞来峡镇;撤销石马镇、南冲镇、石坎镇,将其行政区域并入龙颈镇;撤销鱼坝镇、沙河镇,将其行政区域并入禾云镇;撤销桃源镇,将其行政区域并入浸潭镇。

5.英德市撤销青坑镇,将其行政区域并入大湾镇;撤销明迳镇、岩背镇,合并设立黄花镇;撤销鱼湾镇、大镇镇,合并设立东华镇;撤销云岭镇,将其行政区域并入英红镇;撤销英城镇,设立英城街道办事处。

6.连山壮族瑶族自治县变更永和镇和吉田镇部分行政区域界线,将永和镇上沙村委会和岭洞村委会划归吉田镇管辖。

十二、梅州市

1.五华县撤销大坝镇、将其行政区域并入水寨镇;撤销大都镇、将其行政区域并入安流镇;撤销桥江镇、将其行政区域并入棉洋镇;撤销硝芳镇、丁畲镇,将其行政区域并入龙村镇;撤销双头镇,将其行政区域并入岐岭镇;撤销小都镇,将其行政区域并入横陂镇;撤销大田镇,将其行政区域并入长布镇;撤销油田镇、平南镇,将其行政区域并入河东镇。

2.大埔县撤销长治镇、将其行政区域并入茶阳镇;撤销岩上镇、将其行政区域并入西河镇;撤销平原镇、将其行政区域并入高陂镇。

3.平远县撤销坝头镇,将其行政区域并入大柘镇。

4.丰顺县撤销附城、东联2镇、将其行政区域并入汤坑镇;撤销茶背、东留2镇、将其行政区域并入留隍镇;撤销径门镇,将其行政区域并入大龙华镇。

5.梅县撤销瑶上、荷泗2镇、将其行政区域并入南口镇;撤销松东、松南2镇、将其行政区域并入松口镇。

6.蕉岭县撤销兴福镇、将其行政区域并入蕉城镇和长潭镇。原兴福镇的东山、湖谷、龙安、叟乐、高畲5个村委会并入蕉城镇,原兴福镇的堑垣、浒竹、上村、神岗4个村委会并入长潭镇。撤销北礤镇,将其行政区域并入南礤镇。

7.兴宁市撤销兴城镇、宁新镇,设立福兴、兴田、宁新3个街道办事处;撤销宋声、下堡镇,将其行政区域并入水口镇;撤销坜陂镇,将其行政区域并入坭陂镇;撤销径心镇,将其行政区域并入径南镇;撤销岗背镇,将其行政区域并入黄陂镇;撤销坪洋镇,将其行政区域并入大坪镇;撤销龙北镇,将其行政区域并入合水镇;撤销宁塘镇,将其行政区域并入宁中镇;撤销叶南镇,将其行政区域并入叶塘镇。

十三、惠州市

龙门县撤销天堂山镇,将其行政区域并入地派镇;撤销铁岗镇和左潭镇,设立龙潭镇。

十四、韶关市

翁源县撤销岩庄镇,将其行政区域并入坝仔镇;撤销仙鹤镇、红岭镇,将其行政区域并入江尾镇;撤销南浦镇、三华镇,将其行政区域并入龙仙镇;撤销礤下镇,将其行政区域并入周陂镇;撤销六里镇,将其行政区域并入官渡镇;撤销铁龙镇,将其行政区域并入新江镇。

十五、佛山市

南海区撤销和顺镇,将其行政区域并入里水镇;撤销金沙镇,将其行政区域并入丹灶镇;撤销沙头镇,将其行政区域并入九江镇;撤销狮山街道办事处、松岗镇、官窑镇、小塘镇,设立狮山镇;撤销罗村镇,设立罗村街道办事处;撤销平洲街道办事处,将其行政区域并入桂城街道办事处;撤销大沥、盐步、黄岐街道办事处,合并设立大沥镇。

十六、汕头市

濠江区三河街道办事处更名河浦街道办事处。

海南省

海口市

将美兰区新埠镇改设为新埠街道办事处。

重庆市

一、九龙坡区

撤销九龙坡区石桥镇,设立九龙坡区渝州路街道办事处。

二、北碚区

1.撤销:北泉镇、龙凤桥镇、东阳镇。

2.新设3个街道:北泉街道、龙凤桥街道、东阳街道。

三、万州区

1.龙宝移民开发区

(1)撤销河口乡、岩口乡、龙古乡、国家乡、瑞池乡、鹿山乡、石桥乡、鹿井乡、凉风镇、红光街道、万安街道。

(2)将太白岩街道办事处更名为太白街道办事处。

(3)将原鹿山乡的元鼎、普桥、鹿岭3个村民委员会(以下简称村)和牌楼街道的大包、梅鹿、黄泥3个村及戴家岩社区居民委员会(以下简称社区)划归九池乡管辖,原九池乡龙王、永清、石鼓、百胜4个村划归双河口街道管辖。新设置的九池乡辖17个村、132个村民小组、2个社区、9个居民小组,16730人,幅员面积30.1平方公里。乡政府驻地由下场迁至戴家岩。

(4)将原瑞池乡所属行政区域划归郭村乡管辖。新设置的郭村乡辖20个村、228个村民小组、2个社区、7个居民小组,25025人,幅员面积57.7平方公里。乡政府驻地郭村坝。

(5)将鹿山乡(除元鼎、普桥、鹿岭、檬子4个村外)所属行政区域划归高峰镇管辖,高峰镇的流水、石梁、万利3个村划归双河口街道管理。新设置的高峰镇辖19个村、161个村民小组、2个社区、12个居民小组,26719人,幅员面积46.2平方公里。镇政府驻地高峰场。

(6)将岩口乡、龙古乡所属行政区域和石桥乡的红阳、白鹤、下房、老林4个村划归龙沙镇管辖。新设置的龙沙镇辖3 3个村、302个村民小组、4个社区、5个居民小组,40297人,幅员面积68.5平方公里。镇政府驻地沙包子。

(7)将原国家乡所属行政区域划归响水镇管辖。新设置的响水镇辖24个村、127个村民小组、2个社区、2个居民小组,25760人,幅员面积60.8平方公里。镇政府驻地响水滩。

(8)将原鹿井乡所属行政区域和石桥乡的乐安、茅岭、胡山、建设、培龙、石桥、复龙、新福8个村及石桥社区划归武陵镇管辖。新设置的武陵镇辖30个村、295个村民小组、4个社区、13个居民小组,38214人,幅员面积80.7平方公里。镇政府驻地椅城。

(9)将原石桥乡的双鸡村划归瀼渡镇管辖。新设置的瀼渡镇辖12个村、129个村民小组、2个社区、2个居民小组,14370人,幅员面积30.7平方公里。镇政府驻地石山。

(10)将原凉风镇、河口乡所属行政区域划归甘宁镇管辖。新设置的甘宁镇辖46个村、371个村民小组、3个社区、12个居民小组,57541人,幅员面积104.8平方公里。镇政府驻地凉风垭口。

(11)将原红光街道所辖行政区域划归太白街道管理。新设置的太白街道管理23个社区、93个居民小组、7个村、59个村民小组，93419人，幅员面积13.1平方公里。街道办事处驻地不变。

(12)将原万安街道所辖行政区域划归牌楼街道管理，牌楼街道的大包、梅鹿、黄泥3个村及戴家岩社区划归九池乡管辖。新设置的牌楼街道辖7个社区、51个居民小组、3个村、19个村民小组，46261人，幅员面积9.8平方公里。街道办事处驻地不变。

(13)将龙都街道的万全、一碗水（龙宝河以北）2个社区及大塝村，鹿山乡的檬子村，九池乡的龙王、永清、石鼓、百胜4个村，高峰镇的流水、石梁、万利3个村划归双河口街道管理。新设置的双河口街道管理8个社区、69个居民小组、13个村、84个村民小组，25653人，幅员面积23平方公里。街道办事处驻地不变。

(14)将龙都街道的万全、一碗水2个社区及大塝村划归双河口街道管理。调整后，龙都街道管理3个社区、18个居民小组、7个村、64个村民小组，18420人，幅员面积25.5平方公里。街道办事处驻地不变。

(15)保留柱山乡、高笋塘街道办事处行政区域及政府驻地不变。

2.天城移民开发区

(1)撤销新袁乡、铁炉乡、黄泥乡、三元乡、大兴乡、桥亭乡、大碑乡、葵花乡、董家镇、高升镇、三正镇、培文镇、映水坪街道、枇杷坪街道。

(2)将原董家镇所属行政区域划归天城镇管辖，原天城镇关口村划归钟鼓楼街道管理，玉城村划归沙河街道管理。新设置的天城镇辖29个村、328个村民小组、6个社区、41个居民小组，55825人，幅员面积91.03平方公里。镇政府驻地塘坊场。

(3)将原葵花、大碑两个乡所属行政区域划归高梁镇管辖，原高梁镇的孙家村划归沙河街道管理。新设置的高梁镇辖41个村、327个村民小组、4个社区、20个居民小组，52388人，幅员面积101.86平方公里。镇政府驻地高梁铺。

(4)将原高升镇所属行政区域划归李河镇管辖。新设置的李河镇辖35个村、288个村民小组、3个社区、8个居民小组，39710人，幅员面积77.08平方公里。镇政府驻地李家河。

(5)将原三正、培文2个镇和黄泥、三元、大兴3个乡所属行政区域划归分水镇管辖。新设置的分水镇辖70个村、513个村民小组、8个社区、24个居民小组，97666人，幅员面积220.96平方公里。镇政府驻地分水。

(6)将原铁炉乡所属行政区域划归余家镇管辖。新设置的余家镇辖43个村、419个村民小组、4个社区、10个居民小组，57099人，幅员面积138.94平方公里。镇政府驻地赵家坝。

(7)将原桥亭乡所属行政区域划归后山镇管辖。新设置的后山镇辖23个村、171个村民小组、2个社区、7个居民小组，31238人，幅员面积78.86平方公里。镇政府驻地后山场。

(8)将原新袁乡所属区域划归弹子镇管辖。新设置的弹子镇辖21个村、185个村民小组、2个社区、3个居民小组，24090人，幅员面积74.03平方公里。镇政府驻地弹子坝。

(9)将原映水坪街道管理的区域划归周家坝街道管理，原周家坝街道申明社区3、4、5、6、7、8组划归沙河街道管理，原申明社区1、2组并入周家坝街道天子湖社区。新设置的周家坝街道，管理10个社区、105个居民小组、1个村、14个村民小组，46558人，幅员面积12.73平方公里。街道办事处驻地不变。

(10)将原天城镇的玉城村、原高梁镇的孙家村和原周家坝街道的申明社区3、4、5、6、7、8组划归沙河街道管理。新设置的沙河街道，管理5个社区、34个居民小组、6个村、67个村民小组，22104人，幅员面积11.2平方公里。街道办事处驻地不变。

(11)将原枇杷坪街道所属行政区域和原天城镇关口村划归钟鼓楼街道管理。新设置的钟鼓楼街道管理10个社区、66个居民小组、7个村、55个村民小组，52380人，幅员面积25.77平方公里。街道办事处驻地不变。

(12)保留铁峰乡和熊家、大周、小周、孙家等4镇行政区域及政府驻地不变。

3.五桥移民开发区

(1)撤销凉水乡、双石乡、大田乡、石龙乡、团结乡、赶场乡、油沙乡、双流乡、谷雨乡、马头乡、向家乡、中山乡、盐井乡、盘龙街道。

(2)将原油沙乡的小塘村划归茨竹乡管辖。新设置的茨竹乡辖11个村、91个村民小组，9943人，幅员面积43.9平方公里。乡政府驻地茨竹垭。

(3)将恒合土家族乡的长槽村划归白土镇管辖。调整后，恒合土家族乡辖15个村、109个村民小组，13743人，幅员面积51平方公里。乡政府驻地三元场。

(4)将原长岭镇保安村和东桥村的第3、4、8组划归百安坝街道管理，回龙村第6组和龙黎村第7组划归五桥街道管理；将原凉水乡所属行政区域和原油沙乡的鹿池村划归长岭镇管辖。新设置的长岭镇辖32个村、178个村民小组、3个社区、9个居民小组，45914人，幅员面积99.4平方公里。镇政府驻地梨树湾。

(5)将原油沙乡鹿池村划归长岭镇管辖、小塘村划归茨竹乡管辖，其余所属行政区域和原盐井乡所属行政区域划归新田镇管辖。新设置的新田镇辖38个村、192个村民小组、4个社区、21个居民小组，47611人。幅员面积152.1平方公里。镇政府驻地月亮包。

(6)将原谷雨乡的桂花、新厂、龙溪3个村划归龙驹镇管辖，其余所属行政区域和原双流乡所属行政区域，以及原中山乡的冒水、龙嘴、联合3个村划归走马镇管辖。新设置的走马镇辖43个村、161个村民小组、1个社区、4个居民小组，49364人，幅员面积173.7平方公里。镇政府驻地中坝子。

(7)将原恒合土家族乡的长槽村划归白土镇管辖。新设置的白土镇辖19个村、57个村民小组、1个社区、4个居民小组，23279人，幅员面积66.3平方公里。镇政府驻地白土坝。

(8)将原向家乡的福桥、庙子、香树、寒婆、向家5个村划归长滩镇管辖。新设置的长滩镇辖32个村、200个村民小组、1个社区、3个居民小组，34063人，幅员面积127.8平方公里。镇政府驻地长滩井。

(9)将原双石乡和石龙乡所属区域划归白羊镇管辖。新设置的白羊镇辖33个村、321个村民小组、2个社区、6个居民小组，54330人，幅员面积97.3平方公里。镇政府驻地白羊坪。

(10)将原向家乡的人民、石佛、钟刘、乐堂、古堰、纸厂6个村划归太安镇管辖。新设置的太安镇辖21个村、208个村民小组、1个社区、3个居民小组，31671人，幅员面积68.7平方公里。镇政府驻地新场。

(11)将原赶场乡和团结乡所属行政区域划归龙驹镇管辖；将原谷雨乡的桂花、新厂、龙溪3个村划归龙驹镇管辖。新设置的龙驹镇辖47个村、311个村民小组、3个社区、11个居民小组，51349人，幅员面积241.5平方公里。镇政府驻地龙驹坝。

(12)将原大田乡所属行政区域划归太龙镇管辖。新设置的太龙镇辖25个村、255个村民小组、1个社区、4个居民小组，32137人，幅员面积62.3平方公里。镇政府驻地太阳溪。

(13)将原中山乡的龙嘴、冒水、联合3个村划归走马镇管辖，其余所属行政区域和原马头乡所属行政区域划归罗田镇管辖。新设置的罗田镇辖27个村、78个村民小组31359人，幅员面积81.7平方公里。镇政府驻地罗田。

(14)将原长岭镇的保安村和东桥村的第3、4、8组划归百安坝街道管理。新设置的百安坝街道管理9个社区、71个居民小组、3个村、31个村民小组，48783人，幅员面积15.8平方公里。

(15)将原长岭镇的回龙村和龙黎村的第6、7组划归五桥街道管理。新设置的五桥街道管理4个社区、35个居民小组、10个村、96个村民小组，24537人，幅员面积25.2平方公里。街道办事处驻地不变。

(16)将原盘龙街道所属行政区域划归陈家坝街道管理。新设置的陈家坝街道管理9个社区、58个居民小组、11个村、99个村民小组，32074人，幅员面积34.75平方公里。街道办事处驻地不变。

(17)保留黄柏、溪口、燕山、长坪、梨树、凤仪、普子、地宝等8乡及新乡镇的行政区域及政府驻地不变。

四、江津市

1.撤销仁沱镇、夹滩镇、罗坝镇、金刚镇、吴市镇、大桥镇、龙吟镇、羊石镇、鹅公镇、傅家镇、四面山镇、骆来山镇。

2.新建支坪街道办事处。

五、城口县

1.撤销葛城镇、棉沙镇、修齐镇、高观镇、巴山镇、庙坝镇和石坊乡、渭河乡、明月乡、高燕乡、罗江乡、蓼子乡、桃园乡、黄溪乡、左岚乡、后裕乡。

2.新设葛城镇：镇人民政府驻葛城，管辖原葛城镇、棉沙镇所属行政区域，幅员面积65.14平方公里，总人口2.70万人，其中非农业人口13723人，辖13个村民委员会、6个居民委员会。

六、奉节县

撤销：前进乡、双潭乡、奇峰乡、天池乡、新城乡、九盘乡、曲龙乡、平皋乡、寂静乡、槽木乡、青莲乡、梅子乡、桃树乡、龙池乡、双店乡、建农乡、金凤乡、茅田乡、青正乡、大寨乡、野茶乡、罗汉乡、明水乡、黄村乡、高治乡、桃李乡、黄井乡、万胜乡、三江乡、合营乡、杨坪乡、黄泗乡、高雅乡、新治乡、马驿乡、范家乡、梅魁乡、上庄乡、金子乡、含瑞乡、新贺乡、荆竹乡、庙湾乡、石罐乡、九里乡、九树乡、尖峰乡、明堂乡、尖角乡、长凼乡、江南乡。

四川省

一、成都市

1.青羊区撤销苏坡乡、文家乡建制，所属行政区域实行街道办事处管理体制。

2.锦江区撤销琉璃乡建制。撤销三圣乡建制，所属行政区域实行街道办事处管理体制。

3.金牛区撤销金牛、洞子口、天回3个乡的建制。

4.武侯区撤销永丰乡建制，所属行政区域实行街道办事处管理体制。撤销簇桥乡、机投镇、金花镇建制，所属行政区域实行街道办事处管理体制。

5.成华区撤销圣灯乡、保和乡、青龙乡、龙潭乡建制，所属行政区域实行街道办事处管理体制。

6.龙泉驿区撤销平安、龙泉、洪河、大面、十陵、同安、兴龙、金龙8个镇和清水乡。原平安、龙泉、洪河、大面、十陵、同安6个镇所属行政区域，实行街道办事处管理体制，设置4个街道办事处。将原兴龙镇所属行政区域并入柏合镇。柏合镇人民政府驻柏华路。将原金龙镇所属行政区域并入洛带镇。洛带镇人民政府驻五星街。将原清水乡所属行政区域并入万兴乡。万兴乡人民政府驻万兴场。

7.青白江区撤销大弯、华严、日新、合兴4个镇和玉虹、云顶2个乡。原大弯、华严镇所属行政区域实行街道办事处管理体制。将原玉虹乡所属行政区域并入城厢镇。城厢镇人民政府驻城厢。将原日新镇所属行政区域并入祥福镇。祥福镇人民政府驻康家渡。将原合兴镇所属行政区域并入龙王镇。龙王镇人民政府驻龙王庙。将原云顶乡所属行政区域并入清泉镇。清泉镇人民政府驻廖家场。

8.新都区撤销大丰、三河、龙虎、龙安、利济、竹友6个镇。原大丰、三河2个镇所属行政区域实行街道办事处管理体制。将原龙虎镇所属行政区域并入新都镇。新都镇人民政府驻紫瑞街。将原龙安镇及原利济镇的公义、锦水、曲水、通联、石云、广济、新庞、宁河8个村所属行政区域并入新繁镇。新繁镇人民政府驻繁清路。将原利济镇的同义、同福、水梨、迎祥、双利、界牌、永明、柳泉、顺河、圆通10个村所属行政区域并入清流镇。清流镇人民政府驻清流场南街。将原竹友镇所属行政区域并入斑竹园镇。斑竹园镇人民政府驻复兴街。

9.温江区撤销柳城、天府、涌泉、公平、通平、踏水6个镇和玉石、镇子、柳林3个乡。原柳城、涌泉、公平3个镇和天府镇的部分行政区域实行街道办事处管理体制，设立4个街道办事处。将原玉石乡、通平镇所属行政区域并入寿安镇。寿安镇人民政府驻吴家场。

将原天府镇的临江、綦江、庆元、桂花、铁篱、大明、春林、友谊8个村所属行政区域并入和盛镇。和盛镇人民政府驻舒家渡。将原踏水镇、镇子乡和原柳城镇的南岳社区居委会所属行政区域并入万春镇。万春镇人民政府驻原踏水镇踏水桥。将原柳林乡的光明、双河、兴元、新春、瓦窑、新桥6个村所属行政区域并入金马镇。金马镇人民政府驻太极地。

10.都江堰市撤销青城镇及麻溪、金凤、驾虹、土桥、沿江、徐渡、大乐、两河8个乡。将原青城镇所属行政区域并入青城山镇。青城山镇人民政府驻原青城镇场镇正中街。将原麻溪乡所属行政区域并入紫坪铺镇。紫坪铺镇人民政府驻紫宽街。将原金凤乡所属行政区域并入蒲阳镇。蒲阳镇人民政府驻和平街。将原驾虹乡所属行政区域并入胥家镇。胥家镇人民政府驻石龙上街。将原土桥乡所属行政区域并入崇义镇。崇义镇人民政府驻官家花园。将原沿江乡所属行政区域并入柳街镇。柳街镇人民政府驻五一村。将原徐渡乡所属行政区域并入石羊镇。石羊镇人民政府驻政府街。将原大乐乡所属行政区域并入安龙镇。安龙镇人民政府驻海棠路。将原两河乡所属行政区域并入大观镇。大观镇人民政府驻双凤路。

11.彭州市撤销西郊、利安、北君平、庆兴、竹瓦、三邑、太清、楠杨8个镇。将原西郊、利安2个镇所属行政区域并入天彭镇。天彭镇人民政府驻东胡路。将原北君平、庆兴2个镇所属行政区域并入丽春镇。丽春镇人民政府驻花街子。将原竹瓦、三邑2个镇所属行政区域并入濛阳镇。濛阳镇人民政府驻濛阳新城。将原太清镇所属行政区域并入致和镇。致和镇人民政府驻北京堂。将原楠杨镇所属行政区域并入葛仙山镇。葛仙山镇人民政府驻万年场。

12.邛崃市撤销泉水、兴贤、石坡3个镇及下坝、南君平、马湖、银杏、太和、石头6个乡。将原泉水镇所属行政区域并入羊安镇。羊安镇人民政府驻羊安场。将原下坝乡所属行政区域并入平乐镇。平乐镇人民政府驻平乐场。将原兴贤镇所属行政区域并入牟礼镇。牟礼镇人民政府驻牟礼场。将原南君平乡所属行政区域并入桑园镇。桑园镇人民政府驻桑园场。将原马湖乡所属行政区域并入水口镇。水口镇人民政府驻水口场。将原银杏乡所属行政区域并入火井镇。火井镇人民政府驻火井场。将原太和乡所属行政区域并入天台山镇。天台山镇人民政府驻天台山场。将原石头乡所属行政区域并入临济镇。临济镇人民政府驻临济场。将原石坡镇所属行政区域并入大同乡。大同乡人民政府驻羊安场。

13.崇州市撤销听江镇及西江、金鸡、西山、何家、安阜、上元、崇德、东关8个乡。将原听江镇所属行政区域并入三江镇。三江镇人民政府驻崇新场。将原西江乡、金鸡乡所属行政区域并入崇阳镇。崇阳镇人民政府驻唐安东路。将原西山乡、何家乡所属行政区域并入怀远镇。怀远镇人民政府驻洄澜街。将原安阜乡所属行政区域并入羊马镇。羊马镇人民政府驻观新界。将原上元乡所属行政区域并入街子镇。街子镇人民政府驻江城街。将原崇德乡所属行政区域并入燎原乡。燎原乡人民政府驻顺兴街。将原东关乡所属行政区域并入王场镇。王场镇人民政府驻义兴街。

14.金堂县撤销九龙镇和云绣、黄家2乡。将原云绣乡所属行政区域并入赵镇。赵镇人民政府驻幸福路。将原九龙镇所属行政区域并入淮口镇。淮口镇人民政府驻文化街。将原黄家乡所属行政区域并入三溪镇。三溪镇人民政府驻上正街。将原竹篙镇的双辉村和原高板镇的包包店、茅庵塘2个村所属行政区域划归隆盛镇。隆盛镇人民政府驻兴隆街。

15.双流县撤销东升镇，其所属行政区域实行街道办事处管理体制。

16.郫县撤销红兴、新胜、两河口、清河4个镇。将原红兴镇的长乐、石佛、濂溪3个村所属行政区域划归郫筒镇。郫筒镇人民政府驻南大街。将原红兴镇的白云、长生、汉姜、护国、济阳、寇家坝、宋家林、渔塘坎8个村所属行政区域划归红光镇。红光镇人民政府驻成灌路。将原新胜镇所属行政区域并入唐昌镇。唐昌镇人民政府驻南二环路。将原两路口镇所属行政区域并入安德镇。安德镇人民政府驻望乐村。将原清河镇所属行政区域并入友爱镇。友爱镇人民政府驻政通巷。将合作镇的回龙、青龙、胜利3个村及新华村的3、4、6社所属行政区域划归德源镇。德源镇人民政府驻禹庙街。将红光、犀浦、郫筒、德源4个镇的部分村所属行政区域划归合作镇。合作镇人民政府驻安阜村。

17.大邑县撤销唐场、元兴2个镇及丹凤、三坝、高山、龙凤、敦义5个乡。将原唐场、元兴2个镇所属行政区域并入安仁镇。安仁镇人民政府驻安仁村。将原丹凤乡所属行政区域并入悦来镇。悦来镇人民政府驻观口社区。将原三坝乡所属行政区域并入𨚫江镇。𨚫江镇人民政府驻𨚫源村。将原高山乡所属行政区域并入三岔镇。三岔镇人民政府驻梅花村。将原龙凤乡所属行政区域并入董场镇。董场镇人民政府驻董家村。将原敦义乡所属行政区域并入王泗镇。王泗镇人民政府驻政府街。

18.蒲江县撤销天华、五星2镇和松华、敦厚、寿民、西南、高桥5乡。将原天华镇、西南乡和原高桥乡的狮子树、大林、潘沟3个村所属行政区域并入鹤山镇。鹤山镇人民政府驻建设路。将原五星镇、松华乡、寿民乡所属行政区域并入寿安镇。寿安镇人民政府驻政府街。将原敦厚乡和原高桥乡的桂花、陡岩、育才、大田4个村所属行政区域并入西来镇。西来镇人民政府驻西来场。将原大兴镇的沙楼村所属行政区域并入成佳镇。成佳镇人民政府驻东升街。将原高桥乡的玉龙、桥墩2个村所属行政区域并入大兴镇。大兴镇人民政府驻大兴场。

19.新津县撤销黄渡、兴乐、龙马、万和4个乡。将原黄渡乡所属行政区域并入普兴镇。普兴镇人民政府驻普兴场。将原兴乐乡所属行政区域并入花源镇。花源镇人民政府驻花源场。将原龙马乡所属行政区域并入新平镇。新平镇人民政府驻太平场。将原万和乡所属行政区域并入兴义镇。兴义镇人民政府驻兴义场。

二、广元市

苍溪县撤销登高乡建制，将其所属行政区域并入歧坪镇。

三、南充市

将南部县柴井乡和度门镇划归仪陇县管辖。

四、广安市

华蓥市将明月镇的果子、铜堡、郑家咀、观音岩和土溪5个村所属行政区域成建制划归双河镇管辖。撤销双河镇建制，所属行政区域实行街道办事处管理体制，设置双河、华龙和古桥3个街道办事处。

五、攀枝花市

米易县撤销横山、沙坝、柳贤、观音、坪山、坊田、新河、头碾、昔街、黄草、宁华、南坝、云峰彝族、白马彝族、胜利彝族15个乡和团结镇。将原横山乡和沙坝乡（马槟榔村除外）所属的行政区域并入草场乡。乡人民政府驻克郎村康家田。将原柳贤、观音乡所属的行政区域并入攀莲镇。镇人民政府驻攀莲茶园路。将原坪山乡所属的行政区域并入新山傈僳族乡。乡人民政府驻坪山堡堡。将原团结镇所属行政区域和坊田乡的大田、沙田、西番3个村所属的行政区域并入得石镇。镇人民政府驻小得石。将原新河、头碾乡所属的行政区域并入丙谷镇。镇人民政府驻观音阁。将原云峰彝族乡的云盘、马颈2个村和坊田乡的黄草坪、庄房2个村所属的行政区域并入麻陇彝族乡。乡人民政府驻麻陇街。将原昔街乡所属的行政区域和宁华乡的小街、茅坪2个村所属的行政区域并入湾丘彝族乡。乡人民政府驻河石坝。将原黄草、白马彝族2个乡所属的行政区域和原沙坝乡的马槟榔村及宁华乡的台子、龙塘2个村所属的行政区域并入白马镇。镇人民政府驻挂榜街。将原南坝乡、胜利彝族乡所属的行政区域并入白坡彝族乡。乡人民政府驻张门扎。将原坊田乡的金花塘村所属的行政区域并入撒莲镇。镇人民政府驻禹王宫。将原云峰彝族乡的累坡、板棚2个村和原联合彝族乡的尖山村所属的行政区域并入普威镇。镇人民政府驻普济州。保留垭口镇。镇人民政府驻垭口村廖家湾。

六、达州市

1．达县撤销新进、福寿、滴河、新溪、高坪、檬双、映山、大垭、新胜、新兴、东照、碗厂12个乡。将原新进乡所属的行政区域并入石桥镇，镇人民政府驻石桥河。将原福寿乡所属的立石、邓家、水塘、蹬子、长安寨、磨山、固家、石成、四垭9个村的行政区域并入石梯镇，镇人民政府驻石梯场。将原福寿乡南井村所属的行政区域并入赵固乡，乡人民政府驻赵家场。将原滴河乡所属的行政区域并入桥湾乡，乡人民政府驻桥湾河。将原新溪乡所属的四溪寺、大寨梁、香仁坪、青竹山4个村和原高坪乡蹬子河村所属的的行政区域并入江陵镇，镇人民政府驻江陵溪。将原高坪乡所属的山坪、长滩、耿石、长垭、烟灯、尖山6个村和原新溪乡所属的石垭口、杨家岩2个村的行政区域并入堡子镇，镇人民政府驻堡子岭。将原檬双乡所属的松坪、檬子、冲天、匡坪、五丰、尚寺、黄龙7个村的行政区域并入米城乡，乡人民政府驻米城。将原檬双乡小锣村所属的行政区域并入龙滩乡，乡人民政府驻龙滩河。将原映山乡所属的行政区域并入双庙乡，乡人民政府驻双庙场。将原大垭乡所属的柳树湾、寨子、牛家庙、洞山、厂子、堕鼓石6个村的行政区域并入景市镇，镇人民政府驻景市庙。将原大垭乡金刚村所属的行政区域并入石板镇，镇人民政府驻石板店。将原新胜乡所属的行政区域并入麻柳镇，镇人民政府驻麻柳场。将原新兴乡所属的行政区域并入河市镇，镇人民政府驻河市坝。将原东照乡所属的行政区域并入大树镇，镇人民政府驻大树坝。将原碗厂乡所属的行政区域并入万家镇，镇人民政府驻万家坝。

2．达县新建檬双乡，将米城乡所属的松坪、檬子、冲天、匡坪、五丰、尚寺、黄龙7个村及檬双社区居委会和龙滩乡的小锣村所属行政区域划归檬双乡管辖，乡人民政府驻檬子场。

七、雅安市

1．芦山县撤销沫东镇及凤禾、清源、隆兴、升隆、中林5个乡。将原沫东镇所属行政区域并入芦阳镇。芦阳镇人民政府驻杨家坝。将原凤禾乡所属行政区域并入飞仙关镇。飞仙关镇人民政府驻飞仙关。将原中林乡所属行政区域并入太平镇。太平镇人民政府驻太平场。将原隆兴、升隆2个乡所属行政区域并入龙门乡。龙门乡人民政府驻青龙场。将原清源乡所属行政区域并入清仁乡。清仁乡人民政府驻仁家坝。

2．天全县撤销梅岭乡建制，将其所属行政区域并入城厢镇。城厢镇人民政府驻徙榆路57号。

八、凉山彝族自治州

普格县花山乡的刘家坪村、向阳乡的新建村、雨水乡的二胡村所属行政区域划归刘家坪乡管辖。调整后刘家坪乡辖长河、刘家坪、新建和二胡4个村。将原采乃乡的钢铁村、跃进村所属行政区域划归月吾乡管辖。将原采乃乡的采乃村、洛都村所属行政区域划归菜子乡管辖。

贵州省

仁怀市撤销城关镇,改设茅台镇和中枢办事处。

云南省

一、昆明市

调整昆明市五华区、盘龙区、官渡区、西山区的行政区划,五华区辖北门、虹山、西站、华山、武成、西坝、大观、崇仁、莲华、新村、长春、小南、南强、黑林铺14个街道和厂口乡、沙朗白族乡,盘龙区辖环城、珠玑、东华、董家湾、拓东、联盟、茨坝、龙泉8个街道和小河、双龙、双哨3个乡,官渡区辖关上、金马、东站、太和4个街道,大板桥、小板桥、官渡3个镇,小哨、矣六、六甲3个乡和阿拉彝族乡,西山区辖棕树营、马街、金碧、土桥、永昌、福海、前卫7个街道,碧鸡、海口2个镇,团结彝族白族乡和谷律彝族白族乡。

二、曲靖市

1.撤销麒麟区西山乡,设立街道办事处。

2.撤销罗平县罗雄镇和环城乡合并设立新的罗雄镇,镇政府驻原环城乡政府驻地。

三、丽江市

古城区龙山乡更名为金安乡。

四、思茅市

翠云乡更名为六顺乡。

五、临沧市

1.沧源县单甲乡政府驻地由单甲村委会单甲村迁至永武村委会永董村。

2.撤销永德县勐汞佤族乡并入德党镇,镇人民政府驻德党镇政府原驻地。

六、怒江傈僳族自治州

1.福贡县利沙底乡更名为石月亮乡。

2.泸水县人民政府驻地由鲁掌镇迁至六库镇。

七、文山壮族苗族自治州

1.撤销文山县开化镇攀枝花镇设立开化镇,镇人民政府驻原攀枝花镇政府驻地。

2.麻栗坡县南温河乡政府驻地迁移至麻栗镇天保村红光;南温河乡高笕梁、瓦渣、戈令3个村委会划归大坪镇管辖,麻栗镇天保村委会划归南温河乡管辖;南温河乡更名为天保乡,天保乡辖南温河、小寨、分水岭、城子上、八宋和天保6个村委会

八、西双版纳州

撤销景洪市小街乡和勐龙镇,合并设立勐龙镇,镇政府驻原勐龙镇政府驻地;撤销景洪市景洪镇,将其原纳板、曼点、曼沙、曼迈、曼戈播5个村委会划归嘎洒镇管辖,曼外、曼戈龙2个村委会划归允景洪街道办事处管辖;撤销勐海县西定哈尼族乡和巴达哈尼族布朗族乡,合并设立西定哈尼族布朗族乡,乡政府驻原西定哈尼族乡政府驻地;撤销勐腊县易武乡和曼腊彝族瑶族乡,合并设立易武乡,乡政府驻原易武乡政府驻地;撤销勐腊县勐捧镇和勐润哈尼族乡,合并设立勐捧镇,镇政府驻原勐捧镇政府驻地。

陕西省

一、西安市

撤消霸桥区霸桥镇、新筑镇、新合镇、狄寨镇等4个镇建制,设立霸桥、新筑、新合、狄寨等4个街道办事处,其行政区域不变。

二、渭南市

撤消临渭区良田乡建制。设立良田街道办事处,辖10个行政村,52个村民小组;设立崇业路街道办事处,辖6个行政村,27个村民小组。

三、榆林市

撤消神木县瑶镇乡设立锦界镇,其行政区域不变。

甘肃省

一、兰州市

城关区撤销城关乡、雁滩乡、拱星墩乡,增设雁滩街道办事处、段家滩街道办事处;七里河区撤销湖滩乡、崔家崖乡、增设立秀川街道办事处;西固区撤销东川乡、

新和路街道办、新安路街道办、西固乡、陈坪乡、陈官营街道办，增设立东川镇、四季青街道办事处、陈平街道办事处；安宁区撤销沙井驿乡、十里店乡、孔家崖乡、刘家堡乡、吊场乡、安宁堡乡，增设安宁东路、孔家崖、安宁南路、刘家堡、安宁堡等街道办事处；红古区撤销窑街镇、河嘴乡、设立上窑、下窑两个街道办事处；永登县撤销清水乡、东山乡、金咀乡、大有乡；皋兰县撤销石洞乡，城关镇更名石洞镇。

二、白银市

白银区撤销王岘乡，设立王岘路街道办事处；平川区撤销水泉乡、共和乡，陡城镇更名为水泉镇、红会镇更名为共和镇；会宁县撤销桃花山乡、王家庙乡、塬边乡、掌里乡、青江驿乡；靖远县撤销乌兰乡、中堡乡、曹岘乡，城关镇更名为乌兰镇；景泰县撤销大安乡、红水乡、八道泉乡，四个山镇更名为红水镇。

三、武威市

凉州区撤销青林乡、南营乡、校尉乡、庙山乡、六坝乡、二坝乡、双树乡、上泉乡、中路乡、西营乡，红星镇更名为西营镇；增设立荣华街道办事处；民勤县撤销三雷乡、昌盛乡、羊路乡、北山乡、中渠乡，城关镇更名为三雷镇、新河乡更名为苏武乡；古浪县撤销井泉乡、大墩滩乡、冰草湾乡、胡家边乡、新井乡；天祝县撤销松山乡、柏林乡、朱岔乡，钱宝镇更名为松山镇。

四、酒泉市

肃州区撤销怀茂乡、临水乡；肃北县撤销党城乡；敦煌市撤销孟家桥乡、三危乡、；肃北县撤销明水乡；阿克塞县撤销民主乡、博罗转井镇；安西县撤销金窝子镇。

五、张掖市

甘州区撤销平原堡镇、东园镇、廿里堡乡、和平乡、小河乡、西洞乡；临泽县撤销城关镇、小屯乡；高台县撤销红崖子乡、盐池乡、正远乡；山丹县撤销城关镇、红寺湖乡、花寨子乡；民乐县撤销城关镇、北部滩乡、杨坊乡、李寨乡；肃南县撤销祁丰区公所、明花区公所、大河区公所、康乐区公所、马蹄区公所、皇城区公所，设立皇城镇、祁丰藏族乡、明花乡、大河乡、康乐乡、马蹄藏族乡。

六、庆阳市

西峰区撤销寨子乡、陈户乡；庆城县撤销熊家庙、安家寺乡、冰淋岔乡、葛崾岘乡；环县撤销西川乡、许家河乡、何坪乡、吴城子乡、四合塬乡；华池县撤销李良子乡、温台乡、庙巷乡、定汉乡；合水县撤销杨坪乡、定祥乡、柳沟乡；正宁县撤销月明乡、罗川乡；宁县撤销坳马乡、政平乡、观音乡、新华乡、石鼓乡；镇原县撤销曙光乡、王寨乡、湫池乡、小岘乡、彭阳乡。

七、定西市

安定区撤销御风乡、景家泉乡、张湾乡、东岳乡、西寨乡、黑山乡、城关镇，设立中华、永定路两个街道办事处；临洮县撤销三甲乡、陈家嘴镇、刘家沟门乡、何家山乡、潘家集乡、五户乡、上梁乡、改河乡、塔湾乡、马家窑镇，苟家滩镇更名为南屏镇；通渭县撤销青堡乡、黑燕乡、锦屏两乡、徐家川乡、文树川乡；陇西县撤销南安镇、三台镇、渭河镇、高塄镇、宝凤乡、种和乡、雪山乡、昌谷乡；渭源县撤销蒲川乡；漳县撤销木林乡、草地河乡，城关镇更名为武阳镇；岷县撤销堡子乡、小寨乡、文斗乡、岷山乡，城关镇更名为岷阳镇。

八、陇南市

1.撤销陇南地区设立地级陇南市，武都县改设武都区。

2.武都区撤销草河乡、渭河乡、西支乡、盘底乡、透防乡、锦屏乡、金厂乡、熊池乡；宕昌县撤销牛家乡、金木乡、大舍乡、官鹅藏族乡、簸箕乡、秦峪乡、化马乡，增设两河口乡；文县撤销横丹乡、尚德乡、上丹乡、店坝乡、马营乡、肖家乡，增设尚德镇，屯寨乡更名为天池乡；康县撤销三官乡、巩集乡、李山乡、贾安乡、托河乡、太平乡、秧田乡；成县撤销支旗镇、镡坝乡、南康乡、水泉乡、大坪乡，化垭镇更名为鸡峰镇；西和县撤销大柳乡、赵五乡、河口乡、喜集乡、洛峪乡，增设洛峪镇；礼县撤销燕河乡、阳坡乡、石桥乡、铨水乡、白河乡、草坝乡、白关堡回族乡、乔川乡、太塘乡，增设石桥镇、白河镇；徽县撤销太白乡、游龙乡、东关回族乡；两当县撤销广金乡、太阳乡。

九、临夏回族自治州

临夏县撤销三角乡、铁寨乡；东乡县撤销高山乡、免古池乡；永靖县撤销王坪乡、段岭乡；广河县撤销南山乡；和政县撤销关滩沟乡；积石山县撤销四堡子乡；

康乐县撤销普巴乡。

青海

海南藏族自治州

贵德县撤销罗汉堂乡，建立拉西瓦镇，镇政府驻地整体搬迁至曲卜藏村拉果口地区，镇行政区划范围不变。

宁夏回族自治区

一、石嘴山市

1.撤销石嘴山市石嘴山区和惠农县设立惠农区。

2.撤销石嘴山市陶乐县，将原陶乐县月牙湖乡划归银川市兴庆区管辖，将原陶乐县红崖子乡、高仁乡、马台沟镇划归平罗县管辖。

3.撤销石嘴山市大武口区大武口乡。

二、吴忠市

1.吴忠市中卫县设立地级市中卫市，将吴忠市的中宁、固原市的海原县划入新设立的中卫市管辖。

2.将吴忠市利通区陈袁滩乡划归青铜峡市。

3.同心县喊叫水乡划归中宁县管辖。

4.销青铜峡市陈袁滩乡设立陈袁滩镇。

新疆维吾尔自治区

一、乌鲁木齐市

乌鲁木齐县小渠子乡和干沟乡合并及干沟乡更名为甘沟乡。

二、喀什地区

将疏附县色满乡、荒地乡划归喀什市管辖。

三、阿克苏市

托喀依乡整体移交阿拉尔市管理。

四、伊犁哈萨克自治州

伊宁县达达木图乡和潘津乡划归伊宁市管辖。

中国统计出版社最新资料书简目